Textes réunis par
Jean-Pierre BERTRAND et Lise GAUVIN
avec la collaboration de **Laurent DEMOULIN**

Littératures mineures en langue majeure

Québec / Wallonie-Bruxelles

Collection « Documents pour
l'Histoire des Francophonies / Théorie »
n° 1

Cette publication a reçu l'aide du FNRS et du Centre d'Études
québécoises de l'Université de Liège.

Illustration de couverture : © Jean-Claude Pirotte (coll. privée)

© P.I.E.-Peter Lang S.A.
PRESSES INTERUNIVERSITAIRES EUROPÉENNES
Bruxelles, 2003
1 avenue Maurice, 1050 Bruxelles, Belgique
www.peterlang.net ; info@peterlang.com

ISSN 1379-4108
ISBN 90-5201-192-3
D/2003/5678/16
Ouvrage imprimé en Belgique

ouvrage en coédition avec
LES PRESSES DE L'UNIVERSITÉ DE MONTRÉAL
ISBN 2-7606-1879-X
Dépôt légal :
2e trimestre 2003 –
Bibliothèque nationale du Québec

Information bibliographique publiée par "Die Deutsche Bibliothek"
"Die Deutsche Bibliothek" répertorie cette publication dans la "Deutsche
Nationalbibliografie"; les données bibliographiques détaillées sont disponibles sur le site
<http://dnb.ddb.de>.

Littératures mineures
en langue majeure

Québec / Wallonie-Bruxelles

P.I.E.-Peter Lang

Bruxelles • Bern • Berlin • Frankfurt/M
• New York • Oxford • Wien

Les Presses de l'Université de Montréal

PUM

Actes du colloque de Liège
9-11 octobre 2001

Remerciements

Le colloque international « Littératures mineures en langue majeure » s'est tenu à Liège du 9 au 11 octobre 2001 ; il a été organisé conjointement par le Centre d'Études québécoises de l'Université de Montréal (CÉTUQ), le Centre d'Études québécoises de l'Université de Liège (CÉQ), ainsi que le Groupe de Recherche interuniversitaire sur les Interactions Langue/Littérature (GRILL). Il a bénéficié du soutien de l'Association internationale des Études québécoises (AIÉQ), du Fonds national de la recherche scientifique belge, de la Délégation générale du Québec à Bruxelles, de l'Ambassade du Canada à Bruxelles et de la Faculté de Philosophie et Lettres de l'Université de Liège. Tous nos remerciements particuliers à Aurore Boraczek, qui a participé à la préparation de la rencontre, à Rut Saura Espin et à Nathalie Delgleize qui en ont assuré la logistique, à Laurent Demoulin qui s'est chargé de la finition matérielle du présent volume.

Table des matières

Introduction

Jean-Pierre BERTRAND
Lise GAUVIN

En musique, le majeur et le mineur déterminent des modes d'énonciation tonale, rapportables à des significations et des affects qui varient selon les époques : le majeur est dans la gravité et le mineur dans l'allégresse, à moins qu'ils ne situent, comme c'est le cas avec la musique romantique, d'autres oppositions de registre. L'un et l'autre participent d'un langage et d'une codification qui, certes, reproduisent des schèmes de primauté, mais sans hiérarchie ni principe de domination, comme en logique, où la majeure qualifie la première proposition d'un syllogisme, ou comme en anatomie, où le mot sert à désigner le plus grand doigt de la main. Ce qui est majeur est premier, conséquentiellement et non consécutivement : un premier appelle un second qui lui est en quelque sorte consubstantiel.

On pourrait penser qu'en matière de langue et de littérature, cette dialectique du majeur et du mineur opère de la même manière. Il n'en est rien. D'abord parce que de la langue à la littérature un glissement se produit dans l'établissement d'une hiérarchie : l'une est du côté de la domination – la langue : bien commun, instrument de communication – ; l'autre, du côté sinon de la soumission, du moins de la différence et de la différenciation – la littérature, du moins la moderne : formidable machine idiolectale. Par conséquent, même s'il n'échappe à personne que la langue n'existe pas en dehors de ses usages pluriels, elle reste conçue aujourd'hui encore comme une instance fédératrice, socialement appelée à exercer son pouvoir normalisateur. La littérature, elle, sorte de contre-pouvoir, entend se désolidariser de ce pacte communicationnel par l'infraction des normes langagières : la langue est pour elle matière à exploration imaginaire dans les formes et les représentations qu'elle véhicule. Et ce n'est pas qu'affaire de style : des enjeux bien plus considérables, incompatibles du reste avec l'ordre que la langue est censée instituer et maintenir, se dessinent dès lors que l'on cherche à comprendre les rapports de lutte qui lient les littératures mineures à la langue majeure. Au fond, il n'est qu'une langue majeure, au singulier, et que des littératures mineures, au pluriel. Sauf à considérer une production littéraire, historiquement existante, au service de la langue et du pouvoir, qui pourrait être qualifiée de majeure, la littérature, comme l'ont montré, à propos de Kafka, Deleuze et Guattari – près de vingt fois remis sur le métier dans les pages qui suivent, et pour cause[1] – se situe constamment dans le mineur, creusant la langue au plus profond d'elle-même. Le mineur est son principe radicalement subversif, exactement en contre-modèle de la dynamique normalisante et canonique qui est au fondement de la langue majeure.

La littérature française, plus que tout autre, peut-être en raison du jacobinisme centralisateur qu'elle a servi depuis le XVIIe siècle et même avant, devrait être étudiée dans ses rapports à la langue. On y verrait se dessiner des lignes de force, de partage, de fuite et de fracture qui rassembleraient et diviseraient sur la longue distance les écrivains. Les uns défenseurs d'une langue dite, et le mot est lourd de sens, « classique », les autres tenants de l'irrégularité, d'autres encore adeptes de l'hybridation baroque, etc. Roland Barthes, dans *Le Degré zéro de l'écriture*, avait fait de très belles propositions à ce sujet, en considérant des usages à la fois centripètes et centrifuges du style au cours des siècles pour montrer comment les écritures modernes se sont multipliées à la seconde moitié du XIXe siècle[2]. Les travaux de Renée Balibar, notamment son étonnante *Histoire de la littérature française* en 126 pages[3], devraient inspirer des études très fécondes sur les rapports de domination entre la langue et les écritures. Lorsque l'essayiste ouvre son livre sur la déclaration suivante : « La littérature française est née un matin d'hiver à Strasbourg le 14 février 842 », elle déplace considérablement le point de vue endogène des littéraires et des linguistes, mettant l'accent non seulement sur les usages littéraires de la langue dans leur histoire, mais aussi et surtout sur les implications culturelles que sous-tend ce que l'on nomme communément, et à nouveau de façon très limitative, des pratiques de style.

Le colloque « Littératures mineures en langue majeure » s'inscrit pleinement dans cette réflexion historique et sociologique qui porte uniment sur la langue et la littérature. Langue majeure désigne le français dans toute sa puissance normalisatrice. Cela ne signifie pas, fût-elle

---

[1]   Gilles DELEUZE et Félix GUATTARI, *Kafka. Pour une littérature mineure*, Paris, Minuit, 1975.

[2]   Roland BARTHES, *Le Degré zéro de l'écriture* [1953], Paris, Seuil, « Points », 1972, pp. 41-45.

[3]   Renée BALIBAR, *Histoire de la littérature française*, Paris, PUF, « Que sais-je ? », 1991.

maternelle dans nombre de cas, que celle-ci apparaisse en regard des littératures qui la travaillent et la contestent comme la marâtre des contes, ni comme aucune mère du reste. Loin de nous ce manichéisme et cet idéalisme. Si elle est majeure, c'est en ce sens qu'elle exerce dans le contexte particulier où elle se saisit – celui de la francophonie moderne (pléonasme) – un pouvoir sur les littératures dites mineures, ce qui ne signifie pas non plus qu'il y ait exclusion de celles-ci par celle-là : ce qui serait réducteur.

On s'aperçoit ainsi que l'adjectif « mineur » prend une extension assez particulière, en regard de ce qui a été rappelé ci-avant, à propos de n'importe quelle littérature. Les littératures mineures, dans l'espace de la francophonie, sont celles qui se situent en dehors de la France hexagonale. Le critère n'est pas seulement géographique : éloignées de Paris – et la distance n'est pas que kilométrique –, les littératures francophones de Belgique, de Suisse, du Québec, des Caraïbes, d'Afrique, pour ne citer que les principales, subissent de multiples formes de domination, lesquelles sont autant de chances pour elles d'affirmer leur différence. Périphériques, elles ont tendance à se marginaliser dans l'espace qui est le leur et du coup à se soustraire aux forces légitimantes qui ont leur siège dans la capitale française et qui régentent non seulement les emplois linguistiques mais aussi les canons esthétiques. Mais en même temps, elles occupent une position privilégiée pour leur paradoxal épanouissement : distantes, en contact avec d'autres cultures et d'autres langues, elles génèrent des imaginaires et des formes irréductibles aux modèles français.

En questionnant des textes des XIXe et XXe siècles en Belgique francophone et au Québec, les contributions qui suivent montrent que plusieurs stratégies se sont présentées à l'écrivain périphérique pour situer son usage de la langue (littéraire). Tantôt, il hypertrophie les signes d'appartenance communautaire, en affichant une langue littéraire résolument ancrée dans la différence. Tantôt, il revendique explicitement ou implicitement l'allégeance hexagonale. Tantôt encore, il dénie toute problématisation dans l'emploi du français, qu'il écrit comme l'autre faisait de la prose. Mais, d'une manière ou d'une autre, la dialectique du majeur et du mineur resurgit, et quelquefois dans des régions insoupçonnées, comme par exemple les manières de parler et d'écrire, qui échappent au contrôle des intentions les plus radicales et qui affectent la littérature ailleurs que dans ses formes ou ses contenus.

À sujet dialectique, développement dialectique. Le livre s'ouvre sur une interrogation croisée des concepts de littératures mineures et de langue majeure. Il aborde ensuite une série d'études spécifiques, majoritairement centrées sur la littérature québécoise, à laquelle font contre-

point des exemples belges. Chaque cas présente à sa manière des problématiques spécifiques. De Bruxelles à Montréal, d'un écrivain à
l'autre, les formes de domination changent et quelquefois avec d'éton-
nants renversements, au point que ce qui paraît indomptable, la langue,
est dans bien des cas proprement dominé, voire littéralement miné – on
n'en attend pas moins de toute littérature. Et on s'aperçoit au bout du
compte, et pas seulement dans les « conclusions fictives » qui ferment le
recueil, que, ainsi posées dans un titre trop bien noué, les *Littératures
mineures en langue majeure* débordent largement le cadre problématique dans lequel elles sont traitées pour toucher à des questions qui
engagent la littérature dans ses rapports avec l'ensemble des institutions
sociales, comme disait Mme de Staël au seuil de notre modernité.

Première partie

Modes majeurs, modes mineurs

Autour du concept
de littérature mineure

Variations sur un thème majeur

Lise GAUVIN

J'ai eu l'occasion d'explorer, au cours des dernières années, la problématique des interactions langues/littératures telle qu'elle se présente dans la littérature québécoise et dans certaines autres littératures francophones[1]. Problématique complexe dans la mesure où elle met en jeu aussi bien l'autonomisation d'une littérature, les conditions de son émergence, la relation écrivain/public qui s'y établit et l'image projetée du/des destinataire(s), que les modèles dont dispose le texte romanesque pour représenter les rapports sociaux entre les langues ou les niveaux de langues. Ce que l'écrivain québécois a en commun avec ses collègues des autres littératures francophones, c'est ce que j'appelle une *surconscience linguistique*, c'est-à-dire une conscience particulière de la langue qui devient ainsi un lieu de réflexion privilégié et un désir d'interroger la nature du langage et de dépasser le simple discours ethnographique. Cette surconscience est aussi une conscience de la langue comme espace de fiction voire de friction : soit un imaginaire de et par la langue. Écrire devient alors un véritable « acte de langage », car le choix de telle ou telle langue d'écriture est révélateur d'un « procès » littéraire plus important que les procédés mis en jeu. Plus que de simples modes d'intégration de l'oralité dans l'écrit, ou que la représentation plus ou moins mimétique des langages sociaux, on dévoile ainsi le statut d'une littérature, son intégration/définition des codes et, enfin, toute une réflexion sur la nature et le fonctionnement du littéraire. Acte qui engage aussi bien la place d'une littérature sur l'échiquier mondial que les modalités d'écriture, c'est-à-dire les poétiques individuelles. L'écrivain québécois partage ainsi avec celui des autres littératures francophones une sensibilité particulière à la problématique des langues, sensibilité

---

[1] *Cf.* notamment « L'écrivain et ses langues », dans *Littérature*, n° 101, février 1996.

qui s'exprime par de nombreux témoignages attestant à quel point l'écriture, pour chacun d'eux, est synonyme d'inconfort et de doute. La notion de *surconscience* renvoie à ce que cette situation d'inconfort dans la langue peut avoir à la fois d'exacerbé et de fécond. Ce que Gaston Miron avait un jour résumé dans une admirable formule : « Parfois je m'invente, tel un naufragé, dans toute l'étendue de ma langue[2]. » Il y a dans cette phrase à la fois l'envers et l'endroit d'une même réalité, soit la possibilité de naufrage ou d'invention, d'invention *et* de naufrage, l'un et l'autre inextricablement liés.

Je crois en effet que le commun dénominateur des littératures dites émergentes, et notamment des littératures francophones, est de proposer, au cœur de leur problématique identitaire, une réflexion sur la langue et sur la manière dont s'articulent les rapports langues/littératures dans des contextes différents. La complexité de ces rapports, les relations généralement conflictuelles – ou tout au moins concurrentielles – qu'entretiennent entre elles une ou plusieurs langues, donnent lieu à cette « surconscience » dont les écrivains ont rendu compte de diverses façons, soit par des positions explicites, donnant ainsi lieu à un métadiscours exprimé sous forme de textes réflexifs (essais, préfaces, manifestes, entretiens), soit par des propositions textuelles, telles que la thématisation de la langue ou diverses stratégies qui vont de l'hypercorrection à l'hybridation la plus provocante et à l'irrégularité revendiquée comme moyen de faire entendre « l'inouïversel » de Verheggen.

Dans l'ensemble constitué par la république mondiale des lettres, la littérature québécoise, comme la plupart des littératures francophones, a été désignée tour à tour sous les appellations de littérature régionale, périphérique ou mineure. Mais cette dernière désignation, si on la rapporte à ceux qui l'ont mise de l'avant, à savoir Deleuze et Guattari, d'après Kafka, n'aurait rien de péjoratif. Il s'agirait simplement de nommer ainsi la « littérature qu'une minorité fait dans une langue majeure », littérature qui est affectée d'un fort coefficient de déterritorialité. Plus largement encore, cette notion désignerait « les conditions révolutionnaires de toute littérature au sein de celle qu'on appelle grande ou établie »[3], dans la mesure où chaque écrivain doit, de quelque lieu qu'il provienne, « trouver son propre point de sous-développement, son propre patois, son tiers-monde à soi, son désert à soi ». Les littératures dites régionales et périphériques sont alors considérées comme emblé-

---

[2]   *Cf.* Gaston MIRON, « Malmener la langue », dans Lise GAUVIN, *L'Écrivain francophone à la croisée des langues*, Paris, Karthala, 1997, p. 57.

[3]   Gilles DELEUZE et Félix GUATTARI, *Kafka. Pour une littérature mineure*, Paris, Minuit, 1975, pp. 33-34.

matiques de la condition même de l'écrivain. Proposition séduisante bien que, par son désir de revaloriser la déterritorialisation même, elle semble faire l'impasse sur la douleur et l'angoisse liées à la condition du mineur. Je mentionne en passant, sans avoir ici le temps de m'y arrêter, que cette étrangeté de et dans la langue a été réexaminée, récemment, par Jacques Derrida, à propos de l'écrivain marocain Abdelkebir Khatibi, dans *Le Monolinguisme de l'autre*[4].

Parmi les conditions révolutionnaires que je viens d'évoquer, l'une des premières est celle qui fait que l'écrivain est, à cause de sa situation, condamné à *penser la langue*. Amère et douce condamnation que celle-ci. La proximité des autres langues, la situation de diglossie dans laquelle il se trouve le plus souvent immergé, une première déterritorialisation constituée par le passage de l'oral à l'écrit, et une autre, plus insidieuse, créée par des publics immédiats ou éloignés, séparés par des historicités et des acquis culturels et langagiers différents, sont autant de faits qui l'obligent à énoncer des stratégies de détour. Stratégies qui prennent les formes les plus diverses, de la transgression affichée à la mise en place de systèmes astucieux de cohabitations de langues ou de niveaux de langues, qu'on désigne généralement sous le nom de plurilinguisme ou d'hétérolinguisme textuel. Cette situation particulière dans la langue est bien résumée par une phrase du romancier africain Henri Lopès : « L'écrivain français écrit français. Nous, nous écrivons *en* français. »[5]

Tout écrivain doit trouver sa langue dans la langue commune, car on sait depuis Sartre qu'un écrivain écrit toujours dans une langue qui lui est jusqu'à un certain point étrangère. On sait aussi avec Deleuze que son rôle est de « faire crier, faire bégayer, balbutier, murmurer la langue en elle-même »[6]. Mais la *surconscience linguistique* qui affecte l'écrivain francophone – et qu'il partage avec d'autres minoritaires – l'installe encore davantage dans l'univers du relatif, de l'a-normatif. Ici, rien ne va de soi. La langue, pour lui, est sans cesse à (re)conquérir. Partagé entre la défense et l'illustration, et sachant par avance qu'écrire, ce n'est jamais ni défendre ni illustrer quoi que ce soit et même pas une langue, il doit négocier son rapport avec la langue française, que celle-ci soit maternelle ou non. Comment donc se situer entre ces deux extrêmes que sont l'intégration pure et simple au corpus français et la valorisation

---

[4] Abdelkebir KHATIBI, *Le Monolinguisme de l'autre*, Paris, Galilée, 1996.

[5] Henri LOPÈS, « L'écriture entre les langues », conférence prononcée à Tokyo en 1991, inédite.

[6] Gilles DELEUZE, *Critique et clinique*, Paris, Minuit, 1993, p. 138. Sartre dit exactement ceci : « On parle dans sa propre langue, on écrit en langue étrangère » (*Les Mots*, Paris, Gallimard, 1972, p. 135).

excessive de l'exotisme, c'est-à-dire comment en arriver à cette véritable « esthétique du divers » revendiquée par Segalen et, à sa suite, par Glissant ainsi que par les signataires du manifeste *Éloge de la créolité*[7] ?

La *pensée de la langue* a ainsi donné lieu à une série de prises de position, de réflexions et de manifestes dont l'objectif était de rendre compte d'une situation vécue le plus souvent de façon douloureuse, ou à tout le moins problématique. D'où un engagement dans la langue, un *Langagement*[8] dont les effets se trouvent aussi bien dans les concepts mis en œuvre que dans les stratégies narratives adoptées.

Cette pensée de la langue, et je n'hésite pas à le dire, cette *pesée de la langue*, je l'interrogerai aujourd'hui non pas dans ses effets narratifs ou dans les poétiques singulières qui renvoient à la manière dont le texte *parle la langue*, mais plutôt dans ses fondements, notamment dans l'opposition que je viens d'évoquer et qui fait le sujet même de ce colloque, celle de Littérature mineure/langue majeure. Je propose donc de revenir à l'origine du concept, tel que présenté par Kafka, et ensuite repris par les traducteurs et les commentateurs, au premier rang desquels se trouvent Deleuze et Guattari. Je vous présente quelques variations sur ce thème majeur, variations qui ne seraient pas pertinentes sans être précédées d'un retour au thème.

I. Le thème : Kafka, les langues et les petites littératures

Écrivain juif vivant à Prague au début du XXe siècle, Kafka est éduqué dans la langue allemande, comme la grande majorité de ses compatriotes. L'allemand est alors la langue de prestige et de culture, une langue partagée par l'ensemble de l'empire austro-hongrois et que l'on pourrait appeler une « grande langue », bien qu'il s'agisse là d'une notion éminemment suspecte. Une enquête menée auprès des juifs pragois révèle qu'alors que 50 % de ceux-ci désignent l'allemand comme langue maternelle, 90 % déclarent envoyer leurs enfants à l'école allemande[9]. Fils d'un commerçant à l'aise, Franz Kafka, dont le prénom est déjà un indicateur, ne fait pas exception à la règle. Éduqué dans la langue allemande, il connaît aussi le tchèque, comme il l'avoue explicitement dans son journal au moment où il relate une conversation

---

[7] Jean BERNABÉ, Patrick CHAMOISEAU et Raphaël CONFIANT, *Éloge de la créolité*, Paris, Gallimard, 1989.

[8] *Cf.* Lise GAUVIN, *Langagement. L'Écrivain et la langue au Québec*, Montréal, Boréal, 2000. *Cf.* également Lise GAUVIN (dir.), *Les Langues du roman*, Montréal, PUM, 1999.

[9] Jean-Pierre DANÈS, « Situation de la littérature allemande à Prague à l'époque de Kafka », dans *Études germaniques*, avril-juin 1984, p. 125

avec un employé de son père : « Je parle couramment le tchèque, écrit-il, je sais surtout m'excuser de mes fautes avec élégance »[10]. Il a aussi une bonne compréhension du français, puisqu'il assiste à des soirées dans cette langue et, à l'occasion d'une conférence sur Musset, rencontre Claudel, alors consul à Prague et note « l'éclat de ses yeux que son large visage recueille et réfléchit » (*J*, 6 novembre 1910, pp. 8-9). Mais il est surtout fasciné par le yiddish, au moment où il découvre le théâtre de Löwy, toujours vers 1911. Cette fascination s'exprimera le 18 février 1812 par un discours sur la langue yiddish, une langue qu'il décrit comme une « langue silencieuse », mais en même temps violente, intuitive. Sa découverte du yiddish l'amène aussi à réfléchir plus profondément à son rapport avec la langue allemande, cette langue qu'il considère étrangère et familière, ou, pour reprendre l'expression de Marthe Robert, comme faisant partie d'un univers « étrange et étrangement familier » : « Hôte toléré d'un pays qui n'était que légalement le sien, il se regardait comme "l'invité de la langue allemande", seule langue qu'il pût pourtant appeler maternelle. »[11]

L'expression langue maternelle est-elle vraiment adéquate ? Le premier passage important du *Journal* qui traite de la langue consiste précisément en une mise à distance de la langue maternelle, la *Muttersprache* allemande, par une discussion sur le mot *Mutter*, c'est-à-dire maman ou mère. Dans un texte daté du 24 octobre 1911, Kafka constate :

> Hier, il m'est venu à l'esprit que si je n'ai pas toujours aimé ma mère comme elle le méritait et comme j'en étais capable, c'est uniquement parce que la langue allemande m'en a empêché. La mère juive n'est pas une *Mutter*, cette façon de l'appeler la rend un peu ridicule (non à ses propres yeux, puisque nous sommes en Allemagne) ; nous donnons à une femme juive le nom de mère allemande, mais nous oublions qu'il y a là une contradiction, et la contradiction s'enfonce d'autant plus profondément dans les sentiments. Pour les Juifs, le mot *Mutter* est particulièrement allemand, il contient à leur insu autant de froideur que de splendeur chrétiennes, c'est pourquoi la femme juive appelée *Mutter* n'est pas seulement ridicule, elle nous est aussi étrangère. Maman serait préférable, s'il était possible de ne pas imaginer *Mutter* derrière. Je crois que seuls les souvenirs du ghetto maintiennent encore la famille juive, car le mot *Vater* ne désigne pas non plus le père juif, à beaucoup près. (*J*, p. 123)

---

[10] Journal du 25 novembre 1911, dans *Journaux, Œuvres complètes III*, Paris, Gallimard, « Bibliothèque de la Pléiade », 1984, pp. 169-170. Les références ultérieures aux *Journaux* de Kafka qui seront données dans le corps du texte renvoient à cette édition. Ci après « *J* ».

[11] Marthe ROBERT, « Introduction », dans *Journal*, Paris, Grasset, 1954, pp. XVI et XVII. L'expression « l'invité de la langue allemande » est de Max Brod, cité par Marthe Robert.

Cette réflexion sur le mot *Mutter* montre bien à quel point Kafka se trouve dans une situation d'inconfort dans la langue allemande. Au mot *Mutter*, il préfère, dans le texte allemand, celui de *Mama*, que les traducteurs transforment en Maman, mais qu'il serait plus juste de désigner comme une invention lexicale, ou comme une nécessité de trouver une autre langue que la ou les langues communes. « Mama wäre ein besserer Name, wenn man nur hinter ihm nicht "Mutter" sich vorstellte. »[12] La remarque suivante sur la famille juive dont la cohésion est assurée par les seuls souvenirs du ghetto en dit long sur la relation de Kafka à la langue allemande – moins conflictuelle que douloureuse et « empêchée » – et sur sa difficulté de traduire son affectivité dans cette langue.

C'est donc dans ce contexte que Kafka écrit ses célèbres considérations, non pas sur les littératures mineures, mais bien sur les *petites* littératures. Le texte date du 25 décembre 1911 et commence ainsi :

> Ce que j'ai appris par Löwy de la littérature juive actuelle à Varsovie, et ce que me révèlent certains aperçus en partie personnels sur la littérature tchèque actuelle, me porte à croire que beaucoup d'avantages du travail littéraire – le mouvement des esprits ; une solidarité qui se développe de façon suivie au sein de la conscience nationale souvent inactive dans la vie extérieure et toujours en voie de désagrégation ; la fierté et le soutien qu'une littérature procure à une nation vis-à-vis d'elle-même et vis-à-vis du monde hostile qui l'entoure ; ce journal tenu par une nation, journal qui est tout autre chose qu'une historiographie et a pour conséquence une évolution accélérée, encore que toujours contrôlée sur une grande échelle : [etc.] ; la peinture des défauts nationaux, qui se fait d'une manière particulièrement douloureuse, mais pardonnable et libératrice ; la naissance d'un commerce de librairie prospère et ayant en conséquence le sens de sa valeur, ainsi que l'avidité pour les livres – tous ces effets peuvent être déjà produits par une littérature qui n'a peut-être pas réellement atteint une ampleur de développement exceptionnel, mais qui a cette apparence par suite du manque de talents supérieurs. [...] Les exigences de la littérature quant à l'attention qu'on lui doit en deviennent plus impérieuses.

À ces considérations s'en ajoutent d'autres concernant le manque de « modèles nationaux irrésistibles », ce qui a pour effet d'éloigner de la littérature « ceux qui sont complètement dépourvus de talent » ; la mémoire (« La mémoire d'une petite nation n'est pas plus courte que celle d'une grande, elle travaille donc plus à fond le matériel existant »), ce qui entraîne « moins d'emplois pour les spécialistes de l'histoire littéraire » ; l'exiguïté de l'espace qui fait que « par suite de l'autonomie intérieure de la littérature, sa liaison avec la politique n'est pas dange-

---

[12] Franz KAFKA, *Tagebücher*, 1910-1923, Frankfurt, Fischer Taschenbuch Verlag, 1973, p. 74.

reuse ». Suivent des remarques sur les « (petits) thèmes qui ont le droit d'être juste assez grands pour qu'un petit enthousiasme puisse s'y épuiser et qui ont des espérances et des appuis d'ordre polémique ». Et il ajoute : « Ce qui, au sein des grandes littératures, se joue en bas et constitue une cave non indispensable de l'édifice, se passe ici en pleine lumière ; ce qui, là-bas, provoque un attroupement passager, n'entraîne rien de moins ici qu'un arrêt de vie ou de mort. » (*J*, p. 194-197).

Ce qui conduit l'auteur à ramener les caractéristiques des petites littératures à un schéma global, qu'il distribue en trois points (« animation, décharge, popularité ») et qui se termine comme suit :

> Il est difficile de changer d'avis quand on a senti dans tous ses membres cette vie utile et joyeuse. (*J*, p. 198)

Il m'a semblé nécessaire de citer longuement ce texte afin d'éviter les contre-sens qui lui ont été apportés par la suite.

Je rappelle donc qu'il s'agit bien, dans l'esprit de Kafka, des littératures juives de Varsovie, écrites en langues yiddish, et des littératures écrites en tchèque. Ce qui est désigné par petites littératures correspond ainsi à des littératures écrites en des « petites langues » bien que Kafka ne mentionne jamais l'expression et se contente de parler des « petits thèmes » et des « petites nations ». Kafka se garde bien en effet de hiérarchiser les langues[13]. Dans ce contexte, petit a une connotation d'abord historique, je dirais même clinique – une mémoire qui travaille plus à fond – et territoriale – l'exiguïté de l'espace. S'il est question de « petits thèmes », c'est pour mieux affirmer que ce qui s'y joue prend une importance d'autant plus grande car ce qui, dans les grandes littératures « provoque un attroupement passager, n'entraîne rien de moins ici qu'un arrêt de vie ou de mort ».

Il y a donc chez Kafka, à côté de remarques ironiques comme celle qui touche les historiens des dites littératures, un appui non équivoque aux petites littératures, c'est-à-dire aux littératures alors en émergence, pour le sentiment d'appartenance qui s'y exprime. Comme le dit bien Casanova, il « compare le prestige de la littérature allemande à la vitalité et à l'enthousiasme d'une littérature nationale naissante »[14].

---

[13] Il semble toutefois que l'on puisse établir la centralité d'une langue selon le nombre de locuteurs polyglottes qui la parlent et de traductions qu'elle génère. Abram DE SWANAN, « The Emergent World Language System : an Introduction », dans *International Political Science Review*, v. 14, n° 3, juillet 1993, p. 219, cité par Pascale CASANOVA, « Nouvelles considérations sur les littératures dites mineures », *Littératures classiques*, n° 31, automne 1997, p. 235.

[14] Pascale CASANOVA, *op. cit.*, p. 243.

Voyons maintenant le deuxième texte important de Kafka sur la langue, celui de la lettre à Max Brod, datée de juin 1921. Ce texte commence par un commentaire sur un ouvrage de Karl Kraus intitulé *Literatur* :

> Dans ce petit monde de la littérature judéo-allemande, il règne vraiment. [...] Personne ne sait jargonner comme Kraus, encore que, dans ce monde judéo-allemand, personne ne sache guère faire autre chose que jargonner, jargon étant pris au sens large, le seul auquel il doive l'être, je veux dire en tant qu'appropriation – bruyante ou muette ou encore accomplie avec une conscience torturée – d'un bien étranger qu'on n'a pas acquis, mais dont on s'est emparé en y portant une main hâtive (relativement) et qui reste un bien étranger, quand même on ne pourrait prouver la moindre faute de langage, car dans ce domaine [...]. Par là, je ne dis rien contre le jargon ; le jargon en soi est même beau, c'est une combinaison organique d'allemand livresque et de langage par gestes.[15] (*J*, p. 1086)

Puis Kafka caricature à la fois la personne de Kraus en le comparant à « un grand-père d'opérette » et ses textes qu'il qualifie de « poèmes ennuyeux ». Or Karl Kraus, lui-même juif originaire de Bohême, « exagère à plaisir les tics du langage juif en allemand, selon Gerald Stieg, pour ensuite se retourner contre les milieux juifs du monde littéraire : un farouche antisémitisme est un des principaux moteurs de son œuvre ». Mais c'est aussi ce même Karl Kraus qui, dans un poème à la langue allemande, avait écrit : « Elle était une putain effrontée/j'en ai fait une vierge. » Kraus se voulait « l'héritier privilégié » de la langue allemande, qu'il avait en quelque sorte sacralisée[16].

Bien que Kafka ne partage pas ce culte de la langue, il est lui aussi, comme Kraus, plongé dans ce monde judéo-allemand de Prague et partage avec lui ce sentiment d'être devant un « bien étranger qu'on n'a pas acquis ». La suite de la lettre décrit la souffrance éprouvée par « tous ceux qui commencèrent à écrire en allemand » « avec l'approbation vague des pères » :

> Le désespoir qui s'ensuivit constitua leur inspiration. Une inspiration aussi honorable qu'une autre, mais qui, à y regarder de près, présentait pourtant quelques tristes particularités. Tout d'abord, ce dans quoi se déchargeait leur désespoir ne pouvait pas être la littérature allemande qu'elle paraissait être extérieurement. Ils vivaient entre trois impossibilités (que je nomme par hasard des impossibilités de langage, c'est le plus simple, mais on pourrait

---

[15] Le mot « jargon » traduit le mot allemand *Mauscheln*. Le mot *Mauscheln* désigne la manière de parler des Juifs, avec ce qu'elle comprend éventuellement de mimique, d'accent ou de formes de langage particulières (p. 1591, note 2).

[16] Gerald STIEG, « Langue maternelle, langue marâtre ; Karl Kraus, Franz Kafka », dans *Revue d'esthétique*, nouvelle série, n° 9, 1985, p. 76.

aussi les appeler tout autrement) : l'impossibilité de ne pas écrire, l'impossibilité d'écrire en allemand, l'impossibilité d'écrire autrement, à quoi on pourrait presque ajouter une quatrième impossibilité, l'impossibilité d'écrire (car ce désespoir n'était pas quelque chose que l'écriture aurait pu apaiser, c'était un ennemi de la vie et de l'écriture ; l'écriture n'était en l'occurrence qu'un provisoire, comme pour quelqu'un qui écrit son testament juste avant d'aller se pendre, un provisoire qui peut fort bien durer toute une vie), c'était donc une littérature impossible de tous côtés, une littérature de tziganes qui avaient volé l'enfant allemand au berceau et l'avaient en grande hâte apprêté d'une manière ou d'une autre, parce qu'il faut bien que quelqu'un danse sur la corde (mais ce n'était même pas l'enfant allemand, ce n'était rien, on disait simplement que quelqu'un danse). (*J*, pp. 1987-1088)

Un autre texte de Kafka décrit bien son sentiment d'étrangeté dans la langue allemande.

Pas un mot ou presque, écrit par moi, ne s'accorde à l'autre, j'entends les consonnes grincer les unes contre les autres avec un bruit de ferraille, et les voyelles chanter en les accompagnant comme des nègres d'Exposition. (… ?) Mes doutes font cercle autour de moi, je les vois avant le mot, allons donc ! le mot, je ne le vois pas du tout, je l'invente… Quand je m'assieds à ma table de travail, je ne me sens pas plus à l'aise que quelqu'un qui tombe sur la place de l'Opéra en plein trafic et se casse les deux jambes. (*J*, 15 décembre 1910)

Ce sont ces textes qui ont été détournés d'abord par leurs traductions, – la traduction de Marthe Robert fait encore autorité[17] –, puis par l'interprétation qu'en ont donnée Deleuze et Guattari.

II. Première variation : les littératures mineures

La traduction invente le mot de littératures *mineures*. La différence est d'importance. Lorsque Kafka parle de petite littérature, il a dans l'esprit les littératures en émergence, des littératures qui ont une « mémoire qui travaille plus à fond le matériel existant », des littératures « sans modèles irrésistibles ». Il en énumère les avantages et quelques inconvénients. La hiérarchie dont il est question est d'ordre factuel et, notons-le bien, ne touche pas la langue. On peut supposer que pour Kafka, il n'y a pas de langue majeure ni de langue mineure.

Deleuze et Guattari, dans leur ouvrage sur Kafka, opèrent une fusion des deux passages du journal, l'un sur la littérature, l'autre sur la langue et, ce faisant, forment un beau contresens ou, si l'on préfère, inventent le

---

[17] *Cf. Journal*, Paris, Grasset, 1954 et *Journaux*, dans *Œuvres complètes*, Paris, Gallimard, 1984.

concept de « littérature mineure ». Je rappelle ce célèbre passage : « Le problème de l'expression n'est pas posé par Kafka d'une manière abstraite universelle, mais en rapport avec ce qu'il appelle les littératures dites mineures – par exemple la littérature juive à Varsovie ou à Prague. »[18] Premier amalgame douteux : la littérature juive à Varsovie est une littérature en yiddish alors que celle de Prague s'écrit en allemand. Et les auteurs de poursuivre : « Une littérature mineure n'est pas celle d'une langue mineure, plutôt celle qu'une minorité fait dans une langue majeure. Mais le premier caractère est de toute façon que la langue y est affectée d'un fort coefficient de déterritorialisation. » Et enfin : « Kafka définit en ce sens l'impasse qui barre aux Juifs de Prague l'accès à l'écriture, et fait de leur littérature quelque chose d'impossible : impossibilité de ne pas écrire, impossibilité d'écrire en allemand, impossibilité d'écrire autrement. »[19]

Autre détournement : la quatrième impossibilité, celle d'écrire, est passée sous silence. Or n'est-elle pas la plus significative ? Celle qui renvoie à une souffrance que Kafka nomme très précisément « désespoir » ?

Des trois caractéristiques données par Deleuze et Guattari à la littérature mineure, soit la déterritorialisation de la langue, le branchement de l'individu sur l'immédiat-politique, l'agencement collectif d'énonciation, deux seulement sont attribuables aux petites littératures, telles que décrites par Kafka. La troisième est une invention, ou plutôt une extrapolation de la situation de Kafka lui-même, situation qui l'oblige à travailler la langue allemande d'une certaine façon, et à choisir entre les deux manières possibles : soit « enrichir artificiellement cet allemand, le gonfler de toutes les ressources d'un symbolisme, d'un onirisme, d'un sens ésotérique, d'un signifiant caché », soit « opter pour la langue de Prague telle qu'elle est, dans sa pauvreté même », ce qui l'amène, toujours selon Deleuze et Guattari, à pratiquer un usage mineur de la langue allemande, c'est-à-dire à la faire vibrer en intensité.

Ces analyses de la langue littéraire de Kafka paraissent fondées. Là n'est pas la question. Mais la notion même de déterritorialisation – et Pascale Casanova l'a bien vu[20] – ne s'applique pas à ceux que Kafka

---

[18]   Gilles DELEUZE et Félix GUATTARI, *op. cit.*, p. 29.

[19]   *Ibidem*.

[20]   « Dès lors, il ne s'agit pas du tout d'inventer "un usage mineur" de l'allemand, ni de poser comme caractéristique des "petites littératures" la nécessité d'une langue "déterritorialisée". Kafka ne revendique jamais l'usage littéraire de la langue allemande de Prague. Écrire en allemand à Prague est une tragédie, une aporie littéraire insoluble qui met l'écrivain dans une situation "impossible de tous côtés". Pascale

désigne comme faisant partie des petites littératures. Ce sont ceux-là, et non les écrivains de la littérature judéo-allemande, qui vivent dans l'absence de modèles irrésistibles et sont touchés par le branchement de l'individuel sur le politique ainsi que par l'agencement collectif d'énonciation. Pour Kafka au contraire, comme pour tous les juifs de Prague qui écrivent en allemand, la seule aventure possible est l'aventure esthétique :

> À Werfel et à Kafka, les Tchèques offrent, à tort ou à raison, l'image d'un peuple véritable, d'une communauté vivante, soudée, parfaitement accordée à son sort, à sa langue, à son Histoire, à sa culture. Et eux éprouvent peu ou prou le sentiment d'être à Prague des étrangers qui mènent une vie artificielle et même illégitime. À ce propos, Ernst Polak, le mari de Milena, note que la littérature, l'art en général étaient le seul moyen de se procurer un semblant de légitimité dans cette ville où l'on vous faisait sentir à chaque pas qu'on n'avait plus besoin de vous et où tout n'était que faux-semblant, car la réalité du pouvoir n'était plus entre vos mains. On vivait dans l'art et pour l'art, puisque tout autre forme de vie était interdite.[21]

Ainsi s'explique la fascination que Kafka éprouve pour la littérature tchèque et pour le « sentiment de proximité » qui s'y exprime. Quant à la littérature en yiddish, elle est, comme la langue, objet d'une égale fascination qui se traduit par l'admiration de Kafka pour l'acteur directeur de troupe Löwy. Autre anecdote pleine d'enseignement : assistant un jour à un spectacle de chansons donné par une certaine madame Klug, Kafka dit avoir « noué la relation la plus intime avec chaque petit détail de sa personne, [...] avec sa lèvre inférieure qui se retrousse tout à coup en savourant l'effet d'un bon mot ». Et ce bon mot qu'il prend la peine de citer, c'est : « Voyez-vous, je parle toutes les langues, mais en yiddish » (*J*, 6 janvier 1912, p. 216). Il est tentant de supposer que Kafka lui-même aurait pu énoncer cette phrase.

La déterritorialisation dont il est question chez Kafka renvoie à la langue allemande, mais n'a donc rien à voir avec le concept de petite littérature. Quant au branchement de l'individuel sur le politique, cela est bien la caractéristique des petites littératures, celles qui sont peu connues et peu diffusées, mais absolument pas celle de la littérature judéo-allemande de Prague qui, précisément, est condamnée à une forme d'esthétisme ou d'art pour l'art, comme le signale à juste titre Marthe Robert insistant sur la radicale étrangeté ressentie par Kafka[22].

CASANOVA, « Nouvelles considérations sur les littératures dites mineures », dans *Littératures classiques*, n° 31, automne 1997, p. 244.

[21] Jean-Pierre DANÈS, *op. cit.*, p. 138.

[22] Marthe ROBERT, « Introduction », *op. cit.*, pp. XVII et suiv.

L'agencement collectif d'énonciation est, là encore, la caractéristique des littératures en émergence et ne correspond pas à l'infinie solitude kafkaïenne.

La variation Deleuze et Guattari est d'importance. Elle contredit allègrement le texte original pour proposer un bon usage du mineur, soit cet usage mineur d'une langue majeure, tel que pratiqué par des écrivains comme Kafka, Beckett ou Céline. Mais Kafka est un écrivain dont la langue est déterritorialisée alors que Beckett écrit dans une langue autre que sa langue maternelle et Céline, pour sa part, voyage dans les registres de la langue majeure, qu'il détourne par un usage mineur. Dans les trois cas, nous sommes loin des petites littératures dont parle Kafka. Il s'agit bien plutôt du mineur revu et corrigé par le majeur, un mineur qui fait l'économie d'un certain sentiment tragique.

III. Deuxième variation : les littératures des petites nations

La notion kafkaïenne de petite littérature est, rappelons-le, tout juste esquissée. Son prolongement le plus direct se retrouve sous la plume d'un écrivain d'origine tchèque, Kundera, qui, dans *Les Testaments trahis*, décrit « les petites nations » en ces termes : « Ce concept n'est pas quantitatif ; il désigne une situation ; un destin : les petites nations ne connaissant pas la sensation heureuse d'être là depuis toujours ; confrontées à l'arrogante ignorance des grands, elles voient leur existence perpétuellement menacée ou mise en question ; car leur existence même est question. »[23] Des petites littératures aux petites nations, le glissement a toutefois son importance. Les considérations de Kundera s'appliquent à la littérature tchèque, mais ne pourraient s'appliquer à la littérature des minorités juives de Varsovie ou de Prague.

Ces petites nations, toujours selon Kundera, donnent naissance à un art « handicapé » parce que peu connu ou alors mal connu, ramené sans cesse à une dimension nationale dont il n'a souvent que faire : « Dissimulées derrière leurs langues inaccessibles, les petites nations européennes (leur vie, leur histoire, leur culture) sont très mal connues ; on pense, tout naturellement, que là réside le handicap principal pour la reconnaissance internationale de leur art. Or, c'est le contraire : cet art est handicapé parce que tout le monde (la critique, l'historiographie, les compatriotes comme les étrangers) le colle sur la grande photo de famille nationale et ne le laisse pas sortir de là »[24]. Et Kundera de citer l'exemple de Gombrovicz que l'on « polonise » et « repolonise ». On

---

[23]   Milan KUNDERA, *Les Testaments trahis*, Paris, Gallimard, 1993, p. 225.
[24]   *Ibid.*, p. 227.

croirait presque entendre Jacques Godbout qui, dans les années 70, réclamait le droit de quitter le mur des lamentations national et, en corollaire, de cesser d'être perçu comme le porte-parole de la nation. Entre le devoir de fidélité et l'embrigadement obligatoire, la frontière est parfois ténue.

Le sens communautaire que Kafka percevait comme un avantage des petites littératures peut devenir au plan international une grille de lecture commode et détourner des œuvres dont elles simplifient dangereusement la portée. Il n'est toutefois pas inutile d'insister sur le premier des handicaps énoncé par Kundera et de rappeler que ces mêmes œuvres, non seulement sont mal connues ou mal lues, mais s'élaborent sous la menace constante de l'invisibilité. C'est ce qu'a bien décrit Pascale Casanova :

> Pour accéder à la simple existence littéraire, pour lutter contre cette invisibilité qui les menace d'emblée, les écrivains ont à créer les conditions de leur « apparition », c'est-à-dire de leur visibilité littéraire. La liberté créatrice des écrivains venus de la périphérie du monde ne leur a pas été donnée d'emblée : ils ne l'ont conquise qu'au prix de luttes toujours déniées comme telles au nom de l'universalité littéraire et de l'égalité de tous devant la création, et de l'invention de stratégies complexes qui bouleversent totalement l'univers des possibles littéraires.[25]

Et elle précise encore :

> Placés devant une antinomie qui n'appartient (et n'apparaît) qu'à eux, ils ont à opérer un « choix » nécessaire et douloureux : soit affirmer leur différence et se « condamner » à la voie difficile et incertaine des écrivains nationaux (régionaux, populaires, etc.) écrivant dans de « petites » langues littéraires et pas ou peu reconnus dans l'univers littéraire international, soit « trahir » leur appartenance et s'assimiler à l'un des grands courants littéraires en reniant leur « différence ».[26]

La littérature des petites nations semble condamnée à un perpétuel balancement entre le peu connu, le mal connu ou le pas connu du tout, ce qui est le plus lourd des handicaps. De ce point de vue, le sort des littératures des petites nations est analogue à celui de la littérature des minorités en « langue majeure », comme la littérature judéo-allemande de Prague. Rappelons-nous les mots de Kakfa : « Mais ce n'était rien, on disait simplement que quelqu'un danse. »

La notion de littérature mineure, telle que mise de l'avant par Deleuze et Guattari, est donc un nouveau concept élaboré au cœur même

---

[25] Pascale CASANOVA, *La République mondiale des lettres*, Paris, Seuil, 1999, p. 243.
[26] *Ibid.*, p. 247.

de la légitimité institutionnelle française, c'est-à-dire le mineur revu et corrigé par le majeur, concept que Kafka aurait sans doute eu du mal à reconnaître. Mais puisque cette définition de la littérature mineure a joui d'une véritable popularité, notamment pour désigner les littératures francophones, voyons maintenant quelles variations on en a proposées.

IV. Troisième variation : les discours antillais

Césaire, l'un des premiers, s'est approprié la notion deleuzienne de littérature mineure pour tenter de l'appliquer à la littérature nègre :

> Si l'on pouvait trouver, pour la littérature nègre d'expression française, une situation référentielle qui permette à un Européen d'en comprendre le caractère et le dynamisme, c'est peut-être le cas de Kafka, juif et Tchèque et écrivant en allemand, qui a inventé la notion de « littérature mineure » qu'il développe longuement dans son journal.[27]

Remarquons que ce discours tente de contextualiser la littérature nègre pour un public européen et la référence à Kafka prend alors valeur métaphorique. Mais la notion de littérature mineure, pour décrire la littérature antillaise, est aujourd'hui contestée par Raphaël Confiant pour son relent de colonialisme. Parce que « nous autres, auteurs de la créolité, ne nous considérons pas du tout comme une minorité mais bien comme une majorité (dans notre pays, la Martinique) ». « Ensuite, ajoute-t-il, parce que le français est devenu tout autant notre langue que celle des hexagonaux. » Et de préciser : « Ce qui signifie que, pour nous, il n'y a pas (ou il n'y a plus) de centre de la langue française qui serait Paris dont nous, Martiniquais, serions, à l'instar des Suisses, des Québécois ou des Maghrébins, l'une des nombreuses périphéries. »[28] Mais une telle négation du centre me paraît, dans l'histoire de la langue française et de sa littérature, un projet encore en devenir. Les Antillais ne sont-ils pas les premiers à avoir besoin des créneaux du centre pour faire entendre leur « littérature majeure qui s'exprime dans deux langues nationales, le créole et le français »[29] ?

J'ouvre ici une parenthèse pour ajouter qu'une critique analogue à celle de Confiant peut se faire quant à l'application du concept à la littérature québécoise. On peut difficilement considérer en effet les francophones au Québec comme une minorité, à moins d'inscrire

---

[27] Aimé CÉSAIRE, « Discours à Genève avant la représentation de la "Cantate" du retour au pays natal en juin 1978 », cité par Raphaël CONFIANT, dans *Une Traversée paradoxale du siècle*, Paris, Stock, 1992, p. 122.

[28] Raphaël CONFIANT, *op. cit.*, p. 122.

[29] *Ibid.*, p. 123.

comme seule base du repérage l'entité pan-canadienne ou encore l'entité française ou pan-francophone. Pour ce qui est des autres caractéristiques, à savoir le branchement sur l'immédiat politique et l'agencement collectif d'énonciation, n'est-ce pas précisément ce que la littérature québécoise quitte peu à peu ? Le concept de littérature mineure, s'il a quelque pertinence, correspondrait plutôt à un moment de l'histoire littéraire québécoise, celui des années 60 plus particulièrement.

Interrogé récemment sur cette notion de littérature mineure, Édouard Glissant, qui a bien identifié le « tourment de langage » et la « souffrance d'expression » propre aux pays dominés[30], et dont la pensée est souvent proche de celle de Deleuze et Guattari, notamment par son utilisation de la notion de rhizome, me répond : « C'est un concept qui me paraît intéressant dans le cadre où il a été défini. Quand on est à l'intérieur, dans le ventre de la bête, comme était Kafka, ou comme étaient Deleuze et Guattari, on peut en effet animer une notion de littérature mineure qui par antithèse s'oppose victorieusement aux notions de littératures disons "majeures", entre guillemets. Mais nous, qui sommes dans le monde – *un monde qu'il désignera comme un monde composite, un monde incréé* –, nous considérons que nos littératures ne sont pas mineures, ni minorées, parce qu'elles sont en contact direct avec la pulsion du monde et que nous n'avons pas à établir ce genre de rapport qui est un rapport interne aux cultures occidentales. Par conséquent, je ne prends pas pour moi les notions de littérature mineures et de littératures minorées telles que Deleuze et Guattari ont pu les définir. »[31]

V. Quatrième variation : les littératures régionales et de l'exiguïté

Faut-il parler alors d'une littérature périphérique ou régionale ou ex-centrique ? Mais supposer l'idée d'un centre, n'est-ce pas encore entrer dans une dialectique piégée à l'avance ? Qui définira le centre ? Est-ce que toute littérature, à un moment donné de son parcours, n'a pas intérêt à se percevoir comme centre ? Qu'on pense aux littératures sud-américaines, qui ont renversé en leur faveur la dialectique du centre et de la périphérie. Mieux encore, la notion de centre est-elle nécessaire ? Ne renvoie-t-elle pas à un discours autoritaire, monolithique, celui d'un consensus impossible ? Le discours du centre est toujours, quoi qu'on dise, un discours du pouvoir, ne serait-ce que celui de décréter l'uni-

---

[30] « L'imaginaire des langues », entrevue avec Lise Gauvin, dans *Introduction à une Poétique du Divers*, Montréal, PUM, 1995/Paris, Gallimard, 1996.

[31] Entretien réalisé à Saint-Claude, en Guadeloupe, le 13 décembre 2000, inédit.

versel. La notion de région a été remplacée, disons plutôt courcircuitée ces dernières décennies par celle de réseau, plus dynamique et moins orientée : « Aux rapports stables de circulation entre les lieux se substituent des relations de circuits, de trajets et de nœuds dont l'exigence continue est la mobilité »[32], écrit Jacques Dubois dans un ouvrage visant à comparer la culture française de Belgique et la culture tchèque. La quatrième de couverture décrit ces pays comme « pays-limites gravitant dans l'orbite des grands voisins ». Il m'a semblé comprendre que la région permet davantage l'éclosion des « petites littératures » à la Kafka, par le sentiment communautaire qu'elle crée, alors que la tendance du réseau est de faire éclater tout sentiment d'appartenance. Ou tout au moins de le faire dévier. Une remarque, cependant : en cherchant où étaient situées les éditions *Yellow Now*, qui publient l'ouvrage collectif dont tous les textes sont en français, je me suis rendu compte que le livre a été imprimé à Liège et publié avec l'aide de la Commission française de la Culture de l'Agglomération de Bruxelles. Devrait-on voir dans le choix même de l'appellation Yellow Now l'indice d'une mise en réseau de la région ?

Dans un ouvrage fort stimulant, François Paré propose la notion de « littératures de l'exiguïté » regroupant par là les littératures minoritaires, les littérature coloniales, les littératures insulaires, les petites littératures nationales, c'est-à-dire ces littératures qui « vacillent entre une gloire un peu surfaite et le désespoir de n'arriver à engendrer que de l'indifférence »[33]. On rejoint ainsi Kafka qui, dans sa description des petites littératures, parlait de l'exiguïté de l'espace, ce qui se traduit dans les faits par une faible diffusion hors de l'enceinte initiale. On pourrait dire de ces littératures qu'elles voyagent peu, que leur importance à l'échelle mondiale est inversement proportionnelle à leur impact dans leur société d'origine. Mais là encore, l'exiguïté suppose un comparant plus large, plus étendu, plus expansionniste[34]. Ces littératures sont

---

[32] Jacques DUBOIS, « Régions ou réseaux », dans *Centres et périphéries : Bruxelles-Prague et l'espace culturel européen*, Liège, Yellow Now, 1988, p. 24. Rappelons que dans son ouvrage portant sur *L'Institution de la littérature*, Jacques Dubois inclut sous la rubrique « littératures mineures » les littératures proscrites, les littératures régionales, les littératures de masse et les littératures parallèles et sauvages (Bruxelles, Labor, 1978, p. 12).

[33] François PARÉ, *Les Littératures de l'exiguïté*, Hearst, Le Nordir, 1972, p. 9.

[34] François Renucci, dans une conférence portant sur la littérature corse, indique bien cette nécessité de sortir de la hiérarchie : « Le terme de [littérature] régionale est encore à caution. C'est une dénomination venue d'en haut, du national et qui signifie que le régional est mineur, plus petit en quantité et qualité, minoritaire, minoré. Le "national" semble dire : puisque le lieu dont vous parlez ou d'où vous parlez n'est qu'un élément d'un tout, vous êtes forcément incapables d'accéder aux grands

encore nommées par référence à une hiérarchie. Aussi séduisant qu'il soit, ce modèle me semble risqué, puisqu'il repose sur une conception territoriale de la littérature. À moins de transformer l'exiguïté dont il est question en une exiguïté du symbolique, ce qui, selon Jean et Karim Larose, permettrait de quitter le registre du quantitatif pour passer à celui des codes culturels et du langage[35].

VI. Cinquième variation : les littératures liminaires

Michel Biron, dans un ouvrage consacré à la littérature québécoise[36], propose pour sa part le concept de littérature liminaire, s'appuyant en cela sur une théorie du sociologue Victor W. Turner et à partir du concept de *communitas*. Pour ce dernier, la *communitas* renvoie à une société fondée non pas sur l'exercice d'un pouvoir, mais sur l'expérience de la « liminarité ». Elle regroupe des personnes situées en marge des institutions, soit parce qu'elles en sont exclues, soit parce qu'elles n'y ont pas encore accédé. Les écrivains que Biron examine ont en commun d'imaginer une société en creux « là où la structure n'est pas ».

> La société des textes est toujours chez eux une *communitas*, un espace de communication soumis à la loi de l'amitié ou de la connivence ou, ce qui revient au même, à l'absence de communication qui correspond à l'absence de société, à un désert, à une irréparable solitude. Les rapports entre individus sont moins déterminés par une hiérarchie verticale que par une sorte de hiérarchie horizontale qui n'obéit pas à la logique d'un classement établi d'avance, mais à un système peu déterminé dans lequel tout est affaire de continuité, de voisinage. Dans un contexte de liminarité, il ne s'agit plus de s'élever socialement, mais d'étendre la zone de proximité, soit en abaissant ce qui se donne pour sacré ou autoritaire, soit en rapprochant ce qui semble

---

thèmes universels. Ou bien alors, on mettra en valeur un texte "régional" pour avoir su décrire une richesse locale constitutive du grand tout, c'est-à-dire d'avoir marié comme il fallait l'universel et le particulier. C'est imposer à ces littératures un fonctionnement vertical ; la région parle à la nation. Il existe pourtant un fonctionnement horizontal, mais qui semble ne devoir être accordé qu'aux littératures nationales, depuis longtemps bien établies, reposant sur une série de chefs-d'œuvre et le bel et bon usage d'une langue. » (Site Internet consacré à la littérature corse.) Le même site reproduit une conférence de l'écrivain Jacques THIERS qui a pour titre : « Écrire, c'est mourir un peu ». On ne peut s'empêcher de penser à l'ouvrage d'Herménégilde CHIASSON, *Mourir à Scoudhouc*, Moncton, Éditions d'Acadie, 1974.

35 Karim LAROSE, « Majeur et mineur, regards croisés », dans *Substance*, vol. 31, n° 1 (97), Santa Barbara, 2002. « J'entends par symbolique, écrit Karim Larose qui dit emprunter sa définition à Jean Larose, la sphère du code linguistique articulé, en tant qu'emblème de la forme, de l'autre, de la frontière, de la limite. »

36 Michel BIRON, *L'Absence du maître. Saint-Denys Garneau, Ferron, Ducharme*, Montréal, PUM, « Socius », 2000.

lointain. C'est le sujet, celui que Turner appelle le personnage liminaire, qui définit le centre de gravité dans un tel cadre. [...] La supériorité hiérarchique étant une marque de hauteur, donc de distance, elle devient aussitôt quasi dévaluée, ornement ridicule ».

Les renversements ne s'y opèrent pas « contre la structure mais dans l'absence de structure. D'où le caractère souvent amer de la fête, qui tourne au désastre en un rien de temps, les participants n'étant plus sûrs de sa fonction. »[37] « L'écriture de la liminarité se détruirait elle-même si elle parvenait à se fixer dans un modèle esthétique. »[38] Ne retrouve-t-on pas là, à peine transposées, les réflexions de Kafka sur les petites littératures, celles qui se développent sans « modèles irrésistibles » ?

VII. Sixième variation : du bon usage du mineur

Avant d'aller plus loin, il me paraît nécessaire de rappeler que plusieurs travaux et publications s'appuient sur la notion de littérature mineure pour décrire leur objet, tendant à démontrer qu'il y aurait un bon usage à faire du concept de littérature mineure.

Une livraison du *Journal of Modern Greek Studies* s'ouvre sur un long article éditorial intitulé « De l'importance d'être mineur »[39]. Après avoir constaté que les universitaires s'intéressant aux cultures « mineures » ou périphériques trouvent sur leur chemin des barrières insurmontables pour faire reconnaître la pertinence même de leur objet auprès des éditeurs de revues et de livres, il fait l'hypothèse que les études portant sur la culture et la littérature grecque modernes (*Modern Greek Studies*) peuvent être pertinentes pour comprendre aussi bien les cultures dites centrales que les périphériques. L'auteur rejette le modèle Deleuze et Guattari, d'une part parce que la notion de minorité et de langue majeure ne s'applique pas à la littérature grecque moderne, mais aussi parce qu'il lui paraît contradictoire de dire que le mineur peut devenir majeur ou central. Ce qui obligerait à redéfinir le mineur de façon à pouvoir refléter sa possible canonisation et sa capacité de supprimer tout écrit qui ne serait pas conforme à son paradigme. Selon ce même auteur, on ne peut affirmer que le problème de la communauté juive de Prague est le problème de tous sans créer un nouveau paradigme universaliste. Après avoir critiqué les stratégies universalistes des littératures dominantes, il serait inadéquat, pour ne pas dire malhonnête, de faire d'un

---

[37] *Ibid.*, p. 13.

[38] *Ibid.*, p. 15.

[39] Gregory JUSDANIS, « The Importance of Being Minor », dans *Journal of Modern Greek Studies*, vol. 8, n° 1, May l, 1990, pp. 5-33.

individu – en l'occurrence Kakfa – le représentant d'un tout[40]. On en appelle donc à une étude de la littérature grecque qui ferait l'économie de la conception de Littérature, ou de Word Literature, conception européocentriste née au XIXe siècle, celle-là même qui fait dire à un auteur comme Saul Bellow, américain pourtant d'origine montréalaise : « Qui est le Tolstoi des Zoulous ? Le Proust des Papous ? » Il faut donc abandonner toute prétention à l'universalisation du mineur : « Le mineur est par définition provincial puisque son propos n'a pas été universalisé. » On étudiera la littérature grecque en rapport avec ses propres stratégies d'émergence et d'institutionnalisation, ce qui permettra de sensibiliser la critique aux points de divergence entre les diverses traditions littéraires. Mais, sans doute l'avez-vous remarqué, ces réflexions sur les littératures mineures se publient en anglais, langue que l'on peut difficilement considérer comme mineure. Ce qui montre bien que tout discours sur le mineur postule le majeur d'une façon ou d'une autre.

De son côté, un groupe de recherche de l'université de Strasbourg poursuit une enquête sur les auteurs et les genres dits mineurs, c'est-à-dire ceux que l'histoire littéraire a ainsi classés et, par le fait même, un peu oubliés, s'interrogeant sur les critères placés à la source d'une telle évaluation. Les travaux portent aussi bien sur l'œuvre et le parcours d'un auteur moins connu comme Charles Nodier que sur ceux d'un auteur comme Gombrowicz, qui n'a cessé d'attaquer la figure de l'écrivain officiel et, pour « échapper aux leurres de la grande littérature », d'écrire « en mineur »[41] – à la manière d'un Ferron revendiquant son statut d'écrivain mineur. Les travaux portent également sur la notion de valeur justifiant l'opposition « Littérature majeure, littérature mineure »[42]. Cette notion est aussi abordée dans de fort nombreuses re-

---

[40] « Unlike authors of major literature who seek to transcend political, racial, and class differences, Kafka refuses an autonomous identity, undermines the practices of canonical writing, does not claim representative statuts, and brings to writing the condition of marginality in his community. But according to this description Kafka's writing could hardly be considered minor since it belongs to one of the most influential paradigms of modernism. Alienation, unfulfillment, fear and trembling constitute some of the most easily recognizable characteristics of modernism. […] Critics of minor literature should not take as their goal the universalization of the minor. For how can the specific situation of Czech Jews or of any other minority become, as Deleuze and Guattari put it, the "problem of all" ? After criticizing the universalist strategies of the dominant literatures it would be inconsistent, if not dishonest, to have the individual represent the whole once again. It is not a matter of making the minor "great" but of learning from its problematic and of not allowing the "major" and "great" to set the agenda and preside over the discussion », *ibid.*, pp. 8-9.

[41] Brigitte DIAZ, « Witold Grombowicz, un écrivain mineur ? », dans *Pour une esthétique de la littérature mineure*, Luc FRAISSE (dir.), Paris, Champion, 2000, p. 182.

[42] Gérard DESSON, « Littérature, manière, modernité », *ibid.*, p. 213.

cherches sur l'institution littéraire ou l'institutionnalisation du littéraire, dont il est impossible de donner ici un aperçu.

VIII. Septième variation : les littératures de l'intranquillité

Au terme de ce parcours, je me permets de vous proposer une variation personnelle pour désigner ces littératures des petites nations, de celles dont Kundera dit que l'existence même est question. À l'expression « littératures mineures », je propose de substituer celle, plus adéquate me semble-t-il, de « littérature de l'intranquillité », empruntant à Pessoa ce mot aux résonances multiples. Bien que la notion d'intranquillité puisse s'appliquer à toute forme d'écriture, de littérature, je crois qu'elle correspond tout particulièrement à la pratique langagière de l'écrivain francophone, qui est fondamentalement une pratique du soupçon. Dans un ouvrage comparant la situation de la littérature québécoise à celle de la littérature belge francophone, *Trajectoires*[43], je disais que nous avions en commun le fait d'être des littératures inquiètes. De l'inquiétude à l'intranquillité, il n'y a que le passage d'un sentiment à un état, l'un et l'autre aussi précaires.

En ce qui concerne la littérature québécoise, il est facile de constater qu'il s'agit d'une littérature qui, dès le début, est hantée par la conscience de son statut, qui cherche à se constituer en littérature nationale et ne le devient qu'au moment où elle met fin à ses énoncés programmatiques, au moment où elle laisse dans l'ombre le qualificatif et se conçoit comme littérature avant d'être québécoise. Cette littérature participe de l'intranquillité en ce sens que rien ne lui est jamais acquis et qu'elle vit de ses paradoxes mêmes.

Paradoxe d'abord que cette langue dite tour à tour française, québécoise ou canadienne, cette langue au statut toujours précaire et toujours à renégocier, qui a permis aux diverses générations d'écrivains de passer de l'insécurité à la « surconscience » linguistique, d'une attitude normative à l'invention la plus pure. Le joual s'y transforme en blues et en chant lyrique. La langue devient par excellence un espace rêvé, utopique. Chaque écrivain, on le sait, doit trouver sa langue dans la langue commune, mais il doit, au Québec, à la fois défendre le statut de cette langue sur le plan politique et affirmer son caractère d'étrangeté. « Écrire une langue, c'est s'éloigner d'une langue », déclare Michel Tremblay. « Écrire, dit Godbout, c'est une activité d'étranger. »

---

[43]   Lise GAUVIN et Jean-Marie KLINKENBERG (dir.), *Trajectoires. Littérature et institutions au Québec et en Belgique francophone,* Bruxelles/Montréal, Labor/PUM, 1983.

Écrire au Québec, c'est aller à la rencontre de cette étrangeté, en nous et hors de nous, sachant qu'il n'y a de littérature possible que dans l'inconfort et l'intranquillité.

Quand l'écrivain rêve d'inventer une langue, sa langue, cela peut donner quelque chose comme le bérénicien, cette utopie ducharmienne qui veut que le verbe avoir se conjugue toujours avec le verbe être. L'aboutissement de cette langue rêvée, de cette conciliation, je le perçois dans le roman *Dévadé* du même Ducharme et particulièrement dans cette phrase magique et magnifique : « Me casse pas. Je suis tout ce que j'ai. »

Cette phrase me paraît pouvoir être mise en exergue à l'ensemble de la littérature québécoise. Elle rend compte d'une conscience de la fragilité qui se meut aussitôt en force, celle de l'intranquillité. Cette littérature a l'avantage de n'être pas là où on l'attend. Encore trop peu connue à l'étranger, elle ne répond pas aux images clichés que l'on veut y voir. Les écrivains ont renoncé depuis longtemps à l'exotisme d'un primitivisme sauvage, ainsi qu'aux atouts folkloriques. À quelques exceptions près. Les écrivains choisissent de se dire dans une conscience aiguë de leurs limites et d'une précarité qu'ils s'appliquent à déjouer avec patience. Littérature de l'Extrême-Occident, a-t-on dit au sujet de la québécoise[44]. De l'Extrême-Amérique également. À l'étrangeté de l'écriture comme telle, s'en ajoute une autre, celle de l'étrangéité dans le continent américain. La littérature québécoise se trouve ainsi affectée d'un double coefficient d'étrangeté. Elle a hérité des blessures de la colonisation sans en prendre en contrepartie les bienfaits : celui de l'immense marché auquel ont eu droit les littératures sud-américaines, jouant à rebours le jeu des empires détruits. Dans ce domaine de la diffusion comme dans les autres, la littérature québécoise n'a rien d'assuré, de tranquille.

Le paradoxe de l'intranquillité, c'est qu'elle s'inscrit dans une durée, qu'elle persiste et signe. « Si peu que j'aie écrit, la littérature est toute ma vie », déclarait Miron. Et ainsi de plusieurs autres. Dont je suis. L'intranquillité est une force, un privilège que la littérature québécoise partage avec d'autres littératures qui, sur la scène du monde et de manière chaque fois différente, déroutent et dérangent, car elles ne seront jamais établies dans le confort ou l'évidence de leur statut.

En conclusion, je souhaiterais que les travaux de ce colloque nous amènent sur la voie d'une interrogation très large concernant les rapports langue et littérature, interrogation qui ne peut vraiment se faire qu'en contournant le dualisme majeur/mineur et la hiérarchisation que

---

[44] Jean-Marie KLINKENBERG, « Littérature de l'Extrême-Occident », dans *La Wallonie*, 16 janvier 1990.

cette opposition met en cause. À l'heure de la mondialisation et des technologies de communication, peut-on encore parler de grande et de petite littérature ? De langue majeure et de langue mineure ? Peut-on penser la littérature hors des catégories qui la fixent et la figent ? Ces catégories sont-elles encore pertinentes dans un monde où, comme le dit Scarpetta, la « culture quotidienne est fondamentalement hétérogène : le majeur et le mineur s'y mêlent, s'y court-circuitent, s'y enchevêtrent, s'y confrontent, quasi inextricablement. Ou, si l'on veut, le majeur et le mineur ne sont pas deux cultures sociologiquement distinctes, séparées par une ligne de démarcation infranchissable, mais, dans notre vie culturelle de chaque instant, deux registres, sans cesse coprésents, avec toutes le modalités possibles de cette coprésence, de l'antagonisme à la continuité. »[45] Mais encore une fois, par les exemples qu'il choisit, Scarpetta décrit le mineur du majeur, c'est-à-dire ce qui de la culture a déjà atteint un seuil de visibilité, est déjà reconnu comme art, soit populaire soit savant. On pourrait s'amuser à pasticher les énoncés de la culture ti-pop évoquée dans la revue *Parti pris* en disant qu'on est toujours le mineur de quelqu'un d'autre et qu'il y a toujours plus mineur que soi. Plus sérieusement, quel sort réserver à la langue dans la détermination du statut d'une littérature ? Mais déjà en 1867, le poète Crémazie n'avait-il pas lancé le débat, bien avant Deleuze et Guattari, en posant la question de la langue comme liée aux conditions d'existence d'une littérature alors en émergence ? La donne a beaucoup changé mais la question reste posée.

---

[45] Guy SCARPETTA, *L'Impureté*, Paris, Grasset, 1985, p. 76.

Autour du concept de langue majeure

Variations sur un thème mineur*

Jean-Marie KLINKENBERG

Balzac le disait déjà : « Les titres sont de fieffés imposteurs ». Celui de ma contribution n'échappe pas à la règle. Sa principale imposture, due au désir de fournir un miroir complice à la communication de Lise Gauvin, consiste à qualifier le problème de la langue de mineur. Car au vrai, mineur, il ne l'est pas dans l'absolu. Il ne passe pour tel que dans le cadre des études littéraires. En dehors du champ de la stylistique, et en dépit de travaux comme ceux – je cite en vrac – de Balibar, Duneton ou Grutman, les problèmes relatifs au statut de la langue n'y sont en effet guère interrogés, et parmi les postulats fondateurs de la littérature l'unicité et la stabilité de la langue figurent fréquemment en bonne place[1]. Mais on va voir que ce statut de postulat n'est qu'un corollaire parmi d'autres de ce que j'appellerai la conception essentialiste de la langue. Une conception dont un des concepts désignés par l'intitulé même de ce colloque – celui de « langue majeure » – indique qu'on ne s'en met pas aisément à l'abri.

S'emparant d'un problème aussi vaste, mon exposé n'aura aucune prétention à la nouveauté, et je serai amené à redire nombre de choses dont certaines sont à présent bien connues. Son intérêt pourrait toutefois être double : d'une part fédérer dans un modèle compréhensif certaines observations faites sur le fonctionnement des cultures marginales, en replaçant leur aspect littéraire dans un cadre plus vaste.

Sur le plan strictement littéraire, il pourrait avoir un second intérêt, épistémologique : corriger certaines perspectives de l'analyse institutionnelles qui, si elle fait l'économie du facteur linguistique, peut parfois

---

* Cet article fait usage des rectifications orthographiques de 1990.
[1] Comme, par exemple : Joseph HANSE, « Langue littéraire et appartenance nationale », dans *Actes du IVᵉ Congrès de l'Association internationale de littérature comparée*, 1965.

être réductrice. J'ai pu le montrer avec le thème de l'insécurité linguistique comme condition de production des lettres belges[2], thème à quoi je reviendrai : certains facteurs historiques relativisent le facteur social, que l'on avait pu croire prépondérant dans le problème de la langue d'écriture. C'est que la considération de la langue fait voir l'institution littéraire dans un rapport médiat aux autres superstructures sociales et que si l'insécurité linguistique est un principe général synchronique, il doit être nuancé par des considérations diachroniques.

L'exposé sera donc à la fois récapitulatif et programmatique.

On observe en effet au fil du temps d'importantes mutations tant dans les pratiques d'écriture que dans les représentations qu'on s'en fait : s'il y a deux solutions au problème de l'insécurité (la baroque et la puriste), on note que, selon les époques, c'est tantôt pour l'une tantôt pour l'autre que les acteurs optent massivement. Ainsi, la solution baroque prévaut durant la phase centripète, et revient également à l'honneur à partir des débuts de la phase dialectique (soit à partir de 1960). La solution classique domine par contre la période centrifuge. Ces mouvements ne s'opèrent évidemment pas au hasard : leur alternance dépend de facteurs historiques dont on ne peut traiter ici[3]. Tous ces facteurs relativisent le facteur social. Car, entre 1937 et 1980, le statut de l'écrivain belge n'a guère varié, au rebours de ce qui s'est produit au début de ce siècle. Alors qu'au XIXe siècle, cet écrivain est volontiers docteur en droit, et issu de bonne famille, à partir de 1920, il se recrute davantage dans les milieux plus modestes, et est plutôt professeur ou journaliste. À la différence de son collègue français, que les rares études sociologiques dont on dispose montrent comme en général issu de l'aristocratie ou de la haute bourgeoisie, l'écrivain belge du XXe siècle provient donc de cette masse dont l'ascension sociale a été liée à la scolarisation et qui vit le plus intensément l'insécurité linguistique. Mais que ceux de 1937 aient pu opter pour la position puriste et ceux de 1980 pour la position aventureuse – deux solutions différentes au même problème – pointe l'importance d'autres facteurs. Et, au premier rang de ceux-ci, les réflexes culturels induits par les situations

---

[2]   Jean-Marie KLINKENBERG, « Insécurité linguistique et production littéraire. Le problème de la langue d'écriture dans les lettres francophones », dans Michel FRANCARD *et al.* (dir.), *L'Insécurité linguistique dans les communautés francophones périphériques*, Louvain-la-Neuve, n° spécial des *Cahiers de l'Institut de linguistique de Louvain*, t. XIX, 1994, n° 3-4, pp. 71-80.

[3]   Voir Jean-Marie KLINKENBERG, « La production littéraire en Belgique francophone. Esquisse d'une sociologie historique », dans *Littérature*, n° 44 (numéro spécial *L'Institution littéraire, II*), 1981, pp. 33-50.

historiques mondiales et la structure du champ littéraire[4]. On pourrait mener une démonstration semblable avec le thème bien exploré déjà du centralisme et de la latéralité. « L'intériorisation d'une pensée unificatrice et centralisatrice » qui, selon Paul Dirckx[5], caractériserait tout l'habitus belge et déterminerait sa production littéraire, est évidemment à lire à la lumière de réflexes linguistiques bien indurés.

I. Le discours essentialiste

A. La langue : une essence ?

Il en va du français comme de toute autre langue : il n'existe pas. Pas plus que l'allemand ou l'espagnol, d'ailleurs. Ce qui existe, ce sont *des* français, *des* allemands, *des* espagnols. Cette pluralité interne des langues n'a rien d'étonnant. Elles offrent en effet à leurs usagers les moyens de mettre au point mille stratégies communicatives et tactiques symboliques. Et elles exhiberont donc à leur observateur un visage changeant à l'infini.

Variation banale. Mais la mettre en évidence apparait toujours comme scandaleux, tant elle est refoulée dans les consciences par une manœuvre de construction que j'appelle le discours essentialiste[6] : un discours qui vise à rendre monolithique aux consciences ce qui n'est objectivement qu'un conglomérat de variétés linguistiques, lesquelles diffèrent par leurs couts autant que par les profits qu'elles permettent d'escompter sur le marché symbolique.

Cet unitarisme, on le retrouve dans toutes les communautés culturelles. Il est bien sûr l'effet d'une construction discursive. Des autorités légitimes affirment « telle langue est une », et la voilà une aux yeux des sujets[7]. Un unitarisme répandu, mais qui s'est particulièrement déve-

---

[4] Cf. Jean-Marie KLINKENBERG, « Insécurité linguistique et production littéraire. Le problème de la langue d'écriture dans les lettres francophones », *op. cit.*

[5] Paul DIRCKX, « La langue du fou. Les obstacles à l'analyse des spécificités de l'espace social belge », dans *Réseaux*, n° 85-87, *Langues, blancs, pouvoirs inconscients*, 1999.

[6] Jean-Marie KLINKENBERG, *La Langue et le citoyen*, Paris, PUF, 2001.

[7] Cette puissance constructiviste du discours épilinguistique commun contamine celui de la science, quand celle-ci transforme en réalité objective ce qui n'est que classification purement méthodologique. Ainsi le romaniste, qui fait du wallon et du normand deux dialectes voisins dans le même faisceau français, est-il bien surpris d'apprendre que tchèque et slovaque sont considérés non comme deux variétés, mais comme deux langues distinctes ; en revanche, un spécialiste des langues slaves aurait droit de s'étonner que l'on fasse de deux parlers aussi distincts que le piémontais et le sicilien deux simples dialectes du même ensemble italien. Pourtant il n'y a là que des décisions classificatoires arbitraires (que d'autres techniques, comme la dialecto-

loppé dans la francophonie. Car le français offre l'exemple sans doute le plus poussé qui soit de centralisation et d'institutionnalisation linguistiques. Cette situation a des origines historiques lointaines et complexes, bien décrites par toutes les histoires de la langue. Mais elle est aujourd'hui consolidée par un facteur quantitatif simple : alors que dans les autres grands blocs d'États soudés par une langue européenne, l'ancienne métropole est devenue très minoritaire – c'est le cas pour l'anglophone, l'hispanophone et plus encore pour le lusophone –, la France, où la langue est la pierre de touche fétichisée de l'appartenance nationale, continue à peser d'un poids décisif dans une francophonie où seule une minorité d'usagers a le français comme langue maternelle.

Ceci contribue à radicaliser cette manœuvre courante, qui consiste à hypostasier la langue, à en faire une essence. Et donc, qu'elle fonctionne comme emblème ou stigmate, la langue est vue dans son unité, et non dans sa diversité ; dans sa spécificité, et non dans sa généricité.

Dans son unité : c'est le mythe de l'existence d'un français unique, alors que, comme unité, il n'est qu'un construct. Le singulier mène à confondre la partie et le tout, et donc à occulter le mécanisme qui permet de passer du tout à une partie privilégiée. En effet – et je cite Pierre Bourdieu – « parler de *la* langue, sans autre précision, c'est accepter tacitement la définition *officielle* de la langue *officielle* d'une unité politique »[8].

Dans sa spécificité : c'est le mythe selon lequel la langue aurait ce que l'on appelle mystérieusement son « génie » irréductible, caché dans un Saint des Saints auquel seuls auraient accès certains grands prêtres, alors que les rapports de violence symbolique que le discours essentialiste permet sortent leurs effets dans toutes les communautés linguistiques.

Une telle langue, une et spécifique, doit nécessairement être conforme à un modèle idéal, stable, voire immuable. Adamique et anté-

---

métrie, rendent moins idéologiques). L'aveuglement, ou la perversité, consiste à confondre l'ordre de la décision méthodologique et celui de l'essence. Ce que n'hésite d'ailleurs pas à faire une certaine linguistique, qui radicalise le discours épilinguistique vulgaire en faisant de sa posture idéaliste d'unification un postulat méthodologique, et en occultant du même coup sa portée idéologique. Bourdieu fait bien de renvoyer à cette définition de la linguistique que donne Chomsky, mille fois citée et qui pourtant reste incroyable : « La théorie linguistique », pour celui-ci, « a affaire fondamentalement à un locuteur-auditeur idéal, inséré dans une communauté linguistique complètement homogène, connaissant sa langue parfaitement et à l'abri des effets grammaticalement non pertinents » (*apud* Pierre BOURDIEU, *Ce que parler veut dire. L'Économie des échanges linguistique*s, Paris, Fayard, 1982, p. 24).

[8] Pierre BOURDIEU, *op. cit.*, p. 27.

babélienne. Se retrouvant dans l'histoire de toutes les langues, cette conception est particulièrement prégnante dans le cas de la française[9].

B. *Essentialité linguistique, pouvoir et légitimité*

L'idéologie qui distribue l'identité et la différence sert des objectifs de pouvoir symbolique et, par là, le pouvoir tout court. Ce n'est pas ici le lieu de faire de l'histoire, pour rappeler des choses bien connues et montrer qu'en ce qui concerne notre langue, cette conception unitariste a servi successivement bien des causes. « Jusqu'à la Révolution française », rappelle Bourdieu, « le processus d'unification linguistique se confond avec le processus de construction de l'État monarchique »[10]. Par après, poursuit-il, « L'imposition de la langue légitime contre les idiomes et les patois fait partie des stratégies politiques destinées à assurer l'éternisation des acquis de la Révolution par la production et la reproduction de l'homme nouveau »[11]. Plus modestement, observons qu'elle sert au XIXe siècle à la mise en place d'un système scolaire visant à satisfaire les besoins en main d'œuvre de l'industrie naissante, puis un expansionnisme colonial dynamique.

L'important est surtout de voir qu'une conception essentialiste de la langue est nécessaire pour que le pouvoir symbolique s'exerce aisément sur le marché qu'elle ouvre[12]. L'important est aussi de voir qu'elle détermine fatalement une conception essentialiste de la francophonie contemporaine : en refusant de tenir compte des déterminations sociales, elle pousse à refuser qu'un même idiome puisse renvoyer à des réalités identitaires, sociales, politiques, économiques, culturelles et littéraires différentes pour les communautés qui la pratiquent. Elle nivelle donc tous les problèmes qui se vivent en français et donne à croire que tous les Francophones ont le même intérêt à l'endroit de leur langue.

---

[9] On s'épuiserait à décrire les manifestations de cette conception. De Jacques Tahureau – qui dans son *Oraison au Roy de la grandeur de son règne et de l'excellence de la langue française* (1555) déclare « Iamais langue n'exprima mieux les conceptions de l'esprit que fait la nôtre : Iamais langue ne fut plus douce à l'oreille et plus coulante que la Francoyse : Iamais langue n'eut les termes plus propres que nous auons en Francoys » – à Paul Guth, qui me déclarait un jour chercher au cœur de la langue française, et par-delà ses avatars, un « diamant pur », un noyau irréductible, un invariant.

[10] Pierre BOURDIEU, *op. cit.*, p. 29.

[11] *Ibid.*, p. 31.

[12] Bourdieu encore : « Pour qu'un mode d'expression parmi d'autres [...] s'impose comme seul légitime, il faut que le marché linguistique soit unifié et que les différents dialectes (de classe, de région ou d'ethnie) soient pratiquement mesurés à la langue ou à l'usage légitime. » (Pierre BOURDIEU, *op. cit.*, p. 28.)

La conception essentialiste de la langue ouvre un espace de choix pour toutes les idées reçues, en matière de littérature comme dans toutes les autres matières entées sur la langue, et elle débouche sur un discours qui confine parfois au religieux[13]. La langue est en effet, toujours et partout, un symbole secondaire, relayant ou signifiant puissamment d'autres problématiques. C'est parce qu'elle autorise la formulation d'oppositions très visibles qu'elle démarque les groupes en conflit d'intérêt économique ou idéologique, et oriente collectivement leur action. Car ce ne sont pas les langues qui sont dominantes ou dominées : le prétendu choc entre langues n'est que le choc entre groupes ayant partiellement ou principalement fondé leur identité sur elles et s'étant construits grâce à elles. Celui qui observe ce transfert et cette cristallisation ne s'étonnera pas que les collectivités investissent autant dans leur langue. Et qu'un Cioran puisse dire qu'« on n'habite pas un pays, on habite une langue ».

Ces oppositions et jeux de classement, ces orientations d'action, ces marques de reconnaissance et d'appartenance, fonctionnent bien évidemment dans le discours culturel, et donc dans le discours de la littérature comme dans le discours sur la littérature. Examinons les répercussions du discours essentialiste sur ces deux types de discours, en notant d'emblée que ces forces structurantes ne suivent pas les frontières institutionnelles les plus familières, comme celles de l'État. Dans le cas de la littérature belge comme dans celui de l'autrichienne ou de la suisse romande, Bourdieu invoque ce qu'il qualifie de cas d'école, ce cas où une « frontière politique vient diviser le champ littéraire et, en un sens,

---

[13] N'invoquons pas – ce serait trop facile – le mythe de la « clarté de la langue française », clarté qui faisait écrire à Molard qu'elle était « l'organe de la politique et de la vérité, dont elle a la marche simple et naturelle » (1803) et faisait récemment dire à un homme politique inconscient – ou impudent – qu'il était impossible de mentir en français. Ne rappelons pas non plus cette autre idée qui veut que le français véhiculerait nécessairement des valeurs universellement humanistes, simplement parce qu'il est le français : nous a-t-on assez rabâché que c'était la langue des principes de 1789 ? (Lors du cinquantième anniversaire de l'Organisation des Nations unies, l'ancien secrétaire général, aujourd'hui à la tête de l'Agence de coopération culturelle et technique, nous offrait une formulation modernisée de ce grand mythe : « Le français est dans la mémoire des peuples, une langue "non alignée" – je dis parfois "subversive" : la langue de la révolte contre l'injustice, l'intolérance et l'oppression. ») Ne parlons pas davantage de l'idée d'une « crise de compétence » en matière de langue, une des plus tenaces parmi les rumeurs linguistiques ; si tenace et si générale qu'il ne fait pas bon la mettre en doute. N'invoquons pas non plus la « guerre du nénufar » ou celle de « la cafetière », au cours de laquelle il y eut surtout la gauloiserie et la gaudriole, et les propos à connotation sexuelle (« viol de la langue », « lubricité lexicale », « harassement textuel »). N'invoquons rien de cela : la vie est trop courte…

le champ littéraire est plus fort que le champ politique »[14]. Bourdieu parle ainsi d'une « spécificité de la domination littéraire ». Mais en fait c'est d'une domination linguistique qu'il s'agit au premier chef.

II. Occultation du problème de la langue d'écriture

La première conséquence est l'occultation même des choix effectués. Comme expliqué au colloque de Pécs[15], le problème du choix d'une variété ne semble pas avoir de pertinence pour l'écrivain francophone du Nord : d'une part, l'unification du marché linguistique fait que « le français » ne lui apparait pas comme une langue apprise ; d'autre part, il existe depuis le XVIIe siècle un modèle du français écrit littéraire qu'il peut identifier sans erreur, auquel il peut se référer et dont ni l'unité ni la stabilité ne font de doute à ses yeux. En apparence donc, pas de problème de langue d'écriture pour l'écrivain du Nord. Il est cependant revenu à Lise Gauvin, dès 1976[16] mais surtout dans son récent livre *Langagement*[17], d'avoir montré qu'un tel problème se pose bien pour l'écrivain québécois, qui s'est trouvé devant un choix ressemblant à celui que l'on décrit fréquemment dans le cas des littératures coloniales. Un des mérites de l'étude est de montrer que, selon les états successifs du champ littéraire et du champ politique, une même variété linguistique pouvait être successivement chargée de valeurs distinctes, voire incompatibles ; tantôt signe de délicieuse couleur locale et garantie de vérisme, tantôt symptôme d'aliénation et de dépossession en même temps qu'instrument de déconstruction du rituel littéraire.

De telles réorientations successives sont nécessairement occultées par la définition linguistique de la littérature, qui masque son hétérogénéité constitutive. Cette définition essentialiste fait oublier que le français qui définit la littérature française n'est pas LE français, mais un français particulier – un « français fictif » – que nos représentations nous ont appris à hypostasier. Surtout, elle contribue à mettre en place la triade langue-littérature-nation, que nous allons retrouver.

---

[14] Pierre BOURDIEU et Jacques DUBOIS, « Champ littéraire et rapports de domination », dans Jean-Marie KLINKENBERG (dir.), *L'Institution littéraire*, *Textyles*, n° 15, 1999, pp. 12-16 (ici, p. 13.)

[15] Jean-Marie KLINKENBERG, « Le problème de la langue d'écriture dans la littérature francophone de Belgique. De Verhaeren à Verheggen », dans Árpád VIGH (dir.), *L'Identité culturelle dans les littératures de langue française*, Actes du Colloque de Pécs, Paris, ACCT, Pécs, Presses de l'Université, 1989, pp. 65-80.

[16] Lise GAUVIN, « Problématique de la langue d'écriture au Québec de 1960 à 1976 », dans *Langue française*, n° 31, 1976, pp. 74-90.

[17] Lise GAUVIN, *Langagement. L'écrivain et la langue au Québec*, Montréal, Boréal, 2000.

Laissant ici de côté le problème de l'identité nationale – par ailleurs traité –, soulignons que la conception essentialiste a pour effet de refermer le texte sur lui-même, et de biaiser la représentation de son intertexte, en limitant celui-ci a ce qui est linguistiquement homologable. Participant à la manœuvre idéologique bien connue qu'est l'autonomisation de l'œuvre d'art, un de ses rôles particulier est de couper le texte du reste des langues, et d'empêcher que l'on considère sa belligérance fondamentale.

En effet, si la langue commune est le matériau de base de l'œuvre, la littérature réorganise ce matériau. Elle le fait de l'intérieur, en proposant de nouvelles combinaisons, de nouvelles actualisations des structures ; mais elle le fait aussi de l'extérieur, en réorganisant le marché linguistique. Elle rend son lieu hybride, hétérolingue, pour reprendre la terminologie de Rainier Grutman. Hybridité qui est particulièrement le lot des littératures marginales dont nous avons à nous occuper ici[18].

III. Surévaluation du modèle français

La deuxième conséquence est la surévaluation du modèle français. Revenons à la triade langue-littérature-nation. Triade dont l'exemple achevé est évidemment la France. On sait que, selon Marc Quaghebeur, c'est la prégnance de ce modèle hétéronome chez les classes dirigeantes de l'État belge qui explique les contradictions de ces dernières dans leurs principes d'action et d'évaluation en matière littéraire.

Cette prégnance, autorisée par la conception essentialiste de la langue, a évidemment des répercussions différentes selon les configurations littéraires.

En Belgique, pour des raisons à la fois géographiques, historiques et institutionnelles, on assiste à un balancement qui va de l'assomption à la résistance, en passant par la dénégation.

Nous observerons plus loin la figure de la résistance. Du premier côté, celui de l'assomption, on assiste fréquemment à des manifestations d'hypercorrectisme littéraire. La mythification de la norme et d'une

---

[18] Elles ont à se positionner face à deux pratiques, qui présentent chacune leur avantage et leur inconvénient : « Homogénéisation soit du monde représenté (par le choix d'une communauté unilingue, voire unidialectale) soit du monde représentant (par la traduction des énoncés fictifs dans la langue de la narration). Le procédé inverse consiste à respecter les actes de langage hétérolingue de l'univers signifié et à les reproduire avec autant de précision que possible dans l'univers signifiant. Or, ce qu'on gagne alors en réalisme, on risque de le perdre en lisibilité. » (Rainier GRUTMAN, « Norme, répertoire, système : les avatars du premier roman québécois », dans *Études françaises*, vol. 28, n° 2-3, 1992-1993, p. 83-91 ; ici p. 86.)

collectivité qui en serait la source, le siège et la garante se manifeste fréquemment, du *Manifeste du lundi* (1937), qui théorisait l'appartenance des lettres belges à la France littéraire, à la préface de l'anthologie de Trekker et Vander Straeten (1982)[19]. Ce mouvement est évidemment renforcé par les traits de l'institution littéraire française, dont le caractère centralisateur est bien connu.

Le Québec fait apparemment entendre une tout autre voix : le discours dominant y est en effet autonomisant. Mais, à bien y regarder, il s'est longuement inscrit dans un mouvement d'appropriation de la triade, comme le montre le thème du « texte national » élaboré par Jacques Godbout dans *Liberté*. Il s'est bien agi de retourner contre le centre l'idéologie de l'unité nationale (et de le traiter comme un pouvoir étranger) en revendiquant pour la communauté minoritaire et dominée son propre État-Nation. Ce qui a longtemps empêché de voir que ce mouvement s'inscrit bien dans le schéma historique suggéré par Touraine et Seiler pour rendre compte du dynamisme des cultures minoritaires, schéma synthétisé par Jean-William Lapierre[20], c'est que le Québec se trouve pris dans une structure où les centres culturels, économiques et politiques ne coïncident pas.

IV. Violences linguistiques

La troisième conséquence du discours essentialiste est de faire vivre les littératures dites périphériques dans une constante violence symbolique.

J'ai montré à plusieurs reprises[21] que l'insécurité linguistique, lot de toutes les collectivités francophones périphériques[22], est une des conditions de la production de leurs littératures. On peut déjà trouver cette observation chez les premiers pionniers à avoir étudié les littératures francophones de manière synoptique : dès 1897, Virgile Rossel souli-

---

[19] Anne-Marie TREKKER et Jean-Pierre VANDER STRAETEN, *Cent auteurs*, Bruxelles, Éditions de la Francité, 1982.

[20] Jean-William LAPIERRE, *Le Pouvoir politique et les Langues. Babel et Leviathan*, Paris, PUF, « La politique éclatée », 1988.

[21] Jean-Marie KLINKENBERG, « Le problème de la langue d'écriture dans la littérature francophone de Belgique. De Verhaeren à Verheggen », *op. cit.* ; Jean-Marie KLINKENBERG, « Insécurité linguistique et production littéraire. Le problème de la langue d'écriture dans les lettres francophones », *op. cit.*

[22] *Cf.* Michel FRANCARD *et al.* (dir.), *op. cit.*

gnait ainsi « l'infériorité linguistique » de la Belgique, de la Suisse et du Canada français[23]. Les régionalistes parlent, eux, de « sous-langue ».

Le pseudo-concept d'infériorité linguistique ne peut naitre que grâce à un autre pseudo-concept, qui est porteur d'une importante violence symbolique : celui de communauté linguistique. Car une communauté linguistique ne peut en aucun cas être définie comme celle des usagers qui pratiqueraient la même variété : une telle définition est étroitement liée à la conception essentialiste et, à la prendre en compte, le Secrétaire perpétuel de l'Académie française, l'agriculteur du Lot, le fonctionnaire wallon et l'étudiant québécois ne seraient pas membres de la communauté des « francophones », les différences entre les variétés dont ils usent étant importantes. Ce qu'ils ont en commun, c'est de participer à un même ensemble de normes[24], de pouvoir se reporter à un même modèle idéalisé de langue.

La conception vulgaire de la communauté linguistique rejaillit à son tour pour créer une conception, tout aussi vulgaire, de la communauté culturelle, essentialiste elle aussi : si les normes de la communauté s'imposent de manière impérative à ses membres, ces membres sont interchangeables, et donc égaux. C'est dire – je cite ici Bourdieu parlant du marché linguistique – que cette conception « escamote la question des conditions économiques et sociales de l'acquisition de la compétence légitime et de la constitution du marché où s'établit et s'impose cette définition du légitime et de l'illégitime »[25]. Le postulat unanimiste occulte ainsi le fait que les échanges culturels ne peuvent être le fruit de consensus sereins, et qu'ils sont fondés sur des rapports de domination.

---

[23] Et l'on peut trouver sous la plume des critiques et des écrivains de ces trois aires toutes les traces de cette infériorité : du Suisse Gonzague de Reynold (1913), qui parle d'un « français de frontière », au Belge Octave Maus (1901), qui se plaint amèrement du charabia qu'on parle chez lui. Non seulement l'expression quotidienne de ses concitoyens laisse à désirer (« nous n'avons qu'une notion approximative et souvent inexacte de la valeur des mots ; nous les employons au petit bonheur avec une sérénité drolatique ; nous subissons le règne de l'à-peu-près, de l'à-côté, de l'approchant »), mais leur littérature fourmille « de mots employés à contre-sens, d'accouplements de vocables démesurément allongées ». Bref le Belge parle mal : « Tout dialogue entre un Français et un Belge est, à cet égard, caractéristique. [...] La langue, au lieu d'être nerveuse, brève, rythmée, se détend, se disloque, échappe à toute discipline, et la gymnastique de l'esprit s'en ressent fatalement. » Rossel et Maus ont maints descendants aujourd'hui. On en trouvera un certain nombre au sommaire de l'ouvrage collectif Jacques SOJCHER (dir.), *La Belgique malgré tout*, numéro spécial de la *Revue de l'Université de Bruxelles*, n° 1-4, 1980.

[24] William LABOV, *Sociolinguistique*, Paris, Éditions de Minuit, 1976, p. 87.

[25] Pierre BOURDIEU, *op. cit.*, p. 25.

V. Attitudes

A. *Ambivalences*

Les deux mouvements que j'ai décrits[26] pour expliquer les apparentes contradictions du système littéraire belge – centripète et centrifuge – ne sont pas mutuellement exclusifs.

La prégnance du discours essentialiste, coexistant avec l'intériorisation de l'infériorité, permet en effet que s'expriment des sentiments ambivalents vis-à-vis du centre.

Sociolinguistiquement, le locuteur belge se rebelle ainsi volontiers contre la prétendue primauté linguistique française, mais, au même moment, il désigne bien Paris comme l'endroit où l'on parle le mieux sa langue[27]. Il peut aussi simultanément vivre la croyance en son respect scrupuleux des normes parisiennes et participer sans trop le savoir à l'élaboration de normes endogènes[28], comme le fait d'ailleurs le Québécois[29].

On peut parfaitement vivre avec de telles contradictions. On peut d'ailleurs en retrouver les premières traces dès les origines de la vie culturelle belge. Toutefois, dans l'idéologie qui la caractérise[30], et qui ne peut manquer de produire une fragilité identitaire, les sentiments vis-à-vis de l'idiome sont alors ambivalents. Le français est revêtu d'une double valeur : langue maternelle et langue de classe, c'est d'un côté la seule langue dans laquelle une culture quelconque puisse prétendre s'exprimer, mais c'est de l'autre la langue d'un État que l'on considère

---

[26] Jean-Marie KLINKENBERG, « Nouveaux regards sur le concept de "Littérature belge". À propos de *Sto let bel'gijskoj literatur'i* par L.-G. Andreev », dans *Marche romane*, t. XVIII, 1968, pp. 120-132. Et Jean-Marie KLINKENBERG, « La production littéraire en Belgique francophone. Esquisse d'une sociologie historique », *op. cit.*

[27] Voir Michel FRANCARD, en collaboration avec J. LAMBERT et Fr. MASUY, *L'Insécurité linguistique dans la Communauté française de Belgique*, Bruxelles, Communauté française de Belgique, Service de la langue, « Français & société », 1993.

[28] Marie-Louise MOREAU, « Le bon français de Belgique. D'un divorce entre norme et discours sur la norme », dans Daniel BLAMPAIN, André GOOSSE, Jean-Marie KLINKENBERG, Marc WILMET (dir.), *Une Langue, une Communauté. Le Français en Belgique, op. cit.*, 1997, pp. 391-399.

[29] Et par ailleurs les deux discours « Nous défendons mieux le français que les Français » et « Les Français devraient être notre rempart contre la crise de la langue » peuvent parfaitement se faire entendre chez lui.

[30] Jusqu'à la fin du XIXᵉ siècle, il est bien connu qu'on a vu se formuler une idéologie visant à préserver l'image d'une Belgique unique et unie, produit d'une symbiose où les génies latin et germanique viendraient se fondre harmonieusement : brume bienfaisante du cœur et clarté cartésienne du moyen d'expression.

comme étranger, voire comme vaguement dangereux, et donc le véhicule d'une superficialité honnie.

Mais il n'est pas nécessaire de remonter au XIXe siècle : toute la dynamique politique et culturelle belge tend de nos jours à renforcer l'ambiguïté, et à lui faire jouer un rôle désormais fragilisant[31].

D'un côté, on assiste en effet à un renforcement objectif du jeu des tendances centrifuges, et d'autre part à une légitimation (subjective donc) des tendances centripètes. Du premier côté – celui de la légitimation des tendances centripètes – des enquêtes montrent que le Belge assume dorénavant certains des traits culturels qui traditionnellement constituaient autant de stigmates[32]. Mais si les ouvrages de référence s'ouvrent aux belgicismes, aux helvétismes et aux québécismes, et si certaines pratiques linguistiques échappent désormais à la logique centralisatrice, c'est précisément au moment où une série de particularismes s'estompent sous l'effet puissant de forces intégratrices. L'unification linguistique, en cours depuis le XIXe siècle, ne cesse en effet de s'accélérer. Et en définitive, la légitimité culturelle passe toujours par la France. Une anecdote récente en administre la preuve. Un bel ouvrage consacré au *Français en Belgique*[33] et fournissant une belle carte de visite au Francophone de Belgique a pu paraître en 1997 sans que l'opinion publique belge soit particulièrement alertée. Mais que ce même livre soit, en 1998, présenté devant un parterre français, à l'Académie française, et ce fut l'évènement...

La permanence de cette ambivalence induit des tactiques très diversifiées chez les agents culturels désireux de s'attribuer de la légitimité. En

---

[31] *Cf.* Paul DIRCKX, *op. cit.*

[32] Voir Martine GARSOU, *L'image de la langue française*, Bruxelles, Communauté française de Belgique, « Français & société », n° 1, 1991. Voir aussi Dominique LAFONTAINE, « Les attitudes et les représentations linguistiques », dans Daniel BLAMPAIN, André GOOSSE, Jean-Marie KLINKENBERG, Marc WILMET (dir.), *op. cit.*, pp. 381-390. Et voir Michel FRANCARD, en collaboration avec J. LAMBERT et F. MASUY, *L'Insécurité linguistique dans la Communauté française de Belgique*, *op. cit.* Par ailleurs, dans un mouvement qui déborde largement le cadre de la Belgique, les dictionnaires généraux comme le *Larousse* ou le *Robert* s'ouvrent en effet de plus en plus largement aux particularismes régionaux, quand ces maisons – comme Le Robert ou Hachette – ne mettent pas sur le marché des produits résolument « francophones ». Dans sa refonte de 1989, le *Petit Larousse* accueillait ainsi à peu près 300 belgicismes, nombre encore gonflé de deux cents unités pour la refonte de 1998. Pendant ce temps, les études linguistiques, dont on trouverait des équivalents ailleurs en francophonie, font apparaitre qu'il y a un bon usage belge, distinct du bon usage français, bon usage où les différences géographiques comptent moins que les différences sociales (voir Marie-Louise MOREAU, *op. cit.*)

[33] Daniel BLAMPAIN, André GOOSSE, Jean-Marie KLINKENBERG, Marc WILMET (dir.), *op. cit.*

matière de lettres, ils auront ainsi le choix entre deux stratégies que j'ai décrites comme centrifuge et centripète[34]. On peut aisément comprendre le mécanisme de la stratégie centrifuge. L'exercice d'un pouvoir symbolique s'accompagne d'un travail sur la forme qui est destiné à attester la maitrise de l'orateur, à lui acquérir la reconnaissance du groupe[35] : un recours à une variété de prestige qui permet d'exclure l'autre de l'univers idéalisé que cette variété construit. Le pouvoir symbolique s'accompagne ainsi d'une symbolique du pouvoir, et parmi ces attributs symboliques, un des plus efficaces est le recours à une variété linguistique rare sur le marché, rareté qui en fait le prix. Or les dominés dans un champ ont tendance à l'hétéronomie et donc, ici, se plient aux exigences du centre linguistique, intériorisation bien résumée dans le titre d'une communication de Jean-Pierre Bertrand[36] : *Parler mal, écrire bien.*

La stratégie linguistique centripète consiste cette fois à cultiver le sens de la rupture. Ce qui nous amène au retournement et à la résistance.

B. *Retournement et résistance*

Cette résistance peut prendre bien des formes. L'une d'elles consiste à retourner le centre contre lui-même, en épousant partiellement sa logique. On a vu que c'était une des stratégies mobilisées par les écrivains québécois.

Une autre est la rébellion envers la langue. Après *Parler mal, écrire bien*, voici *Le Droit de « mal écrire »*, titre d'un ouvrage du Suisse Jérôme Meizoz[37]. Ce qu'on a pu, pour la Belgique, appeler l'irrégularité ; mais qui est une constante de toutes les littératures francophones

---

[34] Stratégie centripète : c'est l'autonomisation, ou création d'un champ culturel distinct (création qui annule la hiérarchie, et donc la légitimité...). Stratégie centrifuge : c'est l'effort d'assimilation au champ parisien, ou au moins le désir de reconnaissance de la part des instances de consécration de ce centre. Ces deux mouvements ont leur pendant sur le plan linguistique. La stratégie linguistique centrifuge est typiquement celle du purisme. Rendu méfiant, le locuteur marginal se surveille, et aligne ses productions sur ce qu'il croit être la norme. On ne s'étonnera donc pas que la Belgique soit la terre du *Bon Usage* et des chroniques de langage ; et qu'elle soit la première nation à avoir érigé l'orthographe au rang de discipline olympique : n'a-t-elle pas suggéré, par ses Championnats nationaux d'orthographe, une belle opération panfrancophone à Bernard Pivot ?

[35] Pierre BOURDIEU, *op. cit.*, p. 74.

[36] Jean-Pierre BERTRAND, « Parler mal, écrire bien. Le statut linguistique et littéraire de la francophonie belge. Problèmes et perspectives ». Communication au colloque *Réalités et perspectives francophones dans une Europe plurilingue*, Saint-Vincent, mai 1993.

[37] Jérôme MEIZOZ, *Le Droit de « mal écrire ». Quand les auteurs romands déjouent le « français de Paris »*, Carouge-Genève, Zoé, « Critique », 1998.

septentrionales, comme Maurice Piron l'a montré dans un article pionnier trop peu connu[38]. Elle consiste non à valoriser le solécisme – la chose est presque impensable où que ce soit en terre francophone : une sublimation compensatoire n'y est pas possible, car elle ne peut apporter un profit de distinction, de sorte que la seule alternative est de sortir totalement du champ, par exemple en pratiquant le dialecte –, mais à favoriser les produits de ce qui est souvent présenté comme une propension du Belge à jouer librement avec la langue[39]. Parler de propension est peut-être encore recourir à une explication essentialiste. Observons le mécanisme apparemment contradictoire qui produit cette propension.

Si d'un côté les dominés se plient globalement aux exigences du centre linguistique, de l'autre l'autonomie du champ littéraire autorise l'ouverture vis-à-vis de ces exigences. Bourdieu peut dès lors observer qu'il y a une propension à la subversion qui est liée à la position dominée. La spécificité littéraire de cette tactique consiste en ceci que le stigmatisé se défend contre l'intériorisation de son infériorité en la mettant lui-même en scène. Les atteintes voulues à la norme, par exemple en littérature, seront ainsi analysées comme les traces d'un questionnement. Et le caractère problématique de l'appartenance française sera mis en scène par une écriture postmoderne, exhibant les tensions qui déterminent les rapports sociaux en les médiatisant.

Conclusion

Une conception essentialiste de la langue détermine une conception essentialiste de la littérature.

C'est au nom de cette dernière qu'on a ostracisé nombre d'écrivains réputés « marginaux » (il n'est pas loin le temps où j'ai entendu cet enthymème : « si d'aventure il y avait de bons écrivains belges, on les étudierait au cours de littérature française »). Mais c'est cette même conception qui préside à la définition des littératures francophones : elle a été intériorisée par leurs théoriciens, qui excluent de leur champ la littérature produite en France.

Il n'est pas malaisé de percevoir les effets terminaux de cette conception sur le discours de la littérature. L'irrégularité en est un bon exemple. Mais les y confiner pourrait être confirmer une position formaliste et se refuser à envisager la littérature comme lieu de tensions.

---

[38] Maurice PIRON, « Le problème des littératures françaises marginales », *Bulletin de l'Académie Royale de langue et de littérature françaises de Belgique*, t. XLVI, n° 4, 1968.

[39] Marc QUAGHEBEUR, Jean-Pierre VERHEGGEN, Véronique JAGO-ANTOINE, *Un pays d'irréguliers*, Bruxelles, Labor, « Archives du futur », 1990.

Je propose quant à moi de déplacer la réflexion en direction de l'impact de cette conception sur le discours à propos de la littérature. Et nous pouvons nous servir une fois de plus de l'irrégularité. En faire une spécialité du discours littéraire belge, comme le chocolat ou les coureurs cyclistes dans d'autres domaines, serait, disais-je, recourir encore une fois à l'explication essentialiste, et je m'en garderai bien. Il faudrait, pour prouver avec toute la rigueur nécessaire que l'alternance de rétention et réplétion stylistiques est un trait spécifique de la littérature de Belgique, des corpus importants et variés, corpus qui, de surcroit, devraient permettre des comparaisons stylostatistiques avec d'autres corpus francophones. On ne peut actuellement administrer une telle démonstration. Et pourrait-elle même l'être ? On peut faire l'hypothèse que l'irrégularité est fatale chez l'usager de la langue française. Les particularités de celle-ci ouvrent en effet un champ très large à celui-là. Par exemple, les nombreuses homonymies qu'elle offre et ses aberrations orthographiques permettent le calembour et l'à-peu-près. Dans la littérature française court ainsi une tradition, qui va de Rabelais au Nouveau roman, en passant par Mallarmé, Apollinaire, Valéry, Roussel et les lettristes. Un peu comme si les contraintes qui pèsent sur le francophone, plus que sur les usagers de toute autre langue, devaient être rachetées par de vastes exercices de libération, et comme si, poussée à son comble, la contrainte ne pouvait déboucher que sur un suprême anarchisme verbal. Au long de cette tradition, les plus grands – de Hugo à San Antonio en passant par Jarry et Allais – n'ont pas craché sur le calembour. En allant plus loin, on pourrait même ajouter que la résistance à la langue n'est pas un fait propre au francophone, puisqu'elle définit la littérature elle-même. L'écrivain n'est-il pas celui qui se bat avec la langue ?

Mais la question de l'irrégularité redevient intéressante si l'on en fait un phénomène de représentation. On note un intérêt récurrent de la critique pour le problème de la langue d'écriture en Belgique. Une critique française autant que belge[40]. Ainsi, même si la fréquence des faits relevés n'opposait pas significativement les écrivains français et les

---

[40] À titre d'exemple, on invoquera, du côté belge, l'exposition « Tire la langue » (1990), qui a donné lieu à la publication d'un florilège intitulé *Un pays d'irréguliers* (Marc Quaghebeur *et al.*, *op. cit.*), ou telle étude synoptique des discours de réception prononcés à l'Académie royale de langue et de littérature (*cf.* Christian DELCOURT et Janine DELCOURT-ANGÉLIQUE, « Septante ans de belgitude », dans *Le langage et l'homme*, 30 juin 1995, 2-3, pp. 135-145). Du côté français, on pensera aux chroniques littéraires et paralittéraires qu'Yves Frémion rédige fidèlement sous le titre *T'ar ta lacrem* dans le fanzine *Fluide glacial* et qu'il consacre à tous les aventuriers du langage : on constate que les Belges, de Norge à Blavier, y occupent une place enviable.

belges, le phénomène n'existerait-il pas moins à titre de représentation sociale, aussi consistante que celle de la « terre de grammairiens » que serait la Belgique francophone[41].

De manière plus générale, il serait intéressant de décrire les protocoles de lecture des littératures mineures, qui sont autant de filtres représentationnels.

Un des traits importants de ces littératures dans leur phase d'émergence, c'est ainsi le fait qu'elles héritent dans un laps de temps très bref – autant dire simultanément – d'apports esthétiques qui, dans les littératures-sources, s'ordonnent le long d'un axe chronologique, souvent décrit comme un axe logique. C'est ce que Maurice Piron exprime à propos des littératures francophones septentrionales : « Ces littératures jeunes semblent paradoxalement alourdies d'un passé qu'elles n'ont pas eu »[42]. Cette simultanéité, rompant avec toute logique connue, rend généralement la synthèse obtenue indéchiffrable par les agents des littératures dominantes. Les traits repérés dans les œuvres, loin d'être rapportés à leurs origines, sont dès lors généralement attribués au substrat local, et deviennent autant de signes d'indigénité. Or, à cause du facteur bien simple qu'est la prégnance du modèle français, le public des littératures émergentes que sont les francophones septentrionales est bifide, pour ne pas dire schizophrène : d'un côté, vivant dans la connaissance (éventuellement passive) du modèle français, il émet le jugement d'originalité typique du dominant (ce qui explique que nombre de Belges ont pu décréter la *Légende d'Ulenspiegel* illisible, ou estimer son archaïsme stylistique « faisant extraordinairement flamand ») ; d'un autre, il peut prendre la mesure du bricolage produit et évaluer sa contribution à l'émergence de la littérature (d'où la qualification de texte fondateur attribué à cette même *Légende*).

Cet exemple, comme celui de l'irrégularité, fait voir que les représentations mettent en évidence l'hétéronomie des normes en même temps qu'elles offrent la possibilité, fantasmatique, de racheter les contradictions et les ambivalences par certaines pratiques.

Non, décidément, les effets du concept de « langue majeure » ne sont pas mineurs.

---

[41] Tzvetan Todorov me faisait un jour observer qu'à ses yeux – de Chaïm Perelman au Groupe μ – la rhétorique était une spécialité belge.

[42] Maurice PIRON, *op. cit.*, p. 6.

L'écrivain liminaire

Michel B<small>IRON</small>

Le titre du colloque de Liège invite à comparer les corpus littéraires belge et québécois et à postuler une parenté par défaut entre ces littératures dites mineures produites dans une langue majeure, soit la langue française. La notion de « littérature mineure », empruntée à Gilles Deleuze, ne s'applique toutefois qu'indirectement à des littératures comme la belge ou la québécoise. On sait que l'écrivain mineur par excellence, selon Deleuze, celui qui parle « dans sa langue à soi comme un étranger », s'appelle Kafka. S'il est légitime de lui associer des descendants comme Beckett ou même Kundera, il est loin d'être sûr que l'écrivain belge ou québécois, tout mineur qu'il se sente, se qualifie d'emblée pour faire partie de cette filiation restreinte. Jean-Pierre Verheggen ou Victor-Lévy Beaulieu ont-ils le profil de l'emploi ? On peut en douter. Quant aux littératures belge ou québécoise dans leur ensemble, il est peu probable que l'épithète « mineure » qu'on leur accole dans les histoires littéraires ait quelque rapport avec celle que Deleuze applique à Kafka. Deleuze pense d'abord à des écrivains singuliers reconnus comme tels par l'institution littéraire, non pas à des écrivains méconnus, marginalisés, et encore moins à des littératures périphériques prises dans leur globalité. C'est donc au prix d'un glissement de sens qu'il convient d'utiliser la notion de « littérature mineure » en parlant de la Belgique et du Québec.

Dans la perspective sociocritique qui est la mienne, l'idée de « littérature mineure » ne suppose pas seulement un certain rapport d'étrangeté au langage, mais aussi un rapport incertain à l'institution littéraire et, de façon plus générale, à la légitimité sociale. Toutes les périphéries ne s'équivalent pas d'un point de vue sociologique. Or, l'occasion est belle, puisque ce colloque réunit des spécialistes des littératures belge et québécoise, de réfléchir non seulement à la communauté des bords de l'institution littéraire, mais aussi à ce qui distingue ces deux littératures, ces deux sociétés. Pour le dire en une formule, la littérature belge se présente comme légèrement *décentrée*, presque superposable à la littérature française ; la littérature québécoise, elle, paraît si décentrée qu'on la dirait plutôt *excentrée*, si éloignée du centre que celui-ci en devient inopérant, étranger. L'histoire de la littérature belge se comprend suivant une logique de décentrements successifs, plus ou moins accusés selon les époques et les individus. Il y a ainsi un naturalisme belge, un symbolisme belge, un surréalisme belge, et on a pu résumer l'évolution de cette littérature selon des phases dites centrifuges et centripètes, le centre étant toujours Paris. L'histoire de la littérature québécoise, de son côté, ne propose pas d'équivalent ou de contrepartie aux esthétiques parisiennes : elle paraît presque entièrement excentrique. Ce n'est pas dire que l'écrivain québécois ne subit pas la fascination de Paris ; il la subit, mais il la subit d'après les termes de l'institution locale, beaucoup plus forte que l'institution littéraire belge. L'histoire littéraire québécoise ne peut pas s'écrire selon le schéma « centripète/centrifuge » développé par Jean-Marie Klinkenberg et repris ensuite par plusieurs historiens de la littérature belge francophone[1] : elle s'élabore dans une marginalité perpétuelle, dans une périphérie qui aurait fait le deuil du centre. L'écrivain type n'est plus l'écrivain mineur, au sens de Deleuze, mais celui que j'appelle l'écrivain liminaire.

J'emprunte la notion de « liminarité » à l'anthropologue anglais Victor W. Turner, qui l'emploie surtout pour décrire des sociétés prémodernes, pré-industrielles, mais aussi des phénomènes sociaux plus contemporains, comme l'émergence des hippies dans les années 60 aux États-Unis. Cet exemple suggère à lui seul ce qu'est une société liminaire : la structure institutionnelle et le sens de la hiérarchie y sont délaissés au profit d'un compagnonnage, de ce que Turner appelle la *communitas*. Transposée à la sociocritique, la notion de liminarité permet de passer d'une sociologie de la domination à une sociologie de la médiation, comme le suggère la sociologue de l'art Nathalie Heinich[2] et comme j'ai tenté de le faire dans mon étude de trois écrivains québécois, Saint-Denys Garneau, Jacques Ferron et Réjean Ducharme[3]. Je voudrais aujourd'hui montrer, à travers les exemples de Louis Hamelin et de Gaétan Soucy, comment cette liminarité affecte non seulement les relations sociales entre écrivains, mais aussi la langue d'écriture. Auparavant, je rappelle que les valeurs propres à l'écrivain liminaire ne sont

---

[1]   Voir, entre autres, Jean-Marie KLINKENBERG, « La production littéraire en Belgique francophone. Esquisse d'une sociologie historique », dans *Littérature*, 44 (*L'Institution littéraire II*), décembre 1981, pp. 33-50.

[2]   Voir notamment Nathalie HEINICH, *Le Triple Jeu de l'art contemporain*, Paris, Minuit, « Paradoxe », 1998.

[3]   Michel BIRON, *L'Absence du maître. Saint-Denys Garneau, Ferron, Ducharme*, Montréal, PUM, « Socius », 2000.

nullement spécifiques au Québec. L'institution littéraire, où qu'elle soit, est une institution molle, ses lois sont allègrement et impunément transgressées – c'est même devenu un de ses paradoxes fondamentaux que d'enjoindre aux écrivains de transgresser ses lois. La hiérarchie y a donc toujours quelque chose de labile et d'artificiel, même si elle n'en détient pas moins un certain pouvoir de détermination, que l'on écrive à Paris ou ailleurs dans la francophonie.

On a souvent présenté l'écrivain belge comme étant attiré ou déchiré entre deux pôles. Soit qu'il pratique le style « macaque flamboyant » que dénonçait *La Jeune Belgique* à la fin du XIXe siècle, soit qu'il écrive des grammaires. D'un côté, les phrases en tire-bouchon de Max Elskamp ou les fous littéraires d'André Blavier, de l'autre, les grammairiens et les puristes, comme Joseph Hanse ou Alexis Curvers. Au Québec, ce second pôle ne fait tout simplement pas le poids : les Joseph Hanse et Alexis Curvers n'y ont aucun équivalent. Faut-il en conclure qu'il ne s'y rencontre guère que des irréguliers ? Mais alors cela signifierait qu'il n'y en a aucun. En effet, il ne peut y avoir d'irréguliers que par opposition à une orthodoxie reconnue comme telle. Faute de « loyal adversaire » (Nietzsche), l'écrivain québécois semble écrire en marge de l'opposition qui sous-tend l'histoire littéraire belge. Il est partout chez lui, la périphérie et le centre échangeant sans cesse leurs signes de façon à ce qu'on ne sache jamais trop ce qui relève de l'un ou de l'autre.

La liminarité de l'écrivain québécois apparaîtra peut-être plus nettement si j'ajoute un autre point de vue, assez similaire toutefois à celui de l'écrivain de Belgique : le point de vue de l'écrivain de province. Dans son récit autobiographique intitulé *Le Premier Mot*, le romancier français Pierre Bergounioux raconte le moment où le maître d'internat, à Limoges, lui a appris l'existence du difficile concours national pour devenir normalien. Vu de Limoges, « l'idée de concourir avec le restant du pays, pour ne rien dire des gens de Paris, était si saugrenue qu'on ne pouvait s'empêcher d'en rire, ce que nous avons fait sans rancune, gêne ni acrimonie »[4]. Pourquoi « saugrenue » ? Parce qu'il « était admis – nous avions lu Montaigne – qu'ils savaient, qu'ils étaient puissants, qu'ils gouvernaient le monde. Ils [les Parisiens] perçaient du premier coup – nous connaissions Pantagruel et l'infâme Panurge – l'imposture lamentable des écoliers limousins. Sartre, qui entrait dans la soixantaine, nous tenait pour des croquants et Crocq, d'où vient le mot, c'est en Creuse, au-dessus de Felletin, dans les bois. »[5] Montaigne, Rabelais ou Sartre : l'affaire est classée, toute la littérature française dit la même

---

[4]   Pierre BERGOUNIOUX, *Le Premier Mot*, Paris, Gallimard, 2001, pp. 48-49.
[5]   *Ibid.*, p. 49.

chose, il n'y a rien d'autre à faire que de monter à Paris, de sortir de chez soi et d'aller là où se trouve « le pouvoir discrétionnaire d'établir l'importance et le sens de toutes choses, y compris celles qui nous touchaient de près et, de ce fait, nous échappaient »[6].

Pour l'écrivain de province comme Bergounioux (ou Pierre Michon, Richard Millet), le passage par Paris ressemble à un rite ancien qu'on accomplit en silence, sans en tirer de fierté particulière. L'écrivain de province d'aujourd'hui se moque assez du parisianisme exubérant façon XIXe siècle, qui n'était que l'envers du provincialisme. Plus personne ne lit les romans de Léon Cladel, l'ami de Baudelaire, qui fut le chantre du Quercy et le maître à écrire pour des écrivains belges comme Camille Lemonnier, Edmond Picard ou George Eekhoud (à qui Cladel recommandait de parler un peu belge dans ses romans). Toujours dans *Le Premier Mot*, Bergounioux parle de Paris sur un ton presque détaché, comme si la ville n'avait plus d'attrait pour lui. Paris n'est pas un aboutissement, mais un passage utile quoique sans réelle grandeur pour en arriver à l'écriture, au « premier mot ». Car Paris a permis à l'écrivain de province de s'attaquer à ce qu'il appelle la « question du dehors ». Pour être fixé, dit-il, « il fallait passer à l'extérieur »[7]. Pas question toutefois de s'installer à Paris, d'y prendre racine : une fois le passage à l'extérieur effectué, une fois le premier mot écrit, l'écrivain retourne vivre dans sa province et c'est là qu'il rencontre le véritable dehors, sous la forme inattendue d'un livre de géologue – un « géologue positiviste et barbichu »[8] – décrivant le roc et parlant en quelque sorte la langue du roc. Bergounioux, si peu enchanté lorsqu'il parle de Paris, exprime une émotion extraordinaire dès qu'il évoque la découverte de ce livre qui n'a rien de littéraire, mais qui donne consistance à sa géographie intime et le met véritablement en présence du monde.

Pour un lecteur québécois, cet hommage à un livre de géologue fait quelque peu penser au grand livre que fut *La Flore laurentienne* de Marie-Victorin. Ce livre et quelques autres traités ont joué, dans la littérature québécoise, un rôle majeur : eux aussi ont en quelque sorte permis l'avènement du « premier mot », que ce soit chez Paul-Marie Lapointe ou chez Réjean Ducharme. Mais ce dehors immense est pris en charge par l'écrivain sans que le passage à l'extérieur n'ait été véritablement accompli. L'écrivain québécois, pressé de signifier sa présence au monde, ne s'est jamais demandé ce que signifie le fait de « passer à l'extérieur ». Il écrit vite, car rien ne retient sa main. Elle ne tremble pas

---

[6]   *Ibid.*, p. 60.
[7]   *Ibid.*, p. 51.
[8]   *Ibid.*, p. 88.

comme celle de Bergounioux au moment d'écrire le premier mot, alors que ce dernier se tourne vers l'arrière et s'attend à voir se lever, selon sa formule, « l'assemblée au grand complet des interdits »[9]. L'écrivain québécois écrit dans un monde où une telle assemblée n'existe pas, où les interdits, certes pas moins nombreux qu'ailleurs, semblent flotter dans le silence d'espaces reculés.

L'écrivain contemporain, plus encore que celui de naguère, habite un monde où la main ne tremble à peu près plus lorsqu'elle écrit le premier mot. Bien au contraire, tout ce qui est premier semble marqué ici par une sorte d'exaltation, de frénésie des commencements. À partir des années 80, c'est précisément ce qui est premier qui paraît recueillir le maximum de louanges de la part de la critique. J'en veux pour preuve deux des romans les mieux reçus des vingt dernières années, *La Rage* (1989) de Louis Hamelin et *La petite fille qui aimait trop les allumettes* (1998) de Gaétan Soucy.

Voici un extrait tiré de *La Rage*, au moment où le narrateur, réfugié dans une cabane au nord de Montréal, près de l'aéroport fraîchement construit de Mirabel, entend le bruit des avions dans le ciel :

Parfois, quand je ferme les yeux, ce bruit d'enfer devient le mugissement d'un immense aspirateur, un aspirateur de rêve qui aurait été promené à la grandeur du pays, et je vois les oiseaux prendre de l'altitude, s'élever à l'envers, former des vols compacts dans le sillage de l'appareil, puis s'engouffrer en nuées sombres dans les réacteurs vomissant les flammes. Ensuite, c'est au tour des écureuils, arrachés à la ténuité des rameaux, de monter à la verticale, la queue ouverte en parachute. Les lièvres les suivent, pattes détendues, oreilles droites, pour un dernier grand saut, puis les ratons laveurs, crachés des troncs creux comme de la gueule de noirs canons, et les porcs-épics, roulés en boule comme des bogues meurtrières, et les chevreuils devenus de vrais cerfs-volants, et jusqu'aux pesants orignaux, soustraits dans un bruit de succion à la gluante gravité des marécages.

Si un autre avion suit de près le premier, les arbres, eux aussi, déploient leurs racines jaillies du sol, les font tournoyer comme des hélices et montent droit aux cieux, et toutes les plantes de la terre repoussent ensemble le substrat nourricier et agitent leurs feuilles comme de fines ailes nervurées. Chaque arbuste, buisson, broussaille et fleur subit le même sort, s'arrache au sol et s'envole vers le soleil, et bientôt c'est l'humus lui-même qu'emporte ce vaste soulèvement, le grand courant ascendant le roule comme un tapis et dénude le sable, le sol minéral, puis le tuf, la roche-mère, chaque strate proprement délitée et convertie à la verticalité, la terre devenue une vaste pâte feuilletée sous l'étincelante fourchette céleste, jusqu'à ce que le magma

---

[9] *Ibid.*, p. 95.

originel, pour finir, fuse dans l'air en un geyser formidable avalé là-haut par les sphincters en feu des quatre moteurs.[10]

En lisant une telle prose, je me suis souvenu de la prose belge de la fin du XIXe siècle, notamment celle de Camille Lemonnier. Malgré l'anachronisme, Hamelin et le maréchal des lettres belges ont en commun une stylistique de la surenchère, un désir d'en remettre et d'impressionner le lecteur, zèle qui trahit le débutant, mais aussi l'écrivain frontalier, celui qui ne possède pas le sens de la mesure. Voici un extrait de *Happe-Chair* dans lequel Lemonnier décrit, à grand renfort d'adjectifs et de néologismes, une monstrueuse usine métallurgique :

> Cependant, avec des sibilements de peine et d'ahan, la horde farouche des puddleurs, poudreux et noirs dans le fulgurement de leurs fours, de longs ruisseaux de sueur coulant comme des larmes de leurs membres exténués jusque parmi les flots de laitier piétinés par leurs semelles, s'exténuaient aux suprêmes efforts de la manipulation. En vingt endroits, brusquement les portes de fer des cuvettes battirent ; des bras armés de tenailles venaient d'entrer dans la fournaise, en avaient extrait d'horribles boules rugueuses, papillées de grains de riz d'un éclat aveuglant, comme des têtes de Méduse à crinière de flammes, et les avaient précipitées sur des véhicules de fer qui les emportaient maintenant, crachant le feu par les yeux, la bouche et les narines, du côté des marteaux-pilons. De moment en moment le nombre de ces boules roulantes augmentait ; elles décrivaient dans les houles humaines des trajectoires sanglantes qui se croisaient, multipliaient à terre des raies de feu ; le sol en tous lieux était éclaboussé d'un déluge de braises fumantes que les pieds écrasaient et qui se rompaient en fusées d'étoiles.[11]

Les phrases semblent toujours extensibles, tendues vers un point d'incandescence où chaque élément se multiplie à l'infini et se laisse absorber dans une totalité informe ou dans un monde en fusion. Chez Lemonnier, c'est un « déluge de braises fumantes » ; chez Hamelin, c'est « le magma originel ». L'emphase du verbe, son côté baroque, son opulence, tout cela finit par cacher l'objet même du texte. Le spectacle se déplace de la scène décrite à la scène de l'énonciation. On ne peut pas ne pas voir la phrase, ne pas remarquer d'abord l'écriture, à commencer par la création de substantifs chez Lemonnier, comme « sibilements » ou « fulgurement » ou la recherche systématique de mots rares chez Hamelin[12]. Par cette débauche lexicale, on devine l'effort consenti pour

---

[10]   Louis HAMELIN, *La Rage*, Montréal, Québec/Amérique, 1989, p. 17.

[11]   Camille LEMONNIER, *Happe-chair*, Bruxelles, Labor, « Espace Nord », 1994, p. 13.

[12]   En voici quelques exemples : « ma stuporeuse retraite », « il était dégravoyé correct », « l'éternelle adipsie », « la caléfaction de leurs corps » (Louis HAMELIN, *op. cit.*, pp. 340, 386, 396, 403).

jouer d'une langue dont la possession exige des preuves manifestes.
Comme l'écrit Charles Grivel,

> Un frontalier (un Belge, un Flamand, un Suisse) ne possède pas exactement
> la mesure de sa langue. Il manque essentiellement de sa proportion. Il écrit
> en déplacé. Il perçoit l'immédiate *artificialité* de tout ce qu'il écrit, et ce
> sentiment gauchit son français canonique. Il a honte : le modèle n'est pas à
> lui et il le désire. Il a honte, il voudrait s'en montrer digne. Un dénigrement
> secret l'atteint : être le Belge de sa langue, le Suisse de sa possession.[13]

Cela dit, ces deux extraits font apparaître aussi ce qui distingue les
deux écritures, car le mélange des styles n'est pas du même ordre
chez Lemonnier et chez Hamelin. Le style naturaliste-parnassien de
Lemonnier est composite, certes, mais il possède des modèles précis et
reconnaissables, que le romancier cherche précisément à dépasser ou à
contourner. Lemonnier montre à qui veut le lire qu'il maîtrise la langue
aussi bien, voire mieux que l'écrivain parisien. Il n'improvise pas : tout
chez lui trahit le désir de montrer qu'il sait ce qu'il fait. Chez Hamelin,
l'écriture n'est pas du côté de la maîtrise, mais de la frénésie. Ça
n'arrête jamais, l'écriture se déroule en un processus sans fin qui n'est
troué par aucun silence. La préciosité du style, qui suppose en principe
le goût de la virtuosité, est ici tout entière au service d'une pulsion plus
générale, d'une postulation qui va dans le sens opposé, soit celui du plus
grand relâchement, de l'expression directe. À la fin de son roman,
Hamelin précise : « premier JET », jouant sur les deux sens du mot
« JET ». Il place ainsi tout le roman sous le signe de l'improvisation,
comme si celle-ci le mettait définitivement à l'abri des discours de
maîtrise, donc du jugement de l'institution[14].

Frénétique, l'écrivain liminaire pratique l'écriture avec une sorte
d'extase, mais c'est une demi-extase. Il s'abandonne à l'écriture improvisée, mais il ne sort jamais de lui-même. La vision cosmique du personnage de Hamelin reste même profondément terre à terre, quasi domestique ; les images sont empruntées au monde de l'enfance, de la
maison maternelle et de la plus extrême familiarité. Il y a un énorme
aspirateur, des cerfs-volants, un tapis, de la pâte feuilletée, une fourchette céleste et finalement des sphincters. Rien d'exotique ici, rien de
comparable à la recherche documentaire et à l'invention néologique de
Lemonnier ; le seul exotisme que Hamelin se permette, c'est celui du

---

[13] Charles GRIVEL, « L'excès, la décadence. Tactiques d'écriture dans l'effet de
      système », dans *Revue des sciences humaines*, 170-171, 2-3, 1978, pp. 137-138.

[14] Sur la notion d'improvisation en littérature québécoise, on lira Gilles MARCOTTE,
      « Ligne nationale d'improvisation », dans *Études françaises*, vol. XXIX, n° 2, au-
      tomne 1993, pp. 119-126.

dictionnaire, puisqu'il contient tous les mots de la langue. Pour orches-
trer cet univers de signes, il s'en remet avec confiance à la vérité du
« premier jet ». Aucune retenue ici : dans l'image que j'ai citée, les
sphincters fonctionnent à rebours (comme dans *À rebours* de Huysmans...) : ils avalent un geyser. Ce ne sont pas des muscles de rétention,
mais de puissantes machines à ingérer le monde. L'espace intime du
sujet aspire les déchets du dehors, comme si l'individu communiait avec
le cosmos sans rencontrer personne sur son chemin, comme s'il vivait
en retrait de la société, dans une liminarité absolue.

Dans *La Petite Fille qui aimait trop les allumettes*, qui est le troisième roman de Gaétan Soucy, l'impression est la même. Nous nous
trouvons également dans un espace extérieur à toute société structurée.
Nous ne sommes ni en ville, ni au village, mais dans une maison perdue
au fond d'une forêt. Une famille, si on peut encore appeler ça ainsi, vit
de façon autarcique, complètement séparée du reste du monde. Le père
vient de mourir, pendu, le squelette de la mère traîne quelque part dans
la cave, non loin du corps enchaîné de l'une de ses deux filles à moitié
vivante ; restent deux autres enfants, un garçon fou furieux et le narrateur, qui deviendra en cours de récit une narratrice appelée Alice. Cette
« petite fille qui aimait trop les allumettes » ne connaît rien du monde
extérieur. Elle mettra les pieds dans le village le plus proche pour la
première fois lorsqu'elle partira à la recherche d'un cercueil afin d'en-
terrer le père. Telle est, en gros, l'intrigue de ce roman qui a valu à son
auteur un passage chez Bernard Pivot au moment du Salon littéraire de
1998, alors que le Québec était l'invité d'honneur.

Comme Louis Hamelin, Gaétan Soucy tient à faire savoir à son
lecteur qu'il a écrit son roman à toute vitesse, en moins d'un mois
(27 janvier-24 février 1998). Plus encore que dans *La Rage*, la langue
d'écriture y est ostensiblement baroque, à mi-chemin entre les facéties
de Jacques Ferron[15] et la philosophie de Ludwig Wittgenstein (que
Soucy aime citer en exergue à ses romans). *La Petite Fille qui aimait
trop les allumettes* lance toutes sortes d'étincelles à gauche et à droite,
cherchant parfois son style dans une gymnastique syntaxique qui tient
de l'exercice davantage que de l'audace, mais avec une fraîcheur de ton
qui explique peut-être en partie l'engouement de la critique montréalaise. Le roman combine un style en apparence extrêmement simple,
plein de formules orales, d'onomatopées puériles et de familiarités
phatiques, et une écriture coupante comme des fils de fer barbelé, qui
déchiquète les moindres mollesses sentimentales. L'enfance n'existe ici

---

[15]   L'héroïne a quelque chose de la Tinamer de Portanqueu de *L'Amélanchier* (Montréal,
Typo, 1992).

qu'à travers l'épreuve de la mort, mais d'une mort qui s'intériorise grâce à l'expérience de détachement que constitue l'écriture. Les mots sont des « poupées de cendre »[16], dit la narratrice, cette « petite fille qui aimait trop les allumettes » et qui joue avec le langage comme avec le feu.

Le roman s'ouvre sur la découverte du père, pendu dans sa chambre. Le narrateur (ou la narratrice) et son frère sont contraints soudainement, bien malgré eux, de prendre leur univers en main. Mais comment exister, comment vivre dans un monde qui n'est plus soumis aux ordres du père – ce qui est peut-être la définition même du monde liminaire ? Et surtout, que faire avec le corps du père ? Les deux enfants s'étaient tellement habitués aux règles paternelles, ils avaient tellement bien intégré le bon usage des tapes paternelles, appelées ici des « horions », qu'ils se retrouvent figés, saisis de vertige. Devant eux s'ouvre un monde parfaitement inconnu, le monde du dehors. Or, ce dehors est non seulement inconnu ; il semble dépeuplé, inhabité, informe pour ainsi dire. Toute l'existence des personnages s'est jusque-là déroulée à l'intérieur du domaine paternel, sans contact ou presque avec les gens du village qui se trouve de l'autre côté de la pinède. Isolés, mais instruits (le père fortuné possédait une bibliothèque remplie de dictionnaires, de romans de chevalerie et d'ouvrages contenant de grandes vérités comme l'éthique de Spinoza, les mémoires du duc de Saint-Simon – en minuscules s'il vous plaît – et bien sûr la bible), ils se disent prêts à faire « face à la musique »[17]. Ici, tous les codes sont permis : le subjonctif imparfait (comme dans la phrase : « il n'eût pas fallu que nous le surprissions durant ses exercices »[18]) se mêle aux expressions les plus familières. Les modèles discursifs et littéraires sont hétérogènes, au point qu'ils abolissent les distinctions entre la haute culture et la culture populaire, entre la littérature et le langage ordinaire, entre le centre et la périphérie.

Chez Soucy comme chez Hamelin, il n'y a pas de loi qui tienne, rien n'est sérieux, rien ne porte à conséquence, car le pire s'est déjà produit. Le père est un monstre, mais il s'est détruit lui-même, tuant du même coup l'autorité tyrannique qu'il incarnait. De même, dans *La Rage*, un des personnages explique : « la loi, y a rien là, la loi »[19]. Le narrateur déteste son père, vendeur d'autos d'occasion, tout comme Christine,

---

[16]   Gaétan SOUCY, *La Petite Fille qui aimait trop les allumettes*, Montréal, Boréal, 1998, p. 174.

[17]   *Ibid.*, p. 15.

[18]   *Ibid.*, p. 14.

[19]   Louis HAMELIN, *op. cit.*, p. 354.

qu'il adore, déteste le sien – « c'est un faible, un lâche »[20]. Chacun des deux récits semble creusé en son centre par le corps inerte ou l'image abstraite du père, dont on ne sait trop comment se débarrasser, vestige encombrant d'une société révolue. Insistons sur le fait que le père n'est jamais tué : il disparaît lui-même, levant du même coup l'obstacle de la loi, du conflit. Le héros de Soucy, plus encore que celui de Hamelin, est livré à un délire d'abstraction : il ne porte pas à terre et son langage se nourrit de sa propre énergie. L'écriture s'emballe, s'affole et finit par étourdir le lecteur à force de ne jamais rencontrer de limites à sa frénésie. Il est difficile de donner une idée précise de l'agitation extrême qui s'empare de la narratrice sous l'effet de cette musique endiablée, qui veut nous entraîner à l'assaut du vide. L'effet de surexcitation ne fonctionne pleinement que si le lecteur accepte de lire à une certaine vitesse et s'il dévore le texte d'un bout à l'autre, sans trop s'attarder à ses scories et à ses procédés.

Voici tout de même un exemple de cet affolement narratif qui affecte la syntaxe même du récit. Le frère de la narratrice vient d'enduire de térébenthine des perdrix et il les caresse à présent avec la flamme d'une allumette :

> Les perdrix, que voulez-vous, elles s'affolaient, c'est humain. Elles sont parties s'assommer au plus sacrant dans les carreaux de la chapelle, à la queue leu leu, pour achever le supplice et les énervements de se voir en tel appareil de feu, et j'aurais fait de même, garanti.[21]

Ce qui frappe dans ce court passage, c'est moins la cruauté du geste du frère et la violence de la mort en elle-même, qui sont neutralisées et réduites à un spectacle vaguement poétique, que la forme même du texte, tout entier tourné vers le lecteur – vers un certain lecteur, celui qui, habitant lui aussi un monde liminaire, comprend d'emblée pareille désinvolture et participe lui-même à la frénésie des mots. Rien n'est sérieux ici, pas même la mort, mise à distance grâce au rapprochement entre le texte et un lecteur qui connaît et pratique le mélange de babil et de poésie dont raffole la narratrice. La rhétorique de ce passage vise en effet à produire un effet d'identification avec un lecteur complice, un lecteur contemporain. Tel est le sens de la formule phatique « que voulez-vous », de la compassion ironique de la narratrice (« c'est humain »), de l'intrusion abrupte du « je » qui n'ajoute strictement rien sinon justement la nécessité de s'identifier à ces victimes (de même que le lecteur s'identifie à la narratrice-victime), enfin et surtout de l'énoncé « au plus sacrant » et du mot final « garanti » qui relèvent tous deux du registre

---

[20] *Ibid.*, p. 365.
[21] Gaétan SOUCY, *op. cit.*, p. 43.

familier. Les mots glissent d'un registre à l'autre et suggèrent que le langage n'est authentique et personnel que s'il emballe le lecteur, appelé à faire contrepoids à une réalité qui n'a justement plus de poids, une réalité vidée de sa substance, une réalité purement livresque. Comme la narratrice devant le spectacle insupportable des perdrix en feu se jetant sur les vitres de l'église, nous devons dire, nous aussi, devant cette écriture enflammée : « j'aurais fait de même, garanti ».

Je reviens, pour conclure, à la notion d'écrivain liminaire. Dans les deux romans dont je viens de parler, il n'y a plus de coupure véritable entre le dehors et le dedans : le monde extérieur envahit l'univers domestique et produit une sorte d'implosion, un désastre plus intense encore que le désastre initial. Chez Hamelin, cela se finit (curieux présage !) dans la tour de contrôle de l'aéroport Mirabel, alors que le narrateur joue au terroriste. Chez Soucy, le huis clos se termine en une scène d'apocalypse : le frère écervelé tire à coups de carabine de haut de sa forteresse et tue un inspecteur des mines pendant que brûle la bibliothèque et qu'Alice s'échappe, avec pour seul bagage le bébé qu'elle porte dans son ventre. La question du dehors demeure irrésolue, comme ajournée, suspendue pour cause de désastre. L'écrivain n'écrit plus contre quelque réalité qui soit extérieure à l'écriture : celle-ci aspire tout le dehors et le soumet à la loi de l'invention verbale. Et cette loi, bien sûr, est tout le contraire d'une loi : l'écrivain contemporain s'enivre de son seul langage, au risque de se perdre lui-même dans l'infini de l'écriture. Il se trouve dans un « commencement perpétuel », pour reprendre l'expression de Saint-Denys Garneau[22], il est toujours en train d'écrire le premier mot, de se donner un élan, de toucher terre pour retrouver son énergie, comme dans le mythe d'Antée. Son seul héritage – et il n'a rien de prescriptif –, c'est de ne jamais perdre l'énergie des commencements. Mais l'écrivain contemporain sait qu'il arrive après l'époque des grands commencements. Miron disait prophétiquement : « Je suis arrivé à ce qui commence »[23]. Un des personnages de Ducharme pouvait dire, à la fin de *L'Océantume* : « je pars enfin »[24]. L'écrivain québécois contemporain continue de partir, mais il ne sait plus trop où aller. Il va un peu plus au nord, là où les catégories du centre et de périphérie, du majeur et du mineur, n'ont pas plus de poids qu'un décor inhabité.

---

[22] Hector DE SAINT-DENYS GARNEAU, *Œuvres*, édition critique par Jacques BRAULT et Benoît LACROIX, Montréal, PUM, 1971, p. 25.

[23] Gaston MIRON, *L'Homme rapaillé*, Montréal, Typo, 1993, p. 19.

[24] Réjean DUCHARME, *L'Océantume*, Paris, Gallimard, 1968, p. 188.

DEUXIÈME PARTIE

CONFRONTATION DES MODES ET STRATÉGIE D'ÉCRITURE

Découvertes plurilingues dans
Nous avons tous découvert l'Amérique de Francine Noël

Catherine KHORDOC

La plupart des écrivains ne choisissent pas la langue dans laquelle ils écrivent ; c'est dans leur langue maternelle ou celle d'usage quotidien qu'ils rédigent leurs œuvres. Il y a cependant certains écrivains pour qui la langue d'écriture n'est pas une évidence. Les écrivains du Maghreb ou des Antilles pourraient par exemple choisir entre l'arabe, le créole, le français, entre autres, selon leur prédilection, le public visé, l'effet de sens ou de style recherché. La langue nationale du Québec étant le français, on pourrait supposer que la question de la langue ne se pose pas pour les écrivains québécois. Or, comme le constate Lise Gauvin, pour l'écrivain francophone, la langue « est sans cesse à (re)conquérir. Partagé entre la défense et l'illustration, il doit négocier son rapport avec la langue française, que celle-ci soit maternelle ou non »[1]. L'écrivain québécois est incliné à « penser la langue »[2] dans laquelle il va écrire, à la différence cependant qu'il doit réfléchir surtout à la question de savoir *quel* français il va employer pour s'exprimer : le français de France ? Le joual ? Le français québécois ? Le franglais ? Ce sont des questions qui préoccupent de nombreux écrivains et critiques.

Parmi eux, Noël Audet se plaint justement du fait que les écrivains québécois ne contribuent pas davantage à développer le français qui traduirait non seulement les réalités du Québec mais inclurait aussi divers registres et niveaux de langue plutôt que de les limiter, comme il est assez courant chez certains auteurs, au langage vernaculaire.[3] Audet

---

[1] Lise GAUVIN, *Langagement. L'Écrivain et la langue au Québec*, Montréal, Boréal, 2000, p. 11.

[2] *Ibidem.*

[3] Noël AUDET, *Écrire de la fiction au Québec*, Montréal, Québec/Amérique, 1990, pp. 28-38.

préconise l'emploi de la langue française québécoise qu'il définit comme « le français international, à quoi s'ajoute chez nous un lexique particulier, des expressions originales, des figures, qui sont les traces de notre histoire et de nos rencontres en terre d'Amérique »[4].

Les complexités que présente la langue pour l'écrivain francophone dont le québécois sont liées au concept de littérature mineure en langue majeure, évoqué d'abord par Kafka, puis élaboré par Deleuze et Guattari. Kafka s'est appuyé sur ce concept pour décrire l'impasse linguistique qui confrontait les écrivains juifs de Prague ; ils ne pouvaient écrire ni en yiddish, ni en tchèque, ni en allemand, pour diverses raisons, et si l'allemand s'est imposé, c'était une langue allemande particulière aux Juifs de Prague. Ce phénomène, identifié par Deleuze et Guattari comme la déterritorialisation de la langue, est un des traits caractéristiques d'une littérature mineure[5], et il se manifeste, de diverses façons, dans la littérature francophone. Le français au Québec doit effectivement s'approprier son territoire linguistique, si l'on peut dire, en Amérique continentale[6]. Il est donc intéressant d'examiner la production littéraire d'écrivains québécois contemporains qui sont aux prises avec leur « surconscience linguistique »[7]. Francine Noël est une de ces écrivains, et nous nous proposons d'examiner son roman intitulé *Nous avons tous découvert l'Amérique*[8] qui est imprégné de préoccupations langagières à plusieurs niveaux.

Noël, auteure de quatre romans et d'au moins deux pièces de théâtre, ne se sent pas contrainte à écrire en français de France pour faire de la littérature, et c'est peut-être grâce à cette liberté que Noël parvient à écrire dans une langue qui est bien la sienne, c'est-à-dire en français du Québec. Même si elle ne se sent pas responsable du développement ou de l'institution d'une norme linguistique à travers son écriture, elle écrit manifestement dans un français qu'elle affirme être « du québécois »[9]. Elle a d'ailleurs exigé qu'Actes Sud, l'éditeur de la deuxième

---

[4]   Noël AUDET, « Écriture et culture périphérique », p. 7, conférence prononcée à Leeds, au Colloque international d'études francophone en septembre 2001. Les actes du colloque seront publiés prochainement.

[5]   Gilles DELEUZE et Felix GUATTARI, *Kafka. Pour une littérature mineure*, Paris, Minuit, 1975, p. 29.

[6]   Voir à ce sujet les propos de Noël AUDET portant sur les autres pays d'Amérique tels que les États-Unis ou le Brésil dans *Écrire de la fiction au Québec*, pp. 28-29.

[7]   Nous empruntons cette expression à Lise Gauvin.

[8]   Francine NOËL, *Nous avons tous découvert l'Amérique*, Montréal/Arles, Leméac/ Actes Sud, 1992, p. 12. Dorénavant, les références aux citations provenant de cet ouvrage se trouveront entre parenthèses dans le corps du texte.

[9]   Entretien inédit avec Francine Noël d'Anne-Claire NASH, le 20 juin 1997, p. 9.

version remaniée de *Babel, prise deux ou Nous avons tous découvert l'Amérique*[10], ne change pas les « mots d'ici, [...] mes mots, [...] par des mots français »[11]. Cela dit, si dans ce roman ainsi que dans ses autres textes, Noël a opté pour le franco-québécois, il est essentiel de rendre compte néanmoins du fait que les questions langagières constituent une des préoccupations majeures de son œuvre[12]. La langue franco-québécoise dans laquelle est écrit le roman qui fait l'objet de cette analyse se caractérise non seulement par l'emploi de québécismes et de divers registres du français mais aussi par la présence d'effets plurilingues. Ce plurilinguisme contribue à reterritorialiser le français en Amérique, c'est-à-dire, un français américain marqué des multiples influences qui constituent la culture nord-américaine. La question de la langue – ou plutôt *des langues* – dans ce texte est particulièrement saillante car elle en est également le thème principal au niveau du récit. Ainsi, trois éléments du texte retiendront notre attention dans cette étude : le plurilinguisme textuel, les thèmes relevant de la langue et l'inscription de mythes langagiers.

I. Le plurilinguisme textuel

En relevant le plurilinguisme comme trait caractéristique du roman moderne, Mikhaïl Bakhtine insiste sur le fait que le « système de langues » du roman inclut non seulement une multiplicité de langues mais aussi plusieurs voix et niveaux de langues. Il est pertinent de souligner que Bakhtine était sensible aux questions liées à la notion de « langue nationale », dont la multiplicité est prégnante :

> Le roman c'est la diversité sociale de langages, parfois de langues et de voix individuelles, diversité littérairement organisée. Ses postulats indispensables exigent que la langue nationale se stratifie en dialectes sociaux, en maniérismes d'un groupe, en jargons professionnels, langages des genres, parlers des générations, des âges, des écoles, des autorités, des cercles et modes passagères, en langages des journées (voire des heures) sociales, politiques...[13]

Les propos de Bakhtine font notamment écho au souhait d'Audet de voir foisonner des œuvres littéraires écrites en français québécois[14].

---

[10] Cette première édition a été publiée par VLB en 1990.

[11] Entretien, *op. cit.*, p. 10.

[12] Voir la discussion de Lise GAUVIN au sujet des romans antérieurs de Francine Noël, « Maryse et Myriam première », dans *Langagement*, pp. 157-164.

[13] Mikhaïl BAKHTINE, *Esthétique et théorie de roman*, Paris, Gallimard, « Tel », 1978, p. 88.

[14] Noël AUDET, *Écrire de la fiction...*, *op. cit.*, p. 35.

Écrit entièrement sous forme de journal intime, *Nous avons tous découvert l'Amérique* bénéficie d'une flexibilité stylistique et linguistique. C'est le privilège de celui qui écrit dans un journal intime d'emprunter à sa guise les langues, les dialectes, les registres, les jargons, les expressions dont il dispose. Ce style contribue peut-être à la nature fragmentaire du journal, mais il incite également la mise en scène d'une langue riche, variée et hétérogène. Dans ce texte, l'écriture fictionnelle de facture réaliste des deux personnages qui écrivent chacun dans leur journal, et dont les entrées alternent tout au long du roman, illustre cette diversité discursive. Fatima et Louis, les deux diaristes, sont des professionnels cultivés qui manipulent différents registres du langage professionnel et populaire ainsi que plusieurs langues. Cette double écriture constitue de prime abord un duo de voix narratives dominantes auquel s'ajouteront la voix et les langues d'Amélia qui complète le triangle d'amour et d'amitié au centre du récit.

Le journal de Fatima fait retentir les diverses langues et les niveaux de langage qui font partie de sa vie quotidienne. La langue principale du roman, qui est le français bien sûr, est la langue maternelle de Fatima. Si elle ne tolère généralement pas les fautes de français, son discours est coloré par son recours à des expressions populaires québécoises, françaises et anglaises. Il est truffé d'expressions françaises dont l'emploi au Québec se distingue de celui en France, à savoir soit parce que le terme est archaïque et hors d'usage ou parce que le mot a un sens différent au Québec. Ainsi, le mot « linge » est employé pour signifier au Québec les vêtements (p. 37). D'autres exemples de québécismes : « grafigner » (p. 69), « quétaine » (p. 71), « tannant » (p. 29), un « chum » (p. 72), un « commercial » (p. 225), « souper » (p. 12), « niaiseuse » (p. 26). L'éditeur français du roman, Actes Sud, attire l'attention sur les différences lexicales entre le français québécois et le français « standard » en ajoutant un « petit glossaire à l'usage des lecteurs européens » absent dans la première édition du roman. Un autre niveau de langage plus populaire s'inscrit par l'entremise des énoncés des autres personnages rapportés dans le journal de Fatima. Elle commente, par exemple, le langage de sa voisine qui fait écho au vernaculaire qui reflète la classe ouvrière. La voisine s'est « pété la ch'ville » (p. 28), elle pense faire partie du « monde normal » (p. 20), et elle remarque le « gros char » du voisin (p. 77). Bien que ce soit un registre du québécois, ce n'est pas celui que Fatima adopte généralement. De même, elle souligne la prononciation particulière d'adjectifs comme « péquiss » (p. 38), où le « t » final est élidé, et de « tzute » pour « tout » (p. 77). Cette préoccupation de la langue ne relève pas simplement d'une déformation professionnelle de la part de Fatima qui est orthophoniste mais suggère, d'une part, l'importance qu'elle accorde à un emploi correct de la langue et, d'autre part, laisse entendre un certain mépris à l'égard de la langue de ses concitoyens. Ironiquement, Fatima ressent une fierté affectueuse pour son collègue Allan, anglophone d'origine juive, en partie parce qu'il emploie justement des québécismes comme « ça l'arrive », « asseyer », « à soir » qu'elle déplore habituellement mais qui « trahissent un apprentissage local de la langue. Il est bien d'ici et ne nous méprise pas. » (p. 149) En outre, le français québécois est d'autant plus souligné par le recours à des expressions typiquement françaises que Fatima emprunte à son amie Amélia qui a grandi en France.

Les mots anglais intégrés au français constituent une autre particularité de la langue de ce texte. Il ne s'agit pas de discours en anglais – ceux-ci s'inscrivent dans le texte aussi et on y reviendra – mais bien d'emprunts lexicaux anglais. Ainsi, Fatima se met à « off » (p. 12), elle caractérise Bernard – le copain d'Amélia – comme « type *low profile* » (p. 35), et elle « zappe » (p. 167) les chaînes de télévision à l'aide de la télécommande.

Un autre registre de langage important dans ce texte est lié à la profession de Fatima qui est, rappelons-le, orthophoniste. Louis attire l'attention sur le jargon appartenant au domaine de la neurolinguistique qu'emploie régulièrement Fatima : « le fonctionnement du cerveau et sa structure : engrammes, acide ribonucléique, synapses, commissures, corps calleux, aire de Wernicke, aire de Broca, gyrus, sillons, axones associatifs… je mêle tout ! Je jongle avec ces mots dont le sens m'est encore obscur. » (p. 178)

Un plurilinguisme explicite s'ajoute aux niveaux de langage de ce texte. La multiplicité linguistique s'inscrit sous la forme de références ou de passages à des langues autres que le français. Fatima sait parler quelques mots d'ukrainien, de grec, de portugais, afin de pouvoir saluer ses voisins dans leur langue (p. 129) et elle écoute la radio en langues étrangères (p. 166). De plus, la thérapie qu'elle fait avec sa jeune patiente Linda se déroule en anglais et donc, certains échanges sont transcrits directement en anglais ou sont explicitement traduits en français par Fatima. L'espagnol est également introduit dans le journal parce que Fatima s'approprie les expressions employées par son amie Amélia qui est d'origines française et espagnole. Les langues sont manifestement une préoccupation majeure pour Fatima et leur présence formelle reflète une des thématiques principales du roman.

II. Thèmes linguistiques : traduction et orthophonie

Il serait difficile d'analyser dans l'étude présente tous les éléments thématiques liés à la langue dans ce texte. Nous nous limitons donc à en examiner deux pour le moment, soit l'orthophonie et la traduction.

Premièrement, en tant qu'orthophoniste, Fatima aide ses patients aphasiques à retrouver l'usage de la langue. Fatima a donc un intérêt marqué pour la langue non seulement comme phénomène socioculturel mais aussi en tant que capacité cognitive. En plus des difficultés typiques que présente le recouvrement de la langue, il y en a davantage lorsque le français n'est pas la langue maternelle du patient. Le Québec étant une terre d'immigration, Fatima est consternée par le fait que de plus en plus de patients vont requérir des soins thérapeutiques dans des langues autres que le français ou l'anglais. Fatima signale le cas d'un patient marocain qui parlait six langues et travaillait comme traducteur avant son accident mais dont l'aphasie le ramène à ses langues d'enfance : « l'arabe, le français, l'hébreu, mais il fait des permutations de structure d'une langue à l'autre et il en est conscient », écrit Fatima. (p. 205) Un autre patient d'origine chilienne maîtrisait le français et l'anglais avant son accident, mais c'est l'espagnol maternel qu'il retrouve et aucun des orthophonistes dans le bureau de Fatima ne parle l'espagnol.

La patiente préférée de Fatima, pour qui elle ressent une affection presque maternelle, exige de faire sa thérapie en anglais, malgré le fait qu'elle soit francophone. Si Fatima accepte contre son gré, c'est parce qu'au fond, ce qui importe, c'est que Linda ré-apprenne à parler, peu importe la langue. Néanmoins, cette décision déçoit Fatima car elle le perçoit comme un symbole de la situation québécoise, où le français est dans une position perdante face à l'anglais. Même si pour Linda, le choix de l'anglais est motivé par amour pour un italo-québécois anglophone, il retentit tout de même au niveau politique :

> Un orthophoniste étranger, débarquant ici, comprendrait le passage de Linda d'une langue à l'autre. Mais il n'en saisirait pas la portée politique. À moins d'être lui-même ressortissant d'un pays macédonien. Par exemple, un Belge pigerait assez vite. Mais il ne s'expliquerait pas l'équation : citoyen d'origine italienne, *donc* usage de l'anglais... (p. 231)

Fatima est quelque peu réticente à l'idée de faire une thérapie en anglais, la seule langue qu'elle perçoit pour des raisons historico-politiques de manière négative. Pourtant, elle demeure fermement convaincue de l'importance de pouvoir parler plusieurs langues et en fait, elle admire le multilinguisme de son amie Amélia : « ses passages d'une langue à l'autre me procurent un sentiment très fort de jubilation [...] » (p. 49)

Comme dans le cas de Fatima, la profession d'Amélia est entièrement concentrée sur les langues. Amélia traduit des livrets d'instruction pour gagner sa vie mais elle rêve toutefois de traduire « de "vrais" textes » (p. 23), c'est-à-dire des œuvres de fiction. Elle décidera d'ailleurs d'entreprendre la traduction des œuvres d'une auteure sud-américaine Délia Febrero. C'est en France qu'elle trouvera un éditeur car au Québec, explique-t-elle à Fatima, il n'y pas beaucoup d'intérêt pour ce texte et parce qu'en France, elle croit « que les contacts seront plus faciles […] et le marché plus ouvert… » (p. 115) Fatima admire vraiment Amélia non seulement parce qu'elle perçoit les avantages pratiques de pouvoir parler plusieurs langues mais aussi parce que cela permet de comprendre l'Autre idéalement dans sa langue et de faire un pont entre les différentes cultures. Leur intérêt commun pour la langue est d'ailleurs responsable de l'amitié qui a été forgée entre les deux femmes, plusieurs années auparavant : « Notre premier point de contact aura été notre passion pour le langage. En une nuit, on réglait alors facilement tous les problèmes de communication, de traduction et d'adaptation : il n'y avait pas de bornes culturelles, seulement des malentendus. » (p. 48) Si les malentendus linguistiques et culturels sont réglés facilement par Fatima et Amélia, ils perdurent néanmoins d'une certaine manière par l'entremise de mythes.

III. Mythes de la diversité linguistique et culturelle

Le premier mythe que nous discuterons est explicite dans le titre de la première édition du roman, *Babel, prise deux ou Nous avons tous découvert l'Amérique*. Provenant de l'Ancien Testament, le mythe de Babel explique l'avènement des multiples langues sur terre, à la suite de la dispersion du peuple qui partageait une langue unique. Le mythe est d'ailleurs cité intégralement à l'intérieur de la couverture de la première édition, sur un fond de texte en hébreu.

La perte de la langue originelle à Babel constitue un parallèle avec la langue qu'ont perdu les patients de Fatima. C'est en utilisant une métaphore faisant allusion à la destruction de la tour de Babel que Fatima explique l'aphasie à Louis :

> Retrouver l'usage de la parole, c'est comme tenter de reconstruire une maison démolie par un tremblement de terre. Une maison qu'on aurait jamais vue et dont on aurait perdu les plans. Ne restent que la trace irrégulière des fondations et des briques éparses. Il faut replacer ces briques, refaire les joints, tout réaménager. On ne reconstruit jamais aussi grand, et il y a des tremblements dont on ne se remet pas… (p. 129)

Il est pertinent d'ajouter que Louis est architecte et que la construction est un autre thème de ce texte – que nous n'aborderons pas dans cette étude – qui se relie au mythe de Babel.

Or, Babel n'est pas seulement un symbole de la perte de la langue des patients de Fatima ; ce mythe évoque de surcroît la pluralité linguistique et culturelle de Montréal. Notons que la métaphore de Babel telle qu'elle est employée par Fatima est une variation sur la Babel décrite dans la Bible. La Babel originelle, c'était d'abord une ville où tous parlaient une seule langue mais le nom de Babel lui a été attribué seulement après que Iahvé a semé la confusion linguistique et spatiale. Ainsi, au lieu de faire référence à la confusion et la dispersion qui ont donné à Babel son nom, Montréal-Babel renvoie à un lieu où les diverses cultures se réunissent à nouveau. Pour Fatima, donc, Babel est un mythe apte à décrire la réalité dans laquelle elle vit, c'est-à-dire un milieu urbain, multiculturel et plurilingue. Dans ses lectures sur Babel, elle constate que

> Le projet de Babel consiste à *se rassembler* dans une Cité pour « se faire un nom ». Ce que j'interprète comme un désir de se définir soi-même plutôt que de l'être par une entité supérieure. Ici, nulle transcendance mais un modèle de société civile, païenne, autonome et parfaitement viable. Les peuples constructeurs sont à la fois différents et semblables, et leur rassemblement possible car, littéralement, ils sont *parlables*. (pp. 157-58)

Fatima juxtapose ce mythe à sa vision de ce que pourrait être la société montréalaise et québécoise, à savoir, un lieu de rassemblement, où les différentes cultures et langues peuvent cohabiter paisiblement. Ce qui est impératif, par contre, c'est d'avoir une langue commune pour que ces groupes puissent communiquer, et selon Fatima, « À Babylone-avant-la-foudre, la langue servait de lien entre les peuples, agissant comme un mortier qui soude les briques de l'édifice. C'est ce que le français devrait être ici, tout normalement. » (p. 283)

Si, pendant de nombreuses années, voire plusieurs siècles, le Québec était dans un rapport de domination et de colonisation par la France, et les productions culturelles étaient souvent accueillies avec un certain dédain de la part de la mère patrie, le Québec fait face à un autre type de domination, qui vient des États-Unis, une domination non seulement linguistique mais aussi culturelle, liée à l'argent et à la culture de masse. Or, ces luttes, que ce soit contre la France, le Canada anglais ou les États-Unis, ont aussi poussé le Québec à s'affirmer davantage, tant au niveau de sa culture que de sa langue. Ainsi, selon Fatima, Babel est un mythe qui a une certaine résonance pour le Québec. « Pour moi, écrit-elle, Babel est un symbole positif. Ce n'est pas un cauchemar niveleur mais un lieu d'asile et de tolérance. Ce mythe exprime un désir légitime d'autodétermination : pouvoir parler librement et agir. Se construire. » (p. 316)

Un autre mythe évoqué dans ce texte illustre justement l'influence de la culture américaine au sens large de l'adjectif, c'est-à-dire par rapport au continent américain. Par l'entremise de Louis et d'Amélia, Fatima découvre l'histoire de la Malinche, un personnage historique mexicain qui a servi de traductrice à Cortes. Elle connaissait le nahuatl, qui était la langue des Aztèques, et la langue des Mayas en plus de l'espagnol de son maître européen. À cause de son intégration à la culture et la langue des conquistadors, la Malinche est considérée par les Mexicains comme une traîtresse par rapport aux valeurs autochtones qui s'est soumise au pouvoir colonial européen. Cependant, Todorov, qui retrace cette histoire dans *La Conquête de l'Amérique*, explique que pour lui, la Malinche est

> le premier exemple, et par là même le symbole, du métissage des cultures ; elle annonce par là l'État moderne du Mexique et, au-delà, notre état présent à tous, puisque, à défaut d'être toujours bilingues, nous sommes inévitablement bi- ou tri-culturels. La Malinche glorifie le mélange au détriment de la pureté (aztèque ou espagnole), et le rôle de l'intermédiaire.[15]

Si ce mythe se prête à plusieurs interprétations, ce qu'il faut retenir présentement c'est que l'histoire de la Malinche illustre les transformations linguistiques et culturelles issues de contacts entre différentes communautés sociolinguistiques. Plutôt qu'une assimilation d'un groupe par un autre, le résultat relèvera plutôt d'un mélange innovateur et « imprévisible » comme le dit Édouard Glissant en parlant de créolisation. Ainsi, comme dans son interprétation du mythe de Babel, Fatima perçoit dans le récit de la Malinche le versant positif de la diversité des langues et des cultures, même si elles sont vouées à un perpétuel état d'évolution. Il est donc inévitable que la culture et la langue québécoises subissent des transformations grâce à l'immigration récente, et ce phénomène n'est pas à craindre. Au contraire, c'est par un tel processus d'« anthropophagie culturelle »[16] que la langue et la culture québécoise seront finalement territorialisées.

Conclusion

L'inscription des mythes de Babel et de la Malinche au sein d'un même texte est significative à plusieurs niveaux. Particulièrement pertinent pour nos propos est le fait que ces mythes relèvent à la fois de traditions, de cultures et d'histoires (au deux sens du mot) judéochrétienne, européenne, américaine et autochtones. Le croisement ou l'hybride issus de la rencontre des cultures caractérisent les cultures typiquement américaines, à savoir des deux continents. En soulignant le

---

[15] Tzvetan TODOROV, *La Conquête de l'Amérique. La Question de l'autre*, Paris, Seuil, 1982, p. 107.

[16] Audet emploie ce terme dans sa communication « Écriture et culture périphériques », *op. cit.*, p. 1.

plurilinguisme qui traverse tous les niveaux de ce texte, nous avons voulu mettre en lumière le fait que la langue franco-québécoise est elle-même plurielle. Elle ne pourra se défaire de son évolution particulière et des influences de l'Ancien français, de l'anglais et de l'apport des langues des immigrants. Francine Noël est une auteure ne craignant pas sa propre langue, qui est incontestablement le français, mais un français québécois, voire américain.

Cependant, on constate dans ce texte une certaine crainte de la domination de l'anglo-américain et de la culture américaine, plus précisément états-uniennes. Précisons que ce n'est pas la culture qui inclut la Malinche ou Délia Febrero qui est menaçante, mais plutôt celle qui se joue au niveau du dénominateur commun le plus bas, celle qui aplatit les différences plutôt que de les exalter, qui est aveugle aux possibilités offertes par la créolisation, préférant se limiter à une culture de *fast food*.

La littérature québécoise est une littérature d'Amérique, et ce roman en est une illustration remarquable[17], où le plurilinguisme, le multiculturalisme et des mythes de plusieurs traditions sont tous convoqués au rendez-vous. Néanmoins, parce qu'écrit en français – même un français américain – ce roman, et sans doute la littérature québécoise, demeureront en marge de la littérature américaine de langue anglaise. Peut-être devrait-on alors se demander si le roman de Noël ne pose pas différemment la question de littérature mineure : plutôt que d'une littérature mineure en langue majeure, ne s'agit-il pas d'une littérature en langue mineure au sein d'une culture majeure ?

---

[17] À noter le dernier roman de Francine Noël, *La Conjuration des bâtards*, qui exemplifie aussi le roman « québéco-américain ».

Stratégies de reterritorialisation de la langue dans *La Vie prodigieuse* de Rose Després

Raoul BOUDREAU

Dans le chapitre trois de *Kafka. Pour une littérature mineure*[1], Deleuze et Guattari définissent une littérature mineure comme la littérature d'une minorité écrite dans une langue majeure. À ce type de littérature, ils associent trois caractéristiques principales : la déterritorialisation de la langue, le branchement de l'individuel sur l'immédiat-politique et l'agencement collectif d'énonciation. Les auteurs consacrent ensuite la plus grande partie de ce texte à décrire une double stratégie de reterritorialisation de la langue : la première au moyen d'un enrichissement symbolique, d'une surenchère de sens selon un usage du langage désigné comme *extensif* et *représentatif* ; et la deuxième par une pauvreté voulue, une sécheresse et une sobriété réduisant la langue à des intensités, selon un usage asignifiant de la langue désigné comme *intensif*. Après une rapide mise en contexte de la littérature acadienne qui permettra de montrer qu'elle correspond en gros aux caractéristiques d'une littérature mineure selon Deleuze et Guattari, l'exemple du recueil de poésie *La Vie prodigieuse* de Rose Després servira à illustrer la seconde de ces stratégies de reterritorialisation de la langue et ses implications par rapport au positionnement vis-à-vis de la langue française et vis-à-vis du discours littéraire francophone.

La littérature acadienne est celle que produisent les francophones des provinces maritimes du Canada, c'est-à-dire le Nouveau-Brunswick, la Nouvelle-Écosse et l'Île du Prince-Édouard, situées immédiatement à l'est du Québec. Ces francophones sont principalement les descendants des premiers colons français établis en Amérique du Nord qui fondèrent

---

[1] Gilles DELEUZE, et Félix GUATTARI, *Kafka. Pour une littérature mineure*, Paris, Éditions de Minuit, 1975. Dorénavant, toutes les citations tirées de ce texte seront simplement suivies du numéro de page entre parenthèses.

l'Acadie en 1604 et qui survécurent à la déportation de 1755. Aujourd'hui les Acadiens sont 300 000 au total et représentent le tiers de la population du Nouveau-Brunswick, mais seulement 5 et 4 % dans les deux autres provinces. Même si les origines de la littérature acadienne remontent au début de l'Acadie et au XIXe siècle, ce n'est qu'à partir des années 60 que cette littérature s'est vraiment développée et institutionalisée.

En tant que littérature d'une minorité écrite dans une langue majeure, le français, mais fortement déterritorialisée, la littérature acadienne correspond assez bien à la description d'une littérature mineure selon Deleuze et Guattari. Le branchement sur le politique et l'énonciation collective sont particulièrement évidents dans la poésie acadienne des années 70[2].

Plusieurs indices signalent la déterritorialisation de la langue française en Acadie : insécurité linguistique décrite aussi bien dans des études récentes[3] que par l'écrivain acadien Pascal Poirier au XIXe siècle[4] et par la linguiste française Geneviève Massignon[5] et l'écrivain québécois Jacques Ferron[6] au milieu du XXe siècle, contexte diglossique en évolution qui a donné lieu à la création de nombreux usages non normatifs du français et en particulier à la création d'un vernaculaire inédit dans le sud-est du Nouveau-Brunswick, le chiac, qui intègre et transforme des formes anglaises dans une matrice française.

Le meilleur indice du sentiment de déterritorialisation de la langue chez les écrivains acadiens est sans doute le va-et-vient constant entre différentes langues et différents niveaux de langue, du chiac, à l'acadien traditionnel, à une variante acadienne du français standard, et finalement à l'anglais. Comme pour les juifs de Prague évoqués par Deleuze et

---

[2] Voir Raoul BOUDREAU, « Une poésie qui est un acte », introduction à *Rêves inachevés. Anthologie de poésie acadienne contemporaine*, sous la direction de Fred COGSWELL et Jo-Ann ELDER, Moncton, Éditions d'Acadie, 1990, pp. 7-20.

[3] Annette BOUDREAU, *Représentations et attitudes linguistiques des jeunes francophones de l'Acadie du Nouveau-Brunswick*, thèse de doctorat, (sciences du langage), Université de Paris X, Nanterre, 1998. Et Annette BOUDREAU et Lise DUBOIS, « Je parle pas comme les Français de France ben c'est du français pareil. J'ai ma own petite langue », dans *Cahiers de l'Institut de linguistique de Louvain*, 1, 1993, pp. 147-168.

[4] Pascal POIRIER, *Causerie memramcookienne*, édition critique de Pierre-Marie GÉRIN, Moncton, Chaire d'études acadiennes, 1990, p. 128.

[5] Geneviève MASSIGNON, *Les Parlers français d'Acadie*, t. 2, Paris, Librairie C. Klincksieck, 1962, p. 741.

[6] Jacques FERRON, *Le Contentieux de l'Acadie*, Montréal, VLB, 1991, p. 129.

Guattari, la littérature acadienne représente certainement quelque chose d'impossible par rapport à ses langues.

La volonté de faire une littérature dans cette langue déterritorialisée implique inévitablement des stratégies de reterritorialisation de la langue qui se partagent, chez les écrivains acadiens comme chez les autres écrivains des littératures mineures, entre la tendance à s'aligner sur la variété valorisée de sa langue, en l'occurrence le français de France, ou au contraire la tendance à développer une langue autonome en accentuant ses différences et ses marques de déterritorialisation. Ce partage correspond aussi aux deux stratégies de reterritorialisation de la langue de Deleuze et Guattari évoquées précédemment.

Faute d'espace, je n'insiste pas sur la première de ces stratégies et sur les écrivains qui la représentent en littérature acadienne et, comme Deleuze et Guattari dans le chapitre cité, je m'attarderai bien davantage à la seconde, sans toutefois que ce choix traduise un jugement de valeur quant aux écrivains et aux œuvres qui recourent à l'une ou l'autre de ces voies de la création.

Cette forme de revalorisation de la langue que Deleuze et Guattari appellent un usage intensif asignifiant de la langue s'effectue, selon eux, en poussant toujours plus loin la déterritorialisation, « à force de sobriété » (p. 35), en créant « un langage arraché au sens, conquis sur le sens, opérant une neutralisation active du sens » (p. 38). Les auteurs parlent aussi de « trouver son propre point de sous-développement, son propre patois, son tiers monde à soi, son désert à soi » (p. 33). Les expressions « pauvreté » (pp. 35, 42), « langue ou vocabulaire desséchés » (pp. 35, 41), « syntaxe incorrecte » (p. 41), « points de non-culture et de sous-développement » (pp. 33, 48, 49), « zones de tiers monde linguistiques » (p. 49) suggèrent toutes une forme de régression du sens qui permet à la langue de s'ouvrir à « des intensités intérieures inouïes, bref un *usage intensif* asignifiant de la langue » (p. 41). Il faut peut-être ici préciser que le caractère asignifiant de la langue ne peut jamais être absolu au risque de sombrer dans l'insignifiance. L'asignifiance de la langue comme je la comprends est davantage un sens différé qu'un sens exclu, l'absence momentanée du sens permettant l'afflux de sens nouveaux, non cristallisés, non sédimentés, plus complexes, plus profonds, construits et saisis autrement. C'est dans cette suspension momentanée du sens que peuvent s'insérer une autre vision du monde et une autre vision de la littérature. On touche ici au cœur du littéraire et au sens même de la maxime, dont on reconnaît volontiers l'excès, énoncée par Deleuze et Guattari : « Il n'y a […] de révolutionnaire que le mineur » (p. 48).

La situation linguistique des jeunes écrivains acadiens qui pour la plupart ont élu domicile dans le sud-est du Nouveau-Brunswick, c'est-à-dire à la frontière du monde anglophone, me semble très propice au développement d'usages mineurs d'une langue majeure. Le français des grammaires est une langue qu'ils écorchent et qui les écorche. François Paré remarque justement que les poètes acadiens qui lisent leurs poèmes semblent embarrassés de leur texte :

> Ces écrivains éprouvent un profond sentiment d'étrangeté devant leur propre écriture, qui les porte à voir la langue avant tout comme un objet de *performance* scénique. [...] [La poésie acadienne] fait partie d'une littérature qui éprouve de la difficulté à se représenter comme texte. C'est évident dans les récitals de poésie, où la chose écrite semble littéralement *embarrassante* pour beaucoup de jeunes poètes...[7]

La langue la plus naturelle des jeunes poètes acadiens est travaillée intérieurement par l'anglais et par les archaïsmes propres au français acadien ; langue métissée et orale ; elle n'est pas naturellement une langue littéraire et pour qu'elle le devienne, il faut un projet résolu et la volonté forte de s'exprimer, même si cela implique de briser quelques règles. Paradoxe de vouloir créer une littérature où le silence semble plus expressif que la parole. Une part notable de la poésie acadienne actuelle, celle qui est représentée par les poètes les plus jeunes et les moins attachés aux conventions littéraires, s'écrit sous le signe de la liberté, pour ne pas dire sous celui de l'anarchie. Elle accueille les éléments les plus hétéroclites et s'éclate dans le pur plaisir de dire. Néologismes nombreux et rudes, mots anglais et français, registres extrêmes s'entrechoquent dans des liaisons syntaxiques plus qu'approximatives qui découragent de chercher quelque cohérence précise au poème. Le recul du sens qui n'est plus qu'évocations furtives, fuyantes et désarticulées laisse subsister le régime des intensités, surdéterminées par l'euphorie, la frénésie, la danse, le cri, la délivrance. Cet anticonformisme radical par rapport à toutes les conceptions connues de la poésie donne à cette poésie acadienne son caractère unique. Les traits de pauvreté d'une langue que Deleuze relève chez Kafka, mais « pris dans un usage créateur » (p. 42), se retrouvent aussi dans la poésie acadienne, associées parfois, il est vrai, à leur exact contraire, c'est-à-dire à une luxuriance folle, à un débordement sans fin.

Un des exemples les plus intéressants de création d'un langage original au cœur de la lutte entre le sens et le non-sens est la poésie de Rose

---

[7] François PARÉ, « Renoncer à l'identitaire », interview réalisée par Marcel Olscamp, dans *Spirale*, n° 174, 2000, pp. 16-17.

Després, dont le quatrième recueil, *La Vie prodigieuse*[8], me servira ici d'exemple. Comme la plupart de ses collègues, elle se sert du polylinguisme dans sa propre langue comme le recommandaient déjà Deleuze et Guattari (p. 49) et joue des traductions inattendues ou absurdes : « Tom Waits/ et je t'attendrai » (p. 102), « Disjointed and disoriented/ (sans joint hors de l'orient ?) » (p. 78). Le code-switching est bien présent dans ce recueil mais dans une proportion relativement modeste puisque un poème sur six comporte des passages en anglais, allant d'un simple mot à une dizaine de vers. Curieusement, ces passages, sertis d'idiotismes et au rythme fluide et harmonieux, apparaissent souvent comme des soupapes qui réduisent la tension par rapport à un français constamment travaillé de l'intérieur, comme sorti de ses gonds.

C'est surtout par les déplacements sémantiques que cette poésie déstabilise le lecteur : « Pourtant vous êtes en moi des navires chavirés/ bourrasquant le franc regard de la tempête/ mon œil ouvert comme celui de l'ouragan » (p. 47). Tous les noms peuvent devenir des verbes ; les adjectifs peuvent donner des noms. Le mot « estropié », très courant en Acadie, donnera « estroperie » dont la parenté avec « escroquerie » doublera la charge négative : « Ton chancelant voyage dans le néant final/ coince nos espoirs dans ses rancunes/ ses estroperies/ ses grincements boiteux » (p. 38). Les verbes transitifs peuvent être employés intransitivement et vice-versa. Les verbes pronominaux perdent leur pronom. Dans ces verbes tout neufs, parfois empruntés à l'anglais, on trouvera, « Ils pieuvrent et médusent » (p. 58), ce dernier sans complément ; « il fournaise » (p. 68), « fluidant les gestes » (p. 41), « flexe un corps musclé » (p. 51), « flexe des yeux d'orages » (p. 100), « un délicieux grognement [...] morphinise la réalité malsaine » (p. 63). La poète manifeste d'ailleurs une conscience clairement exprimée de ce travail sur le langage et des risques associés à cette liberté : « Gouache/ Panache/ ramage qui savonne les expressions usées/ Des rideaux-barreaux éclipsent l'audace/ l'épeurante liberté qui pourchasse/ qui maganne. » (p. 38). Dans un poème intitulé « Les mots », elle écrit : « J'épuise les vers/ les estropie/ les questionne... » (p. 27). La régression du sens dont parlent Deleuze et Guattari passe par une attention particulière aux sons : « Alors que le son articulé était un bruit déterritorialisé, mais qui se reterritorialisait dans le sens, c'est maintenant le son qui va lui-même se déterritorialiser sans compensation, absolument. » (p. 38). Et c'est aussi par une soumission aux sons que Rose Després éloigne la poésie de l'hégémonie du sens. Le son détermine souvent la construction du

---

8   Rose DESPRÉS, *La Vie prodigieuse*, Moncton, Perce-Neige, 2000. Dorénavant, toutes les citations tirées de ce recueil seront simplement suivies du numéro de page entre parenthèses.

vers et si le mot qui sonne juste n'existe pas, il n'y a qu'à l'inventer : « Fresque de fraîcheur et floue francheur » (p. 55).

Le recueil en entier est une revendication véhémente et révoltée de la marginalité poétique et cette barrière d'injures dressée entre l'univers poétique et l'univers commun rend incontournable le recours à un langage autre. L'invention d'un autre langage n'est pas ici un artifice poétique mais une nécessité vitale qui découle de l'opposition radicale entre l'univers poétique et l'univers commun. La lutte contre le sens apparaît au premier plan : « Dégénère la lune aveugle/ accours/ donne un sens aux attirails vertigineux.// Du non-sens dont j'ai été accusée/ par des analystes, catégoristes/ égoïstes/ duellistes/ unilinguistes au parcours tragique… » (p. 84).

Une autre forme que revêt la lutte du sens et du non-sens est celle de l'évocation régulière de la folie douce, de la démence et du délire comme une source de poésie et de liberté. « J'ai perdu le fil des idées qui me décousent/ déboutonnant le vieux vagabond de mon bord de jupe effiloché/ […] L'aube éclate de rire/ et ma démence me rassasie. » (p. 57) Le langage délirant est justement celui dont le sens n'est pas donné d'emblée mais qui oblige à un décodage, à un retour, à une suspension dans le vide momentané et euphorique du non-sens. « Folie mienne/ Stark raving lunacy/ impressive madness./ Fermeture éclair/ fenêtre sur les paroles d'une guitare bleue/ ensevelie dorée.// L'œil euphorique… » (p. 64)

Le recul du sens, pour mieux sauter pourrait-on dire, est associé chez Rose Després à un usage intensif de la langue, tension créée à la fois par les déplacements sémantiques et syntaxiques, et par le fait que la charge émotive du texte, son électricité, sa frénésie, sont perceptibles avant toute explicitation globale. Le poème « *Al dente* », comme une envie de mordre à pleine dents, est un bon exemple de cette poésie qui grimpe aux plafonds : « Chez-nous ça rage/ le vent sile à travers les murs/ et les plaques de courants électrifiés./ Les courants d'air s'inventent des manières/ les idées chauves-souris vampires guettent la nuit/ grimpent et s'agrippent au plafond/ comme des chats frénétiques. » (p. 40). Cette « passion débordante dépenturée » (p. 115) comme l'exprime encore la poète est la force qui disloque la langue en « enluminant le doux vertige des mots » (p. 91), elle est le feu qui fond et fusionne les pièces dispersées du poème. Le poème « Ton violon » (p. 96) est porté par cette « vaste exubérance » (p. 115).

Mettre une langue à sa main, à sa manière n'en diminue pas pour autant l'étrangeté ; au contraire cela accentue parfois la distance avec ce dont on s'est séparé. Le poème « Paris en polaroid » évoque des mélancolies multiples, « un désenchantement […] presque létal » et se termine sur une phrase en prose qui est comme un renoncement à la poésie : « Je suis dans une métropole où l'on parle une langue étrangère/ mais c'est moi l'étrange ingrédient dans la soupe cosmopolite. » (p. 78)

Dans un poème intitulé « En français, s'il vous plaît », comme une injonction ironique qu'elle s'adresse à elle-même pour bien marquer l'écart de sa langue avec le français, Rose Després rejoint singulièrement François Paré cité plus haut par rapport à l'étrangeté du texte. Ce court poème mérite d'être cité en entier : « Une langue déconnectée/ étrangère comme tant d'autres/ résonne en moi sans s'identifier/ reste à l'écart/ profondément ancrée/ mais vibrant à d'autres sons.// J'ai beau connaître ses affinités avec ma nature/ la musique et les couleurs de chaque mot/ touchent les cordes d'une vocalité/ d'une oralité extrême.// Qu'importe le texte ? » (p. 30). Ce que l'on observe ici, c'est que l'étrangeté à la langue entraîne quelque chose de plus radical et de plus inédit, qui serait comme une mise à distance de la poésie comme texte, ce qu'il ne faut pas confondre avec un renoncement à la littérarité, mais comme l'institution d'une littérarité autre. La marginalité de l'univers poétique est poussée un cran plus loin et la poète exprime une distance par rapport à une certaine idée de la poésie, par rapport à ce que l'on pourrait appeler « la poésie dominante » dont on a bien conscience de ne pas faire partie. Marginalité linguistique et marginalité littéraire vont bien sûr de pair. Un écrivain comme Jean Babineau[9] aurait pu de manière peut-être encore plus évidente que Rose Després servir d'exemple à mes propos car comme l'écrit Claude Filteau en parlant de l'hétéroglossie des textes de Babineau, celle-ci a « le mérite de remettre en cause de manière spontanée la référence à une "langue légitime" comme assise des littératures des francophonies »[10]. La poésie de Rose Després n'est donc pas un cas unique, mais elle est plutôt représentative d'une tendance forte en littérature acadienne, où les écrivains pris entre le français, l'anglais, le chiac et l'acadien incarnent de manière extrême la posture moderne de déchirement et d'ambivalence face à la langue et aux langues. Parce qu'il entretient avec toutes ses langues une relation d'amour-haine, l'écrivain acadien passe de l'une à l'autre et bricole avec les matériaux du bord une littérature qui ne peut s'appuyer sur des valeurs établies mais doit prendre le risque courageux d'exprimer une situation unique avec des moyens inédits. Il renonce à imiter les discours consacrés et fait le pari d'être lui-même et d'écrire l'oralité parce que c'est ce qu'il possède le mieux. C'est cette particularité qui donne à

---

[9] Voir Jean BABINEAU, *Bloupe*, Moncton, Perce-Neige, 1993. Et Jean BABINEAU, *Gîte*, Moncton, Perce-Neige, 1998.

[10] Claude FILTEAU, « His mind like a flippant bastard : culture et hétéroglossie dans une nouvelle de Jean Babineau », *Littérature,* n° 121, mars 2001, pp. 76-100.

cette littérature son accent original, mais elle n'est pas en elle-même une garantie de la valeur littéraire. Car cette exploration de voies nouvelles comporte des risques aussi bien à l'intérieur qu'à l'extérieur. Les procédés les plus anticonformistes sont très vite envahis par le conformisme et la facilité, qui pourront d'autant plus faire illusion qu'ils se manifestent dans un climat d'instabilité où valeurs et critères sont en pleine transformation. Cette littérature à haut risque produit donc une certaine masse de scories. Face à l'extérieur, l'affirmation de sa marginalité la situe souvent à la limite de l'incommunicabilité et du rejet. Mais n'est-ce pas depuis toujours le défi posé à l'écrivain et à la littérature, celui de trouver la voie étroite entre la nécessité d'innover et celle d'être entendu ? Pour l'écrivain acadien, ce dilemme apparaît dès le choix de la langue littéraire, avant même d'aborder la question des formes littéraires, si tant est qu'on puisse séparer les deux. Pour cette littérature à haut risque, il faut sans doute une critique également à haut risque, celle qui accepte de naviguer dans cette autre voie étroite entre la nécessaire reconnaissance d'avancées réelles et la glorification aveugle de la futilité. Les textes des écrivains acadiens méritent, me semble-t-il, qu'on y cherche la part de création issue d'une interaction exemplaire entre langue et littérature ; ils méritent ce regard non par ce qu'ils retranchent, mais par ce qu'ils ajoutent à cette question nommée littérature.

Jacques Ferron
L'absolu littéraire en mineur[1]

Karim LAROSE

On connaît l'intérêt très particulier, sans doute unique dans l'histoire littéraire québécoise, que manifestait Jacques Ferron pour le concept de « mineur », explicitement revendiqué dans sa réflexion sur son œuvre et sur la littérature en général. Cette stratégie culturelle originale traduit une volonté d'assumer la fragilité tout en brouillant les certitudes identitaires, dans un contexte politique où la société québécoise dans son entier se percevait comme une minorité. C'est un tel parti pris qui explique que, dès la fin des années 50, Ferron ait accordé autant d'attention à la situation de la langue française au Québec, qu'il voyait diminuée par les effets de l'hégémonie de l'anglais, « langue majeure »[2] en Amérique du Nord. De même, dans la mesure où « le livre vient juste après la langue » (*PA*, p. 200), son propre travail d'écrivain lui apparaissait lui-même compromis, tant que le Québec ne faisait pas du français une véritable « langue souveraine »[3]. Tenant compte de ces différentes variables, sa position sur la question linguistique a toujours été empreinte de prudence, voire d'une véritable gravité, notamment sur le plan littéraire.

Ainsi Ferron adopte-t-il, dans l'ensemble, une approche désignativiste du langage, c'est-à-dire mettant l'accent sur l'objectivité du référent et considérant la langue comme un outil sans mystère, qu'on peut

---

[1] Cet article constitue le contrepoint d'un premier texte sur Ferron, *Jacques Ferron, la longue passe de la langue*, où j'essayais de saisir le rôle historique de l'écrivain dans la réflexion sur la langue au Québec.

[2] Jacques FERRON et Pierre L'HÉRAULT, *Par la porte d'en arrière. Entretiens*, Outremont, Lanctôt éditeur, 1997, p. 148. Désormais, les références à cet ouvrage seront indiquées par le sigle *PA*, suivi du numéro de la page.

[3] Voir le compte rendu que fait Gilles LESAGE des propos de Ferron dans « "Pourquoi la violence ?", se demandent les participants d'un colloque de *Maintenant* », dans *Le Devoir*, 28 novembre 1964, pp. 5 et 12.

espérer maîtriser[4]. Cette conception envisage avant tout la langue comme un matériau qu'on modèle et qu'on possède, et non cela même qui nous possède et nous constitue. Ainsi Ferron la considère-t-il, par exemple, comme l'*instrument* propre de l'écrivain, qu'il faut défendre, équiper et parfaire. C'est d'ailleurs pourquoi il serait excessif d'interpréter les quelques licences lexicales[5] qu'on retrouve dans son œuvre comme une indication de la valeur qu'il aurait accordée à l'invention libre, radicale, presque avant-gardiste, telle qu'elle est défendue par exemple chez certains écrivains de *Parti pris*. On se rappellera que Ferron avait même désavoué les quelques « mots à la Queneau[6] » qu'il avait créés, se considérant (avec une certaine ironie, bien sûr) comme un écrivain plutôt « conservateur », peu porté en tout cas aux « innovations » langagières (*FAC*, p. 237).

J'irai plus loin : il me semble qu'on peut parler, dans le cas de Ferron, de l'existence d'un véritable *interdit* langagier. On en retrouve la trace la plus visible dans certains textes du *Fond de mon arrière-cuisine,* qui laissent voir un refus pur et simple de transformer la langue sur lequel le romancier se montre absolument intraitable : « Je ne me sers que de Littré », écrit-il dans « Claude Gauvreau ». « Je n'ai jamais inventé de mots. [...] Je suis à ce sujet de stricte observance »[7] (*FAC*, pp. 236-237). Si ces affirmations ne sont pas tout à fait fidèles à la lettre des textes de Ferron, elles rendent néanmoins très bien compte de leur esprit général. Ailleurs, dans « Les salicaires », il s'adresse à lui-même à la deuxième personne du pluriel en insistant sur le fait que sa pratique de l'écriture, dans son rapport au code, est aussi rigoureuse qu'un acte notarié : « Vous écrivez en langue commune, à même la sagesse des nations, sans inventer un seul mot, sans rien risquer, tel un scribe, tel un notaire. » (*FAC*, p. 272) De tout cela il ressort assez clairement que le rapport de Ferron à la langue est fortement inspiré par une approche instrumentale tournée vers le référent et la normalisation. On est donc d'autant plus surpris de pouvoir remarquer, dans ces propos trop exces-

---

[4] À propos de la différence entre les perspectives désignativiste et expressiviste, voir Charles TAYLOR, « Le langage et la nature humaine », dans *La liberté des modernes*, trad. par Philippe de Lara, Paris, PUF, 1997, pp. 21-66.

[5] Il s'agit essentiellement de transcriptions touchant des mots anglais réécrits suivant les principes phonétiques du français : « cuiquelounche », « Biouti Rose », « Lorde Djizusse », « Edmontonne, touristeroume », etc.

[6] Jacques FERRON, « Claude Gauvreau », dans *Du fond de mon arrière-cuisine*, Montréal, Éditions du Jour, 1973, p. 236. Désormais, les références à cet ouvrage seront indiquées par le sigle *FAC*, suivi du numéro de la page. L'expression laisse entendre qu'il s'agissait d'une imitation un peu servile de Queneau.

[7] Réaffirmé dans *FAC*, 278. De même il ne croit pas « qu'il faille transformer la langue » (*PA*, p. 107) et il considère ne pas savoir inventer (*PA*, p. 208).

sifs pour être définitifs, les prémisses d'une autre conception de la langue, s'articulant cette fois-ci sur l'expression proprement dite, c'est-à-dire sur le rapport entre le sujet et son langage, quand on considère que parler ne se limite plus à désigner objectivement le réel, mais consiste à le créer littéralement au fur et à mesure qu'on l'*exprime.*

Si quelques citations très catégoriques du *Fond de mon arrière-cuisine* peuvent nous mettre en garde contre une interprétation qui, un peu vite, envisagerait les jeux de langue de Ferron à l'aune du paradigme de l'innovation libre et fantaisiste, il reste donc à voir comment, malgré tout, le romancier en vient à rejoindre de façon tout à fait inattendue une certaine forme de modernité expressiviste[8], mais seulement sur le tard et dans la dernière partie de son œuvre. Ainsi, au-delà de l'impression de clarté manifeste, on discerne dans ces propos une ombre portée, car elles apparaissent dans un contexte très particulier. Il n'est effectivement pas banal qu'on retrouve ces prises de position pour le moins radicales dans deux textes habités par la figure spectrale du poète Claude Gauvreau, mort quelque temps plus tôt après avoir consacré sa vie à l'invention d'une langue poétique très singulière, l'exploréen. Ces textes marquent en fait un tournant dans l'œuvre de Ferron et nous signalent, je crois, une autre facette de son rapport à la langue, caractérisée par une forte fascination pour une aventure esthétique opposée à toute approche instrumentale du langage. Il n'est pas facile de comprendre les raisons de cette attirance qui semble mettre Ferron en contradiction avec lui-même, mais les propos tenus sur Gauvreau fournissent certaines pistes, dont la plus importante à mon sens est liée à la question de l'*absolu littéraire.*

Sans jamais se départir complètement d'importantes réserves[9], Ferron revient ainsi sans cesse sur ce qui le fascine et le retient chez Gauvreau, c'est-à-dire son « absolutisme »[10], au sens métaphorique bien entendu, mais sans que le sens propre, sans que le rapport à la valeur et à la hiérarchie soit éclipsé pour autant. Ainsi Ferron rappelle-t-il du poète qu'il semblait appartenir à une « caste sacerdotale » ou qu'il était « plus absolu que Louis XIV » (*FAC*, pp. 221, 210). Impérieux et « quasi

---

[8] Au sens de Charles Taylor, encore une fois. Par là, Ferron rejoint une tendance qu'on trouve aussi chez *Parti pris*, mais en suivant une voie très différente : il s'agit chez lui d'un expressivisme d'abord individuel et non d'un « existentialisme » langagier appliqué à l'échelle de la collectivité.

[9] Sa conviction, notamment, aura toujours été qu'on ne pouvait, contrairement à ce que croyait Gauvreau, « traiter de la parole comme de la lumière et des couleurs » (*FAC*, p. 219).

[10] *FAC*, p. 207. Ailleurs, Ferron évoque une autre fois la « quête d'absolu » de Gauvreau (*FAC*, p. 222).

souverain », Gauvreau l'était d'ailleurs non seulement par son caractère, mais aussi et surtout dans sa pratique poétique, lui qui s'était « mis en littérature comme on se met en religion » (*FAC*, pp. 254, 272). Gauvreau accordait aux lettres et aux arts une « prédominance absolue » qui, dans le Québec de l'époque, avait quelque chose de prodigieux et d'insensé (*FAC*, p. 206). Ferron gardera un souvenir ambigu et nostalgique de cette foi radicale en la littérature[11] dans un espace culturel où elle est peu courante et peu valorisée. Cela est particulièrement sensible lorsque Ferron rappelle que Gauvreau a « joué sa vie sur une carte », celle de la seule littérature (*FAC*, p. 273), tandis que lui-même n'a jamais pris de risques véritables : « Je ne pouvais avoir pour lui que la plus grande admiration parce que toujours, écrit-il, [...] je me suis ménagé des sorties, des défaites et jamais je n'ai eu l'orgueil [...] de me lancer tout d'un bloc, à corps perdu » dans l'aventure de l'art (*FAC*, p. 234). Sur l'échiquier littéraire, Ferron, qui se présentait comme un écrivain « amateur », occupe une position diamétralement opposée à celle de Gauvreau, comme le montrent les textes théoriques du poète, qui insistent sur l'importance cruciale de la souveraineté absolue de l'art, dont l'autonomie propre repose sur la dimension formelle de l'œuvre.

Cet impératif esthétique passait, chez Gauvreau, par la valorisation du constituant premier de l'œuvre, soit la langue dans son intensité sonore et dans sa matérialité plastique. À lire les nombreux textes critiques du poète, on peut même considérer qu'à bien des égards, ce projet doit être situé dans la lignée de la réflexion sur l'expression poétique transmise par le romantisme, avec laquelle s'est ouverte la modernité culturelle[12]. Rappelons simplement que, selon la conception romantique, le travail artistique ne s'articule plus, comme par le passé, autour d'un principe d'imitation passive, où la nature extérieure par exemple est prise comme modèle, mais autour d'une forme d'imitation subjective qui met l'accent sur le processus créateur lui-même, sur la *poïesis*. Dans cette perspective l'œuvre, devenant intransitive, ne peut plus uniquement s'appuyer sur la signification et sur la représentation. Sa complexité formelle provoque un effet d'opacité à partir du moment où, avant de dire le monde, elle se dit d'abord elle-même. Ne renvoyant plus instan-

---

[11] Voir le travail très complet de Brigitte FAIVRE-DUBOZ en ce qui a trait à l'admiration de Ferron pour l'engagement littéraire, celui de Gauvreau mais aussi de Valéry, Mallarmé et Nelligan (*La Hantise de la poésie dans l'œuvre de Jacques Ferron : Saint-Denys Garneau et Claude Gauvreau*, M.A., Université Dalhousie, 1995, pp. 23-24 et 133).

[12] Sur ce point, voir Tzvetan TODOROV, « La crise romantique », dans *Théories du symbole*, Paris, Seuil, 1977, pp. 179-260.

tanément au signifié, le signifiant de l'œuvre possède une valeur en soi, de sorte que la signification elle-même, sans disparaître, perd de sa transparence. Désormais, l'art ne se fonde donc plus sur la représentation, mais sur la *présentation* pure et simple, c'est-à-dire sur l'exposition de l'originalité intraduisible et irréductible du signifiant de l'œuvre.

Un tel brouillage du sens affecte bien sûr la marche ordinaire du langage, et particulièrement la transmission et la communication, c'est-à-dire la dimension strictement utilitaire et instrumentale de la langue, dont Ferron se sent solidaire à tant d'égards. C'est d'ailleurs sur ce point que l'on rejoint la question de l'absolu, dans la mesure où la poétique de Gauvreau, si on l'envisage dans toutes ses implications, visait précisément à mener jusqu'à ses dernières limites l'expérience de présentation propre à l'œuvre d'art[13], quitte à abandonner l'exigence de signification en cours de route, ou plus précisément, à la repousser très loin dans la marge. En ce sens, il a effectivement fait de la présentation et de la forme un absolu littéraire, un mode d'appréhension de la souveraineté esthétique, dans l'acception particulière que lui donne Georges Bataille. Sur le plan textuel, cette approche s'est concrétisée par l'invention de l'exploréen, ce langage original que Gauvreau voulait non-figuratif, dans le sens où l'on dit d'une toile qu'elle est non figurative. Ferron avait d'ailleurs très bien saisi cet aspect de son œuvre, disant de l'approche de Gauvreau qu'elle cherchait à s'éloigner du figuratif en créant une langue propre, singulière et intraduisible[14]. On pourrait dire que l'exploréen, dans sa visée la plus radicale, tentait effectivement de convertir la langue commune en langue propre, comme si, en mettant l'accent sur la pure présentation de la matière, Gauvreau ne mettait plus en scène des noms communs, mais une litanie infinie de noms propres au créateur. Exactement l'inverse du projet littéraire initial de Ferron qui s'appuyait sur la standardisation de la langue commune[15].

---

[13] Problématique qui, chez Gauvreau, prend des formes diversifiées qui vont de l'insistance sur la « présence » concrète de l'œuvre à l'importance donnée aux « relations de matière » et au « langage imagène », en passant par la surconscience du mystère sensible de l'œuvre ; voir Claude GAUVREAU, *Écrits sur l'art*, texte établi et présenté par Gilles LAPOINTE, Montréal, l'Hexagone, 1996, pp. 33, 75, 102-103, 177, 215 et Claude GAUVREAU et Jean-Claude DUSSEAULT, *Correspondance 1949-50*, présentation de J-Cl. DUSSEAULT et notes d'A.-G. BOURASSA, Montréal, l'Hexagone, 1993, pp. 253 et 271.

[14] « Le figuratif pour lui, c'était la signification » (*FAC*, p. 247) ; voir aussi *PA*, p. 294. Ailleurs il parle d'un disciple de Gauvreau comme de l'auteur d'une « poésie dont il avait inventé tous les mots » (*FAC*, p. 271), des « mots intraduisibles » constituant « une langue pour [lui] seul » (*FAC*, p. 278).

[15] Voir Brigitte FAIVRE-DUBOZ, *op. cit.*, pp. 131-141 et *passim*.

Or, en dépit de cette incompatibilité, quelque chose dans l'expérience esthétique de Gauvreau a manifestement intéressé Ferron, quelque chose qui touche à cette tentative de ne garder de l'œuvre *que* la présentation, en se prémunissant donc dès l'abord contre les dangers de récupération idéologique des œuvres d'art. Il est probable aussi que la difficulté d'écrire qu'a éprouvée Ferron avec de plus en plus de force à partir du *Fond de mon arrière-cuisine*, son sentiment de n'avoir plus « rien à dire » (*PA*, p. 301), l'a également rapproché de Gauvreau et l'a conduit à être sensible à la soif d'intensité plastique qu'éprouvait le poète. On peut voir en tout cas qu'à la suite de ses premières réflexions sur la poétique de Gauvreau, un nouveau rapport à la langue apparaît chez lui : très discrètement, certes, mais de façon néanmoins significative, au point qu'on peut en déceler des traces dans son œuvre littéraire.

Seulement, comme Ferron ne se permet pas de toucher au langage courant, son imagination lexicale ne concernera que les noms propres, dont l'intérêt vient du fait qu'ils ne *représentent pas* la réalité qu'ils servent à désigner, ce qui permet de les faire jouer tout en préservant le pacte de « conversation sociale »[16] établi avec la communauté des lecteurs. On sait déjà que cette invention onomastique est dans l'ensemble de l'œuvre extrêmement féconde et diversifiée[17]. Un examen attentif montre en outre que, chez Ferron, l'emploi de noms propres n'a pas seulement une dimension exploratoire au sens large[18], mais est marquée aussi, dans les textes postérieurs au recueil du *Fond de mon arrière-cuisine*, par l'apparition de mots d'un type un peu particulier, aux résonances nettement exploréennes. Alors que l'écrivain avait toujours joué avec des noms propres existants, qu'il détournait et modifiait, le nom propre d'inspiration exploréenne n'est au contraire lié à aucun référent toponymique ou anthroponymique. Il peut être considéré comme une création lexicale « intransitive », où l'opacité l'emporte sur la clarté, où le signifiant assujettit le signifié. On trouve ces noms propres en nombre très limité, mais on verra qu'ils vont toujours de pair avec une réflexion sur le littéraire et le figuratif.

On peut citer par exemple le personnage d'Adacanabran dans le récit éponyme du recueil de *La conférence inachevée*. Adacanabran est un

---

[16] Michel BIRON, « Jacques Ferron : la fête de la littérature », dans *L'Absence du maître*, Montréal, PUM, 2001, p. 113.

[17] Dans son mémoire de maîtrise, Luc GAUVREAU a montré la véritable passion des noms propres chez Ferron (voir « Noms et encyclopédie dans l'œuvre de Jacques Ferron », Université de Montréal, 1994).

[18] Avant tout en raison de la prolifération des toponymes, mais aussi à cause de la variété des procédés néologiques : diminutifs, surnoms, dérivation, suffixation, transcriptions phonétiques, etc.

médecin préparant un grand livre sur la folie, mais dont la parole est elle-même menacée par une « fêlure » inquiétante, au moment où la tentation de « pervertir le langage » et de « contrefaire les mots et les noms » le conduit à ne « parler que par allusion, sans dire à qui ni à quoi »[19]. Posant la question du rapport à la référence, l'envoûtement langagier du personnage rejoint l'aventure exploréenne, dans le désir de perversion d'abord, qu'on peut rapprocher de la méfiance de Gauvreau envers le langage « raisonné », dans le travail de contrefaçon ensuite, qui renvoie à une opération très concrète de refonte et de déconstruction du langage, enfin dans la singularité de la langue créée, qui semble, comme chez Gauvreau, défier le destinataire et empêcher la circulation de la signification. Évoquant une formule magique elle-même déformée et pervertie, ce nom de personnage tiré d'un grimoire inconnu met en scène la question de la transmission et de la communication à l'intérieur de la collectivité. On peut faire le même constat pour *L'exécution de Maski*, où le personnage de Maski, à son retour de Pologne, voit en une « dame de la Croix-rouge » qui l'accueille à l'aéroport une princesse « Badoucaya » purement imaginaire, ce qui fournit à son vis-à-vis, Notaire, l'occasion de parler de la folie du livre qu'il entreprend lui-même d'écrire (le même d'ailleurs que celui d'Adacanabran, soit *Le Pas de Gamelin*) : un livre « plein d'excès de langage et d'allusions insaisissables, un livre absolument impubliable »[20]. Toujours l'impasse de la communication, de la publication du sens engendrée par une langue où le signifiant devient envahissant, renvoyant au signifié non pas directement, mais par allusion, suivant d'obscures associations.

Dans la même veine, on peut penser bien sûr à l'un des derniers livres de Ferron, *Gaspé-Mattempa*, construit tout entier autour d'un mot inventé, *Mattempa*, dont la signification est d'autant plus énigmatique qu'au début du récit le mot apparaît dans le texte sans aucune présentation, comme si son interprétation devait aller de soi, alors qu'il n'en est rien[21]. Ce n'est que plus loin que le narrateur lui-même s'interrogera sur

---

[19] Jacques FERRON, « Adacanabran », dans *La conférence inachevée*, Outremont, Lanctôt éditeur, 1998, pp. 217 et 221.

[20] Jacques FERRON, « L'exécution de Maski », dans *Rosaire, précédé de L'exécution de Maski*, Montréal, VLB éditeur, 1981, p. 35.

[21] On pourrait, il est vrai, voir ce terme comme une transcription phonétique de l'impératif « M'attends pas ». Mais une telle hypothèse, si elle n'est pas à écarter absolument, ne me semble pas très convaincante, ne serait-ce que parce que Ferron n'a jamais forgé de noms propres sur un tel modèle verbal. Même l'évocation explicite du motif de l'attente, à la fin du récit, semble mener à une fausse piste puisque Mattempa n'y est pas celui qu'on ne devrait pas attendre, mais bien celui qui « n'attend jamais personne » (Jacques FERRON, *Gaspé-Mattempa*, Outremont,

la signification du mot, liée dès l'abord au travail d'écriture, dont Ferron fait plus loin ressortir la souveraineté. Dans *Gaspé-Mattempa,* les écrivains apparaissent ainsi comme des « gens absolus » qui tentent de « tout comprendre » par le biais de l'écriture, la littérature étant à sa façon une sorte de « règne » sur une création imaginaire (*GM*, p. 40). Ce n'est pas un hasard si dans le contexte de ce récit réapparaissent les termes généraux d'une problématique, par lesquels Ferron décrivait la posture esthétique de Gauvreau lui-même, c'est-à-dire son « absolutisme ».

Il est impossible, dans le cadre de cet article, de traiter du détail des interprétations que l'on peut donner au mot Mattempa, dont la valeur varie selon les contextes. Je m'en tiendrai ici à sa signification la plus abstraite, dans laquelle Mattempa incarne la disparition de la frontière et la souveraineté « des grands espaces » (*GM*, p. 43). Pour mieux le comprendre, sans doute faut-il rappeler que *Gaspé-Mattempa* est un livre portant sur le pays et le paysage, qui relate un itinéraire littéraire mais aussi géographique allant du centre vers la périphérie, de la ville de Québec vers le golfe du fleuve Saint-Laurent. Ainsi, l'un des passages clés se situe au début du récit, lorsque le narrateur essaie de saisir à quel moment précis le voyageur est amené à comprendre qu'il est désormais entré en Gaspésie, qu'il en a passé la frontière incertaine. On sait qu'on y est vraiment lorsque les monts Notre-Dame « perdent leur nom chrétien et deviennent les Shickshocks », donc au moment où, du strict point de vue de la toponymie, on entre dans un espace de langage plus trouble et moins connu, lié à l'appellation amérindienne de Shickshocks. Cette traversée lexicale impalpable s'accompagne, sur le plan sensible, d'une perte analogue de repères : selon le narrateur, la Gaspésie s'ouvre devant soi lorsque la rive nord du fleuve devient imperceptible au regard et que seul s'impose le grand vide à l'horizon du golfe Saint-Laurent. À l'instant de cette disparition, le personnage de Mattempa est évoqué pour la première fois, comme le signifiant même d'un espace intangible et pourtant bien présent : « la Gaspésie vient de commencer par Satan-Mattempa, exactement dans l'imprécision » (*GM*, p. 27).

Ce Mattempa des grands espaces « qui se suffisent à eux-mêmes » est une figure de la souveraineté qui passe pourtant non pas par l'emprise sur un territoire quelconque, mais par le décentrement (*GM*, p. 43). Il représente une autonomie très particulière, qui se gagne non pas dans la prise de possession mais dans la déliaison, rendue possible, dans le contexte du récit, grâce à l'immense étendue permettant à la

---

Lanctôt éditeur, 1997, p. 43. Désormais, les références à cet ouvrage seront indiquées par le sigle *GM*, suivi du numéro de la page).

périphérie de s'affranchir du centre. On pourrait dire que, moins politique qu'esthétique, elle s'apparente davantage aux vues de Georges Bataille qu'à celles, par exemple, défendues dans le *Contrat social*. Pour Bataille, la souveraineté définit un rapport au monde qui passe par un refus de toute subordination et une ouverture infinie des possibilités de vie, notamment à partir du moment où le sujet, oubliant son savoir, découvre le fragile objet de son regard en l'anéantissant, en le disloquant, en le déliant littéralement afin de renouer avec lui un rapport originaire et premier[22]. Chez Ferron, Mattempa est de même celui qui abolit les lignes de partage, ouvrant la voie à une souveraineté qui est à la fois une liberté gagnée sur la subordination face au centre et un déploiement du lieu, la Gaspésie en l'occurrence, qui, placée sous le signe de ce nom propre exploréen, se transforme en un objet énigmatique échappant à toute connaissance précise qui puisse l'enserrer.

Il faut aussi souligner que, dans le cadre du récit, le mot Mattempa est une invention de Maski, ce jeune médecin rêvant d'être écrivain. Bien entendu, la difficulté de cerner sa signification exacte est voulue par son créateur : dans sa matérialité et sa polysémie, Mattempa performe pour ainsi dire l'imprécision qu'il désigne. Il s'agit d'un terme exploréen, jusque dans le fait qu'il est l'illustration d'une exploration que le personnage fait de lui-même par le biais de l'écriture. On sait ce que Ferron pensait de l'exploréen – qu'il était un langage incompréhensible, intraduisible, sans signification, dont les mots inventés, écrivait-il, pouvaient être considérés comme une suite d'onomatopées[23]. Ce constat était étonnamment juste, puisque c'est précisément par le terme d'onomatopée que Gauvreau lui-même désignait l'« image rythmique » qu'on peut considérer comme la charpente sonore de l'exploréen. Cet accord furtif entre les deux auteurs me paraît significatif dans la mesure où l'onomatopée, dans un tel contexte esthétique, fait justement ressortir la fonction de présentation du langage. Alors qu'à l'ordinaire on peut considérer l'onomatopée comme le signe par excellence de la représentation puisqu'elle suggère le réel par imitation phonétique, elle ne peut, dans le contexte d'une pratique de l'art axée sur l'expression *intraduisible* de l'artiste, que *présenter* au contraire ce qui autrement ne posséderait aucune extériorisation objective. Chez Gauvreau, l'onomatopée rend compte ainsi, directement, d'un climat psychique particulier ou, comme le rappelle le poète, d'une couleur, d'une teinte, d'une valeur propre à l'intériorité de l'artiste, qui n'existerait pas sans l'objet sonore

---

[22] Voir Georges BATAILLE, « La souveraineté », dans *Œuvres complètes*, t. VIII, Paris, Gallimard, pp. 247-255.

[23] Dans ses poèmes, Gauvreau « glissait des mots de son invention, sans signification, qui pouvaient tenir lieu d'onomatopées » (*FAC*, p. 250).

qui l'extériorise[24]. J'insiste sur ce point parce que l'onomatopée fait encore une fois retour dans *Gaspé-Mattempa*, quand le narrateur explique les raisons de la création du mot Mattempa : « chacun s'invente des mots bien à soi, qui ne veulent rien dire, mais qu'on emploie par humeur, comme onomatopée [...], un Mattempa par ci, un Mattempa par là » (*GM*, p. 32). Ferron fait donc de ce mot l'un des enjeux du récit et une figure du littéraire. Présenté à la fois comme un « Verbe » primitif (« vent, soupir, mugissement ») et comme un « alias du Dieu de l'empremier », c'est-à-dire comme l'un des noms propres du dieu d'Adam (*GM*, p. 34), Mattempa est apparenté, par sa souveraineté, au « Saint Langage » valéryen, c'est-à-dire au langage devenu absolu.

Qui plus est, ce « nom équivoque », dont les significations multiples se croisent et se nouent, n'est pas n'importe quel nom (*GM*, p. 34). À la différence des onomatopées de Gauvreau qui colorent et rythment l'intégralité de l'œuvre, les onomatopées de Ferron restent circonscrites, dans la mesure où elles ne touchent que les noms propres, jamais les noms communs. Dans le creux de cette immense différence entre les deux écrivains se loge le compromis que fait Ferron entre son interdit de langue et sa fascination pour l'absolu. Tout se passe en fait comme si Ferron, conservant sa réserve de principe à l'égard de l'esthétique exploréenne, ne témoignait de son attirance pour Gauvreau qu'à travers l'onomastique (Mattempa, Adacanabran, Badoucaya). Or, tout en préservant la communauté de langue dans l'ensemble de l'œuvre, cette limitation a encore une fois pour effet de mettre en lumière la fonction de présentation de la langue. Qu'est-ce qu'un nom propre, en effet, sinon un mot qui renvoie à un objet absolument spécifique et unique, et dont la singularité tient précisément au fait qu'il n'a, par nature, ni signification ni définition ? Sur le plan linguistique, le nom propre sert, dans une situation de discours, à la présentation d'un objet *particulier* dans sa singularité opaque et infinie. Aucun universel ne peut être exprimé par le biais d'un nom propre. De surcroît, comme ces noms propres sont en plus des onomatopées inventées par Ferron, ils sont cette fois-ci singuliers dans l'absolu : désignant une propriété au carré, ils mettent donc en jeu des noms *propres propres* à l'auteur, expression absolue de l'intériorité de l'écrivain.

Sur la question linguistique, on voit donc que Ferron adopte une position assez complexe, à la limite de la contradiction. Après avoir beaucoup insisté sur la nécessité de promouvoir et de consolider cet outil de communication qu'est la langue, il est peu à peu amené, à la suite de sa

---

[24] Voir Claude GAUVREAU et Jean-Claude DUSSEAULT, *Correspondance 1949-50*, *op. cit.*, p. 294.

réflexion sur Gauvreau, à prendre toute la mesure d'une question qui l'aura toujours accompagné, mais qui alors refait surface avec plus d'intensité, celle de la souveraineté du poétique, qui recourt à un mode d'expression non instrumental, non utilitaire, non communautaire. Sa forme la plus radicale touche directement le matériau premier du texte, soit la langue, comme en témoigne un texte du *Fond de mon arrière-cuisine* où Ferron, sans renier son approche désignativiste, s'élève cependant contre l'idéal naïf et radical d'une énonciation transparente telle que défendue par les philosophes de Port-Royal. Il est selon lui impossible de réformer le langage de façon à en faire un « instrument scientifique » d'une parfaite clarté, où chaque terme posséderait, pour l'éternité, son référent et sa signification[25]. Ce serait oublier que les mots « sont bien plus que des termes rationnels et qu'avant de parler en termes on parle pour parler, par plaisir » (*FAC*, pp. 45-46). Peu intéressé par l'utopie de Port-Royal, Ferron cherche donc plutôt un moyen terme, considérant qu'il est plus juste de penser que la langue est en fait « pour moitié un miroir, pour moitié un grimoire, qu'elle est ombre et clarté et qu'il faut l'accepter dans sa dichotomie sous peine de n'y rien voir faute de contrastes » (*FAC*, p. 46). Puisqu'il s'agit là du pivot de sa position sur la question linguistique, la critique conçoit ordinairement assez bien l'importance qu'accordait Ferron à l'enrichissement de la langue française au Québec, qui marquait son désir de la voir devenir un *miroir* adéquat de la réalité québécoise, capable de la désigner dans toute sa complexité.

Il est par contre plus difficile de saisir de quelle façon Ferron intègre, dans son œuvre et sa réflexion, la part d'ombre qu'il discerne dans la langue. Tout au long de ce texte, j'ai fait l'hypothèse qu'elle devait, pour l'essentiel, être comprise à partir de sa méditation sur la poétique de Claude Gauvreau, que le motif du grimoire symbolise d'ailleurs admirablement puisqu'il renvoie à un livre à la fois impubliable et incommunicable. Ce n'est pas par hasard que Ferron oppose à la clarté logique de la « grammaire » de Port-Royal sa conception de la langue comme « grimoire », sans doute bien conscient du renversement qu'il opère, étant donné que le mot grimoire naît étymologiquement d'une altération du mot grammaire, en plus d'en constituer l'exact opposé sur le plan sémantique (*FAC*, p. 46). Par définition, il n'y a en effet de grimoire qu'au moment où les mots s'obscurcissent et perdent de leur intelligibilité immédiate. Ils se constituent alors en « formules » magiques, c'est-à-dire en signifiants ésotériques dont la profération

---

[25]   Jacques FERRON, « La part du grimoire », dans *Du fond de mon arrière-cuisine*, *op. cit.*, p. 45.

concrète est nécessaire pour que puissent être connues leur valeur et leur signification. La formule magique ne désigne ni ne représente : elle appelle et met au jour la réalité qu'elle crée littéralement. À travers la métaphore du grimoire, Ferron met donc l'accent sur la poéticité et la faculté de présentation du langage, dont l'exploréen, on le sait, est à la fois l'illustration éloquente et la dernière limite. De ce livre impubliable, fictif et réel, qu'est *Le Pas de Gamelin* jusqu'aux noms propres « adacanabrants » des derniers récits, Jacques Ferron aura manifesté, dans la marge du texte, que vient toujours un moment où la grammaire s'obscurcit, particulièrement dans l'œuvre d'art où s'impose l'opacité du signifiant. Dès lors, on quitte le terrain de l'universalité du code pour entrer dans celui de la singularité absolue, inintelligible, irréductible, à partir du moment où la langue est forgée et formée, voire *formulée* dans l'espace du littéraire.

Sergio Kokis

Exil et nomadisme, violence et abjection

Eurídice FIGUEIREDO

Sergio Kokis débuta dans la littérature québécoise en 1994 avec le roman *Le Pavillon des miroirs*[1], dans lequel il créa son image publique, sa *persona* : celle du romancier-peintre-exilé-brésilien. En effet dans ce roman à la première personne se mêlent délibérément fiction et mémoires puisque, à partir d'un sous-texte autobiographique, l'auteur rajoute une fabulation assez saugrenue. Après une trilogie brésilienne, qui inclut *Le Pavillon des miroirs*, *Negão et Doralice*[2] et *Errances*[3], Kokis poursuit une œuvre qui aujourd'hui arrive à la dizaine de romans publiés ou en voie de publication. Ainsi peut-on commencer à avoir une vue d'ensemble de l'œuvre de cet auteur qui a raflé quatre prix lors de ses débuts littéraires. Les thèmes de l'exil et du nomadisme, de la violence et de l'abjection, présents dans son premier roman, vont réapparaître de manière quelque peu obsessive dans les romans suivants.

Le Pavillon des miroirs est partiellement autobiographique : le protagoniste est un Brésilien, fils de père immigrant letton et de mère brésilienne, il a deux frères (l'aîné, qui n'est pas son compagnon de jeux, et le cadet, encore bébé au début du roman), part en Europe, après avoir conclu une licence de philosophie à l'Université de Rio de Janeiro, pour poursuivre ses études en France et en même temps pour fuir la dictature militaire. Il s'installe ensuite au Québec où il devient peintre – la preuve : le tableau mis sur la couverture. On peut dire que le cadre de l'histoire est vrai – toutes ces informations sont d'ailleurs amplement diffusées au Québec, sauf peut-être l'existence réelle des deux frères, qui vivent encore au Brésil, l'un à Curitiba, l'autre à Rio. Mais l'intrigue proprement dite – la maison qui devient bordel, les cadavres qui pul-

---

[1]   Sergio KOKIS, *Le Pavillon des miroirs,* Montréal, XYZ, 1995.
[2]   Sergio KOKIS, *Negão et Doralice,* Montréal, XYZ, 1995.
[3]   Sergio KOKIS, *Errances*, Montréal, XYZ, 1996.

lulent dans les rues de Rio, les querelles et disputes en famille, au collège ou dans les bars – est si faramineuse que l'on ne peut pas la supposer autobiographique.

Kokis s'inscrit dans un groupe ethnique minoritaire, puisque jusqu'à présent il est « le » Brésilien de la littérature québécoise, parmi tant d'Haïtiens, quelques Latinos, Chinois, Juifs d'un peu partout et Maghrébins. Tous ces « Néo-Québécois » produisent des « écritures migrantes », terme créé par Robert Berrouët-Oriol et consacré par Pierre Nepveu, écritures qui évoluent dans la mouvance même d'une double polarité, écartelées entre l'Ailleurs et l'Ici, le sédimentaire et le sédentaire. Il s'agit donc d'écritures de la perte, du deuil, nommant l'errance, le pays réel comme le pays fantasmé, qui donnent à la thématique de l'exil, dans notre champ littéraire, un timbre nouveau[4].

L'écrivain migrant, selon Simon Harel, vit la perte du pays natal comme un bannissement ; l'exilé s'avère être un mélancolique qui part à la recherche « d'un territoire imaginaire qui est la recomposition partielle, lacunaire d'un investissement primitif où le sujet s'est perçu comme autochtone »[5]. La « terre matricielle », associée à la (perte de la) langue maternelle apparaît souvent chez les écrivains migrants en forme de mémoires fictionnelles. Kokis thématise le Brésil et la langue portugaise dans ses trois premiers romans, abandonnant ces thématiques par la suite sans pour autant rompre avec celles de l'exil, du nomadisme, du pluralisme linguistique (ou plutôt babélique), du masque, de la souffrance et de la violence.

Le rapport à la langue maternelle constitue un élément assez caractéristique des écrivains migrants dans la mesure où l'irruption de la langue maternelle dans le texte écrit en français imprime une marque d'étrangeté. Le frottement des deux langues provoque l'hybridation du français par les emprunts, les rajouts, les citations. Le narrateur de Kokis problématise le malaise linguistique pour exprimer les émotions en langue étrangère :

> Je peux dire mon malaise ou mon plaisir en plusieurs idiomes, mais tout cela n'est que forme, simple algèbre [...]. Et je sais désormais que, jusqu'à la fin, les rêves, les caresses et les cris de douleur jaillissent uniquement dans la

---

4   Voir Robert BERROUET-ORIOL et Robert FOURNIER, « L'émergence des écritures migrantes et métisses », dans *Quebec Studies*, n° 14, 1992, p. 16. ; Pierre NEPVEU, *L'Écologie du réel. Mort et naissance de la littérature québécoise contemporaine*, Montréal, Boréal, 1988.

5   Simon HAREL, « L'exil dans la langue maternelle : l'expérience du bannissement », dans *Quebec Studies*, n° 14, 1992, p. 24.

première langue. Dans celle qui a compté, et qui nous a poussés à en apprendre d'autres.[6]

Comme il ne peut dire qu'en portugais certains traits culturels brésiliens, Kokis fait un usage mineur de la langue française, dans le sens défini par Deleuze et Guattari, selon lesquels « une littérature mineure n'est pas celle d'une langue mineure, plutôt celle qu'une minorité fait dans une langue majeure ». La langue employée dans ce genre de littérature « est affectée d'un fort coefficient de déterritorialisation »[7]. Dans les trois premiers romans publiés par Kokis on peut inventorier les procédés utilisés pour déterritorialiser le français par l'émergence d'un espace physique et culturel brésilien, espace privilégié de la mémoire :

1. Cartographie de la ville de Rio par la référence aux noms des rues, places, statues, bâtiments : Couvent de Saint Antoine, Rue Carioca, Place Quinze, Place Tiradentes, Avenue Presidente Vargas. Le lecteur brésilien peut suivre le parcours du personnage dans les méandres de la ville, voire y surprendre les méprises de la mémoire de l'auteur lorsqu'il affirme, par exemple, qu'à la Place Tiradentes il y a la statue du martyr, quand la statue qui s'y trouve est celle de Pierre I[er][8].

2. Géographie brésilienne par le récit des voyages entrepris par le personnage pendant son enfance notamment celui qui le mène au nord-est : Caratinga, Governador Valadares, Vitória da Conquista, Feira de Santana, Jeremoabo, Recife et João Pessoa.

3. Création de noms propres burlesques dont l'humour grivois reste opaque à ceux qui ne connaissent pas l'argot brésilien : Sirigaito, Justinha Chochota, Pindoca, Jaco Chapeleta, Tanajura.

4. Création de noms propres qui ont une référence à des personnes réelles : Chibata[9] est une allusion au médecin légiste Harry Shibata, qui se chargeait des expertises concernant les prisonniers politiques morts par la torture pendant le régime militaire.

5. Émergence d'une culture populaire qui suscite l'apparition de mots en portugais se référant à la cuisine (*tapioca, feijoada completa*), à la description de scènes de *macumba* (*Iemanjá, Shangô*).

---

[6]   Sergio KOKIS, *Le Pavillon des miroirs, op. cit.*, p. 167.

[7]   Gilles DELEUZE et Félix GUATTARI, *Kafka. Pour une littérature mineure*, Paris, Minuit, 1975, p. 29.

[8]   Pedro Ier est le prince portugais qui a obtenu l'indépendance du Brésil en 1822. Le martyr, Tiradentes, a participé à un complot pour promouvoir l'indépendance. La rébellion une fois découverte, Tiradentes a été pendu (en 1792).

[9]   « Chibata » comme substantif commun veut dire « fouet, verge ».

6. Traduction littérale et par conséquent création de mots ou expressions qui ne signifient rien en français : *lance-parfum* (chlorure d'éthyle parfumé utilisé pendant le carnaval), *fil dentaire* (slip très réduit, presque un cache-sexe), *jambon* (cadavre que l'on retrouve dans la rue, assassiné par des bandits ou des policiers), *dépêche* (offrande de la macumba).

7. Traduction de dictons brésiliens qui expriment des croyances populaires ou des préjugés raciaux : « Le nègre, lorsqu'il ne salit pas à l'entrée, salit à la sortie »[10] ; « Tout le monde sait que c'est du chat grillé ; le vendeur l'annonce lui-même en miaulant »[11] ; « On dit que celui qui donne un coup de pied dans un paquet de macumba va mourir dans l'année »[12] ; « La nuit venue, ce ne sont pas nos pieds qu'ils viendront tirer »[13].

8. Désignation des personnages Laurel et Hardy par l'expression « le Gros et le Maigre »[14] (traduction littérale des noms qu'ils ont reçus au Brésil[15]).

René Major, dans la Préface du livre *Le voleur de parcours* de Simon Harel, propose une intéressante réflexion sur le rôle joué par la langue maternelle pour l'exilé qui est obligé de vivre dans une autre langue, c'est-à-dire, produire, s'exprimer, penser. Il écrit :

> Celui qui trouve asile dans une langue étrangère retrouve l'exil qui est propre à la langue maternelle dans l'exil de sa langue. Il parle la langue de l'exil dans une autre langue et la langue maternelle devient la langue étrangement intime, celle de l'asile intérieur, celle de la nostalgie d'un futur antérieur.[16]

Cette langue maternelle enfouie, enfermée dans les recoins intimes de celui qui devient « l'étranger », fait irruption de diverses façons pour dire son étrangeté, pour marquer la langue empruntée, pour signaler une reterritorialisation.

Le rapport au territoire est en effet l'axe central du récit de l'exilé, qui se trouve tiraillé entre le pays natal perdu (le Brésil, dans son cas) et

---

[10] Sergio KOKIS, *Le Pavillon des miroirs*, *op. cit.*, p. 37.

[11] *Ibid.*, p. 52.

[12] *Ibid.*, p. 56.

[13] *Ibid.*, p. 80.

[14] *Ibid.*, p. 94.

[15] Laurel et Hardy sont connus au Brésil comme « o Gordo e o Magro ».

[16] René MAJOR, préface de Simon HAREL, *Le Voleur de parcours, Identité et cosmopolitisme dans la littérature québécoise contemporaine*, Montréal, Le Préambule, 1989, p. 11.

la terre d'adoption (le Québec). L'écrivain cubain Cabrera Infante, qui vit à Londres depuis une trentaine d'années, affirme que l'exilé porte son pays en lui partout où il va. Le personnage de Kokis dans *Le Pavillon des miroirs* est l'exilé emblématique, l'éternel étranger, qui se cache derrière son masque pour se protéger du regard des autochtones « propriétaires » du territoire. Conscient qu'il est l'Autre, il se camoufle.

> L'étranger porte un masque d'apparence anodine pour être accepté, pour qu'on le laisse en paix. Il n'est pas sûr des autres, ni prêt à abandonner sa nature profonde. Il joue un jeu pour s'intégrer.[17]

Préservant son identité, l'étranger représente, pour Julia Kristeva, « le paradoxe du comédien : multipliant les masques et les "faux-selfs", il n'est jamais tout à fait vrai, ni tout à fait faux, sachant adapter aux amours et aux détestations les antennes superficielles d'un cœur de basalte »[18]. Souvent l'étranger méprise le pays d'accueil car son regard est tourné vers un autre espace et un autre temps : le passé vécu dans le pays perdu. Ainsi le narrateur de Kokis se réfère avec dédain aux Québécois – encore un masque d'une prétendue supériorité vis-à-vis de ceux qui l'ont accueilli.

> Ils s'attachent à une langue qu'ils méprisent, à leur passé et à leurs défaites comme moi aux cadavres de mon enfance. Tout le monde est beau, tout le monde est gentil. Pour cela ils sont prêts à féminiser tous les noms, à interdire le tabac et toute velléité virile, en se laissant gaver de légumes par leurs viragos maternelles.[19]

Malgré ce malaise, le personnage craint de retourner au Brésil moins pour des raisons politiques que pour des raisons existentielles : « mon identité d'étranger s'était si bien renforcée que je préférais ne pas regarder en arrière, de peur de devenir une statue de sel »[20]. Cette référence à ce qui arriva à la femme de Loth démontre sa peur d'affronter les fantasmes du passé. Il ne se regarde pas dans un miroir pour enlever ses masques et éventuellement découvrir son vrai visage ; à la dernière page, il se trouve plutôt dans un « pavillon des miroirs d'un Luna Park misérable », lesquels lui montrent de multiples images déformées/déformantes d'un passé refoulé, qui insiste pour revenir. Son identité s'avère être « un tissu de souvenirs », il se découvre « le contenant d'un contenu de souvenirs », prêts à prendre la forme de récits, sans quoi il

---

[17] Sergio KOKIS, *Le Pavillon des miroirs*, *op. cit.*, p. 45.

[18] Julia KRISTEVA, *Étrangers à nous-mêmes,* Paris, Gallimard, 1988, p. 18.

[19] Sergio KOKIS, *Le Pavillon des miroirs*, *op. cit.*, p. 304.

[20] *Ibid.*, p. 301.

est « vide et sans volume »[21]. Le voyage qu'il entreprend parmi les décombres de sa mémoire est un projet personnel de faire revivre un passé par le biais de l'art, ambition assez proustienne, par ailleurs. Aux dernières lignes du *Pavillon des miroirs*, le narrateur affirme que son roman ne contient que des « cicatrices de la mémoire, qui ne chantent ni les armes ni les hommes »[22]. Il y a une référence intertextuelle – imperceptible pour le lecteur québécois – au poète portugais Luís de Camões, qui se propose de chanter « les armes et les barons », entrepreneurs des voyages maritimes, dans *Les Lusiades*, épopée du XVIe siècle.

Berrouët-Oriol et Fournier posent la question, au niveau de la réception, de la « double appartenance » des écrivains migrants, qui feraient partie à la fois de la littérature québécoise et de la littérature de leur pays d'origine. Je crois que c'est bien le cas des Haïtiens de la diaspora, qui sont en train de créer leur littérature nationale à l'étranger (Québec, France, mais aussi États-Unis), mais, en ce qui concerne Kokis, le problème de langue l'éloigne de la littérature brésilienne aussi bien que l'absence de contact entre lui et le public lecteur brésilien. L'écart est beaucoup plus grand que celui des auteurs haïtiens qui écrivent en anglais, comme Yanick Lahens, dont les textes sont traduits en français et circulent dans le milieu haïtien. Malgré l'existence de Brésiliens vivant à l'étranger, on ne peut pas parler de diaspora brésilienne comme on parle de diaspora haïtienne. Dans un article publié en 1997, je me posais déjà la question à propos de Kokis[23] mais aujourd'hui on peut avoir une vision plus précise parce que *Le Pavillon des miroirs* a été publié au Brésil en traduction et, malgré les efforts et le poids de son éditeur, il n'a eu aucun retentissement, la grande presse l'ayant complètement ignoré. On a du mal à analyser la réception car on peut à peine parler de réception. Dans un article sur un site web signé par André Brugni de Aguiar, il y a une certaine gêne devant le roman d'un « Brésilien » qui fait des « généralisations incommodes » sur le pays[24].

On peut constater la présence de clichés dès le premier chapitre du livre avec le récit de la fête de Saint-Antoine (13 juin), suivi du récit d'une scène de *macumba* (religion afro-brésilienne) à Rio. L'image

---

[21] *Ibid.*, p. 371.

[22] Sergio KOKIS, *op. cit.*, p. 371.

[23] Eurídice FIGUEIREDO, « Sergio Kokis, imagens do Brasil na literatura canadense », dans Eurídice FIGUEIREDO et Eloína PRATI DOS SANTOS (org.), *Recortes transculturais*, Niterói, ABECAN/EdUFF, 1997. Voir aussi Eurídice FIGUEIREDO, « Représentations du Brésil dans la littérature québécoise contemporaine », dans *Voix et Images*, n° 75, UQAM, printemps 2000.

[24] André Brugni DE AGUIAR, « Amor e ódio na alma de um exilado », site web www.no.com.br, 19 septembre 2000.

dominante est celle de la chaleur, du frottement des corps dégoulinant de sueur, écrasés par un soleil à pic. La foule des femmes est naturellement « bigarrée » (on ne peut pas parler du Brésil en français sans employer ce mot de passe) et l'enfant est « enveloppé d'odeurs pénétrantes »[25], ce qui n'est pas surprenant étant donné que, dès la première page, l'odeur d'urine envahit l'atmosphère. La chaleur de Rio (du passé de la mémoire) contraste avec l'hiver du présent montréalais du deuxième chapitre, ce qui paraît absolument normal et logique. Cependant, il ne faut pas oublier qu'au mois de juin commence l'hiver dans l'hémisphère sud. Le mot « hiver » n'a sûrement pas le même sens dans les deux pays, mais on est loin de la chaleur étouffante décrite dans le roman.

Les descriptions de ces deux scènes (la fête de Saint-Antoine et la scène de macumba) signalent le ton du récit : le Brésil qui sera montré est construit comme une mosaïque de clichés. Les imprécisions voire les excès ne peuvent pas être perçus par un public lecteur habitué à une vision stéréotypée du pays, que l'on pourrait résumer dans l'usage quelque peu abusif des adjectifs « exubérant », « luxuriant » quand on se réfère au Brésil. Ces stéréotypes ont été véhiculés depuis les temps coloniaux par des voyageurs de tout acabit, renforcés au long de l'histoire par une vision ethnocentrique, et d'une certaine manière confirmés par des écrivains brésiliens eux-mêmes (comme Jorge Amado)[26]. Kokis, se lançant dans le marché éditorial québécois, ne peut pas se permettre de rompre avec l'horizon d'attente de son public, d'autant plus que c'est bien la seule place qui peut lui être réservée. Comme le dit Pierre Halen, l'écrivain ethnique « s'engage dès lors dans des "poétiques" qui exhibent moins une origine ethnique qu'elles ne produisent, à la plus ou moins grande satisfaction du marché, des énoncés à même d'ouvrir à leurs auteurs (les *entrants*) la pièce bien défendue où l'on se répartit les biens symboliques et matériels du succès à court ou à long terme. »[27]

Mais il faut dire que, par la suite, Kokis laissera un peu de côté ce rôle d'écrivain « brésilien » et commencera à écrire des romans dont les décors sont très variés. Dans tous ces romans pourtant on retrouve le même univers cauchemardesque : des scènes assez dures d'abandon et

---

[25]   Sergio KOKIS, *Le Pavillon des miroirs*, *op. cit.*, p. 14.

[26]   Curieusement, si l'écrivain ne correspond pas à l'horizon d'attente du lecteur, s'il infirme les clichés, il faut prouver, toujours par des (dé)négations, qu'il ne fait pas le « convenu » : la réception en France de Lygia Fagundes Telles et de Clarice Lispector, par exemple, se ressent de ce désaccord de représentation.

[27]   Pierre HALEN, « Constructions identitaires et stratégies d'émergence : notes pour une analyse institutionnelle du système littéraire francophone », dans *Études françaises*, vol. 37, n° 2, Montréal, 2001, p. 31.

d'abus sexuel d'enfants dans *Un Sourire blindé*[28], des descriptions morbides de cadavres dans *L'Art du maquillage*[29], la trahison d'un ami juif ou le sadisme sexuel d'un ancien nazi dans *Saltimbanques*[30], la torture dans *Le Maître de jeu*[31].

Ainsi, Kokis ne s'attaque-t-il pas seulement au Brésil : Nazis et Juifs, Noirs et Latinos, Québécois et Brésiliens, peintres et restaurateurs d'art, hommes et femmes, tous sont invariablement des fraudeurs, des traîtres, des tarés sexuels. Il y a une certaine complaisance dans la description du Mal, de l'obscène, et pour faire l'inventaire de ce monde de l'abjection, l'auteur ne peut que travailler sur des stéréotypes. Pour utiliser la métaphore de la peinture qu'il cultive, il fait une description expressionniste de ses personnages, les peignant avec des couleurs fortes, sans nuances, aux grands traits grotesques. Cela le met dans une famille d'écrivains de haute gamme comme Sade, Baudelaire, Dostoïevski, Céline et tant d'autres qui se plaisent aussi à peindre l'horreur.

Pour un lecteur brésilien, les images figées paraissent moins choquantes dans *Le Pavillon des miroirs* que dans *Errances* puisque, dans le premier, le narrateur voit un pays fantasmé, étant donnée la grande distance temporelle et spatiale, tandis que dans le second, le personnage brésilien, Boris Nikto, retourne au pays et le voit de près[32]. Ainsi, tout ce qui est décrit paraît-il plus vrai : la ville, qui « est devenue un enfer », est pleine de mendiants « entassés les uns contre les autres comme du bétail »[33], des bandits qui tuent « pour presque rien », bref, tous ces « signes de la misère en particulier étaient trop frappants »[34]. Le personnage, dont les narines, trop sensibles, « s'offensent de l'odeur agressive des corps en sueur et des parfums trop sucrés qui flottaient dans l'air »[35], se sent un véritable « étranger dans cette ville »[36] dans laquelle il n'éprouve « pas de plaisir ». Parmi ces « grappes de misère qui bougeaient le long des trottoirs », se détachent « les fillettes impubères qui s'offraient aux passants [...] et d'autres toutes jeunes qui pourtant allai-

---

[28]   Sergio KOKIS, *Un sourire blindé*, Montréal, XYZ, 1998.

[29]   Sergio KOKIS, *L'Art du maquillage*, Montréal, XYZ, 1997.

[30]   Sergio KOKIS, *Saltimbanques*, Montréal, XYZ, 2000.

[31]   Sergio KOKIS, *Le Maître de jeu*, Montréal, XYZ, 1999.

[32]   Sergio Kokis m'a déclaré qu'il n'est jamais retourné au Brésil après son départ. Je crois que c'est vrai, car la ville qu'il décrit dans *Errances* me paraît irréelle ; elle ne correspond sûrement pas à la ville que je connais et dans laquelle je vis depuis 1974, quand moi-même je suis rentrée d'un exil de trois ans en Europe.

[33]   Sergio KOKIS, *Errances, op. cit.*, p. 283.

[34]   *Ibid.* respectivement pp. 282 et 284.

[35]   *Ibid.*, p. 286.

[36]   *Ibid.*, p. 285.

taient déjà des avortons affamés »[37]. La cour à déchets, qui apparaissait dans *Le Pavillon des miroirs*, continue d'être habitée par des clochards, « avec un grand nombre de bébés cachectiques pataugeant dans la boue noire », « comme des rats » mais « moins agressifs, plus pathétiques »[38]. Il y a décidément une complaisance devant l'abjection chez Kokis qui semble fasciné par « les pouvoirs de l'horreur », titre d'un livre de Julia Kristeva, pour qui le cadavre « est le comble de l'abjection, il est la mort infestant la vie ». Et elle continue :

> Ce n'est donc pas l'absence de propreté ou de santé qui rend abject, mais ce qui perturbe une identité, un système, un ordre. Ce qui ne respecte pas les limites, les places, les règles. L'entre-deux, l'ambigu, le mixte. Le traître, le menteur, le criminel à bonne conscience, le violeur sans vergogne, le tueur qui prétend sauver...[39]

C'est bien ce genre de personnage qui hante l'univers de Kokis. L'homme qui a le sens de l'abject, selon Kristeva, ne connaît rien de familier car « ce qu'il a avalé à la place de l'amour maternel est un vide, ou plutôt d'une haine maternelle sans parole pour la parole du père ; c'est de ça qu'il essaie de se purger, inlassablement »[40]. Ce n'est pas un hasard si la mère est souvent gommée dans l'œuvre de Kokis : elle n'est pas mentionnée dans *Errances*, alors que dans *Le Pavillon des miroirs* elle est plutôt méprisable, devenant au milieu du récit une maquerelle qui transforme la maison de famille en un bordel. La figure du père, au contraire, est une sorte de revenant qui paraît l'obséder. Celui qui n'a pas connu l'amour maternel ne peut pas avoir d'amour pour la terre mère, c'est un exilé de l'intérieur, condamné à errer, d'où le nomadisme qui caractérise l'écriture de Kokis. Tous ses personnnages se déplacent en se souvenant d'un pays (paradis) perdu qui les a expulsés.

> Situationniste en un sens, et non sans rire – puisque rire est une façon de placer et de déplacer l'abjection. Forcément dichotomique, quelque peu manichéen, il divise, exclut et, sans à proprement parler vouloir connaître ses abjections, ne les ignore nullement. Souvent d'ailleurs, il s'y inclut, jetant ainsi à l'intérieur de soi le scalpel qui opère ses séparations.[41]

Le personnage-narrateur de Kokis dans *Le Pavillon des miroirs* se sert de la poésie de Manuel Bandeira pour thématiser la question du départ, de l'exil et du voyage associée à la mort. Les vers du poème

---

[37] *Ibid.*, p. 287.

[38] *Ibid.*, p. 288.

[39] Julia KRISTEVA, *Pouvoirs de l'horreur, Essai sur l'abjection*, Paris, Seuil, 1980, p. 11.

[40] *Ibid.*, p. 13.

[41] *Ibid.*, p. 15.

« Profundamente » sont cités en épigraphe (en traduction) et sont paraphrasés dans le roman. Je les cite en portugais :

Estão todos dormindo
Estão todos deitados
Dormindo
Profundamente.[42]

Le personnage-narrateur se montre attiré par l'exil dès le début, rêvant toujours de partir, d'être un homme de nulle part. Il paraphrase aussi le poème « Lua Nova », que Manuel Bandeira, qui demeurait près de l'aéroport, a écrit pour parler du départ comme métaphore de la mort. Voilà le poème dans le texte original :

Todas as manhãs o aeroporto em frente
me dá lições de partir.
Hei de aprender com ele
A partir de uma vez
– Sem medo,
Sem remorso,
Sem saudade.[43]

Exilé de l'intérieur, le personnage-narrateur de *Le Pavillon des miroirs* ressent le besoin de puiser dans l'imaginaire brésilien, en se référant à un poète qu'il croisait à Avenue Beira-Mar, près de l'Académie Brésilienne des Lettres, pendant son enfance. Cet univers brésilien disparaît de l'œuvre de l'auteur à partir du quatrième roman, quoiqu'il fasse des clins d'œil à ses lecteurs avec des références légères, comme par exemple dans *Saltimbanques*, où une petite scène se déroule à Rio, quand le bateau qui mène les nazis et les gens du cirque de l'Europe en Argentine s'arrête au port de Rio : un Allemand noir décide de s'y réfugier avec le concours des bénédictins du Monastère de saint Benoît.

Dans *Le Maître de jeu*, Kokis reprend le thème de l'exilé de la dictature militaire, sans faire de référence directe au Brésil, sinon par le biais des noms propres : le personnage Tiago Cruz, mentalement ébranlé, délabré, part en exil, après avoir subi les sévices d'un tortionnaire, le colonel Figueiredo. Sans doute pour un lecteur non Brésilien ces noms passent inaperçus mais il faut rappeler que le dernier président du cycle militaire brésilien, qui a signé la loi de l'amnistie en 1979, a été le général João Batista Figueiredo. Le torturé, Tiago Cruz, a un nom qui le désigne comme victime : Tiago (Jacques) est le nom d'un des « frères »

---

[42]   Manuel BANDEIRA, *Estrela da vida inteira*, Rio de Janeiro, Nova Fronteira, 1993, p. 140.

[43]   *Ibid.*, p. 223

de Jesus et Cruz (Croix), annonce la crucifixion. Dans ce roman, dont le narrateur – Ivan – évoque directement *Les Frères Karamazov* de Dostoïevski, l'abjection est le sujet principal car le tortionnaire entend réduire le torturé à la soumission et à l'abjection les plus complètes.

> Le pire, insistait-il, était l'avilissement, la complicité naissante entre lui et son bourreau, la servitude qu'il sentait s'emparer de sa personne [...] . La honte, l'abjection, voilà ce qui était humain et que la proie craignait de devoir se reprocher[44].

Comme l'enfant de *Un Sourire blindé*, Tiago est la proie des autres, y compris du narrateur, qui se complaît à assister à cette déchéance et à la décrire :

> Cette plongée au cœur de la souffrance humaine et du mal absolu me fascinait trop cependant ; elle était sans commune mesure avec tout ce que j'avais vécu jusqu'alors, et elle me permettait de réfléchir ironiquement sur les études qui m'avaient occupé durant presque cinq années.[45]

Le personnage-narrateur de *Le Pavillon des miroirs*, comme d'ailleurs presque tous les protagonistes des romans de Kokis, est un étranger qui a une « identité fracturée », « faite de rajouts comme les vêtements d'un clochard »[46], qui s'adapte aux circonstances pour ne pas se faire remarquer, pour devenir transparent dans un monde de métèques, de plus en plus babélique, en passe de devenir transculturel. Kokis, comme maints écrivains migrants du Québec, inscrit dans cette littérature les couleurs fortes, parfois un peu criardes, de son expérience de l'exilé qui a dû côtoyer l'horreur, la répulsion et l'abjection.

---

[44] Sergio KOKIS, *Le Maître de jeu, op. cit.*, p. 14.

[45] *Ibid.*, p. 17.

[46] Sergio KOKIS, *Le Pavillon des miroirs, op. cit.*, respectivement pp. 283 et 254.

Les postures déconstructionnistes
de Nicole Brossard[1]

Julie LeBlanc

> Les subjectivités se frayaient tant bien que mal un chemin
> entre l'imaginaire québécois, la tradition littéraire fran-
> çaise et un vécu nord-américain. Et cela n'était pas sans
> difficulté : la tradition française vaste et fascinante était
> remise en question comme un encombrant surmoi lin-
> guistique [...].[2]

La production poétique, romanesque et autobiographique de Nicole
Brossard représente un corpus exemplaire pour étudier le traitement
spécifique du français dans toute sa puissance normalisatrice. Quel que
soit le genre littéraire adopté l'on retrouve dans presque tous les textes
de Brossard des stratégies de positionnement, voire une posture déconstructionniste face à l'idéologie dominante. Cette écriture en rupture
avec la poésie de l'Hexagone, avec les traits canoniques de la production
littéraire, est à la recherche d'une écriture au féminin ou d'une « langue-
femme » : investigation portée par une attitude féministe[3]. À l'instar de
nombreuses écritures québécoises contemporaines (Yolande Villemaire,
Madeleine Ouellette-Michalska, France Théoret, Madeleine Gagnon),
celle de Nicole Brossard est, en grande partie, vouée à mettre en cause
les présupposés qui sous-tendent une conception androcentrique de
l'écriture autobiographique ainsi que les grands récits patriarcaux, qui
selon notre auteure, « marginalisent les femmes de la réalité » ou les
« englobe[ent] dans une humanité masculinisée »[4]. Ces divergences ont
trait, d'une part, au brouillage territorial qu'elle s'autorise entre

---

[1]   (ou vers une mise en cause des traits canoniques de l'écriture autobiographique et des
      pouvoirs normalisateurs du français)

[2]   Nicole BROSSARD, *She Would Be the First Sentence of My Next Novel/Elle serait la
      première phrase de mon prochain roman*, Toronto, Mercury Press, 1999, p. 64.

[3]   Louise DUPRÉ, *Stratégies du vertige*, Montréal, Les Éditions du remue-ménage,
      1989, p. 24.

[4]   Nicole BROSSARD, « L'Angle tramé de désir », dans *La Théorie un dimanche*,
      Montréal, Les Éditions du remue-ménage, 1988, p. 25.

l'écriture autobiographique et le méta-langage théorique, et d'autre part, à l'importance qu'elle accorde au procès de la traduction, notamment aux pratiques de plurilinguisme et d'hétérolinguisme textuels. Les stratégies qui sous-tendent cet acte de subversion et de transgression prennent également d'autres formes issues de l'importance que Brossard accorde à la conscience de l'Autre dans l'auto-découverte et l'auto-détermination de son « moi » et à la tendance métatextuelle de son texte qui se caractérise par un discours immanent sur les principes constitutifs de l'écriture au féminin.

C'est en faisant appel à *She Would Be the First Sentence of My Next Novel/Elle serait la première phrase de mon prochain roman*, que sera entreprise l'étude des postures déconstructionnistes de Nicole Brossard[5]. Nous tâcherons de voir, selon une expression empruntée à Lise Gauvin, « comment le texte parle la langue », par l'emploi d'une série de procédés narratifs et discursifs qui mettent en cause la puissance normalisatrice du français et contestent les traits androcentriques des récits de vie. Aux stratégies interpellées pour énoncer une certaine perspective sur les contraintes imposées par les discours de maîtrise, s'ajoutent les commentaires métalinguistiques de notre auteure portant sur une certaine vision de la production littéraire.

La posture *déconstructionniste* de Nicole Brossard se manifeste donc sur deux plans. À l'instar de nombreux textes autobiographiques au féminin, celui de Brossard prend une posture transgressive vouée à contester les caractéristiques canoniques de l'écriture auto-représentative. C'est par un jeu avec les indicateurs pronominaux de la deixis et par l'utilisation d'embrayeurs à des fins de brouillage de la narration que le fonctionnement référentiel du texte de Brossard est perverti. *She Would Be...* fait également appel à une pratique plurilinguale, voire à une forme de pluralisme externe (la présence de plusieurs langues dans un même texte) qui renverse le discours linéaire de maîtrise et signale les défaillances du langage normatif : le français.

> Quand elle donnait des conférences, elle prenait toujours la peine de préciser que ses romans étaient des anti-romans [...]. Elle disait ne pas supporter la routine du sujet, verbe, complément à laquelle la narration prédisposait.[6]

---

[5] Comme l'explique Brossard dans les notes présentées à la fin de son texte : « ... de mon prochain roman fait référence à un roman en gestation devenu *Baroque d'aube*, Éditions de l'Hexagone, Montréal, 1995. » *She Would Be the First Sentence of My Next Novel/Elle serait la première phrase de mon prochain roman, op. cit.*, p. 149.

[6] *Ibid.*, pp. 10-12.

Whenever she presented a paper on this subject, she always made a point of specifying that hers were anti-novels [...]. She said she couldn't stand the subject-verb-object routine to which narrative inclined[7].

Comme le démontrent ces extraits, le pluriliguisme mis en œuvre dans le texte de Brossard ne représente qu'une autre stratégie employée pour complexifier la structure narrative et discursive de son texte et pour introduire une autre voix, chargée d'énoncer, dans une autre langue, les dires du sujet féminin. Cette cohabitation de sujets d'énonciation et de langues sert non seulement à créer un effet de dualité et de fragmentation, mais également à mettre en cause une conception humaniste du sujet autobiographique comme unitaire et autonome. Afin de cerner les stratégies qui sous-tendent la posture déconstructionniste de Nicole Brossard, il convient d'évoquer les traits canoniques de l'écriture autobiographique tels que prescrits par la tradition.

I. Vers une conception canonique de l'écriture autobiographique

À de rares exceptions près, le récit autobiographique est le domaine privilégié du récit à la « première personne »[8]. On sait que la présence du « je » présuppose l'identité du sujet d'énonciation et du sujet d'énoncé, du narrateur (instance productrice du récit) avec l'actant (objet du récit). Selon une formule bien connue, « je désigne celui qui parle et implique en même temps un énoncé sur le compte de je »[9]. Ne serait-ce pas résumer l'essentiel de tout texte autobiographique, à savoir un récit rétrospectif réalisé par un sujet qui en est à la fois l'auteur, le narrateur et le protagoniste central ? Philippe Lejeune décrit l'autobiographie comme un « récit rétrospectif en prose que quelqu'un fait de sa propre existence, quand il met l'accent principal sur sa vie individuelle, en particulier sur l'histoire de sa personnalité »[10]. Dans cette présentation de soi, l'auteur n'est pas uniquement contraint à la remémoration de

---

[7]   *Ibid.*, pp. 11-13.

[8]   Selon Philippe LEJEUNE, (*Je est un autre*, Paris, Seuil, 1980), il existe des discours autobiographiques à la « deuxième personne » ainsi qu'à la « troisième personne ». Cette dernière instance est d'ordinaire employée comme une « figure d'énonciation » qui sert à l'autobiographe « à exprimer des problèmes d'identité » (p. 32). Par l'entremise de ce récit à la « troisième personne », l'auteur parvient à « parl[er] de lui-même *comme si* c'était un autre qui en parlait ou comme s'il parlait d'un autre » (p. 34).

[9]   Émile BENVENISTE, *Problèmes de linguistique générale. Tome 1*, Paris, Gallimard, 1966, p. 226.

[10] Philippe LEJEUNE, *L'Autobiographie en France*, Paris, Armand Colin, 1971, p. 14.

faits passés, car, par l'insertion de pensées contemporaines à l'écriture, il peut mettre « en évidence une tension entre le passé et le présent »[11] qui demeurerait autrement imperceptible.

Selon Michel Crouzet, l'écriture autobiographique vise à « l'expression d'un moi »[12] : elle a pour fin de reconquérir, de réinventer, de refaire le « moi qui fut » (p. 125). Par son activité mémorielle l'acte autobiographique devient, selon celui-ci, une « chasse aux souvenirs » (p. 123), un lieu « où le passé est repensé, réfléchi » (p. 118) et redécouvert. En se disant, en se racontant, le sujet autobiographique se cherche : il écrit « pour se découvrir, pour apprendre ce qu'il a été » (110). Le but essentiel de ces retours en arrière qui constituent l'essentiel de toute œuvre autobiographique, c'est d'aller vers l'inédit afin de dégager le sens d'une vie. Dans cette transmutation de la conscience de soi en écriture de soi, ce qui est visé c'est la vérité historique, l'authenticité personnelle, la fidélité à la réalité vécue, le sens d'une vie. Selon cette perspective, le sujet autobiographique peut se « reconstituer dans son unité et son identité à travers le temps », dans une « expression totale et cohérente de toute sa destinée »[13].

Ce qui demeure constant dans ces nombreuses définitions du récit autobiographique, c'est l'idée que cette activité scripturale relève d'un acte de présentation et d'édification destiné à peindre le sujet en son intimité. Les techniques narratives, les procédés stylistiques, et les modalités discursives mis en scène dans tout projet autobiographique nous incitent à parler du récit autobiographique comme un acte de reconstitution ayant pour but de raconter l'histoire d'un être : non pas seulement dire ce qu'il était, « mais surtout comment d'autre qu'il était, il est devenu lui-même »[14].

---

[11] Philippe LEJEUNE, *L'Autobiographie en France*, *op. cit.*, p. 36.

[12] Michel CROUZET, « Écriture et autobiographie dans la "Vie de Henry Brulard" », dans *Stendhal et les problèmes de l'autobiographie*, Grenoble, Presses Universitaires de Grenoble, 1976, p. 114.

[13] Georges GUSDORF, « Conditions et limites de l'autobiographie », dans *Formen der Selbstdarstellung*, Berlin, Duncker and Humblot, 1965, p. 11. Il importe aussi de signaler un autre ouvrage important du même auteur : *Lignes de vie 1. Les Écritures du moi*, Paris, Éditions Odile Jacob, 1991.

[14] Jean STAROBINSKI, « Le Style de l'autobiographie », dans *La Relation critique*, Paris, Gallimard, 1970, p. 92.

II. Vers une déconstruction des traits canoniques et androcentriques de l'écriture autobiographique

[...] par sa tendance à engendrer des textes hybrides, [...] par la préséance accordée à l'univers du moi, elle court-circuite la formation de ces univers complexes et fascinants que l'on dit romanesques, univers que l'on sait par ailleurs fort bien alimentés par la matière autobiographique.[15]

Il y a un écart considérable entre le projet autobiographique de Nicole Brossard et les critères susmentionnés. *She Would Be...* est un texte éclectique qui se trouve à cheval sur plusieurs sous-genres littéraires (l'autobiographie, la poésie, l'essai, la prose) et qui se caractérise par un effet de pluralisme externe (la traduction proprement dite et le « code switching ») voué à miner le discours de maîtrise. Les glissements de formes pronominales qui permettent à Brossard de se dire à la première et à la troisième personnes, ont pour effet de mettre en cause le fonctionnement référentiel de l'histoire racontée et d'accentuer l'écart entre le sujet d'énonciation et le sujet d'énoncé :

Dans quelques instants, *j'*existe encore au présent. Maintenant, *elle* ferme son cahier de notes, se lève, se dirige vers la sortie du Lux. Dans le matin ensoleillé de juillet, *je* pense à mon prochain roman comme on dit, *je* médite une forme, *je* me réfléchis ou *je l'*imagine quelques mots plus loin, quelques mois plus tard, c'était dans une salle de conférence, *elle* était sur le point de terminer la lecture de son texte en disant : « Écrire *je* suis une femme est plein de conséquences. »[16]

Les oscillations de la trame narrative, l'ambiguïté des instances locutrices, l'imprécision du contexte spatio-temporel proviennent tous, dans le texte de Brossard, des indicateurs pronominaux. Nous sommes en présence d'une œuvre où le récit est mis en cause par de nombreux changements de registres narratifs, où la spécificité des instances narratives se trouve compromise par l'absence de données susceptibles de préciser l'identité des sujets d'énonciation, et où la prescience particulière de l'instance écrivante est subvertie par la présence de nombreuses voix narratives (« je », « elle », « nous »), qui cherchent toutes à s'approprier l'appareil formel du discours. La posture déconstructionniste de Nicole Brossard face aux traits canoniques de l'écriture autobiobiographique est actualisée par un jeu narratif qui oscille entre ce que Benveniste désigne comme les pôles de la « personne subjective » (le « je ») et de la « non-personne » (le « elle ») :

---

[15]   Nicole BROSSARD, *She Would Be...*, *op. cit.*, p. 92.

[16]   *Ibid.*, p. 142 (on retrouve cette dernière phrase dans Nicole BROSSARD, *L'Amer ou le chapitre effrité*, Montréal, L'Hexagone, p. 43).

Elle était née en 1943 à Montréal dans la province française du Canada que l'on appelait Québec. Elle avait grandi dans un quartier anglais, plein de grands arbres et avait fait ses études dans un collège pour jeunes filles de bonne famille.[17]

Il devait être six heures du matin, lorsqu'une femme est entrée dans le restaurant. Nous nous sommes alors exclamées en même temps : comme elle vous ressemble ! La femme s'installe à une table au fond. Elle sort un grand cahier, deux stylos qu'elle dépose délicatement sur la table.[18]

Les changements de registres narratifs produits par l'alternance des formes grammaticales, donnent lieu à un récit dans lequel Nicole Brossard évoque l'histoire de sa vie comme s'il s'agissait de celle d'une autre. L'emploi inclusif du « nous » postule certes l'existence d'un « tu », mais plus encore celle d'un « je » dont l'identité n'est pas toujours assurée dans le texte de Brossard : « Nous nous sommes alors exclamées en même temps [...] comme elle vous ressemble ! ». La reconstitution du sujet s'effectue donc, dans ce récit par une figure de dédoublement où la « personne » et la « non-personne », où le moi et l'autre semblent désigner les différentes facettes de cette image de soi. L'ambiguïté issue de ce flottement entre la récitation d'abord intradiégétique (« Dans quelques instants, j'existe encore au présent [...]. ») et ensuite extradiégétique (« Elle était née en 1943 à Montréal [...]. ») donne lieu à une sorte de vertige référentiel qui échappe au contrôle du lecteur. Ce jeu de dédoublement, dans lequel Nicole Brossard feint de parler d'une autre tout en parlant de soi, crée des espaces d'indétermination qui programment la coopération du lecteur. Quelle que soit l'expression employée pour décrire le processus de dépersonnalisation auquel se prête Brossard, ce flottement, du « je » au « elle » est le lieu où « se rencontrent et se différencient l'image de l'autre et l'image de soi »[19].

Devant mon acquiescement, elle avait enchaîné en parlant d'un roman qu'elle avait publié en 1974 et qu'elle avait intitulé *French Kiss.*[20]

Depuis la parution de son dernier roman *Le Désert mauve* [...]. Car bien qu'elle eût publié six romans, elle avait toujours manifesté un certain refus du romanesque. [...]. Quand elle donnait des conférences, elle prenait toujours la peine de préciser que ses romans étaient des anti-romans [...].[21]

---

[17]   *Ibid.*, p. 62.

[18]   *Ibid.*, p. 130.

[19]   Paul-Claude RACAMIER, *Les Schizophrènes*, Paris, Payot, 1980, p. 13.

[20]   Nicole BROSSARD, *She Would Be...*, *op. cit.*, p. 58.

[21]   *Ibid.*, p. 42.

En remplaçant ainsi l'indicateur de la première personne – dont la principale fonction est de poser l'individualité et « la singularité de l'objet auquel il s'applique »[22] par un énoncé à la troisième personne – qui est incapable d'individualiser et qui ne désigne en soi « spécifiquement rien ni personne »[23] – Nicole Brossard ne fait qu'accentuer l'importance de la figure de l'altérité dans sa démarche auto-représentative. Les allusions à d'autres textes écrits par Brossard (*French Kiss, Le Désert mauve, L'Amèr*) ne servent qu'à intensifier l'écart entre le sujet d'énonciation et le sujet de l'énoncé. Ces distances prises par l'auteure ou plutôt la narratrice à l'égard de Brossard, l'écrivaine des textes susmentionnés, sont affichées de manière provocante. Les procédés qui participent à cet effet de distanciation sont ressentis comme artificiels, car ils vont à l'encontre de ce qui est communément accepté. Évidemment, nous ne sommes pas dupes du caractère double de l'énonciation auto-représentative de Nicole Brossard qui en flottant entre la narration autodiégétique et cette pseudo-énonciation extra-diégétique met à l'épreuve plusieurs paramètres de l'énonciation autobiographique.

Les différentes figures d'énonciation, mises en œuvre pour énoncer les dires du sujet, sont issues d'une forme d'écriture qui s'oppose à une vision humaniste et essentialiste de l'écriture autobiographique. Au lieu de se poser comme étant « extraordinairement unique » ou « totalement exemplaire »[24], Brossard se dit par l'entremise de stratégies auto-représentatives vouées à présenter une image fragmentée et plurielle du sujet de l'écriture. *She Would Be...* semble répondre à une urgence prioritaire : formuler une poétique de l'écriture autobiographique au féminin où le sujet est issu d'une relation constante entre l'un et le multiple et où la prescience particulière de l'instance écrivante est d'explorer toutes sortes de questions relatives au genre sexué et à la sexuation des genres littéraires.

Il ressort donc qu'au discours autobiographique de Nicole Brossard correspond un énoncé type dans lequel les formes pronominales visent plutôt à « expulser hors de l'instance d'énonciation [...] les catégories de la personne »[25], qu'à effectuer un retour à l'instance d'énonciation. Les déictiques qui servent normalement à préciser « qui parle, le lieu où ça

---

[22] Jean-Claude PARIENTE, *Le Langage et l'Individuel*, Paris, Armand Colin, 1973, p. 69.

[23] Émile BENVENISTE, *Problèmes de linguistique générale. Tome 1, op. cit.*, p. 230.

[24] Janice MORGAN, « Femmes et genres littéraires : le cas du roman autobiographique », dans *Protée*, vol. XX, n° 3, automne 1992, p. 29.

[25] Algirdas-Julien GREIMAS et Joseph COURTÉS, *Sémiotique. Dictionnaire raisonné de la théorie du langage*, Paris, Hachette, 1979, p. 119.

parle et le temps dont ça parle »[26], fonctionnent différemment dans le texte de Brossard. Celui-ci met en œuvre un processus de débrayage qui vise à compromettre le fonctionnement référentiel d'une des principales données du cadre énonciatif : l'identification des protagonistes de l'énonciation. À l'instar de nombreux textes modernes et postmodernes le jeu des glissements pronominaux introduit dans *She Would Be...* met en place un dispositif textuel qui contribue à la fragmentation, à la discontinuité et à la dualité de l'écriture auto-représentative de Nicole Brossard.

III. La traduction comme stratégie de pluralité et d'altérité

La traduction apparaît toujours comme l'activité privilégiée par où le rapport à l'altérité est questionné et travaillé [...].[27]

Ce que nous propose Brossard c'est une conception de l'énonciation autobiographique selon laquelle la rétraction narcissique, la dimension auto-représentative, les enjeux de l'Autre, jouent dans le processus de dévoilement un rôle nettement différent de celui prescrit par la tradition. De façon analogue au jeu avec les indicateurs pronominaux de la deixis, la traduction apparaît dans le texte de Brossard comme un espace privilégié pour valoriser ce rapport à l'autre. La présentation identitaire du sujet autobiographique est complexifiée par la présence marquée de l'anglais, par cet espace d'où parle le sujet traduisant. « L'hétérophonie » (diversité des voix narratives) et « l'hétéroglossie » (pluralité des langues) agissent donc dans le texte de Brossard comme des stratégies pour mettre en cause une certaine conception canonique du sujet autobiographique[28] :

Plus j'y pense, plus il me semble que sa résistance au romanesque, au récit, bref sa réserve devant la réalité et l'illusion qui la recompose [...] doit être comprise comme la mise à distance d'un monde dans lequel, *she knows by all means that she as a she is not even in the sentence, cannot get even with the sentence.* Cette distance est une forme de retenue et de discernement qui lui donne prise sur elle-même, la rend maîtresse d'elle-même.[29]

---

[26] Jean-Michel ADAM, *Linguistique et discours littéraire*, Paris, Larousse, 1976, p. 316.

[27] Sherry SIMON, « Traduction et représentation » dans Claude DUCHET et Stéphane VACHON (dir.), *La Recherche littéraire. Objets et méthodes*, Montréal, XYZ, 1993, p. 320.

[28] Ces expressions sont empruntées à Lise GAUVIN, *Langement*, Montréal, Éditions du Boréal, 2000, p. 168.

[29] Nicole Brossard, *She Would Be...*, *op. cit.*, p. 34.

The more I think about it, the more it seems to me that her resistance to the novelistic, to story, in short, her reserve in the face of reality and the illusion that rearranges it, [...] must be understood as putting at a distance a world in which, *she knows by all means that she as a she is not even in the sentence, cannot get even with the sentence.** This distance is a form of restraint and discernement that gives her a hold on herself, self-mastery.[30]

She Would Be the First Sentence of My Next Novel/Elle serait la première phrase de mon prochain roman se lit en traduction de façon presque simultanée : la page de gauche introduit le texte source en français, tandis que celle de droite présente le texte dans sa langue d'arrivée (l'anglais). Comme le démontrent les extraits précités, c'est par le plurilinguisme (la traduction proprement dite) et le « code-switching » (utilisation de codes différents au cours d'un même discours), que le texte de Brossard parvient à « échapper aux contraintes de la diglossie »[31] et donc aux pouvoirs normalisateurs du français. Dans toute sa production littéraire, Brossard joue sur l'existence d'écarts et de failles qui lui permet d'effectuer un travail de subversion sur les formes du langage et sur les conventions littéraires. Ce sont les mêmes présupposés qui sous-tendent *She Would Be...* La structure multilinguale du texte de Brossard sert également à mettre en évidence la nature dialogique du processus qu'est la traduction, notamment la richesse et l'ampleur de la « filliation » qui existe entre « l'écrivante » (Brossard) et la « ré-écrivante » (de Lotbinière-Harwood).

Contrairement aux procédés habituels de la traduction, le texte de Lotbinière-Harwood ne vient pas « annuler le texte de départ, mais s'ajouter à lui »[32]. Contraintes à co-exister au sein d'un espace textuel très restreint, ces deux versions, issues de deux sujets d'écriture différents, ne sont pas en concurrence, mais plutôt dans une relation dialogique. La traduction de Lotbinière-Harwood ne vise pas à obtenir une équivalence par la parfaite imitation du texte de départ ou à reproduire dans ses moindres détails toutes les nuances sémantiques et stylistiques du texte de Brossard. Comme le suggère de Lotbinière-Harwood, « la traduction est une réécriture dans la langue d'arrivée d'une lecture dans la langue de départ »[33]. Elle est non seulement productrice de différences, mais elle peut aussi mettre en évidence les « failles », les « non-

---

[30] *Ibid.*, p. 35. Dans les notes présentées à la fin du texte de Brossard, Suzanne de Lotbinière-Harwood précise que « *In English and italics in the original. »

[31] Lise GAUVIN, *Langement, op. cit.*, p. 34.

[32] Sherry SIMON, « Traduction et représentation », *op. cit.*, p. 319.

[33] Suzanne DE LOTBINIÈRE-HARWOOD, *Re-belle et infidèle. La Traduction comme pratique de réécriture au féminin/The Body Bilingual. Translation as a Rewriting in the Feminin*, Montréal, Les Éditions du remue-ménage/Women's Press, 1991, p. 32.

coïncidences », les « impossibilités de transfert total »[34] entre les deux langues. Qu'elle résulte d'une « visée identitaire » ou d'un « projet ethnographique » voué à construire un pont entre deux textes et deux réalités socio-culturelles, la traduction « actualise les frontières linguistiques » et établit, inévitablement, un rapport étroit à l'altérité[35]. Dans la mesure où « traduire n'est jamais neutre »[36], le sujet traduisant, qui s'approprie le discours de l'autre, doit être reconnu comme co-créateur/ co-créatrice du texte traduit. Autrement dit, dans le passage de la langue de départ à la langue d'arrivée, il est impossible de faire disparaître la présence du sujet traduisant.

Tout en représentant une activité politique vouée à faire « apparaître et vivre les femmes dans la langue et dans le monde »[37], la pratique de réécriture au féminin, mise en œuvre dans le texte de Brossard, nous rappelle jusqu'à quel point la traduction n'est pas une « simple médiation », mais un « processus où se joue tout notre rapport à l'Autre »[38]. En bref, dans *She Would Be...*, la figure de l'altérité est une unité compositionnelle de base qui sous-tend toute la structure narrative et discursive du récit. Outre l'usage de figures d'énonciation qui permettent à Brossard de se dire à la première personne et à la troisième, la traduction permet aussi au sujet autobiographique de se raconter par l'entremise d'une autre voix/voie. Les stratégies d'auto-représentation et d'auto-découverte exploitées dans *She Would Be...* reconnaissent et valorisent la présence d'une autre conscience dans la description et l'évolution de l'identité féminine. Selon Nicole Brossard, c'est cette légitimation de la subjectivité singulière et collective des femmes qui permet l'éclosion de leur créativité, l'affirmation de leur identité[39] et l'actualisation de leurs postures déconstructionnistes face aux discours de maîtrise. *She Would Be the First Sentence of My Next Novel/Elle serait la première phrase de mon prochain roman*, propose un « espace identitaire », un récit pluriel et multilingue qui fait parler une « double voix », voire qui met en valeur « l'étrangeté logée au cœur de toute identité »[40].

---

[34]   Sherry SIMON, « Traduction et représentation », *op. cit.,* p. 313.

[35]   Sherry SIMON, *Le Traffic des langues*, Montréal, Boréal, 1994, p. 154.

[36]   Suzanne DE LOTBINIÈRE-HARWOOD, *Re-belle et infidèle, op. cit.,* p. 27.

[37]   *Ibid.,* p. 25.

[38]   Sherry SIMON, *Le Traffic des langues, op.cit.,* p. 55. L'extrait cité par Simon est tiré de l'ouvrage d'Antoine BERMAN, *L'épreuve de l'étranger*, Paris, Gallimard, 1984, p. 287.

[39]   Nicole BROSSARD, « L'Angle tramé de désir », *op.cit.,* p. 14.

[40]   Sherry SIMON, « Traduction et représentation », dans Claude DUCHET et Stéphane VACHON (dir.), *La Recherche littéraire, Objets et méthodes*, Montréal, XYZ, 1993, p. 320.

Un projet inter-périphérique
L'itinéraire brito-québécois de Marie Le Franc

Gwénaëlle LUCAS

I. Parcours

Marie Le Franc naît le 4 octobre 1879, à Sarzeau, village breton de la presqu'île de Rhuys. Fille de douanier, elle décroche son diplôme d'institutrice en 1895. Après avoir occupé quelques places dans des écoles morbihannaises, elle postule, en août 1897, pour un emploi dans les colonies de Madagascar et d'Indochine, mais sa candidature n'est pas retenue. Son goût pour l'aventure la fait s'éprendre du héros de Fachoda, le capitaine Jean-Baptiste Marchand, à qui elle écrit plusieurs fois et qu'elle rencontre à Paris en mai 1900[1]. Mais c'est une seconde rencontre, quelques années plus tard, qui sera véritablement décisive. Par l'intermédiaire d'Idola Saint-Jean, enseignante à l'université McGill, à Montréal, Marie Le Franc entame, dès 1903, une correspondance avec le journaliste canadien-français Arsène Bessette. Après trois années d'échanges épistolaires, Bessette l'invite, à la fin de l'année 1905 à venir le rejoindre à Montréal pour l'épouser semble-t-il. Il n'en fallut pas plus à la jeune femme pour franchir l'océan, d'autant plus que « le Canada et le Québec occupent, surtout à partir des années 1880, une place relativement importante dans l'ensemble des sujets d'intérêt des Français. [...] c'est d'abord et avant tout parce qu'il y communauté d'origine et de langue que des liens se créent entre les deux communautés »[2]. Marie Le Franc embarque donc, en janvier 1906, au Havre

---

[1] Cet amour platonique est relaté dans la nouvelle « Amour 1900 », texte inédit du vivant de Marie Le Franc mais publié en annexe dans la biographie de Madeleine DUCROCQ-POIRIER, *Marie Le Franc, au-delà de son personnage*, Montréal, Éditions La Presse, 1981.

[2] Sylvain SIMARD, *Mythe et reflet de la France. L'Image du Canada en France, 1850-1914*, Ottawa, Les Presses de l'Université d'Ottawa, « Cahiers du Centre de recherche en civilisation canadienne-française », n° 25, 1987, p. 308.

pour New York et termine son trajet en train jusqu'à la gare de Montréal où l'attend Arsène Bessette. Malheureusement, ne la trouvant pas à son goût, le journaliste renonce à son projet de mariage et l'abandonne aussitôt. Commence alors, pour la jeune femme de vingt-six ans, l'aventure canadienne.

Malgré l'épreuve de rejet dont elle fut victime et certaines difficultés d'intégration, Marie Le Franc choisit de rester et s'habitue finalement à la vie montréalaise. D'abord journaliste, elle est engagée comme professeure de français à l'école de Miss Gardner de 1908 à 1914, puis à la Weston School de 1915 à 1929. Elle consacre aussi son temps libre à l'écriture. En 1920, elle publie son premier recueil de poèmes, *Les Voix du cœur et de l'âme*, immédiatement remarqué par l'influent Louis Dantin, découvreur de Nelligan. Dantin devient son mentor et l'encourage à se lancer dans une carrière littéraire[3]. En 1923, un second recueil paraît à Paris, *Les voix de misère et d'allégresse*, aussitôt acclamé par les critiques parisienne et montréalaise. Mais c'est à l'occasion d'un bref séjour en Bretagne, à l'été 1922, que se confirme sa vocation d'auteur. En deux semaines, Marie Le Franc rédige son premier roman, *Grand-Louis l'innocent*, l'histoire d'un amour entre une jeune femme solitaire et un simple d'esprit traumatisé par la Grande Guerre, et dont l'action se tient exclusivement dans le golfe du Morbihan. Expédié dès l'automne à un éditeur parisien, le manuscrit n'est retourné à son auteur qu'à la fin de 1924, accablé de la mention « ridicule ». Au début de l'année 1925, Marie Le Franc soumet alors son roman au comité de la Bourse de voyage littéraire à Montréal. Quelques semaines plus tard, le comité lui octroie sa bourse annuelle et fait imprimer le manuscrit. De passage en France, à l'hiver 1926, Marie Le Franc propose le roman à Jean-Richard Bloch, directeur des éditions Rieder, qui accepte de prendre en charge l'édition française. Et le 9 décembre 1927, *Grand-Louis l'innocent* reçoit le prix Femina-Vie heureuse face à *Adrienne Mesurat* de Julien Green. La carrière de Marie Le Franc prend alors son envol.

Les années 30 seront très fructueuses pour la romancière. Partageant son existence entre Sarzeau et Montréal, elle voyage beaucoup et écrit sans cesse. Son œuvre se divise nettement en un « cycle breton » et un « cycle canadien ». Outre *Grand-Louis l'innocent*, le cycle breton intègre *Le poste sur la dune* en 1928, *Inventaire* et *Grand-Louis le revenant* en 1930 et *Dans l'île, roman d'Ouessant* en 1932. Le cycle canadien des années 30 témoigne des séjours que Marie Le Franc effectue en

---

3   C'est après la publication de l'article de Louis DANTIN dans *La Revue moderne* (« Les voix du cœur et de l'âme de Marie Le Franc », n° 6, 15 avril 1921) que s'enclenche une correspondance entre le critique et l'écrivaine. Cet échange durera jusqu'en 1928.

Abitibi-Temiscamingue, dans les Laurentides et en Gaspésie. Nous y trouvons les romans *Hélier fils des bois* (1930), *La rivière Solitaire* (1934), *La randonnée passionnée* (1936), *Pêcheurs de Gaspésie* (1938), ainsi que l'essai *Au pays canadien-français* (1931) et le recueil de nouvelles *Visages de Montréal* (1934).

II. Position face à l'hégémonisme parisien

Malgré cette œuvre remarquable, qui mériterait de faire l'objet de nouvelles lectures critiques, c'est l'itinéraire intellectuel de la romancière qui suscite notre attention ici. À Paris, outre le prix Femina, l'écrivaine reçu un Prix Montyon pour *Au pays canadien-français* en 1932. Elle fut aussi nommée Officier de la Légion d'Honneur en avril 1953 et admise à la Société des Gens de Lettres à la fin de sa vie. Or, c'est la volonté de bénéficier du « droit de rester isolé »[4] qui détermine l'attitude de la romancière à l'égard de l'institution parisienne. Elle choisit de ne pas rentabiliser les honneurs qui lui furent offerts par ces sociétés prestigieuses et, ainsi, de ne pas pénétrer la communauté des lettres parisienne. La motivation qui orienta cette volonté reste encore obscure, car la correspondance[5] de la romancière commente peu ce choix. Il est à peu près certain que les pérégrinations du manuscrit de *Grand-Louis l'innocent*, rejeté par Paris, puis encouragé par Montréal, pour être ensuite largement récupéré et célébré par la *République mondiale des lettres*[6] y est pour beaucoup.

Ceci dit, il faut comprendre que le parcours de Marie Le Franc se caractérise par un double exil entre la Bretagne et le Québec. La romancière fut partagée entre deux sols et son œuvre entre deux cycles, comme si elle poursuivait une double quête identitaire, à la fois culturelle et académique, double quête se problématisant dans la difficulté de choisir d'une part entre Montréal et Sarzeau, d'autre part entre la communauté des lettres provinciale de France et l'institution littéraire cana-

---

[4]   Lettre de Marie Le Franc à Victor Barbeau, Sarzeau, 10 octobre 1946.

[5]   La majorité des lettres adressées à Marie Le Franc est conservée dans le fonds « Marie Le Franc » à la Bibliothèque nationale du Canada à Ottawa. Nous y trouvons des lettres d'amis québécois tels que Victor Barbeau, Rina Lasnier, Gustave Lamarche, Louvigny de Montigny, Robert Rumilly, et d'amis français comme Sully-André Peyre et Amy Silvel, Claude Chauvière, Monique Saint-Hélier et Blaise Briod, Suzanne Perdriel-Vaissière. Le fonds contient environ 600 lettres dont 37 écrites par Marie Le Franc à Marie de Varennes-Simard. D'autre part, nous trouvons de nombreuses lettres de Marie Le Franc à la Bibliothèque nationale du Québec, à Montréal, dans les fonds « Victor Barbeau », « Rina Lasnier », « Robert Choquette », « Gustave Lamarche » et « Le Normand-Desrosiers ».

[6]   Pascale CASANOVA, *La République mondiale des lettres*, Paris, Seuil, 1999.

dienne-française. Or selon Pascale Casanova, « l'exil est sans doute une "arme" majeure de l'écrivain qui entend préserver à tout prix une autonomie menacée »[7]. Marie Le Franc aurait pu craindre que sa liberté et son originalité soient restreintes par Paris, car « la capitale dénationalisée de la littérature, dénationalise à son tour les textes, les déshistoricise pour les conformer à ses propres conceptions de l'art littéraire »[8]. Or, ce que veut précisément fuir Marie Le Franc, c'est ce conformisme qui risque de lui faire perdre son identité. Elle refuse de subir « cette forme d'annexion ethnocentrique qui nie l'existence historique » des écrivains consacrés[9]. Fière de son ascendance et de son histoire bretonnes, sa volonté d'échapper à un système fermé l'aurait alors logiquement poussée vers la périphérie. Elle doit faire le choix imposé à tout écrivain au moment où son entrée à Paris devient possible : « soit affirmer sa différence et "se condamner" à la voie difficile et incertaine des écrivains "régionaux" et pas ou peu reconnus de l'univers littéraire international, soit "trahir" [son] appartenance et s'assimiler à l'un des grands centres littéraires en reniant [sa] différence »[10]. La seconde perspective était pour elle inenvisageable : elle choisit la première.

III. Le dévouement envers les lettres canadiennes-françaises

Marie Le Franc prit donc ses distances par rapport à Paris. Les événements l'avaient menée jusqu'au Québec. Or, au début du XXe siècle, au Québec, l'institution littéraire se met en place et recherche des animateurs. À la fin des années 20, simultanément reconnue par les institutions littéraires française et canadienne-française, la romancière choisit délibérément de s'intégrer plutôt au milieu canadien-français et entreprend de participer au développement d'une littérature qui entend alors construire sa modernité. Elle participe à des événements, prononce des conférences, se lie amicalement et intellectuellement avec certaines des personnalités les plus influentes de la vie littéraire des années 20 à 50 : Louis Dantin, Victor Barbeau, Robert Choquette, Louvigny de Montigny, Rina Lasnier, Gustave Lamarche, Robert Rumilly, et ceux-ci témoignent volontiers du respect et de l'admiration qu'ils éprouvent pour la romancière bretonne. Pour illustrer ce fait, j'évoquerai quelques témoignages et gestes éloquents. Tout d'abord, un hommage de Louis Dantin, qui fut le premier acteur institutionnel majeur à porter une

---

[7]   *Ibid.*, p. 158.
[8]   *Ibid.*, p. 216.
[9]   *Ibid.*, p. 217.
[10] *Ibid.*, p. 247.

attention particulière à l'écrivaine néophyte. Dans une lettre datée du 1er janvier 1926, voici ce que Dantin écrit à Olivar Asselin :

> Marie Le Franc m'écrit parfois, et vient de m'envoyer une prose de sa façon publiée dans la revue *Europe*[11]. Je trouve cette femme prestigieuse et suis aussi fier de l'avoir lancée (au moins chez nous) que d'avoir découvert Émile Nelligan et Beauregard. C'est Proust ou Giraudoux pour la finesse de l'analyse, mais avec combien plus de légèreté et de grâce ! Elle est train, d'ailleurs, de se faire un renom en France, et place son écriture où elle veut [...].

Un autre magnifique – voire lyrique ! – éloge est celui de Claude-Henri Grignon qui, en 1931, félicite la romancière, pour ce « livre extra-ordinaire » et « supérieur par la profondeur de pensée et l'originalité quasi foudroyante de sa prose » qu'est *Inventaire*. Dans la même lettre, il poursuit par ces lignes :

> Votre beau livre fut pour moi une révélation. J'ai tenté de le dire avec tout mon amour des grandes et belles choses [...] et vous êtes un témoignage ÉCRASANT[12] de la bonté de votre œuvre que vous vous devez de pour-suivre jusqu'à ce que le public enfin instruit, enfin étonné, enfin amoureux, vous lise à genoux en versant des larmes d'admiration.[13]

Terminons avec cet appel de Victor Barbeau, intellectuel influent et controversé du milieu littéraire canadien-français, et le plus intime des amis de Marie Le Franc[14], qui, en avril 1945, élaborant la liste des premiers membres de l'Académie canadienne-française qu'il vient de fonder écrit à son amie : « Si seulement vous aviez été naturalisée canadienne, on vous eût immortalisée à votre insu. »[15]

Une seconde catégorie de témoignages regroupe certains gestes institutionnels inaugurés par d'autres animateurs culturels non moins éminents du moment. La première de ces manifestations est due à l'initiative de Louvigny de Montigny, fondateur du journal *les Débats* (1899) et propagandiste de *Maria Chapdelaine* au Canada. En juin 1934,

---

[11] Il s'agit de la nouvelle « Marionnettes » parue dans la revue *Europe*, n° 9, octobre 1925.

[12] C'est Claude-Henri Grignon qui souligne.

[13] Lettre de Claude-Henri Grignon à Marie Le Franc, Sainte-Adèle, Québec, 6 août 1931.

[14] La correspondance entre Victor Barbeau et Marie Le Franc s'étend de 1924 à 1963. Le fonds « Victor Barbeau » contient environ 300 lettres de Marie Le Franc et repré-sente le dossier le plus volumineux du fonds. Pour un commentaire sur cet échange, consulter Chantale GINGRAS, *Victor Barbeau. Un réseau d'influences littéraires*, Montréal, L'Hexagone, 2001, pp. 114-125.

[15] Lettre de Victor Barbeau à Marie Le Franc, Montréal, « Ce matin de Pâques 1945 ».

Montigny suggère à son ami Honoré Mercier, ministre québécois des Terres et des Forêts, de rebaptiser le lac Mer-bleue, situé dans les Laurentides, « lac Marie Le Franc ».

> Ton gouvernement et toi-même n'aurez jamais si belle occasion de recon-naître l'affection et le talent que cette admirable écrivain qu'est Marie Le Franc a mis à célébrer la nature canadienne et tout particulièrement nos Laurentides. Tu dois connaître aussi son autre volume *Au pays canadien-français* où nous trouvons les plus belles pages qui se puissent trouver sur nos paysages d'hiver. Et tu sais aussi que cette brave Bretonne, qui est devenue Canadienne jusqu'aux moelles, saisit depuis vingt ans toutes les occasions de célébrer « le pays de Québec ».[16]

C'est le 29 novembre 1934 qu'Honoré Mercier annonce à Montigny que sa suggestion a été acceptée par la Commission de Géographie mais que ce sera le lac « Vert » qui sera attribué à Marie Le Franc. Aussi le 14 décembre, Montigny informe-t-il la romancière :

> Et maintenant, chère amie, vous allez me faire le plaisir de vous abstenir de tout remerciement à mon endroit. Je suis plus que remercié et récompensé par le succès même de cette idée que je me suis mise en tête de vous faire donner un de nos lacs. J'espère au moins que « votre » lac est convenable. J'espère surtout qu'à votre prochain voyage au Canada, nous l'irons visiter et saluer.

Un autre geste institutionnel, non moins hardi, est celui de Gustave Lanctôt. Président de la Société des écrivains canadiens, Lanctôt, en août 1950, offre à l'écrivaine une subvention mensuelle de $75, et ce malgré le règlement n'imposant l'octroi de telles allocations qu'à des auteurs canadiens. Enfin, un dernier exemple : l'initiative du père Gustave Lamarche, membre-fondateur de l'Académie canadienne-française, qui, à la réunion de l'Académie du 9 décembre 1957, propose la candidature de Marie Le Franc pour l'attribution de la médaille de l'Académie. Mais, « au deuxième tour de scrutin, [le 14 avril 1958, l'assemblée] décerne la médaille [...] à Raymond Barbeau, auteur de *Léon Bloy, prophète luciférien* »[17].

Ces hommages ne sont que le reflet de nombreux autres. Que ce soit encore Robert Choquette, Rina Lasnier, Robert Rumilly, Jean Bruchési et Léo-Paul Desrosiers, tous s'accordent pour honorer l'œuvre et remercier l'auteure. C'est le dévouement gratuit et constant de Marie Le Franc envers les lettres canadiennes-françaises qui plane sur la correspon-

---

[16] Lettre de Louvigny de Montigny au ministre Honoré Mercier, Ottawa, 30 juin 1934.

[17] Jean ROYER, *Chronique d'une Académie, 1944-1994. De l'Académie canadienne-française à l'Académie des lettres du Québec*, Montréal, L'Hexagone, 1995, pp. 64-65.

dance. Mais si elle fut toujours fidèle au Québec, elle n'oublia jamais sa terre natale et sa culture bretonne.

IV. Fidélité à la cause littéraire bretonne

Outre le fait que la moitié de son œuvre est consacrée à la Bretagne et fait effectivement partie du corpus littéraire breton, Marie Le Franc revendique son appartenance à sa région par son implication dans l'organisation d'une institution bretonne. La Bretagne du début du XXᵉ siècle est l'un des lieux majeurs de la « décentralisation littéraire »[18] en France, car elle est l'une des premières régions à comprendre l'obstacle de l'hégémonie parisienne.

> [...] la position particulière de la Bretagne, parangon des provinces et en même temps région ayant gardé une identité forte, donne une forme extrême à l'opposition Paris/Province. Les jeunes intellectuels qui tendent vers le nationalisme breton, expriment, avec plus de virulence qu'ailleurs, la question commune à tous les mouvements régionalistes du début du XXᵉ siècle : comment dans un pays aussi centralisé que la France, peut-il exister une vie culturelle régionale ? Et comment être écrivain sans être de Paris ?[19]

La conscience de cette problématique explique certainement l'implication de Marie Le Franc au sein de l'Académie de Bretagne. Fondée le 13 juin 1937, cette Académie eut une très brève existence étant donné qu'elle fut interrompue par la guerre. Ceci dit, elle marquait la volonté

> de créer des échanges de vues de confraternité et d'amitié entre les Écrivains traitant de la Matière de Bretagne et de resserrer leur solidité. [...], de provoquer le contact des Écrivains Bretons avec les écrivains des autres Provinces.[20]

Il y a ici un véritable désir d'ouverture et une réelle motivation pour encourager les écrivains « appartenant à la Bretagne soit par leur origine, soit par leur inspiration »[21]. À la première assemblée générale, à Rennes, les membres arrêtèrent la composition du bureau définitif, nommant André Chevrillon président d'honneur, Roger Vercel président, Marie Le Franc vice-présidente et Jean des Cognets secrétaire. La

---

[18] Anne-Marie THIESSE, *Écrire la France. Le Mouvement régionaliste de langue française entre la Belle Époque et la Libération*, Paris, PUF, 1991, p. 41.

[19] *Ibid.*, p. 46.

[20] Extrait du premier procès verbal de l'Académie de Bretagne. Ce document n'est pas daté, mais nous pouvons le situer sans risques aux alentours de la fin septembre 1937. Je tiens à remercier Simone Roger Vercel, fille de Roger Vercel, pour m'avoir confié ses documents concernant l'Académie de Bretagne.

[21] Extrait du document « Renseignements pour un projet de statuts de l'Académie de Bretagne » confié par Simone Roger Vercel.

vice-présidence permet ainsi à Marie Le Franc d'établir des liens particuliers avec certains écrivains bretons connus et d'encourager les jeunes
auteurs. La correspondance fait ainsi état d'échanges avec, entre autres,
Roger Vercel, Louis Guilloux, Jean Guéhenno, Jeanne Perdriel-
Vaissières (Saint-Cygne), Saint-Pol Roux.

> [...] je suis tout à fait à l'aise pour proclamer que vous êtes une grande
> Bonne Femme, une Princesse éblouissante de l'Image et que, à part Colette
> si différente, je ne vois rien dans les lettres qui puisse être comparé à ce que
> vous avez écrit là ! [...] Vous ne bavardez jamais, et c'est si rare chez une
> femme ! Vous ne faites jamais chatoyer pour qu'on les regarde les facettes
> de vos diamants, et c'est si méritoire chez une femme si riche ! [...] Quand
> [*sic*] à l'Académie de Bretagne, j'ai là une lettre de Roger Gobled qui
> m'annonce l'adhésion de Max Jacob, d'Auguste Dupuis et de Jane Mabert
> [...].[22]

V. Construction d'un réseau provincial

Charles-Brun, dans son ouvrage de 1907, *Les littératures provinciales*, explique le renouveau des littératures régionales par « le rejet
[...] de l'universalisme » et « l'intérêt croissant pour la différence ». Il
note une « lassitude devant l'uniformité, un ennui devant la production
parisienne trop monotone et stéréotypée »[23], ce qui implique la volonté
des écrivains de province non seulement de valoriser leur région dans
leurs œuvres, mais aussi de constituer leur propre institution. Ceci fut
effectivement l'intention des membres de l'Académie de Bretagne dès
les balbutiements du projet en 1935. Or, on note aussi que l'un des
mandats définitifs de l'Académie est de rencontrer des écrivains d'autres
régions. Et là encore, Marie Le Franc joua son rôle.

Les papiers de la romancière attestent qu'elle fut au cœur d'un réseau
de relations provinciales. Dans ce réseau figure notamment le poète
provençal Sully-André Peyre, qui en est l'un des protagoniste majeur.
Né au Cailar (Gard) en 1890, Peyre a passé sa jeunesse à Mouriès. En
1918, il publie un bulletin en provençal *Lou Secret*. Il crée, en 1919,
avec Elie Vianes, *La Regalido*, journal Felibréen mouriésien, puis fonde,
en 1921, la revue bilingue *Marsyas* qui vivra jusqu'à la mort du poète,
en 1961. Parmi les œuvres publiés, citons *Choix de poèmes* (1929),
Saint-Jean d'été (1938), *Le grand-père que j'ai en songe* (1946) et *Essai
sur Frédéric Mistral* (1959). Sully-André Peyre et son épouse Amy
Silvel, elle aussi poète, envoyèrent environ 70 lettres à leur amie Marie

---

[22] Lettre de Roger Vercel à Marie Le Franc, à propos de *La randonnée passionnée*
(paru à Paris, chez Ferenczi et fils au début de 1936), Dinard, 27 août 1936.

[23] Cité par Anne-Marie THIESSE, *op. cit.*, p. 85.

Le Franc entre 1930 et 1955, et ces documents révèlent parfois des informations fort intéressantes :

> Il y a eu la carte signée de vous et de Mme Perdriel [Vaissière]. C'était bon cette double pensée, cette union, ce message. Et j'ai sous les yeux une petite lettre de Bretagne aussi, de Melle Botuha, une petite lettre si mélancolique, si amie. […] Et l'Auvergne. Vous ai-je dit que nous avons erré en Auvergne du 3 au 20 septembre ? […] Visite à Henri Pourrat, qui est grand, avec un visage si doux, des yeux candides, et une voix si faible, qu'il faut faire silence pour la percevoir. Une personnalité qui attire, qui retient. Son épopée poignante : *Gaspard des Montagnes*, a été un bonheur pour nous l'hiver dernier. Ne vous y trompez pas, il est poète.[24]

Parmi les relations provinciales de Marie Le Franc, nous trouvons aussi Claude Chauvière, secrétaire, biographe et filleule de Colette, auteure de *La femme de personne*, dont nous avons une trentaine de lettres à disposition ; l'écrivaine suisse Monique Saint-Hélier, qui partagea une grande partie de sa vie entre Paris et la Normandie, auteure de *Bois-Mort*, *Le cavalier de paille* et *Le Martin-pêcheur*, et son mari, le traducteur Blaise Briod (une cinquantaine de lettres). Pour terminer, un autre témoignage intéressant est celui de Maurice Constantin-Weyer, qui écrivit plusieurs fois à Marie Le Franc pour la féliciter de ses livres et partager avec elle une certaine nostalgie du Canada.

> Ah ! Marie Le Franc ! Il faudra que j'aille vous voir un jour dans votre Morbihan […]. Ah ! chère amie ! moi aussi j'ai parfois la nostalgie. Il me manque ces matins d'hiver que j'aime par-dessus tout […]. Je cherche à le faire revivre dans mes livres. Et c'est particulièrement dur quand on n'a pas l'étoffe d'un homme résigné.[25]

Selon Anne-Marie Thiesse, ces liens constituent un réseau fondé sur un « régionalisme transrégional »[26] qui réunit concrètement les écrivains volontairement excentrés.

VI. Le projet d'un réseau inter-périphérique entre les régions françaises et le Québec

Or, dans le cas de Marie Le Franc, la conception de ce « régionalisme transrégional » est encore plus vaste puisqu'il s'étend jusqu'à la province du Québec. En octobre 1946, elle écrit à son amie la poète québécoise Rina Lasnier :

---

[24] Lettre de Amy Silvel à Marie Le Franc, non datée, mais probablement de 1930.
[25] Lettre de Maurice Constantin-Weyer à Marie Le Franc, Poitiers, 7 octobre 1929.
[26] Anne-Marie THIESSE, *op. cit.*, p. 122.

On ne fait pas de littérature en champ clos [...] Et nulle province en France n'a le droit de prétendre surpasser les autres ou les ignorer, ou apporter au fonds commun plus de richesses, et je considère le Canada [français] comme une province essentielle de la littérature française. Une province aux richesses insoupçonnées, à peine exploitées encore, qui nous apportera des forces neuves.[27]

Marie Le Franc souhaite élargir le réseau périphérique dans lequel elle s'inscrit et entreprend d'intervenir entre les écrivains provinciaux et les écrivains canadiens-français. En août 1946, elle propose à Victor Barbeau d'entrer en contact avec le couple de poètes provençaux Sully-André Peyre et Amy Sylvel[28]. Deux mois plus tard, elle récidive, plus vigoureusement :

Je corresponds depuis des années avec un écrivain des plus originaux [...] qui dirige dans le midi une petite revue consacrée en particulier à la poésie, et à la poésie provençale surtout. Voici son adresse : Sully-André Peyre, Mûrevignes, Aigues-Vives, Gard. [...] il publie des commentaires d'un humour vraiment curieux, plein de philosophie, ou d'ironie, ou simplement d'esprit [...] et il est en relations épistolaires avec de nombreux jeunes écrivains, des poètes surtout, qu'il soutient et encourage. Cela prend beaucoup de temps... Mais [...] si vous-même aviez le loisir et le désir de correspondre avec lui, n'hésitez pas.[29]

Par la suite, elle conseille encore à Barbeau la collaboration de Monique Saint-Hélier qui, « placée comme elle est, [...] pourrait peut-être écrire pour *Liaison* » et Marie Le Franc ajoute : « je vais simplement lui dire que vous aimeriez avoir quelque chose d'elle, sans plus de précisions ». Toujours dans cette même lettre, la romancière informe son ami québécois qu'elle a « communiqué des poèmes de Rina Lasnier et de Hertel »[30] à Sully-André Peyre. On remarque que le moment que choisit Marie Le Franc pour interférer entre ses amis provinciaux et québécois coïncide étrangement avec celui de la querelle franco-québécoise déclenchée par la publication du livre de Robert Charbonneau *La France et nous*. Ceci dit, les démarches entreprises seront relativement fructueuses car non seulement les personnes entreront en

---

[27] Lettre de Marie Le Franc à Rina Lasnier, Sarzeau, 16 octobre 1946.

[28] Lettre de Marie Le Franc à Victor Barbeau, Sarzeau, 12 août 1946 : « Pour en revenir à votre revue, vous me demandez de vous révéler quelques écrivains français dont la contribution serait intéressante pour *Liaison* [...]. J'ai des amis poètes dans le Midi, un couple adorable, absolument au service de la poésie et des poètes. Quand je leur écrirai, je leur demanderai de vous envoyer quelque chose. Cela ne vous engage à rien. »

[29] Lettre de Marie Le Franc à Victor Barbeau, Sarzeau, 10 octobre 1946.

[30] Lettre à Victor Barbeau, Sarzeau, février 1947.

contact et correspondront, mais de plus, elles liront leurs œuvres respectives et se rencontreront parfois. Il existe ainsi une correspondance entre Victor Barbeau et Monique Saint-Hélier, entre Gustave Larmarche, Rina Lasnier et Sully-André Peyre.

> J'ai reçu une lettre magnifique de notre ami Sully-André Peyre, écrit Rina Lasnier en décembre 1945, et je vous dois cette joie d'un si encourageant témoignage. *Le Chant de la montée* lui a plu et il le dit fermement, presque sévèrement, afin que je ne m'attarde pas à la consolation de telles paroles.[31]

Le réseau transrégional s'étend alors davantage à un réseau inter-périphérique, réunissant les intellectuels des provinces françaises et ceux de la province québécoise. « Grâce au vaste réseau interrégional et fédératif, [les écrivains] peuvent entrer en relation épistolaire avec des "collègues" plus connus et participer d'une identité sociale qui a désormais une certaine reconnaissance : celle de l'écrivain de province »[32], où le terme de « province » sera à considérer différemment selon qu'il s'agisse de la province française ou de la province du Québec. Ceci étant précisé, il reste que ce sont ainsi plusieurs réseaux littéraires périphériques qui sont imbriqués les uns dans les autres et qui coïncident autour de la personne de Marie Le Franc, pour n'en constituer plus qu'un, plus étendu et à visée plus efficace.

VII. Une perspective inédite

La littérature française, parisienne, s'érigeant en modèle hégémonique d'universalité[33], l'organisation de réseaux littéraires francophones en province et hors de France se présente comme un processus institutionnel de compensation. Les relations littéraires qui s'établissent en périphérie et de façon inter-périphérique correspondent à une tentative d'institutionnaliser une littérature à l'écart du centre parisien. En effet,

> La structure centralisée du champ littéraire français conduit à donner pour équivalents Paris, la consécration littéraire, l'universalisme et la culture bourgeoise : à l'opposé sont confondus les positions mineures, le localisme, la ruralité, la province et les autres pays francophones.[34]

La double quête identitaire, culturelle et académique, de Marie Le Franc, implique que son itinéraire apporte de nouvelles réponses concernant les réseaux périphériques, les sociabilités intellectuelles et le régio-

---

[31] Lettre de Rina Lasnier à Marie Le Franc, 11 décembre 1945.

[32] Anne-Marie THIESSE, *op. cit.*, p. 123.

[33] *Cf.* Pascale CASANOVA, *La République mondiale des lettres*, *op. cit.*

[34] Anne-Marie THIESSE, *op. cit.*, p. 126.

nalisme littéraire. Une réflexion sur cet itinéraire intellectuel permet d'éclairer l'émergence de réseaux littéraires périphériques déplaçant les relations franco-québécoises vers l'axe régional. Mais ce n'est pas tant les institutions, davantage étudiées à ce jour, que les « croisements biographiques »[35] qui doivent être objets d'analyse dans cette approche. L'objectif majeur est de retracer les sociabilités intellectuelles qui furent inaugurées ou relayées par Marie Le Franc pour instaurer et maintenir des liens entre agents littéraires québécois et provinciaux français. Comment et quand ces réseaux se sont-ils constitués ? Quels furent leurs objectifs et leurs réalisations ? Qui en étaient les animateurs ? Sur quels modes fonctionnaient-ils ? Telles sont les questions auxquelles il faut répondre.

« Vraiment, il faut tâcher de s'entourer d'un peu de liberté. Sans elle, pas de création possible », écrivait Marie Le Franc à Barbeau en février 1935. Il est donc vital qu'une littérature se fasse en dehors de Paris, en périphérie, afin que la capitale française ne soit plus le centre hégémonique des lettres. Ce sur quoi repose le projet, c'est la conscience de l'originalité culturelle provinciale. Cette idée, qui fonde la relation de Marie Le Franc avec le Québécois Victor Barbeau et le Provençal Sully-André Peyre, détermine la réalisation d'une littérature périphérique de qualité. Mais la crainte de Marie Le Franc, crainte qui détermina sa volonté de relier les écrivains de la périphérie, était que ces animateurs régionaux omettent de s'ouvrir sur l'extérieur et restent centrés sur eux-mêmes. Car si la littérature provinciale gagne son originalité dans sa tension avec le centre, il est aussi certain que la littérature « majeure » n'existe comme telle que dans un rapport de force avec l'ensemble des littératures dites « mineures ».

---

[35] Gérard FABRE, *Les Réseaux intellectuels transatlantiques : entre la France, le Québec et les autres*, Projet de recherche, juillet 2001.

La Vie en prose de Yolande Villemaire
ou la langue maternelle
dans tous ses états

Danielle CONSTANTIN

Depuis sa publication à Montréal en 1980, le discours critique entourant *La Vie en prose* de Yolande Villemaire[1] n'a cessé de faire ressortir la richesse et la complexité linguistique de ce texte romanesque[2]. L'une des caractéristiques souvent commentée du roman est la difficulté, voire l'impossibilité, de déceler une voix particulière dont l'origine serait explicitement cernée. En effet, les processus énonciatifs multiplient sans cesse les sujets discursifs afin de produire un texte où de nombreuses

---

[1] Yolande VILLEMAIRE, *La Vie en prose*, Montréal, Lecture en vélocipède/Les Herbes rouges, 1980. Toutes les citations proviendront de l'édition de poche (Montréal, Typo/Les Herbes rouges, 1984) et les références seront indiquées par l'utilisation de l'abréviation *LVP* suivie du numéro de la page. En rapport avec les références aux documents d'archive, je tiens à remercier Yolande Villemaire qui m'a accordé la permission de consulter et de citer les avant-textes de *La Vie en prose* (fonds Yolande Villemaire, MSS-406, Bibliothèque nationale du Québec, Montréal).

[2] Parmi les critiques qui ont abordé le sujet de la langue dans *La Vie en prose*, mentionnons, entre autres, Jean-François CHASSAY, *Structures urbaines, structures textuelles : la Ville chez Réjean Ducharme, David Fennario et Yolande Villemaire*, Montréal, Centre de documentation des études québécoises, Université de Montréal, 1986 ; Helena M. DA SILVA, « Les modalités de l'oralité dans "La Vie en prose" de Yolande Villemaire », dans *Studies in Canadian Literature/Études en littérature canadienne* 20-2, 1995, pp. 66-73 ; Lise GAUVIN, *Langagement : l'écrivain et la langue au Québec*, Montréal, Boréal, 2000 ; Alia KHALAF, « Le sujet féminin dans "La Vie en prose" de Yolande Villemaire et *Jasmine* de Bharati Mukherjee », mémoire de maîtrise en littérature comparée sous la direction d'Amaryll Chanady, Université de Montréal, 1996 ; Shirin KUDCHEKAR, « Celebrating Women's Language and Women's Space : Yolande Villemaire's "La Vie en prose" », dans *International Journal of Canadian Studies/Revue internationale d'études canadiennes* 11, printemps 1995, pp. 235-248 ; Suzanne LAMY, « Subversion en rose », dans *Féminité, subversion, écriture*, sous la direction de Suzanne LAMY et d'Irène PAGÈS, Montréal, Remue-Ménage, 1983 et Janet PATERSON, « Le postmoderne au féminin : "La Vie en prose" », dans *Moments postmodernes dans le roman québécois*, Ottawa, Presses de l'Université d'Ottawa, 1993, pp. 83-93.

narratrices s'entrecroisent dans un déploiement excentrique de fragments hétéroclites tels des lettres, des extraits de journaux intimes, des gloses, des morceaux de récit ou des bribes de manuscrits. Le début du texte met en scène un groupe de jeunes Montréalaises travaillant dans une maison d'édition et l'on se doute bien que ce sont elles qui écrivent et dont il est question, mais tout ne va pas de soi dans ce « roman gigogne en expansion vers son point de fuite » (*LVP*, p. 353) puisqu'on n'arrête pas de se demander : qui parle, qui écrit ? Un autre trait notoire est l'intégration d'une importante composante métalinguistique dans la tendance du texte à souvent commenter les stratégies langagières qu'il adopte. Mais surtout, il y a le plurilinguisme dont font preuve les narratrices-personnages tout comme leur désinvolture face aux frontières entre l'écrit et un simulacre d'oralité, entre une langue populaire et une langue soutenue : leurs langues sont très souvent vernaculaires, bien représentatives du parler des jeunes Montréalaises du temps, c'est-à-dire émaillées d'anglicismes et de québécismes tout en n'hésitant pas à recourir à l'anglais ou à emprunter des expressions aux médias, aux modes et à la publicité ; mais leurs langues sont aussi souvent celles de discours plus savants, particulièrement ceux de la critique littéraire, de la sémiotique, de la philosophie du langage ou de la spiritualité orientale. Yolande Villemaire, dans un texte intitulé « Une langue *full* québécoise » mais que l'on doit aussi entendre comme « Une langue *foule* québécoise » décrit le français qu'elle parle comme « une version québécoise du français international, un français métissé, contemporain, urbain, un français qui bat au rythme du monde »[3], une description qui reflète bien les pratiques linguistiques des héroïnes de son roman, lesquelles procèdent par exubérance et surdétermination en opérant un foisonnement de reterritorialisations.

Cela étant dit, la présente analyse ne porte pas sur le texte publié de *La Vie en prose*, mais en visite plutôt les coulisses à travers l'exploration de ses manuscrits de travail, et ce afin de mettre au jour certains des processus scripturaux qui y sont à l'œuvre. Ce travail s'insère dans le courant de recherche qu'on désigne souvent sous les appellations de « critique génétique », de « génétique littéraire », de « génétique des textes » ou de « génétique textuelle ». Sans entrer dans les détails de cette mouvance terminologique reflétant bien l'instabilité d'un domaine encore en plein essor, rappelons brièvement que les orientations récentes de la critique génétique s'intéressent à la genèse de textes littéraires des XIXe et XXe siècles en élargissant l'étude de ces textes à celle de leurs

---

[3]   Yolande VILLEMAIRE, « Une langue "full" québécoise », dans *Lettres québécoises* 92, hiver 98, p. 9. Ce texte a d'abord été diffusé à l'émission radiophonique *Bouche à oreille*, Société Radio-Canada, le dimanche 2 novembre 1997.

avant-textes : par « avant-textes », s'entend des documents tels des plans généraux et détaillés, des scénarios, des esquisses, des notes documentaires, des brouillons rédactionnels, des états successifs, des mises au net ou des épreuves corrigées. Ainsi quand dans le titre, il est fait allusion à « la langue maternelle dans tous ses états », c'est bien aussi des états du texte dont il est question.

Les documents existants qui témoignent de la genèse de *La Vie en prose* ont été acquis en 1985 par la Bibliothèque nationale du Québec et font partie de sa collection de fonds d'archives privées. Ces documents se répartissent dans quatre boîtes et forment un ensemble constitué de plus de vingt cahiers reliés et de nombreuses feuilles volantes. Le contenu de ces avant-textes est extrêmement disparate et, au premier abord, peut déconcerter la chercheuse en quête de certitudes rapides. Or, une analyse chronotypologique, c'est-à-dire une analyse qui tient compte autant de la typologie des documents que de leur logique temporelle, réussit tout de même à dévoiler les grandes lignes du récit de la genèse du texte[4]. De l'ensemble de ce récit, je privilégie ici l'étape prérédactionnelle parce que, comme je le montrerai, cette étape, après avoir consisté dans un premier temps en des scénarios et des plans assez classiques, s'est par la suite réorientée pour se transformer en une activité exploratoire au niveau de la langue et même du signe linguistique.

Le document le plus originel du dossier génétique de *La Vie en prose* est un ensemble de seize pages brochées présentant les rudiments du travail préparatoire en vue d'un futur roman[5]. Le tout comprend des notes brèves sur un groupe de personnages, des diagrammes généalogiques, des calculs et des plans synoptiques pour un début d'intrigue au moteur œdipien (le triangle est d'ailleurs la figure graphique récurrente). Il appert donc que le travail de départ, en se concentrant sur la résolution de problèmes de scénographie narrative, suggère plus une préoccupation pour un illusionnisme représentatif qu'un désir d'exploration au niveau de la forme ou de la langue. Dans un autre document préparatoire ultérieur au précédent et daté de 1974[6], on remarque cependant un changement dans le traitement du projet. Ici, ce qui est notable est l'abandon d'une stratégie qui chercherait à établir avec précision, avant le début de

---

4 J'ai déjà présenté ailleurs le récit sommaire de cette genèse dans Danielle CONSTANTIN, « Sur les traces de la genèse d'un roman in-fini. Les manuscrits de "La Vie en prose", de Yolande Villemaire », dans *Lettres québécoises*, n° 92, hiver 98, p. 13.

5 Cet ensemble se trouve dans la boîte 39, item 228 du fonds Yolande Villemaire (MSS-406, Bibliothèque nationale du Québec). Sur la page couverture, Yolande Villemaire a inscrit : « Projet de "La Vie en prose" (1re version) ».

6 Ensemble de feuilles volantes, boîte 2, chemise 5 (BNQ, MSS-406).

la rédaction, les rouages de l'intrigue pour l'ensemble du texte. Ce document est aussi la première manifestation dans le dossier génétique de la préoccupation onomastique de Villemaire, une préoccupation se manifestant dans les longues listes de noms envisagés pour les différents personnages et dans les jeux auxquels l'écrivaine s'adonne à partir de leurs initiales. Un troisième document préparatoire, daté celui-ci de 1976[7], alterne des pages de textualisation avec des notes, des plans synoptiques et de brefs scénarios pour un épisode précis. Villemaire travaille sur le deuxième chapitre, celui qui suivra le prologue et qui présentera le personnage de Nane Yelle mentalement aux prises avec une passion durant un voyage en autobus sur la côte californienne. En mettant en place un jeu d'alternances compliquées entre différentes instances narratives, Villemaire adopte alors une stratégie macrostructurale qui sera, sans contredit, l'une des plus productives du texte : l'enchâssement des récits et de leurs narrations qui permettra au texte de progresser non pas suivant une séquence logique ou temporelle mais, au contraire, d'accumuler les strates diégétiques. Mais surtout, ce document a la particularité d'être le plus ancien portant la marque du titre définitif de l'œuvre : *La Vie en prose*.

En fait, les seules traces génétiques qui nous sont parvenues en rapport avec le choix du titre et son important potentiel génératif sont celles d'un travail anagrammatique accompli patiemment par Villemaire à partir du nom propre de l'œuvre. Avec l'apparition des anagrammes dans les avant-textes du roman, le travail préparatoire abandonne définitivement toutes tentatives de création d'un univers mimétique bien ordonné pour, plutôt, se concentrer sur un travail à même le signe linguistique. Villemaire a une conception ouverte de l'anagramme qui dépasse la définition rhétorique classique (l'inversion de lettres qui fait d'un mot ou d'une phrase un autre mot ou une autre phrase) pour inclure de nombreuses variantes modernes : l'anaphone (quand l'inversion touche les sons et non les lettres), l'hypogramme (une inscription fractionnée dans un ensemble plus long), le polygramme (la reprise réitérée des éléments de départ) et le paragramme (une réécriture générative et dérivative des éléments initiaux). Ce travail au ras de la langue s'accomplit à travers des pages et des pages d'explorations lettriques et phoniques dérivant du nom de l'œuvre, mais également des noms des personnages, des noms de lieux et même du nom de l'auteure. Les anagrammes, réparties dans plusieurs cahiers, sont un exemple fascinant d'un travail microstructural, c'est-à-dire d'un travail sur une microfigure, ayant eu des résonances sur la macrostucturation thématique et

---

[7]   Ensemble de feuilles volantes, boîte 2, chemise 5 (BNQ, MSS-406).

narrative du texte. Le travail anagrammatique réussit effectivement à générer de multiples connections qui, elles-mêmes, provoquent l'émergence de récits et de personnages. Or, son immanence dans le texte publié, c'est-à-dire le fait qu'il y soit parfois repérable et signalisé dans des retours métatextuels, assure la continuité de son fonctionnement au-delà d'un outil de stimulation prétextuelle pour en faire un subtil générateur de sens à l'étape de la réception. Cette signalisation est discrète mais tout de même perceptible quand, par exemple, un des personnages féminins du roman conseille à l'une de ses amies de surpasser Rimbaud avec ses « a noir, e blanc, i rouge » pour à la place « chercher la couleur des consonnes » (*LVP*, p. 369) ; ou dans cette allusion plus explicite d'un anagramme possible du titre : « [...] dans "La Vie en prose" il y a "lives near Poe" [...] » (*LVP*, p. 101).

Pour bien concevoir la productivité du travail anagrammatiques de *La Vie en prose*, il importe de saisir comment ce travail s'inscrit dans l'ensemble des recherches postsaussuriennes qui se sont consacrées à l'étude de cette figure. Mentionnons, pour mémoire, que Ferdinand de Saussure, avant de travailler à son *Cours de linguistique générale*, s'était adonné pendant de nombreuses années au déchiffrement anagrammatique d'un corpus poétique composé de poèmes homériques, de vers saturniens et de textes sacrés de l'Inde. Dans quatre-vingt-dix-neuf cahiers de notes, encore en grande partie inédits, Saussure, alors qu'il réfléchit sur le langage poétique ancien, formule et cherche à vérifier l'hypothèse selon laquelle le nom du dieu ou du héros, qui serait le sujet ou le dédicataire du poème, s'y retrouverait dispersé dans ses éléments phoniques, sur un ou plusieurs vers. Ses efforts ne résultant pas en la découverte positive d'une loi, il finira par renoncer à son projet. C'est Jean Starobinski qui, au cours des années 60 dans un ouvrage intitulé *Les Mots sous les mots*, dévoilera la nature des explorations de Saussure, relançant du coup la réflexion sur l'anagramme[8]. Comme l'a bien montré Jan Baetens, la postérité littéraire des *Anagrammes* de Saussure a été extrêmement riche et fertile particulièrement dans les milieux de pensée structuralistes et poststructuralistes[9]. Les travaux de deux théoriciens se seraient tout de même démarqués par leur position extrême : ceux de Julia Kristeva et de Jean Beaudrillard, deux noms d'auteurs qui sont explicitement nommés à l'intérieur du riche réseau intertextuel que tisse le roman de Villemaire.

---

[8] Jean STAROBINSKI, *Les Mots sous les mots : Les Anagrammes de Ferdinand de Saussure*, Paris, Gallimard, 1971.

[9] Jan BAETENS, « Postérité littéraire des "Anagrammes" », dans *Poétique*, n° 66, avril 1986, pp. 217-233.

Kristeva, dans un article fondateur « Pour une sémiologie des para-grammes »[10], se réapproprie le terme saussurien de paragramme, mais elle le fait non pas dans le but de poursuivre les travaux de son prédé-cesseur, mais plutôt dans celui de faire exploser la notion de départ. Chez elle, il ne s'agit plus, comme chez Saussure, de dépasser la conception lettrique de l'anagramme classique par le simple ajout d'une composante phonique, mais bel et bien d'élargir la définition du concept vers les confins de ses possibles en incluant les occurrences de con-nexions sémantiques, symboliques, intertextuelles et interlangagières. Elle remet ainsi en question la notion de signe, comme une unité bifide signifié/signifiant pour, à la place, proposer le concept de « gramme », lui-même fortement inspiré du gramme chinois, et considéré comme une « différentielle signifiante », c'est-à-dire comme le foyer d'une multipli-cité de fonctions qu'il offre à lire simultanément, à savoir : tous les sens que le signifiant de cet ensemble phonique ou graphique peut recouvrir (c'est-à-dire ses homonymes) ; tous les sens identiques aux signifiés de cet ensemble (ses synonymes) ; tous les synonymes et tous les homo-nymes de cet ensemble non seulement dans une langue donnée, mais dans toutes les langues auxquelles il appartient comme un point de l'infini ; et toutes les acceptions symboliques dans les différents corpus (mythiques, scientifiques, idéologiques, etc.).

Alors que pour Kristeva, le texte devient l'infinité du code, une infinité qui n'est plus un objet mais une activité et une pratique, la pensée de Baudrillard dans *L'Échange symbolique et la Mort* s'engage dans une voie divergente en remettant spécifiquement en question la productivité du langage poétique sous-tendant la théorie kristevéenne[11]. Pour Baudrillard, l'anagramme ne vise pas une suraccumulation du sens, mais, bien au contraire, sa destruction, son extermination : la spécificité du langage poétique serait dans la négation des lois du discours et du langage, et c'est dans la jouissance que procure cette mise à mort que résiderait son but profond. Toujours selon Baudrillard, la désarticulation des mots et des noms thèmes que recherchait Saussure dans son corpus aurait en fait constitué un « anathème », entendu ici dans son sens original d'ex-voto, c'est-à-dire d'offrande votive :

> Pour tout dire, c'est là, *sur le plan du signifiant, du nom qui l'incarne, l'équivalent de la mise à mort du dieu ou du héros dans le sacrifice.* C'est désarticulé, désintégré par sa mise à mort dans le sacrifice (éventuellement dépecé et mangé), que l'animal totem, le dieu ou le héros circule ensuite,

---

[10] Julia KRISTEVA, « Pour une sémiologie des paragrammes », dans *Recherche pour une sémanalyse*, Paris, Seuil, 1969, pp. 174-207. L'article original est de 1966.

[11] Jean BAUDRILLARD, *L'Échange symbolique et la Mort*, Paris, Gallimard, 1976.

comme matériel symbolique de l'intégration du groupe. C'est dépecé, dispersé en ses éléments phonématiques dans cette mise à mort du signifiant, que le nom du dieu hante le poème et le réarticule au rythme de ses fragments, sans jamais s'y reconstituer en tant que tel.[12]

Au premier abord, les explorations anagrammatiques de Villemaire semblent devoir plus à la conception proliférante de Kristeva qu'à la négativité sacrificielle de Baudrillard. Les anagrammes villemairiennes sont en effet le plus souvent génératrices (de personnages, d'éléments narratifs) et servent à produire de nouveaux réseaux de relations signifiantes (synonymes, homonymes, connotations sémantiques et symboliques, réseaux intertextuels ou liens avec des termes étrangers). Or, très subtilement, le travail anagrammatique fonctionne aussi comme le cryptage d'une dédicace à la mère. En faisant violence à l'ordre des signes graphiques et phoniques de son prénom et de son nom de famille, la scripteure ne fait pas surgir uniquement des connexions telluriques et aquatiques (par exemple, « Andes », « lande » ou « eau »), le nom de la ville où elle vit et écrit (« Ville-Marie », c'est-à-dire Montréal) ou des allusions à un océan trompeur (« vile mer »), mais suggère en sourdine un avilissement de la mère (« vile mère »). Et dans la fouille anagrammatique du titre de l'œuvre, c'est encore le nom de la mère qui sera mis en crypte puisque, dans *LA vie en ROSE,* se retrouve en hypogramme le nom de famille LAROSE en tant que signe de la matrilinéarité, Larose étant le nom de jeune fille de la mère de Yolande Villemaire et celui de femme mariée de sa grand-mère maternelle.

Comme je l'ai déjà dit, chez Villemaire l'anagramme fonctionne aussi bien à l'étape de la production qu'à celle de la réception. La lectrice ou le lecteur de *La Vie en prose* est discrètement convié à devenir un producteur textuel en envisageant lui-même un travail anagrammatique qui ne devrait pas se limiter en une simple illusion de la trouvaille, mais dans la création de réseaux complexes de signifiance dépassant et même n'ayant aucun lien avec les intentions et le travail autorial. Et si, selon Jan Baetens, « disséquer un texte pour y dépister un tressage anagrammatique est loin d'être un geste universellement admis »[13], Villemaire est certainement très familière avec une telle approche puisqu'elle l'a déjà adoptée lors de son analyse du texte de Nicole Brossard, *French kiss : Étreinte/exploration.* Contemporaine à la genèse de *La Vie en prose*, l'analyse du roman de Brossard par Villemaire démontre en effet à quel point cette dernière s'investit dans le décodage anagramma-

---

[12] Jean BAUDRILLARD, *op. cit.*, p. 291 [les italiques sont de l'auteur].

[13] Jan BAETENS, *op. cit.*, p. 222.

tique des noms propres du texte qu'elle étudie[14] : « Fiction mutante : les personnages n'y sont que des noms propres, des sujets de phrases, des anagrammes du destin de leur ADN de "personnage de roman". Elle, Lexa, Lucy, Georgraphie, Camomille signalent tout au plus l'absence d'une présence. »[15]

Sans reprendre le détail de cette analyse, revoyons le réseau particulier de significations qu'en déduit Villemaire pour, en fin de compte, offrir une interprétation du texte ou plus spécifiquement de son langage ; car l'écriture de *French kiss* réussirait à parler au féminin grâce à un contrôle linguistique très sophistiqué cherchant à maîtriser le mot jusque dans l'anagramme. La décomposition par Villemaire du nom d'un des personnages féminins de *French kiss*, Marielle Desaulniers, met au jour la sentence « sans elles rien n'a lieu » afin de donner préséance au pronom féminin pluriel « elles » et désaxer l'armure masculine du texte – l'un des personnages se nomme d'ailleurs Alexandre ou alex-andre (l'homme axe). Ainsi, l'écriture de Brossard ne se contente pas d'être « mime phalloïde » (autre anagramme du nom d'un personnage, Camomille Delphie) mais ramifie constamment les mots et les sens grâce à l'intervention de la « phalline », un principe toxique qui empoisonne les mots érigés. Par exemple, dans la Vénus rouge, nom de la voiture qui permet à un personnage de traverser Montréal d'est en ouest, Villemaire découvre « sour eve gun (gone) » et, du coup, en se débarrassant d'une Ève amère, redonne la place de choix dérobée à Lilith, première femme d'Adam, laquelle, selon les fables juives, refusa de se soumettre à sa loi pour s'évaporer, emportée par la force de pouvoirs magiques. Comme on le voit, chez Villemaire, le travail anagrammatique réussit à dévoiler sous la surface du texte un autre langage aux possibilités décuplées dans lequel le sujet féminin réussirait à s'immiscer. À la limite, une telle entreprise ne vise pas simplement à reprendre possession de la langue maternelle, mais bien à donner naissance à une langue nouvelle, à une langue réinventée, et ce, même si cette naissance ne peut qu'advenir à travers une mise à mort des normes de la langue transmise, d'où le principe de la phalline vénéneuse. C'est peut-être dans cette condamnation de la langue maternelle que la conception de l'anagramme chez Villemaire rejoint la conception sacrificielle de Baudrillard et que le travail élaboré autour du signifiant « Larose », le nom de la mère enfoui dans le titre de *La Vie en prose*, en vient à acquérir tout son poids morti-

---

[14] Les analyses de Villemaire du texte de Brossard ont résulté en deux textes critiques : « Le french kiss de la Vénus rouge », dans *Cul Q*, n° 8-9, janvier 1976, pp. 63-85 et « Présentation critique », dans *French kiss : Étreinte/exploration* de Nicole Brossard, Montréal, Quinze, 1980, pp. 7-10.

[15] Yolande VILLEMAIRE, *op. cit.*, p. 9.

fère : le roman est dédié à la mère, soit, mais il se doit de détruire le langage hérité de celle-ci, le « bon parler français », afin d'accéder à sa vie propre, à sa vie en prose. Dans une entrevue que j'ai faite avec Yolande Villemaire au sujet de la genèse de son roman, elle a confié :

> D'ailleurs, *La Vie en prose* a scandalisé ma mère ; pourtant j'étais sûre que ça lui ferait vraiment plaisir [...]. Mais elle a trouvé que ce n'était pas écrit en bon français alors que j'avais toujours la médaille du bon parler français à l'école. C'était trop oral : des expressions comme il y a dans *La Vie en prose*, je n'avais pas le droit d'en utiliser à la maison. [...] Il y a une subversion de la langue maternelle et ma mère l'a comprise bien avant moi et elle était très choquée, très, très choquée par *La Vie en prose*. La première fois qu'elle s'est choquée contre moi, en fait, ça a été quand elle a lu ce livre-là.[16]

En guise de conclusion, on peut dire qu'à travers l'audace de ses explorations langagières, *La Vie en prose* constituerait donc à la fois une mise à mort de la langue maternelle et une renaissance de celle-ci non plus considérée comme un piège ou un carcan, mais bien comme une véritable matrice aux possibilités inouïes. Dans « Pour une parthénogenèse de la parole "hystérique" (matrice vierge) », un article de Villemaire paru en 1975, à l'époque du travail préparatoire de *La Vie en prose*, l'écrivaine accumule les métaphores maternelles[17]. Elle parle de la « grossesse nerveuse du texte » et « parturiente indélébile au centre d'un hypermarché sursignifiant », elle s'affirme « enceinte de la forme active d'un féminin singulier » tout en reconnaissant l'occurrence de « lapsus d'écriture anticonceptionnelle ». Car si Villemaire met à mort la langue maternelle c'est pour réaliser un fantasme d'autoengendrement linguistique. « Le bon parler français » de sa mère Évangéline Larose, institutrice et fille d'instituteur, est dépecé, désarticulé, désintégré. Mais ce matricide sacrificiel est nécessaire afin de donner naissance à une nouvelle langue sans cesse reterritorialisée, une langue à travers laquelle pourrait s'inscrire le sujet féminin québécois, une langue qui, enfin, serait *full* et *foule*.

---

[16]   Entrevue inédite de Danielle Constantin avec Yolande Villemaire, Montréal, décembre 2000.

[17]   Yolande VILLEMAIRE, « Pour une parthénogenèse de la parole "hystérique" (matrice vierge) », dans *La Barre du jour*, n° 50, 1975, numéro spécial « Femme et langage ».

Altérités linguistiques dans la littérature belge

L'exemple de Jean Muno

Rainier GRUTMAN

> MARIEKE POUF. – Si vole – vole un loiseau d'hors la
> cheminée buse c'est spiritus à la fillulique, Dieu Vous pi-
> tié och God !
> MARIEKE CROK. – Coutez ! (*Elles écoutent.*) La gebrul
> dans le mison !…
> *On entend un certain tumulte.*
> MARIEKE VOS. – Ce venir, oui ! et youp, les mariekes,
> musique ![1]

Dans un article récent sur l'interaction des langues dans la littérature belge de l'entre-deux-guerres, Jean Weisgerber cite comme exemple *a contrario* cette scène en « franco-flamand de fantaisie », tirée de la *Mademoiselle Jaïre* (1934-35) du Bruxellois Michel de Ghelderode. Son recours à une langue mixte fait en effet figure d'exception, car les écrivains belges francophones ayant su tirer un parti littéraire de leur situation linguistique constituent une petite minorité[2]. La plupart, « désireux de se dédouaner vis-à-vis de l'Hexagone, cultivent assidûment le "bon usage", donnent même dans l'hypercorrection avec un zèle qui, précisément, les trahit »[3]. On reconnaît là une thèse maintes fois formulée. La

---

[1] Michel DE GHELDERODE, « Mademoiselle Jaïre », I, 17 dans *Théâtre*, I, Paris, Gallimard, 1950, p. 201 [*sic*], cité par Jean WEISGERBER dans « Citations polyglottes et citations non verbales », dans *idem* (dir.), *Les Avant-gardes et la Tour de Babel. Interactions des arts et des langues*, Lausanne, L'Âge d'Homme, 2000, p. 72 (pp. 61-83).

[2] Hugo BAETENS BEARDSMORE (*Le Français régional de Bruxelles*, Bruxelles, PUB, 1971, pp. 289-325) signale l'existence d'une veine comique en franco-bruxellois mâtiné de flamand (le fameux « marollien »). Mais les œuvres de Victor Lefèvre (Coco Lulu), Léopold Courouble et Roger Kervyn de Marcke ten Driessche étaient des divertissements sans prétention littéraire.

[3] WEISGERBER, *loc. cit.*

Belgique francophone serait tiraillée entre le purisme et la transgression, la règle et l'exception, la norme et une « irrégularité »[4] tantôt ouvertement revendiquée, tantôt tranquillement assumée.

Le diagnostic vaut, *mutatis mutandis*, pour l'ensemble de la francophonie[5], du moins si l'on considère les pays membres de celle-ci dans leurs seuls rapports avec la France, renforçant par là, indirectement, la force centripète de ce qui est déjà probablement la culture la plus centralisée qui soit. Les avantages et les inconvénients de cette situation périphérique ont été étudiés pour la plupart des littératures francophones et je n'y reviendrai pas. Je voudrais plutôt rappeler ici un trait commun à bon nombre de ces littératures, et notamment à celles du Québec et de la Belgique : à savoir qu'elles ont l'une et l'autre pris leur essor dans un contexte sociolinguistique différent de celui de la France républicaine. Là où cette dernière a tôt réussi à endiguer les patois et à interdire l'accès à la littérature des autres langues naguère encore parlées sur son territoire (l'occitan, le breton…), il en allait autrement dans des pays comme le Canada et la Belgique, officiellement bi- et même trilingues. Même si le français y était la variété la plus légitimée et donc celle qui l'emportait dans des situations de conflit linguistique, comme en Belgique, il n'en avait pas moins acquis des nuances nouvelles au contact des autres langues. Le linguiste qualifierait sans doute ces nuances de simples « interférences », mais le littéraire sait qu'elles peuvent créer de puissants effets textuels dans des œuvres frappées au sceau de l'altérité linguistique.

C'est précisément à l'étude de cette altérité que veut inviter la présente contribution. Dans le cadre belge, elle est pour ainsi dire inexistante. Certes, on dispose d'études ponctuelles sur tel ou tel cas (le chapitre de Baetens Beardsmore auquel j'ai fait allusion plus haut en est un bon exemple), mais un cadre conceptuel et un modèle d'analyse idoines font encore cruellement défaut. Pour produire des résultats vraiment nouveaux, il faudrait commencer par dépasser la vision d'une Belgique où les com-

---

[4] Voir l'anthologie préparée par Marc QUAGHEBEUR, Véronique JAGO-ANTOINE et Jean-Pierre VERHEGGEN, *Un pays d'irréguliers*, Bruxelles, Labor, « Archives du futur », 1990. Selon les analyses classiques de Jean-Marie Klinkenberg, les deux pratiques traduiraient une même insécurité linguistique : *cf.* Jean-Marie KLINKENBERG, « Le problème de la langue d'écriture dans la littérature francophone de Belgique de Verhaeren à Verheggen », dans Arpad VIGH (dir.), *L'identité culturelle dans les littératures de langue française*, Pécs, Presses universitaires, 1989, pp. 65-79 et « Insécurité linguistique et production littéraire », dans *Cahiers de l'Institut de linguistique de Louvain*, 19, 3-4, 1993, pp. 71-80.

[5] Voir le colloque tenu à Louvain-la-Neuve sur « L'Insécurité linguistique dans les communautés francophones périphériques », dont Michel FRANCARD a publié les actes dans les *Cahiers de l'Institut de linguistique de Louvain*, n° 19, 3-4, 1993, et n° 20, 1-2, 1994.

munautés néerlandophone et francophone seraient comme des rails parallèles d'un chemin de fer (que les Italiens appellent justement *binari*). Ce manichéisme, qui fait volontiers abstraction de Bruxelles, part du constat de la coïncidence de trois grandes différences entre la Flandre et la Wallonie. Selon le schéma sociologique de Val Lorwin[6], l'opposition apparaît à la fois sur les plans confessionnel, socio-économique et linguistique. Traditionnellement, la Flandre catholique et rurale était moins encline à produire ces classes laborieuses qu'on disait « dangereuses » au XIXe siècle, tandis que les villes wallonnes, premiers foyers de la Révolution industrielle sur le continent européen, affichèrent très tôt un clivage marqué entre le capital et le prolétariat, avec ce qui en résulta de malthusianisme sur le plan démographique et d'athéisme sur le plan confessionnel.

Sans être fausse, cette représentation est schématique. J'ai déjà dit que Bruxelles y brillait par son absence. On pourrait en dire autant de la Wallonie rurale, du Luxembourg catholique notamment, ou des villes flamandes où le socialisme apparaît assez tôt (Gand, par exemple). Commode et pédagogique, l'opposition sous forme de dichotomie a surtout l'inconvénient de présenter comme des essences, comme des entités monolithiques, ce qui constitue en fait des ensembles dynamiques organisés autour de plusieurs centres en fonction de critères changeants et parfois contradictoires. Ainsi, pour ce qui est de leur composition linguistique, la Flandre et la Wallonie soi-disant unilingues ont toujours caché diverses situations de diglossie voire de polyglossie. Au néerlandais et au français officiels, il faudrait ajouter les dialectes parlés en Flandre et en Wallonie, qui ne se limitent d'ailleurs pas au flamand là et au wallon ici, ainsi que d'autres langues, le *European American* des eurocrates d'une part, l'italien, l'espagnol, l'arabe et le turc des principales communautés dites « allochtones » d'autre part. Car l'image d'une Belgique binaire est en voie de péremption. Bruxelles, par exemple, loin d'incarner le mythique point de contact entre Flamands et Wallons, ressemble de plus en plus aujourd'hui à un District fédéral à la Washington, fonctionnant au-dessus et à côté des juridictions locales. L'anglais y occupe une place de choix sur les affiches publicitaires (mais pas sur la signalisation officielle, qui respecte les données démographiques de l'État fédéral : le néerlandais et le français viennent d'abord, suivis de l'allemand et éventuellement de l'anglais) et les drapeaux y sont presque aussi nombreux qu'aux USA, sauf que le *Star-spangled Banner* est remplacé par le bleu européen.

---

6 Val LORWIN, « Linguistic Pluralism and Political Tension in Modern Belgium », dans Joshua A. FISHMAN (dir.), *Advances in the Sociology of Language*, La Haye-Paris, Mouton, vol. 2, 1972, pp. 386-412.

I. Une histoire belge

À sa parution, en 1982, l'*Histoire exécrable d'un héros brabançon*
de Jean Muno[7] fut lu comme un roman symptomatique de la phase dite
« dialectique » dans l'histoire des lettres francophones de Belgique :
dialectique parce que cherchant à dépasser une opposition qui avait
caractérisé cette littérature pendant le premier siècle de son existence, à
savoir celle entre le local et l'universel, entre les revendications d'autonomie (pendant la première phase, dite « centripète ») et l'irrédentisme
culturel (pendant la phase « centrifuge » qui suivit)[8]. Souffrant de « belgitude », l'écrivain bruxellois, plus encore que ses confrères wallons, se
trouve entre deux chaises. Comme Muno, il « se sent perdu quelque part
entre Nord [la Flandre] et Sud [la France], sans point de repère » (p. 13).
En plus de ne pas savoir où il va, il ne sait pas d'où il vient vraiment,
s'étant toujours refusé à prendre racine dans ce pays en creux qu'est la
Belgique. Ce constat angoissant, on le trouve énoncé au tout début du
roman, dans un prologue hilarant provoqué par une émission d'*Apostrophes* où « ça pivotait rondement » (p. 11). Dans ce hors-d'œuvre que
Muno[9] avait déjà fait tenir à Jacques Sojcher pour *La Belgique malgré
tout*, on a l'impression de l'entendre parler en son propre nom, dans une
sorte d'autofiction.

Une fois le récit commencé (p. 21), l'univers fictif que nous propose
l'*Histoire exécrable d'un héros brabançon* exploite, sans s'y conformer
tout à fait, l'image d'Épinal d'une Belgique bicéphale. Le jeune Denis
Papin, le héros du titre, apprend ainsi très tôt que sa ligne de vie est
toute tracée : comme ses parents, les Clauzius-Petitpas, auteurs d'une
« "Grammaire […] simple et complète", qui fit autorité jusqu'en 1968 »
(p. 25), il sera un « intendant intellectuel » (p. 41), de surcroît « franco-
phonissime » (p. 60). Pour ces missionnaires du français et gardiens du
bon usage, la vraie patrie est la langue (pp. 75-76). Leur naissance en
dehors de l'Hexagone, « au revers du glorieux nénuphar » (p. 74), leur
semble d'une importance toute secondaire, ce qui crée des difficultés

---

[7] Toutes les références intégrées au corps du texte renverront à l'édition de poche :
Jean MUNO, *Histoire exécrable d'un héros brabançon*, suivi d'une *Lecture* par Jean-
Marie KLINKENBERG, Bruxelles, Labor, « Espace Nord », n° 126, 1998 (1982),
416 p. Je n'ai utilisé les italiques pour identifier les xénismes que lorsqu'elles
l'avaient été dans le roman.

[8] Sur ce schéma historiographique, voir Jean-Marie KLINKENBERG, « La production
littéraire en Belgique : esquisse d'une sociologie historique », dans *Littérature*, n° 44,
1981, p. 33-50.

[9] Jean MUNO, « t'es rien, terrien ! », dans Jacques SOJCHER (dir.), *La Belgique malgré
tout : littérature 1980*, numéro spécial de la *Revue de l'Université de Bruxelles*,
Bruxelles, Éditions de l'Université de Bruxelles, 1980, 1-4, pp. 361-366.

d'identité dont Muno se moque gentiment[10]. À bien y regarder cependant, l'ascendance culturelle du héros s'avère double, comme celle du Brabant (avant sa scission en deux provinces unilingues le 1er janvier 1995), qui fonctionne ici comme une synecdoque de la Belgique. Son grand-père paternel, francophone, avait des sympathies de gauche trop prononcées au goût d'une famille qui déplorait « la montée de l'égalitarisme » (p. 69). C'était un « anarchiste raté jaloux ». L'autre « était Flamand des champs et des estaminets [...], un assez bel exemple d'ivrogne germanique [...] qui tentait de s'exprimer [...] en flamand (pas en néerlandais, précisait Monsieur[11]) » (pp. 58-59). La trajectoire du petit-fils se définira donc par rapport à ces deux pôles :

> L'un [des hémisphères], à droite, [du côté maternel,] celui de *grootmoeder* Liza, aux contours mal définis, méritait la condescendance, la pitié, voire la larme à l'œil. L'autre, à gauche, [du côté paternel,] celui de l'anarcho-syndicaliste, plus proche de nous et plus précis, représentait une constante menace, car il était la projection caricaturale et forcenée de nos aspirations les plus légitimes. Notre destinée était de trouver la voie médiane, entre le versant [flamand] de la résignation et celui [wallon] de la révolte. Ainsi, toujours nécessairement, notre ligne de vie suivait-elle un chemin de crête. (pp. 76-77)

Il faudra revenir sur cette ligne de vie. Notons pour l'instant que l'opposition communautaire qui sous-tend les origines du ménage Clauzius-Petitpas est constamment et sciemment développée à grand renfort de stéréotypes. L'on pourrait suivre l'exemple de l'auteur et paraphraser La Fontaine : les « francophones des villes », arrogants et anticléricaux, sont citadins jusqu'au bout des ongles. Ce sont d'éternels dépaysés, tandis que les « Flamands des champs » sont décrits comme des bêtes de somme, enfoncés dans la religion et enracinés dans leur

---

[10] Ainsi, quand le narrateur définit sa famille, il en arrive à une identité toute négative : « Nous étions des intellectuels, nous n'étions pas Flamands. Ni Wallons. [...] En dépit des apparences, nous n'étions pas non plus Bruxellois. Le Bruxellois, ou ça parlait mal, ou c'était libéral, souvent les deux. Or nous parlions correctement et n'étions pas libéraux » (p. 68).

[11] Quelques pages plus loin, Clauzius père se prononcera sur cette question avec tous les préjugés de son époque et de son milieu : « idiome inexportable » (p. 61), le flamand est à ses yeux « une mosaïque de patois (ils ne se comprennent pas d'un village à l'autre !) » dont on avait tiré une « pseudo-langue » pour « l'imposer dans les écoles, en lieu et place de l'anglais, de l'espagnol ou, pourquoi pas ?, du russe, à de petits francophones qu'appelait une vocation internationale » (p. 63). À cette époque, ce discours est résolument rétrograde et en même temps typiquement bruxellois, la capitale n'ayant pas été touchée par les grandes lois linguistiques des années 30 (voir mon article « 1932 : La question linguistique en littérature » dans Jean-Pierre BERTRAND, Michel BIRON, Benoît DENIS et Rainier GRUTMAN (dir.), *De la littérature belge* (à paraître).

campagne profonde. S'il est vrai que les Clauzius ne parlaient plus flamand, qu'ils devaient même leur supériorité au fait de l'avoir oublié, leurs rapports avec le fameux *waterput* de Wemmel dont les occurrences scandent le roman tout entier, demeurent des plus complexes : est-ce « un point de repère tout au plus » ou « le trou d'eau originel, la source dans la prairie, le cœur limpide et frais de l'image essentielle » (pp. 64-65) ?

Le seul représentant du « ouatère-pute » dont les Clauzius reçoivent la visite en ville, à part Cornelis l'ivrogne et *(groot)moeder* Liza, a ainsi les mains « énormes, noueuses, toutes rouges. Des pattes, oui, de véritables pinces de crustacé ! » (p. 66) En plus, il descend l'escalier « à reculons, comme une échelle. Marche après marche, barreau après barreau, en se retenant au mur d'une main, l'autre s'abattant sur la rampe, pan ! et pan ! et pan ! au point de la faire trembler de haut en bas. Je n'en revenais pas. [...] C'était donc ça, un Flamand ! » (p. 66) Pendant la Seconde Guerre mondiale, tenaillés par la faim, les Clauzius quitteront l'enceinte protectrice de Bruxelles pour aller demander l'aumône à la campagne, chez les cousins de la mère. Jeanne Petitpas retrouve pour l'occasion ses racines, elle qui « avait commencé ses études en flamand, jusqu'au jour où ses aptitudes, forçant le barrage de la tradition, lui avaient valu d'être envoyée dans une école d'expression française » (p. 60). Elle s'identifie comme « Jeanneke Kloozius » (p. 178), consentant à employer « l'idiome de la fosse d'où nous étions sortis » (p. 59) : « Mijn man, Kloozius... En onze kadee, Papintje... Nog een pintje ?... Prosit ! Smakelijk ! Godverdoeme !... plus de citadins, plus de paysans, plus que des hommes entre eux, Belges de surcroît ! » (pp. 177-178)

Malgré l'euphorie initiale, le ménage Clauzius reviendra bredouille de sa mission, le cousin en question ayant refusé de lui donner quelques vivres que ce soit, par égoïsme paysan peut-être, mais plus probablement par esprit de revanche (pp. 181-182), pour faire payer à Jeanne la Bruxelloise le prix d'une promotion sociale obtenue moyennant l'abandon de sa langue natale. À travers « Madame », qui avait renié sa famille tant qu'elle n'était pas dans le besoin, la revanche des cultivateurs vise surtout « Monsieur », qui leur avait témoigné un mépris sans bornes au début de la guerre.

C'est en effet en compagnie de plusieurs membres de sa famille flamande, « vieille Ma, vieux Pa, Pitt et Lia » (p. 146), que Papin avait pris la route de France en mai 1940, un épisode passablement truculent que père et fils décideront d'appeler d'un commun accord *Papin chez les Zoulous* (p. 162), formule qui rappelle le paradigme des *Astérix* (chez les Belges, les Helvètes, les Goths,...) mais également *Tintin au Congo*.

Clauzius est descendu dans le Midi de la France pour remettre de l'ordre, Papin ayant profité de son absence pour enfreindre quelques tabous, dont la fréquentation des Flamands et celle du curé du village. Il apprend les mots « regain », « pousse-café », « cassoulet », « piccolo », « rabat », « goupillon », « chaude-pisse », « bedeau » et « biture », « barrette » et « lopette », « quête » et « quéquette »… (p. 157) Au retour du père s'ajouteront à cette liste « promiscuité » et « "privautés", qui s'emploie généralement au pluriel » (p. 163). Monsieur boude aussitôt sa famille par (més-) alliance, attitude qui donne lieu à la forte scène de « l'algarade du repas » (p. 166). Les Flamands ayant bien interprété le silence des Clauzius, ils se mettent à parler flamand entre eux : la conversation est évidemment (on est à table, donc chez Breughel et Teniers) « d'une vivacité très inhabituelle, ponctuée de rires gras » (p. 164). Monsieur ripostera en prononçant une seule phrase assassine : « "Gelieve me te verontschuldigen", maar ik begrijp uw taal niet (Je vous prie de m'excuser, mais je ne comprends pas votre langue) » (p. 164-165). La phrase jette un froid parce qu'elle illustre une conduite dont Clauzius *senior* résume ainsi le principe :

> Il [faut] maîtriser la seconde langue, mais, sauf en des circonstances très exceptionnelles, vraiment vitales, uniquement faire usage de la première. C'[est] bien pour ça qu'elle [est] la première ! En somme, le flamand, ou mieux : le néerlandais, [doit] s'apprendre pour ne pas le parler – mais en connaissance de cause. (p. 165)

Cette astuce, inspirée par un sentiment de supériorité point celé, explique à son tour, sans pour autant le justifier, l'esprit revanchard dont fera preuve le même cousin flamand prié de se départir de ses légumes pour nourrir les pauvres Clauzius à Bruxelles.

On le voit, le débat identitaire en Belgique figure de façon proéminente dans l'*Histoire exécrable d'un héros brabançon*. À vrai dire, l'opposition franco-flamande y fait partie du « dédoublement généralisé » sous le régime duquel Jean-Marie Klinkenberg a placé le roman tout entier dans sa « Lecture » (p. 370) : dédoublement narratif, avec la confusion initiale entre le narrateur à la première personne (« je ») et celui à la troisième personne (« Papin »), l'un et l'autre intradiégétiques, puis entre ce Papin et Muno ; dédoublement des personnages, de l'espace, du temps, les uns finissant par se superposer aux autres. De sorte que la frontière linguistique qui traverse le village (symboliquement nommé Malaise) où Papin-Muno a élu demeure après avoir quitté la maison natale, *le* traverse également. Il en vient à se « reconnaître dans cette topographie comme dans un miroir » (p. 343).

> Rien que le fait de descendre mon avenue/*laan* le matin. À cause de la frontière qui très précisément la longe, en est l'épine dorsale, j'avais un pied en

Flandre et l'autre en Wallonie. Idem pour le cerveau : un lobe de chaque côté. Idem pour les bras, les jambes, tout ce qui va par deux. Et mon cœur que je porte à gauche ? En somme, me suis-je dit, il est tantôt wallon, sur le versant paternel de l'anarcho-syndicaliste, tantôt flamand, *mijn hart*, sur le versant de *moeder* Liza quand je rentre chez moi à l'heure des nostalgies. [...] Tantôt mes deux moitiés se disputent, tantôt l'une prend le pas sur l'autre. Il arrive aussi qu'elles se fassent des concessions. Ah ! le compromis ! C'est alors que je me sens le plus Belge et, paradoxalement, le plus inauthentique, le plus marginal. À la fois *dedans* et *dehors*, *avec* et cependant *autre*. (pp. 343-344)

II. « English spoken »

On pourrait en rester là et accepter la métaphore de la Belgique telle qu'elle est filée par Muno[12]. Omniprésente, cette métaphore prend parfois des allures d'allégorie, comme lorsque fait son apparition l'énigmatique Madame Eendracht, « impressionnante harpie tricolore » (p. 202) au chemisier rouge, à l'écharpe noire et au visage ictérique, teint jaune que le narrateur attribue à un séjour néfaste au Congo ! (p. 262) Personnification de la devise officielle de la Belgique (*L'Union fait la force/Eendracht maakt macht*), Madame Eendracht avait failli éborgner le héros du roman pendant qu'il participait à une manifestation contre le retour du roi Léopold III après la Seconde Guerre mondiale. Elle assistera aux banquets du Cercle littéraire et coulera une retraite bien méritée au *Bélgica Parador*, institution affublée d'un nom espagnol « pour éviter les inconvénients du bilinguisme de rigueur ». « Petit chef-d'œuvre du compromis », ce curieux édifice est un assemblage « tristement disharmonieux » de styles peu compatibles, ce qui en fait un patch-work à l'image de la Belgique même (p. 346).

De prime abord, ce recours ponctuel à la langue maternelle de doña Fabiola de Mora y Aragón, qui régnait encore aux côtés de son mari Baudouin au moment de la parution du roman, paraît justifié par une certaine couleur locale. Outre le fait que nombre de villas belges portent effectivement un nom à consonance méditerranéenne, la réalité des Belges (des Bruxellois surtout) est encore teintée ici et là de souvenirs linguistiques, aujourd'hui fossilisés, de la longue occupation espagnole

---

[12] Non sans quelques concessions à l'image véhiculée à l'étranger (dans les médias français notamment) d'une Belgique déchirée par un violent conflit linguistique. Y font écho les escarmouches entre le narrateur et son voisin flamand, auxquelles Muno consacre un chapitre hyperbolique (pp. 286-293). Je n'ai pas jugé utile d'approfondir cet aspect de la question parce qu'il me semblait davantage relever des évidences que tout lecteur (belge) du roman est à même de constater.

aux XVIe et XVIIe siècles[13]. Cette troisième langue s'ajoute donc à l'éventail linguistique du roman, lequel s'avère du même coup plus que simplement bilingue.

Il ne faudrait pas sous-estimer en effet l'opacité du tissu textuel. Le roman, Stendhal le savait bien, n'est pas ce « miroir que l'on promène le long d'une route », comme le décrit une épigraphe du *Rouge*, mais s'interpose entre une réalité donnée et sa représentation. Dans le cas du contact linguistique, j'ai proposé d'appeler *hétérolinguisme* cette *mise en texte*, à la fois mise en mots stylistique et mise en scène idéologique. L'altérité langagière peut prendre des formes fort diverses, allant du simple emprunt lexical à la création d'un style hybride (le *Spanglish* des Chicanos). Elle peut investir des espaces fort différents : le dialogue romanesque, particulièrement perméable à l'importation linguistique, mais aussi le système des personnages (par le biais de l'onomastique) ou l'appareil paratextuel (titres, épigraphes, notes, glossaires).

Chez Muno, on en conviendra, la présence de l'espagnol est minime et superficielle. Il s'agit tantôt des quelques mots qu'on se remémore quand on s'apprête à traverser les Pyrénées (« dos, tres, con leche, por favor », p. 154), tantôt de Francisco, le « camarero […] importé des Asturies » (p. 241) par la famille Bibendum qui lui adresse d'ailleurs la parole dans un français ponctué d'anglicismes (« Francisco, le ketchup ! … Mon sweater, Francisco ! Sur le cosy… Sorry… Thanks, Francisco ! », p. 241, *sic*). Mais, contrairement aux autres idiomes dont l'apparition dans l'*Histoire exécrable* est tout anecdotique[14], l'espagnol renvoie à une autre langue, qui vient véritablement perturber l'ordre linguistique. Le péril vient en effet d'ailleurs, d'outre-Manche ou d'outremer.

Quand, à la fin de la Guerre, un avion anglais en difficulté doit lâcher une de ses bombes au-dessus de Bruxelles, c'est la catastrophe. « Deux vitres brisées, une tablette de fenêtre au milieu du salon, les fiches de Monsieur éparpillées aux quatre coins du bureau et même dans l'escalier. *Le baiser* gisait en miettes devant le piano et, surtout, l'impeccable mur gris était grêlé sur toute sa surface d'éraflures innombrables. » (p. 192) Les fiches en question sont celles d'une immense liste d'expressions vicieuses, « belgicismes, wallonismes, flandricismes, germanismes, provincialismes, brabançonnismes, anderlechtismes, molenbee-

---

[13] Ainsi, il leur arrive de manger de l'» escavèche », marinade de poisson ou de volaille préparée selon une recette espagnole (*escabeche*).

[14] Le récit de l'Occupation charrie ainsi son lot habituel de mots allemands : « Hauptmann Sigmund Badenbacher » de « la Kommandatur », « professeur au Staatliches Gymnasium de Mannheim » dans la vie civile (p. 188), etc.

kismes, woluwismes, wemmelismes, louvanismes, jettismes, saint-josse-ten-noodismes, ninovismes[15] », organisées en deux colonnes selon le modèle *Ne dites pas… Dites !* Elles symbolisent la résistance de Clauzius, dont la devise est restée la même : « Ma langue, c'est ma patrie […]. En illustrant l'une, je défends l'autre. » (p. 191) Quant à la statuette du *Baiser* et le mur du vestibule, c'est autour d'eux (ou, plutôt, de leur réparation), que s'était nouée une solidarité silencieuse, ponctuée de confidences et de conseils, entre père et fils (p. 49). Aussi les éraflures sur le mur gris, symbole à la fois de la grisaille et de la solidité des Clauzius, seront-elles la première faille dans l'édifice linguistique du roman, où l'irruption de l'anglais aura l'effet d'une bombe. Son impact sera double. D'abord, il sera difficile de réduire l'altérité anglaise à une seule dimension, comme cela avait été le cas pour le flamand. Ensuite et surtout, cette langue introduira la figure du changement dans un univers dominé par le *statu quo*.

À première vue, les emprunts à l'anglais sont inoffensifs. Ils appartiennent à des domaines bien circonscrits (les sports, les loisirs, la vie moderne) et sont au besoin déformés par la phonétique française : le « training » (p. 92) du père, « le chewing-gum » (p. 113) du fils, « un tramway » (p. 142) mais « les trams » (p. 139), des « golfeurs sans caddie » (p. 187) en « knickerbockers » (p. 145). C'est d'autant moins extraordinaire que la Belgique francophone est plus perméable à l'anglais que la France : on y dit souvent *penalty* pour coup de réparation, *living* pour salle de séjour, *tank* pour char d'assaut[16]. Papin apprend cette « belle langue, musicale en diable » (p. 114) entre deux tours joués à son professeur d'anglais, affublé du sobriquet de Plum-pudding. Ce dernier prendra de l'aplomb au fur et à mesure que les Alliés progressent : « ce n'était plus seulement l'anglais qu'il enseignait tant bien que mal, mais la langue, demain indispensable, des vainqueurs assurés. » (p. 174) Parmi les signes visibles de la Libération, il y aura effectivement « les chars anglais dans le parc » et le *God save the King* (p. 194). Déjà en mai 1940, les Clauzius ne sortaient pas, de peur de recevoir « un

---

[15] On notera l'humour de cette énumération (p. 191) : si les cinq premiers -ismes désignent des travers de langue jadis fustigés par les grammairiens belges, les autres sont du cru de Muno et font référence à plusieurs communes flamandes du Brabant, notamment à celles qui ceignent Bruxelles.

[16] Voir André GOOSSE, « Influences de l'anglais sur le français de Belgique », dans *Cahiers de l'Institut de linguistique de Louvain*, n° 9, 1-2, 1984, pp. 27-49 et Jean DIERICKX, « Le français et l'anglais » dans Daniel BLAMPAIN, André GOOSSE, Jean-Marie KLINKENBERG et Marc WILMET (dir.). *Le français en Belgique. Une langue, une communauté*. Louvain-la-Neuve, Duculot, 1997, pp. 312-317.

éclat de shrapnell » (p. 139), mais faisaient confiance à « l'efficacité des tommies » (p. 140). L'heure de l'anglais martial semble être arrivée.

Mais ce n'est qu'un début. Avec les *Golden Sixties* (p. 238), l'idéologie de la consommation fera une entrée fracassante et avec elle, l'anglo-américain. C'est ce que les Américains appellent *the point of no return*, soit le moment, dans un trajet donné, où l'on est plus éloigné du point de départ que du point d'arrivée et où il n'est donc plus logique de faire demi-tour. Le changement prend ici les traits de Freddy, jadis surnommé le *parthénopipe* ou « épieur de jeunes filles » (p. 130) par ses camarades hellénisants, dont Papin. Compagnons de route pendant la drôle de guerre, ils se retrouvent à la faveur d'un accrochage. Freddy, que son nom prédestinait à l'*American way of life*, représente la firme *Bibendum-Tout-pour-le-Confort* dans la Belgique francophone. Et le confort, cette valeur si anglo-saxonne, n'est certainement pas ce qui manque dans sa maison, « sweet home sur pelouse bombée, avec bar-rière blanche et trois garages » (p. 239). L'on y écoute de la musique « long-long-long-playing » (p. 239), dans la cuisine tout est « touch-control » : le *mixer, freezer, shaker, computer* (p. 240). La devise des Bibendum, qu'on peut lire sur le visage éternellement souriant de Freddy comme sur le cartable de sa fille Pauline, est : *Keep smiling !* (p. 242) Sa femme, Gladys, est une invitation au voyage. Elle a de « longues jambes hollywoodiennes, le buste d'une générosité flamande [...], la carnation d'une Maorie, un visage un peu berbère, plus curieux que vraiment séduisant, avec des yeux très noirs et une chevelure d'un blond résolument nordique. » (p. 240)

Les Papin de ce monde n'entendront jamais l'appel du large, cependant, ou s'ils l'entendent, ils ne l'écoutent pas. Il appartient à d'autres de « pâli[r] au nom de Vancouver » (Marcel Thiry). Ne part pas qui veut dans l'*Histoire exécrable d'un héros brabançon*, surtout ceux qui sont issus du clan Clauzius. Sinovie, la femme de Papin, essayera bien de voyager à sa façon en fréquentant une Sirène anglaise du nom de Brème rose (par déformation phonétique de *Primrose*), une dépaysée dé-paysante à côté de laquelle Papin se sent immobile, incrusté, paralysé.

> Partir ! Soleil ! Partir ! Soleil ! elle n'avait que ces mots-là à la bouche ! Voyageuse continue, elle était toujours ailleurs, même à Bruxelles. Elle mangeait turc, algérien, mongol, balinais, jamais belge, ou alors c'était ca-tastrophique, les frites lui restaient sur l'estomac, notre waterzooi lui fer-mentait dans les boyaux, vite il lui fallait une mangue, un thé d'hibiscus, une sauterelle grillée, un nid d'hirondelle. (pp. 249-250)

Cependant – et c'est ici qu'on se rend compte que l'anglais a plus d'une dimension –, il n'y a pas que les apôtres du progrès matériel et de l'ouverture au monde qui parlent cette langue dans l'univers du roman.

Le nouveau préfet d'études à qui l'on confie la direction du Grand Complexe Scolaire (l'école où Papin est devenu professeur de français après y avoir été élève), au lendemain de mai 68, incarne tout sauf le progrès. Il dit souvent « pourquoi pas ? » (p. 275), comme le magazine bruxellois du même nom, mais il a en même temps « quelque chose de très english dans les manières, d'où [son] surnom : Why-not. » (p. 271) Autrement dit, les connotations associées à l'anglais *british* et à l'anglo-américain s'opposent diamétralement. En pleine période de contestation, de « baskets » et de « "Make Love" sur le sweat-shirt » (p. 275), symboles de la contre-culture récemment importée des États-Unis, « notre Englishman » (p. 283) restera flegmatique. Au cours du débat sur l'enseignement rénové (adopté dans les écoles de l'État mais non dans les écoles confessionnelles), il tire habilement son épingle du jeu, sans prendre position. Lorsque Papin lui annonce au téléphone sa décision de prendre une retraite anticipée, Why-not en prend acte, fidèle à son surnom. « Shake-hand[17]. Shake-hand prolongé, vieux compagnon. Et maintenant que tu n'es plus sous mes ordres, je puis bien te le dire : tu m'es très très sympathique, vieille branche. Farewell, vieille noix ! » (p. 324) Et d'évoquer « le temps qui fuit, qui lasse, qui coule, qui bruit, qui tasse, qui roule, qui lasseroule, ah ! lasseroule et coulefuit, ah ! » (p. 323).

III. « Le temps et rien d'autre »

Contrairement à ce que suggère leur rythme (qui rappelle la chanson d'Aznavour sur le même thème), ces propos ne sont pas légers. Leur fonction n'est pas que phatique, ils ne servent pas seulement à combler des silences gênants au téléphone. Car l'*Histoire* que nous raconte Muno n'est-elle pas en dernière instance une parabole sur le temps ? Ne nous propose-t-il pas une réflexion sur le changement, sur les multiples façons dont celui-ci arrive, sur les manières non moins nombreuses dont d'aucuns, tel Freddy, l'anticipent, tandis que d'autres, tel le collègue gréco-latiniste de Papin (« Nil nove sub sole ! », p. 235), tentent en vain de lui résister ?

Détail révélateur, l'Angleterre et sa langue sont étroitement associées au temps dès le début du roman. Assez banalement d'abord : l'heure n'est-elle pas calculée en fonction du « méridien de Greenwich » (p. 30) ? Immédiatement après, de manière plus subtile. Un jour, à la côte, Monsieur envoie son fils quérir l'heure auprès d'un couple de

---

[17] Selon Dierickx (p. 315), *shake-hand* serait un « pseudo-anglicisme belge ». Il est vrai qu'en anglais, on dirait plutôt *handshake*. Mais le mot est également attesté en France : *Le Petit Robert*, par exemple, l'associe à l'anglomanie de la fin du XVIIIe siècle et du début du XIXe.

baigneurs, « tous deux torse nu, spécialement la dame. Et des Anglais en plus ! » Incapable de répondre, l'homme tend sa montre à Papin, qui fait semblant de lire l'heure (chose qu'il n'a pas encore apprise à l'école) : « Merci beaucoup, monsieur – You're welcome. » (p. 30) Voilà la toute première occurrence de l'anglais dans le roman, aussitôt cause d'un mini-dérèglement. Comme Papin a choisi d'inventer l'heure et donc de « falsifier le temps », « quelque chose ne tournait plus rond dans le cours des astres » (p. 31). Surpris sur la plage par le coucher du soleil, les Clauzius ont failli se perdre sur le chemin du retour : de l'errement temporel à l'égarement spatial, la confusion est complète.

Tout comme la Belgique pouvait prendre les traits de Madame Eendracht, le temps aussi deviendra une allégorie. Ainsi, le Dieu Chronos fera son apparition dans une course cycliste qui n'est autre qu'une métaphore très belge de la vie :

> Et puis, soudain, le Temps fit à nouveau des siennes. Cela doit se situer vers la fin des années soixante, en pleine prospérité. Je moulinais tranquille, sans trop d'effort, au sein du peloton. Le Temps, lui, roulait en tête, comme d'habitude, contrôlant la course. Parfois, entre les dos courbés de mes compagnons de route, j'apercevais le sien, là-bas, l'éclair rouge sang de son maillot de soie. Cette brève vision me rassurait : il était toujours avec nous, le peloton ne menaçait pas d'éclater, cela n'avait rien d'une course contre la montre. Rien d'une épreuve de vérité. (p. 253)

Quand le Temps placera son « démarrage foudroyant » (p. 255), les mains de Papin se crisperont sur le guidon, dans un effort ultime pour ne pas lâcher prise. Effort inutile, on l'aura compris.

Grandi dans un milieu petit-bourgeois où l'on doit compter sur la stabilité des valeurs pour pouvoir réussir sa propre ascension sociale, autrement dit : où l'on tente d'arrêter le temps, il était mal outillé pour faire face au changement. Y compris aux changements dans la distribution des forces linguistiques, situation qu'il continue à voir à travers les yeux de quelqu'un qui est pourtant définitivement dépassé par les événements : son père. Monsieur Clauzius s'énerve « de plus en plus souvent, chaque fois que sur le territoire de Bruxelles-ville le germanique sabir venait offusquer ses oreilles. Pour le reste, […] il donnait l'exemple de la tolérance, particulièrement dans le nord du pays. Là-bas, oui, il comprenait, et même il admettait, que les Flamands parlent flamand entre eux. » (p. 287) Malgré l'ironie évidente, on sent chez le narrateur une sorte d'impuissance, d'incapacité à changer vraiment. L'évolution a laissé Papin-Muno démuni. Refusant d'opter, de faire un choix, il fait du surplace, comme les cyclistes. Même cette décision-là, il l'impute à la médiocrité ambiante plutôt que d'en assumer la responsabilité :

En Belgique tout est devenu tellement chinois qu'il vaut mieux s'indéterminer le plus possible. Évidemment, à la longue, on risque de se perdre de vue. C'est pourquoi [...] il faut avoir une « ligne directrice ». Je n'ai pas dit « rectiligne », car c'est tout à fait utopique : tôt ou tard les lignes directrices s'incurvent à droite ou à gauche. Le danger c'est qu'elles en viennent à former un cercle, le Cercle, et qu'on ne finit plus de tourner en rond dans le chenal. Il est bien difficile ici d'atteindre la haute mer. La plupart du temps, quand on aperçoit enfin l'embouchure, il est l'heure de rentrer. (p. 92)

Dans un univers où, « en cours de voyage, on n'a pas le droit de changer de wagon » (p. 9), comme le dit l'épigraphe du roman, empruntée à Jean-Edern Hallier, on finit forcément par tourner en rond. En cela, Papin-Muno semble être l'héritier de cet autre héros velléitaire : le Frédéric Moreau de Flaubert. Quand, dans le célèbre épilogue de *L'Éducation sentimentale*, il rencontre Deslauriers pour faire le bilan de leur vie, les deux amis constatent qu'ils l'ont tous les deux manquée : Frédéric, « qui avait rêvé l'amour » et Deslauriers, « qui avait rêvé le pouvoir ».

– C'est peut-être le défaut de ligne droite, dit Frédéric.
– Pour toi, cela se peut. Moi, au contraire, j'ai péché par excès de rectitude, sans tenir compte de mille choses secondaires, plus fortes que tout. J'avais trop de logique, et toi de sentiment.
Puis, ils accusèrent le hasard, les circonstances, l'époque où ils étaient nés.[18]

Le « héros brabançon » de Muno n'est pas un rêveur. Contrairement aux protagonistes de l'anti-*Bildungsroman* de Flaubert, il n'a pas d'épisode « chez la Turque » à exhumer ; comme eux, il se sait néanmoins éternel second et se croit également victime du hasard, de l'époque et, surtout, du pays où il est né.

---

[18] Gustave FLAUBERT, *L'Éducation sentimentale. Histoire d'un jeune homme*, Paris, Garnier-Flammarion, 1969, pp. 443-444. On notera la parenté entre le sous-titre de ce roman et l'*Histoire exécrable d'un héros brabançon* (qui fait cependant un peu plus picaresque).

La double étrangeté
du *Petit Köchel*

De la « petite littérature »
à la « littérature mineure »

Sylvano SANTINI

Les « littératures de l'exiguïté » sont fondamentalement plurielles. On ne peut jamais les réduire à un seul phénomène, à une simple réalité : « le domaine […] est décidément très complexe, très difficile à saisir dans son ensemble »[1]. Il s'ensuit qu'il existe plusieurs concepts qui en définissent la diversité, par exemple, en éclairant une de leurs particularités esthétiques, en les distinguant les unes des autres, en délimitant leurs frontières génériques, culturelles, politiques, etc. On ne se propose donc pas, en quelques pages, d'illustrer cette pluralité en rassemblant et en exposant tous les concepts qui les définissent, mais d'en suggérer l'étendue en comparant deux concepts qui, par les préoccupations et les *a priori* qui les fondent, se distinguent radicalement. Il s'agit des concepts de « petite littérature » de Pascale Casanova et de « littérature mineure » de Gilles Deleuze et Félix Guattari[2]. Pour souligner leur différence, on les articulera, à tour de rôle, sur un même texte, la pièce *Le Petit Köchel* du dramaturge québécois Normand Chaurette.

I. *Le Petit Köchel* et le petit espace littéraire québécois

À première vue, *Le Petit Köchel* de Normand Chaurette semble insaisissable politiquement, et ce n'est surtout pas dans son contenu très limité par les nombreuses répétitions que l'on pourrait déceler une

---

[1] François PARÉ, *Les Littératures de l'exiguïté*, Hearst, Les Éditions du Nordir, 1992, p. 9.

[2] Pascale CASANOVA, *La République mondiale des Lettres*, Paris, Seuil, 1999 ; Gilles DELEUZE et Félix GUATTARI, *Kafka. Pour une littérature mineure*, Paris, Minuit, 1975.

référence à la politique. Tout au plus, y a-t-il une leçon de morale ou d'éthique familiale qui prend forme dans la relation entre les mères et leur fils qu'elles abandonnent au profit de leur carrière. Mais cette leçon est si peu élaborée dans la pièce qu'elle correspondrait surtout à un message qu'un lecteur ou qu'un spectateur à court d'idées y aurait relevé. Tout semble indiquer qu'il est impossible d'y relever une prise sur la politique. Robert Lévesque a d'ailleurs souligné, dans ses *Carnets et dialogues sur le théâtre*[3], la non-rencontre avec la politique des pièces de Chaurette, lui collant ainsi l'image d'écrivain dépolitisé, déshistoriali-sé dont l'expérience littéraire participerait de la « fabrique de l'universel », pour reprendre le terme de Pascale Casanova dans *La République mondiale des lettres*[4].

Cette interprétation n'est pas tout à fait fausse si l'on pense l'évo-lution de la littérature québécoise des années 60 aux années 80 à l'aide du modèle structuro-génératif de la littérature mondiale de Casanova[5]. En effet, la littérature dans les années 60 et 70 au Québec correspond au « processus de formation d'une littérature particulière », c'est-à-dire à la phase où les rapports de productions littéraires avec la politique – avec la question nationale entre autres – et le peuple s'intensifient de façon très marquée. La majorité des écrivains de cette époque essaient de donner une couleur et un ton proprement québécois à la littérature en exploitant la question nationale, en se rapprochant du peuple par la thématisation de ses conditions sociales, de ses souffrances et en littéra-lisant le joual. La littérature québécoise fait son entrée dans l'espace littéraire international en tant que « petite littérature » (pratiquement au moment où le Québec apparaît, à l'échelle mondiale, comme un espace politique particulier), et sa naissance est liée à ses particularités. La situation change quelque peu dans les années 80, puisque certains écri-vains dénationalisent la littérature en s'éloignant des thèmes socio-politiques et en réduisant considérablement l'emploi du joual : un écart se marque entre l'écrivain et le peuple. Ce changement correspond à la seconde étape du modèle de Casanova, celle qui suit, de fait, la nais-sance d'une « petite littérature » dans l'espace littéraire international. Certains écrivains, au début des années 80, se détachent donc volontai-rement de leur petit espace littéraire en dénationalisant le contenu et l'expression de leurs œuvres pour se rapprocher des caractéristiques qui

---

[3]   Robert LÉVESQUE, *La Liberté de blâmer. Carnets et dialogues sur le théâtre*, Montréal, Boréal, « Papiers collés », 1997, p. 38.

[4]   Voir, entre autres, le quatrième chapitre de la première partie de ce livre.

[5]   Pour ce modèle, on renvoie aux troisième et quatrième chapitres de la première partie et au cinquième chapitre de la deuxième partie de *La République mondiale des lettres*.

configurent l'espace littéraire universel[6]. Par exemple, une partie des productions dramatiques des années 80 au Québec rompent radicalement avec les productions qui ont participé à l'émergence du petit espace littéraire québécois quelques années auparavant (par exemples, les pièces de Marcel Dubé dans les années 60 et celles de Michel Tremblay dans les années 70). Avec la création de sa pièce *Rêve d'une nuit d'hôpital* au Quat'Sous en 1980, Normand Chaurette parle :

> d'un fait nouveau qu'on observe dans le paysage théâtral au début des années 80. Nous sommes trois ou quatre à être montés au cours de la même saison, de qui on dit alors : il y a une rupture fondamentale entre une oralité et une écriture. *Panique à Longueuil* de René-Daniel Dubois, c'est un acte d'écriture. Les pièces de Michel-Marc Bouchard sont des textes. Il y a donc apparition d'une génération spontanée en 1980, encouragée *a priori* par les intellectuels.[7]

La valeur des pièces des écrivains de cette « génération spontanée » réside principalement dans l'originalité et la force de leur écriture. Ils ne font plus partie du petit espace politique de la littérature québécoise, ce sont des écrivains qui investissent, avec l'appui des intellectuels, le grand espace moderne de la littérature universelle, dont le centre de pouvoir est symbolisé par Paris.

Cette brève description de l'évolution de la littérature québécoise dans l'espace littéraire mondial manque évidemment de rigueur. On ne s'en attribue pas, néanmoins, le défaut puisque ce dernier découle du modèle génératif de Casanova qui, malgré ses lacunes et son manque de nuances, a l'attrait principal de structurer de manière dialectique (donc rapidement et globalement) la naissance et l'évolution d'une « petite littérature » dans l'espace littéraire mondial. Il faut donc retenir cet attrait, car il travaille, consciemment ou non, le point de vue de certains critiques littéraires contemporains, ceux, entre autres, qui ont reçu et jugé *Le Petit Köchel*.

---

[6] L'expérience littéraire de ces écrivains repose, en fait, sur le postulat que l'espace littéraire universel doit être absolument affranchi des considérations et des préoccupations nationales. Voir le sixième chapitre, « Les révolutionnaires », de la deuxième partie du livre de Casanova.

[7] Pascal RIENDEAU, « L'écriture comme exploration : propos, envolées et digressions. Entretien avec Normand Chaurette », dans *Voix et Images*, vol. XXV, n° 3, printemps 2000, pp. 436-437.

II. Des réceptions équivoques

Si l'on s'intéresse à la réception du *Petit Köchel* lorsque cette pièce a été présentée pour la première fois au festival d'Avignon en juillet 2000 (on entend ici la réception non savante et émotive de la critique journalistique), on remarque qu'il y a inévitablement une prise sur la politique de la pièce, une saisie qui ne se situe pas dans son contenu, mais dans *ses* différentes réceptions. Cette relation avec la politique va pratiquement de soi puisqu'il s'agit d'une pièce québécoise jouée en France, c'est-à-dire d'une œuvre issue d'une petite littérature, écrite dans une langue majeure et présentée sur un territoire culturel riche. Cette prise sur la politique donne un statut plutôt ambigu à la pièce de Chaurette, puisqu'elle est étrangère au Québec quand on l'assimile à l'avant-garde européenne (Paris) et à Paris quand on souligne à gros traits son origine québécoise. Quel est donc le statut du *Petit Köchel* ? Est-ce une expérience « avant-gardiste européenne » comme le prétend *La Presse*, ou de simples « fantaisies québécoises » comme le titre *Le Monde* ? Comment résoudre cette première étrangeté qui découle des regards passionnés des uns et réservés des autres sur une même expérience littéraire ?

Robert Lévesque – celui qui ne voyait aucune saisie possible des pièces de Chaurette sur la politique – remarque, brillamment, cette dissonance entre les réceptions québécoise et parisienne en relevant les tensions politiques qui les structurent[8]. Or, les fondements et le fonctionnement de ces tensions sont corrélatifs des termes et de la dynamique du modèle structural de Casanova. On verra que la mise en lumière de cette structure désamorcera l'étrangeté de la pièce en lui donnant un statut, mais la relancera vers une autre étrangeté qui se situera au cœur de l'expérience d'écriture de Chaurette et que l'on pourra analyser à partir du concept de « littérature mineure » de Deleuze et Guattari. Mais avant d'y arriver, il faut observer comment les réceptions critiques du *Petit Köchel* à Avignon articulent le modèle de Casanova.

Les critiques québécois soulignent largement l'accueil élogieux que les critiques parisiens ont offert au *Petit Köchel*. Trois jours après avoir écrit son premier article sur la première du *Petit Köchel* à Avignon et dans lequel il prédisait que la pièce pourrait surprendre la critique française, Christian Rioux du *Devoir* rédige un second article dans lequel il cite les quotidiens français et européens qui ont couvert l'événement. Évidemment, sa lecture ne relève que les points positifs qui ont été écrits sur la pièce. Il parle d'un « concert d'éloges » ou encore que la pièce « a

---

[8] On fait référence à son article « Les douceurs coloniales d'Avignon » paru dans le journal *Ici,* semaine du 20 au 27 juillet 2000 (hebdomadaire culturel gratuit distribué à Montréal).

été prise pour ce qu'elle est : un exercice envoûtant mais souvent exigeant »[9]. Poussant d'un cran l'éloge de son collègue du *Devoir*, Louis-Bernard Robitaille de *La Presse* signe lui aussi deux articles dans les mêmes jours dont les titres préfigurent déjà leur contenu : « Un feu d'artifice dans les ténèbres. Marleau et Chaurette font maintenant partie intégrante du théâtre en France »[10] et le second « Les Européens Marleau et Chaurette »[11]. Le critique inclut, dans ce second article, des citations qu'il repique, ici et là, dans les comptes rendus de quotidiens français qui accordent une note plus que positive, selon lui, à la pièce de Chaurette. Les citations qu'il choisit ne se limitent qu'à des adjectifs qui qualifient grossièrement la pièce de Chaurette (« brillantissime », « construction savante », etc.). Il utilise également le poids de la presse française (la longueur des articles, le nombre de pages, etc.) pour symboliser l'importance de son œuvre en France. Et il termine cet article en prétendant que « Marleau et Chaurette, au cœur même d'un festival dominé par l'avant-garde européenne, et confrontés aux plus importants créateurs du moment, français ou italiens entre autres, ont été strictement évalués selon ces critères "européens", et jugés "haut de gamme" »[12]. Si l'on ajuste ce que dit Robitaille sur le modèle de Casanova, Chaurette ne fait plus partie de la « petite littérature » québécoise mais bien du grand espace littéraire universel, puisqu'il est jugé et légitimé selon les critères de Paris ou, comme dirait Casanova, du « Méridien de Greenwich littéraire » : la littérature québécoise passe dans le grand monde littéraire. Mais est-ce bien le cas ? Les critiques québécois n'encouragent-ils pas trop *a priori* cette pièce, comme semblait le faire certains intellectuels pour ses autres pièces deux décennies auparavant ?

Dans son article « Les douceurs coloniales d'Avignon »[13], Lévesque invalide la lecture que les deux critiques québécois ont faite de la presse européenne. Il veut leur apprendre à lire entre les lignes, leur ouvrir les yeux aveuglés par le chauvinisme. Lévesque donne ainsi une leçon de lecture à ses collègues en faisant apparaître ce qu'ils ne voient pas, ou plutôt ce qu'ils ne veulent pas voir. Mauvaise foi ou aveuglement réel, on ne peut en décider. Seulement, à lire Lévesque, ce chauvinisme semble récurrent chez certains critiques qui veulent propulser à tout prix la littérature québécoise dans l'espace littéraire universel. Une chose est

---

[9] Christian RIOUX, « Pour les happy few », dans *Le Devoir*, 13 juillet 2000, p. B8.

[10] Louis-Bernard ROBITAILLE, dans *La Presse*, 10 juillet 2000, p. B8.

[11] Louis-Bernard ROBITAILLE, dans *La Presse*, 15 juillet 2000, p. D4.

[12] *Ibidem*.

[13] Robert LÉVESQUE, « Les douceurs coloniales d'Avignon », *op. cit.*

certaine pour lui, le concert d'éloges n'a pas été aussi bruyant que Rioux et Robitaille le prétendent.

Lévesque affirme que les critiques parisiens ont eu une attitude condescendante à l'égard de la pièce de Chaurette, en rédigeant des « comptes rendus équivoques ». En fait, ils ne se sont pas mouillés, ils se sont limités à résumer et à décrire la pièce sans trop d'enthousiasme, juste ce qu'il faut pour que la diplomatie soit respectée. En fait, Lévesque remarque chez les critiques parisiens « un air d'y toucher à peine qui sent la diplomatie dans sa composante coloniale, la condescendance ; je note à les lire que mes collègues français n'ont pas exercé le dur métier de critique comme à l'accoutumée ». Et il ajoute pour faire monter l'indignation d'un cran : « Bref, comme au temps de l'Algérie française, on se moque du bon Arabe, on ne lui dit pas qu'à Paris monsieur de Mandiargues a fait mieux que lui... ». Lévesque donne une prise politique à la pièce de Chaurette à travers ses réceptions : il l'inscrit, bien malgré elle, dans l'atmosphère anticolonialiste où le petit est dominé et aveuglé par le grand. Les interprétations de Lévesque s'ajustent assez bien au modèle de Pascale Casanova, car les tensions politiques qui s'exercent sur la pièce de Chaurette expriment exactement la dialectique (dominé/dominant ; petite/grande littérature) qui structure et dynamise la *République mondiale des Lettres*. D'une part, les critiques québécois poussent la pièce de Chaurette vers l'espace littéraire universel qui est défini par « l'avant-garde européenne », d'autre part, les pouvoirs qui régissent cette avant-garde freinent cette poussée : c'est une lutte qui montre autant les entêtements que les résistances qui règlent l'accession au centre symbolique du pouvoir littéraire mondial, Paris.

Selon l'article de Lévesque et le modèle de Casanova, Chaurette ne ferait pas encore partie de l'avant-garde européenne ou de l'espace littéraire universel. Il n'en ferait pas encore partie parce qu'il n'a pas été légitimé comme tel par les instances parisiennes[14] ; au contraire, il est renvoyé dans son petit espace littéraire duquel il voudrait sortir : « il cogne à la porte du sublime et personne ne lui ouvre », affirme sarcastiquement Lévesque[15]. En fait, s'il avait véritablement accédé à l'avant-garde européenne, Chaurette aurait été dépolitisé, dénationalisé comme le font Rioux et Robitaille. Mais il n'en va pas ainsi, car les critiques français rappellent constamment les origines québécoises de la pièce, assurant ainsi sa reterritorialisation politique : *Le Petit Köchel* est bel et bien une production de la « littérature québécoise ». Si cette structure

---

[14] Selon Lévesque, ce ne sont pas les critiques parisiens les plus connus et influents qui ont rédigé les comptes rendus sur la pièce.

[15] Voir la fin de l'article de Lévesque.

dialectique renseigne efficacement sur le statut de la pièce de Chaurette dans l'espace littéraire mondial, elle n'est d'aucun recours, cependant, lorsqu'il s'agit d'analyser le travail d'écriture du dramaturge[16]. Il y a donc quelque chose qui est laissé en reste par cette perspective dialectique grand/petit, légitime/illégitime… et qui nous fait rater un aspect important de cette œuvre.

Ce qui choque Lévesque et motive son article, c'est que ni les critiques québécois ni les critiques parisiens ne soulignent la médiocrité de la pièce, la pauvreté de son écriture. Ils parlent à côté de la pièce, les uns obnubilés par le chauvinisme, les autres retenus par la complaisance : ils sont empêtrés dans une vision restreinte de l'univers littéraire, dans une perspective qui ne prend en considération que le statut d'une œuvre et non la valeur et la force de son écriture. Ce même reproche pourrait être adressé au modèle de Casanova, car si son concept de « petite littérature » fonctionne dans l'espace littéraire mondial, cet espace est situé hors des œuvres. Bien entendu, on ne rejette pas le concept de Casanova, mais lorsqu'on y recourt, il faut prendre en considération qu'il ne couvre et ne vise qu'une partie de la réalité des « littératures de l'exiguïté », celle des pouvoirs de légitimation. Il faut donc recourir à un autre concept pour entrer dans l'œuvre de Chaurette, pour interpréter un travail d'écriture issu d'une petite littérature. Contrairement aux différents critiques, Lévesque est entré dans la pièce de Chaurette pour souligner les aspects qui ont été ignorés par eux. Il trouve que le dramaturge se copie par-dessus l'épaule, que les références à la musique sont du « chichi » et que les nombreuses répétitions n'apportent rien sinon un ennui terrible. Certes, Lévesque n'a pas vu mais lu la pièce. Pourtant, tout est déjà dans le texte, et la mise en scène minimaliste de Marleau lui laisse justement beaucoup de place. Ainsi, où Lévesque voit un inachèvement de l'écriture, où il situe sa médiocrité et son ennui, on repère plutôt un travail créatif. Avec sa pièce, le dramaturge nous mène au point où la langue fait apparaître une de ses limites, un de ses fonctionnements souterrains, où un nouveau branchement sur la politique, sur le collectif et sur le peuple semblerait possible. C'est une autre réalité qui est conceptualisée par Deleuze et Guattari et à laquelle ils donnent le nom de « littérature mineure ».

---

[16] À moins qu'on se limite à dire que Chaurette a écrit sa pièce uniquement dans le but de se positionner dans le champ littéraire international.

III. Le principe de la « littérature mineure »

Pour aborder la pièce de Chaurette avec le concept de « littérature mineure », on n'utilisera pas ses caractéristiques telles qu'elles ont été définies par Deleuze et Guattari (branchement sur l'immédiat-politique, agencement collectif d'énonciation et déterritorialisation de la langue), mais le principe qui le fonde. Ce choix méthodologique a pour but d'éviter les contresens que l'on pourrait éventuellement commettre dans l'interprétation de ce concept autant à cause de son appellation équivoque que de l'objet auquel il se rapporte.

La « littérature mineure » concerne plus l'expression que le contenu ou le message de ce qui est écrit ; elle est l'action d'une minorité dans une langue majeure, et par minorité, Deleuze n'entend pas le statut littéraire d'un groupe ethnique, culturel ou territorial, mais plutôt l'ensemble des créateurs qui « mettent en variation » ce qui est figé, constant et dominant dans la langue : ce qui est, en un mot, majeur. Or, autant un écrivain black américain peut faire partie du majeur qu'un bourgeois parisien peut faire de la littérature mineure, tout dépend, non pas de leur *statut littéraire*, mais de leur *action dans la langue*. Cette différence distingue radicalement ce concept des *a priori* socio-politiques qui fondent le concept de « petite littérature » de Casanova : la « littérature mineure » ne correspond pas à un processus socio-dialectique, elle n'indique aucun positionnement dans le champ littéraire mondial, elle ne représente pas l'étape transitoire d'un statut littéraire qui cherche à se dépasser dans une littérature majeure. *La mise en variation de la langue* est le principe qui fonde le concept de « littérature mineure », aucune autre dynamique ne structure ses caractéristiques. La « littérature mineure » est principalement une action non-dialectique qui s'effectue contre ce qui est majeur dans la langue. Il ne s'agit donc pas de relever ou de dépasser le majeur en le supprimant et en prenant sa place (ce qui nous ramènerait simplement à un changement de statut, donc au concept de Casanova), mais de le dissoudre ontologiquement. Or, qu'est-ce que le majeur ? Quel en est le principe pour que le mineur y trouve le sien ? Le majeur et le mineur ne sont pas deux langues différentes ou deux états différents de la langue : « le mode mineur et le mode majeur sont deux traitements de la langue, l'un consistant à en extraire des constantes, l'autre à la mettre en variation continue »[17]. Le principe du majeur est donc la constance, c'est-à-dire le découpage arbitraire, dans une langue, d'un système de règles qui va dominer et être imposé comme norme. Il y a plusieurs façons d'instaurer un système de règles dans une langue : les linguistes l'ont fait, les académi-

---

[17]   Gilles DELEUZE et Félix GUATTARI, *Mille Plateaux*, Paris, Minuit, 1980, p. 135.

ciens aussi et les critiques littéraires le font à leur manière. Le concept de « littérature mineure » s'oppose donc, en principe, au concept de « langue ou littérature majeure ».

Robert Lévesque fait plusieurs reproches à Chaurette à propos de son écriture[18]. Ses reproches découlent tous d'un point de vue majeur sur la littérature, c'est-à-dire du principe qu'il y a un système de règles minimal que l'on doit observer lorsqu'on écrit une pièce. Le dramaturge l'aurait complètement ignoré en écrivant une histoire qui ne se tient pas debout, qui est d'une « grandiloquence par trop elliptique » et qui souffre d'une « nette insuffisance textuelle », etc. Ce qui irrite Lévesque, ce sont d'abord les répétitions qui ont empêché la construction d'une vraie histoire, d'une histoire dont la trame serait continue du début à la fin, avec des repères précis et des personnages cohérents. Or, Chaurette ne sait construire ni une histoire solide ni des sujets cohérents, il n'est pas un auteur majeur parce qu'il ne parvient pas (ou ne veut pas parvenir) à utiliser la langue dramatique selon le système de règles qui la domine[19]. Il y a, dans son écriture, un manque d'expérience littéraire, une pauvreté ou un sous-développement qui déforme l'écriture dramatique et contribue à créer une nouvelle écriture[20].

Chaurette souligne lui-même la faiblesse de son écriture lorsqu'on lui rappelle que ses œuvres provoquent « un éclatement des formes dramatiques, une confusion spatio-temporelle, une interrogation sur le sujet… »[21]. Il répond : « mon manque d'expérience, mon peu d'habilité à construire une histoire qui se tienne favorisait cet éclatement. Le théâtre m'offrait la possibilité d'être approximatif sur la question de l'efficacité ». Ses faiblesses déstabilisent, en fait, la norme de l'écriture dramatique. Et plutôt que de chercher à combler ce manque d'efficacité, au lieu de vouloir faire des histoires qui se tiennent debout en se soumettant à la norme, il s'enfonce encore plus dans son manque d'expérience – encore moins de contrôle, moins d'efficacité – pour en tirer un usage

---

[18] Voir son article déjà cité.

[19] Pour ne pas trop alourdir le texte, on nommera « écriture dramatique », la langue dramatique figée par des constantes.

[20] Pour aller plus loin dans son écriture, il faut laisser de côté le préjugé selon lequel Chaurette est d'une « prétention sans échine ni contrôle » (voir l'article de Lévesque) en écrivant d'une manière hermétique uniquement pour être original et pour impressionner les intellectuels.

[21] Pascal RIENDEAU, « L'écriture comme exploration : propos, envolées et digressions. Entretien avec Normand Chaurette », *op. cit.*, p. 438.

créateur : l'écriture ne correspond pas à un contrôle mais à une exploration, à une expérience[22].

Marie-Christine Lesage constate que « la dramaturgie de Normand
Chaurette présente le plus souvent des formes fragmentées et hybrides,
caractéristiques de la postmodernité »[23]. Cela est vrai pour toutes les
pièces de Chaurette et, particulièrement, pour *Le Petit Köchel* dont les
imprécisions temporelles, la confusion des personnages, la dissymétrie
de l'action, etc. définissent l'écriture. Ces caractéristiques sont les plus
apparentes de la déformation et de la dissolution des règles de l'écriture
dramatique classique. Mais énoncées de façon aussi générale, ne risque-
t-on pas de se retrouver dans un nouveau système de constantes, dans
une nouvelle norme qui définit l'écriture dramatique postmoderne ? Ce
qui ferait d'elle une nouvelle littérature majeure ! Il faut, croyons-nous,
entrer plus profondément dans le travail d'écriture de Chaurette pour
voir comment il dissout un système qui domine sans s'y dépasser ; il
faut souligner son originalité, sa propre machine d'écriture pour éviter
de le réinsérer dans un ensemble de constantes qui préfigure le seuil
d'une nouvelle littérature majeure.

IV. La mise en variation de la langue dans *Le Petit Köchel* : mémoire et répétition

La caractéristique qui nous offrira la possibilité d'approfondir son
travail d'écriture est la plus évidente mais la plus agaçante de la pièce :
la répétition. L'auteur l'utilise de manière si exagérée qu'elle irrite
le récepteur, qu'elle en devient un défaut, un tic qui dénote une défaillance, voire une faiblesse, dans son écriture. On l'interprétera, cependant, comme la marque de sobriété de Chaurette, le point de sous-

---

[22] Logiquement, les faiblesses de Chaurette deviennent des puissances d'action puisque,
avec elles, il ne veut pas rejoindre ou défendre une position forte qui impose ses
constantes, ses normes et qui relève plus de la réaction que de l'action. Les faibles
gagnent en puissance de création ce que les forts y perdent. Il s'ensuit que pour rester
actif, un créateur ne se dépassera jamais du côté de ce qui est fort et dominant. *La
mise en variation de la langue*, qui est le principe du concept de « littérature
mineure », doit être compris de cette façon : comme l'action non dialectique de
créateurs qui restent délibérément faibles sur un plan (statut littéraire) mais puissants
sur un autre (création littéraire). Sur la valorisation de la faiblesse comme action
créatrice, voir l'interprétation de la volonté de puissance nietzschéenne de Gilles
DELEUZE dans *Nietzsche et la philosophie*, Paris, PUF, 1962. Plus récemment, le
livre d'Éric BENOÎT, *De la crise du sens à la quête du sens. Mallarmé Bernanos
Jabès*, Paris, Cerf, 2001.

[23] Marie-Christine LESAGE, « De l'emprunt à l'empreinte : le plagiat dans "Le Passage
de l'Indiana" », dans *Voix et images*, volume XXV, n° 3, printemps 2000.

développement de son écriture qui lui permet de mettre en évidence une limite de la langue, et peut-être même, de la dissoudre.

Le Petit Köchel est un huis clos entre quatre femmes qui sont, de façon égale, les quatre mères d'un enfant invisible. Ce sont deux couples de sœurs : deux interprètes inlassables de Mozart et deux musicologues exigeantes qui sont les mécènes des premières. Elles répètent toutes, depuis on ne sait quand, la soirée de la mort de leur fils. Ce rituel macabre et cannibale (elles doivent le manger) assure l'immortalité de son souvenir chez ses femmes. Il reprend, de fait, la place qu'il aurait dû occuper auprès d'elles de son vivant, mais qui était prise par Mozart. Ces quatre voix *répètent*, le plus fidèlement possible, le texte d'origine de la soirée.

> CÉCILE : Ah ? Le texte d'origine ! Tu le connais, toi, le texte d'origine ? Alors pourquoi ne pas nous l'apprendre ? Nous t'écoutons, dis-nous le texte d'origine !
> LILI : Aucune d'entre nous ne peut le dire avec certitude. Nous devons tâcher d'être fidèles pourtant à ce que nous savons de cette lamentable histoire. Du reste, ce que nous sommes en train de dire ressemble peut-être à ce qui aurait été inscrit dans le texte d'origine…

Les quatre femmes sont condamnées à répéter l'intégralité d'un texte. Pour se souvenir de leur fils, pour en garder la mémoire, elles rejouent machinalement « cette lamentable histoire » comme s'il s'agissait d'apprendre une « leçon par cœur » : elles doivent acquérir l'habitude du texte en le répétant[24]. Les femmes utilisent la forme de la mémoire qui correspond, pour Bergson, au « souvenir appris », ce qui entraîne nécessairement un usage restreint, instrumental, de la langue, puisqu'elles doivent répéter exactement ce qui a été dit dans un texte original. Chaurette fait ainsi apparaître *une* limite de la langue en l'agençant à cette forme de la mémoire (l'habitude). En effet, si chaque énoncé de la langue était original, découlait d'une pure invention, cette dernière ne serait d'aucune utilité pour apprendre un souvenir : c'est parce que la langue, dans sa matérialité, est réitérative qu'elle devient

---

[24] En distinguant les deux formes de la mémoire (le souvenir appris et le souvenir spontané), Henri Bergson limite la première, en prenant l'exemple de la leçon apprise par cœur, c'est-à-dire à la « répétition » qui produit « l'habitude » : « Le souvenir de la leçon apprise par cœur, a *tous* les caractères d'une habitude. Comme l'habitude, il s'acquiert par la répétition d'un même effort. Comme l'habitude, il a exigé la décomposition d'abord, puis la recomposition de l'action totale. Comme tout exercice habituel du corps, enfin, il s'est emmagasiné dans un mécanisme qu'ébranle tout entier une impulsion initiale, dans un système clos de mouvements automatiques, qui se succèdent dans le même ordre et occupent le même temps. » (Henri BERGSON « Matière et Mémoire », dans *Œuvres*, Paris, PUF, 1959 [1896], p. 225).

l'instrument par excellence de la mémoire comme habitude. Il s'ensuit que l'on n'a pas le droit d'inventer lorsqu'on se souvient, lorsqu'on apprend une « leçon par cœur » :

> IRÈNE : Vous ajouter des répliques ! Vous n'avez pas le droit. Vous vous appropriez du texte qui n'existe pas. Vous improvisez !
> CÉCILE : Moi ? Improviser ? Moi qui ai passé ma vie à répéter ? Moi qui ne suis qu'une interprète ! Moi, m'accuser d'inventer des répliques ?

Dans *Le Passage de l'Indiana*, Chaurette avait déjà exploré le procédé de la répétition en abordant le plagiat littéraire. La question qu'il soulevait dans cette pièce était la suivante : qui est le dépositaire ultime d'un énoncé en littérature ? La question est restée sans réponse, car les écrivains reprennent, consciemment ou non, leurs prédécesseurs, et ce procédé de répétition est infiniment anonyme puisqu'il remonte, dans cette pièce de Chaurette, à l'*Ancien Testament*[25]. Ainsi, comme dans l'imitation des maîtres en art, la répétition de thèmes et d'énoncés fonde une mémoire qui donne consistance à la littérature : on en prend l'habitude. Ce procédé met à mal, cependant, la subjectivité de l'écrivain, car on entend, dans son écriture, les voix multiples de ses prédécesseurs[26]. Dans *Le Petit Köchel*, Chaurette déplace cette réalité de la littérature au centre d'une histoire familiale. Là aussi, on répète des énoncés, des fragments de phrases qui ont été dits, et ce sont ces répétitions qui donnent forme au mémorial du fils, mais qui désincarnent les personnages[27].

On aimerait faire une hypothèse que l'on ne confirmera pas mais qui nous aidera à relancer notre propos. Si la répétition d'énoncés et, plus largement, d'un récit consolide une mémoire autant en littérature que dans une famille, c'est elle aussi qui assure, en principe, la cohésion ou l'histoire d'un peuple : ce n'est pas parce qu'on change de domaine qu'on transforme le mode répétitif de la mémoire. La répétition d'énoncés, de clichés, de préjugés, de couleurs, d'événements, etc. donne, en grande partie, consistance à un peuple. Et plus un peuple est petit, plus il doit affirmer fortement son existence et sa cohérence en se répétant : la ritournelle est une marque indéniable de territorialité ! C'est peut-être ce qui inquiète Chaurette lorsqu'il parle du « radotage » au Québec : « … j'ai choisi de venir au monde au Québec avant et après l'an 2000, où le radotage est tel qu'il ne permet même pas une désillusion salutaire pour mon imagination ». Le radotage, qui est une déclinai-

---

[25] Par là, il n'est pas loin de ce que disait Northrop FRYE dans *Les Géants dans le temps*.

[26] Voir, Marie-Chritine LESAGE, *op. cit.*, pp. 491-492.

[27] Lili annonce à Cécile au début de la pièce qu'elles sont mortes, *Le Petit Köchel*, p. 12.

son péjorative de la répétition, est un usage majeur du discours, puisqu'il impose et fait dominer, consciemment ou inconsciemment, des constantes discursives autour desquelles s'organise une partie de l'identité d'une société. C'est ce qui préoccupe Chaurette, et assurément tous les créateurs, car si le radotage assure, partiellement, le souvenir et la cohésion identitaire d'un peuple, il menace également ce dernier de mort en inhibant ses potentialités créatrices : le « Je me souviens » ne doit pas recouvrir entièrement la forme d'expression d'un peuple (des Québécois). Malgré son inquiétude, Chaurette choisit délibérément de prendre la répétition comme thème dans *Le Petit Köchel* et surtout, comme dans *Le Passage de l'Indiana*, d'en faire la forme d'expression de sa pièce[28]. Or, cette forme d'expression, et c'est là notre hypothèse, établirait un lien entre sa pièce (dans laquelle les quatre femmes *radotent* inlassablement à partir de la même histoire) et l'immédiat-politique, la collectivité ou le peuple du Québec : la devise des Québécois devient une réalité qui est imposée aux personnages de Chaurette. On laisse, toutefois, cette hypothèse en suspend pour analyser l'importance que prend cette forme d'expression dans l'écriture de sa pièce. On croit pouvoir alors le contredire lorsqu'il prétend que le « radotage ne [lui] permet même pas une désillusion salutaire pour [son] imagination », car, au contraire, il en fait un usage créateur en l'exploitant démesurément.

V. La répétition comme *devenir-musical* de la langue

Le cas des personnages dans *Le Petit Köchel* est évidemment extrême et surtout artificiel, car elles doivent machinalement restituer chaque mot, chaque phrase d'un texte original pour faire revenir le passé tel quel dans le présent, c'est-à-dire dans sa pureté événementielle. Seulement, en agençant d'aussi près l'instrumentalité de la langue et de la mémoire – une réalité qui est propre aux comédiens – Chaurette atteint le paradoxe de la répétition. En effet, si la répétition est la seule manière de faire revenir l'événement passé dans le présent pour le garder en mémoire, cette répétition diffère en nature de cet événement passé : la répétition ne produit pas du même mais de la différence[29]. Il

---

[28] Il y a effectivement un écho entre le thème de la répétition et la structure formelle répétitive de la pièce de Chaurette. Au demeurant, Marie-Christine Lesage a relevé pareillement cet écho dans *Le Passage de l'Indiana* : « Cette thématique du plagiat littéraire, et c'est là un des principaux intérêts de la pièce sur le plan formel, sert également de modèle de composition, c'est-à-dire que la structure de la pièce reprend en écho ce qui constitue le principe même du plagiat, celui de la répétition de fragments dits ou écrits précédemment par quelqu'un d'autre. » Marie-Chritine LESAGE, *op. cit.*, p. 487.

[29] C'est la thèse de Gilles DELEUZE dans *Différence et répétition*, Paris, PUF, 1968.

en va de même pour un texte original : sa relecture et sa réécriture différeront toujours[30]. Bergson est peut-être l'un des premiers à penser cette différence en distinguant une autre forme de la mémoire qui diffère en nature de la mémoire comme « souvenir appris ». Il s'agit de la mémoire comme « souvenir spontané » qui correspond exactement à l'événement passé. Ce souvenir saisit le passé en une « image » qui le donne immédiatement à la conscience ; le souvenir appris, à l'inverse, actualise le passé dans le présent par une série de mouvements, de gestes répétés[31]. Le souvenir spontané est donc une « image rêvée », une « représentation », tandis que le souvenir appris est « action et vie » : c'est ce dernier qui provoque, dès lors, une différence dans l'événement passé lorsqu'il le répète dans le présent :

> Pour évoquer le passé sous forme d'image, il faut savoir attacher un prix à l'inutile, il faut vouloir rêver. L'homme seul est capable d'un effort de ce genre. Encore le passé où nous remontons ainsi est-il glissant, toujours sur le point de nous échapper, comme si cette mémoire régressive [celle qui a la forme du souvenir spontané] était contrariée par l'autre mémoire [souvenir appris], plus naturelle, dont le mouvement en avant nous porte à agir et à vivre.[32]

Alors pourquoi les femmes s'entêtent-elles à vouloir répéter parfaitement le texte d'origine si, de fait, l'original diffère de ses répétitions et si, de surcroît, chaque répétition se distingue des autres ? Bien qu'elles veuillent recouvrir exactement le passé comme si elles désiraient, par la répétition inlassable du texte original (en l'apprenant comme une leçon), en avoir un souvenir spontané, elles sont condamnées à parcourir le chemin inverse, car elles s'éloignent de plus en plus de l'événement passé en l'apprenant par cœur : « le souvenir appris sortira du temps à

---

[30] Jorge Luis Borges est allé au bout de ce paradoxe dans sa nouvelle *Pierre Ménard, auteur du Quichotte*.

[31] « Le souvenir spontané est tout de suite parfait ; le temps ne pourra rien ajouter à son image sans la dénaturer ; il conservera pour la mémoire sa place et sa date. Au contraire, le souvenir appris sortira du temps à mesure que la leçon sera mieux sue ; il deviendra de plus en plus impersonnel, de plus en plus étranger à notre vie passée. La répétition n'a donc nullement pour effet de convertir le premier dans le second ; son rôle est simplement d'utiliser de plus en plus les mouvements par lesquels le premier continue, pour les organiser entre eux, et, en montant un mécanisme, créer une habitude du corps. » Henri BERGSON, *op. cit.*, p. 229.

[32] Henri BERGSON, *op. cit.*, p. 228. Deleuze se souvient de ce passage dans un article sur Bergson : « D'une autre manière que Freud mais aussi profondément, Bergson a vu que la mémoire et la volonté n'étaient qu'une même fonction, que seul un être capable de mémoire pouvait se détourner de son passé, s'en détacher, ne pas le répéter, faire du nouveau. » (Gilles DELEUZE, « La conception de la différence chez Bergson », dans *Les Études bergsoniennes*, vol. IV, 1956, repris dans *L'Île déserte et autres textes,* Paris Minuit, 2002, p. 63.)

mesure que la leçon sera mieux sue ; il deviendra de plus en plus impersonnel, de plus en plus étranger à notre vie passée »[33]. Si Chaurette a imaginé des femmes aussi entêtées à répéter, c'est parce qu'il voulait retirer un usage créatif du paradoxe de la répétition.

Malgré leur volonté d'être fidèles au texte d'origine, les quatre femmes oublient, atrophient, anticipent et se volent des répliques : elles sont en train d'apprendre un texte, et non de se le remémorer spontanément. Or, avec cette volonté contrariée des femmes, l'écrivain rend apparent le procédé de la répétition et l'intensifie en réitérant, mot à mot, des répliques à des endroits différents du texte : il y a des répétitions locales dans la répétition générale. Lili se répète plusieurs fois, Cécile aussi, Irène et Anne le font pareillement. En d'autres occasions, c'est Cécile qui reprend une réplique de Lili, ou encore Irène qui répète Anne : les femmes s'aident à apprendre leur leçon. Ces répétitions se trouvent souvent éloignées les unes des autres, comme la reprise du monologue d'ouverture de Lili par Cécile à l'avant-dernière page du texte. Il y a, enfin, la répétition infatigable de deux phrases, véritable leitmotiv de la pièce, l'une qui, en concluant le texte, le ramène pratiquement au début : « Mon dieu que notre sonnette est sonore ! », et une autre qui fonctionne comme une pause ou un arrêt dans le texte en indiquant qu'il a eu une anticipation ou une erreur dans le texte d'origine : « Retour en si bémol ». Ce sont ces répétitions qui ont agacé et lassé les critiques : le texte ne va nulle part, l'écriture n'évolue pas mais *involue* en s'enveloppant sur elle-même.

Par les répétitions dans la répétition qui jalonnent la pièce, Chaurette fait un usage créatif de ce procédé et contribue, consciemment ou non, à montrer que la répétition ne fige pas seulement la langue. Si le prétexte de la remémoration mène le dramaturge à se servir abusivement de la répétition, ce n'est pas pour souligner simplement une réalité instrumentale de la langue, mais pour la mettre en variation là où elle semble limitée. En effet, Chaurette emploie la répétition pour produire la sensation d'échos dans le texte, faisant ainsi apparaître une réalité de la langue qui est bien connue des poètes : la musicalité. Les échos sonores, lorsqu'ils deviennent apparents, peuvent bouleverser les aspects fondamentaux de l'utilisation normale de la langue comme la linéarité du temps et le primat du sens. Car, dans cette pièce, ce n'est pas vraiment le sens qui renverse le temps et provoque des points de tension par des retours ou des anticipations (l'histoire y est scandée progressivement par les trois désirs du fils : désir de se pendre, désir de se faire manger et, enfin, désir de se perpétuer en imposant, à ses mères, la répétition éter-

---

[33]   Voir la citation à la note 32.

nelle de la soirée de sa mort), mais les reprises sonores qui entraînent des assemblages, des convergences et des agglomérations, bref, une forte concentration du texte qui tord la ligne du temps et fait fuir le sens. Les échos forment ainsi des points de tensions si évidents dans la langue qu'ils recouvrent, en grande partie, tout le contenu de la pièce. Mais cette évidence a pour condition un changement d'écoute, car si l'on cherche à saisir le sens de l'histoire, on risque de rater les résonances et d'être déçu puisque ce sens est minimal. En ce sens, la pièce de Chaurette représente une véritable expérience, car elle exige du récepteur une nouvelle écoute : celui-ci doit se défaire de ses habitudes, de ce qui est constant ou donné dans son écoute de l'écriture dramatique, pour percevoir cette nouvelle voix. Chaurette écrit par intensités sonores, c'est un autre usage de la langue qui veut être entendu, un usage intensif qui s'assimile, à plusieurs égards, à la musique.

On a souvent parlé des liens qui unissent les œuvres de Chaurette à la musique. Il y fait explicitement référence en créant des personnages ou des situations qui sont en rapport avec la musique[34]. Par ailleurs, on fait parfois ce rapprochement en soulignant les nombreuses assonances et allitérations qui font résonner la langue dans ses pièces. Chaurette avoue joindre souvent des mots en fonction de leur sonorité plutôt que de leur sens. Il s'agit, en quelque sorte, d'une neutralisation du sens qui exige une nouvelle écoute : « Souvent les mots ont un sens différent de ce qu'ils veulent dire selon le dictionnaire, parce que leur musique les rapproche d'un mot qui veut dire autre chose »[35]. Mais plus encore, le *devenir-musical* de la langue, dans *Le Petit Köchel*, est induit dans le fonctionnement même des assonances et des allitérations, c'est-à-dire dans la répétition.

Les quatre femmes ont parfois des trous de mémoire. Ce sont principalement Cécile et Anne qui oublient des répliques. Contrairement à ces dernières, Lili semble bien connaître le texte d'origine, puisqu'elle leur indique les anticipations ou les erreurs en leur soufflant des bouts de répliques. Elle joue, en quelque sorte, l'aide-mémoire :

CÉCILE : As-tu reculé l'heure ?
LILI : Avec plus de dureté.
CÉCILE : As-tu reculé l'heure ?
LILI : Oui. Tu fais bien de me le rappeler. J'avais oublié que c'était aujourd'hui qu'il fallait reculer l'heure.

---

[34] *Le Petit Köchel* désigne la version abrégée du grand catalogue chronologique et thématique des œuvres de Mozart réalisée par Ludwig von Koechel. On ne s'intéressera pas, cependant, aux références explicites à la musique dans cet article.

[35] Pascal RIENDEAU, « L'écriture comme exploration… », *op. cit.*, p. 441.

CÉCILE : Cesse de le dire.

LILI : C'est que notre horloge est bien réfractaire à ce qu'on la recule.

CÉCILE : Es-tu bien sûre que ce sont les paroles exactes de notre fils ?

LILI : Écoute-moi : « C'est que notre horloge est bien réfractaire à ce qu'on la recule. »

Un temps d'oubli

CÉCILE : Texte.

LILI, *lui soufflant le texte* : « Pauvre Lili ».

CÉCILE, *qui cherche* : Pauvre Lili…

Silence. Oubli.

LILI : « Tu ne te rends pas compte ? »

Reprise

CÉCILE : Pauvre Lili ! Tu ne te rends pas compte que depuis toujours nous sommes inféodés à ces sœurs Brunswick…

Ce passage agit comme un arrêt dans le texte d'origine. Lili, en soufflant des bouts de la réplique à Cécile, tente de la relancer et, du coup, de refaire démarrer le texte d'origine : il y a une sorte de dissonance entre le texte d'origine et sa répétition, et c'est cette dissonance (cette différence) qui crée l'arrêt. On voit bien apparaître, ici, la raison pour laquelle Chaurette a créé des femmes qui s'entêtent vainement à vouloir répéter un texte d'origine : c'est par leur désir de se souvenir spontanément de leur fils qui est constamment contrarié par les imperfections du souvenir appris que le dramaturge parvient à produire une force dans son écriture. Évidemment, on peut y voir une sorte de mise en abîme en interprétant ce passage comme la représentation d'une répétition au théâtre. Le procédé serait, somme toute, banal et, compte tenu de sa récurrence à travers la pièce, il en deviendrait véritablement insipide. C'est pour cette raison, pense-t-on, qu'il faut concevoir ce passage comme un véritable changement de vitesse dans la langue, comme sa mise en variation dans l'écriture. Lorsque les répliques s'enchaînent, coulent dans le texte d'origine, la langue semble avoir une vitesse stable. Cependant, lorsqu'un oubli et une anticipation commandent une répétition, il se produit une décélération de la langue, une rupture dans la régularité de son débit. La langue se morcelle en petits bouts de répliques qui s'enchaînent lentement mais progressivement, par la suite, jusqu'à l'accélération qui survient, dans la citation précédente, lorsque Cécile retrouve la mémoire. Les changements de vitesse de la langue témoignent des variations produites par la tension entre les deux formes de la mémoire[36], et c'est cette potentialité de la langue qui l'assimile à la musique. En effet, la musique fonctionne aussi par changements de

---

[36] Bergson a effectivement pensé la mémoire comme « contraction-dilatation », Henri BERGSON, *op. cit.*, pp. 307-308.

vitesse : les décélérations, les accélérations, les ralentis provoqués par la modulation d'un thème sont les fondements dynamiques de la musique : c'est parce que l'on a, en mémoire, le thème principal d'une pièce musicale que l'on sent les différents changements de vitesse qui s'y produisent. La langue et la musique fonctionnent avec la mémoire ; elles sont virtuellement liées toutes les trois[37]. Si l'on a rapproché *Le Petit Köchel*, et avant *Le Passage de l'Indiana* du quatuor, c'est peut-être parce que ces pièces s'agencent tout à fait à ce style de chambre :

> Le style « de chambre » (le style « soliste »), peut-on lire à la définition du quatuor dans le *Larousse de la musique*, se définit notamment par davantage d'indépendance pour chaque partie, par une dynamique plus différenciée, par des rythmes plus variés, par des dissonances plus audacieuses, par plus de complication dans le phrasé, par une exploration plus systématique des registres très aigus et très graves, sans oublier l'identification de la ligne de basse avec le seul violoncelle.[38]

Comme des solistes, les voix des quatre femmes, dans *Le Petit Köchel*, modulent le texte d'origine, dont seule la voix de Lili, comme un violoncelle, assure l'identité. On croit que le rapport de l'écriture de Chaurette avec la musique a beaucoup à voir, évidemment, avec les sonorités, mais, plus encore, elle se profile dans le mouvement ondulatoire provoqué, matériellement, par les répétitions et rendu perceptible, pour l'esprit, par la mémoire. La répétition, chez Chaurette, creuse la pauvreté de la langue pour faire surgir son lien avec la musique. Comme l'ont déjà dit Deleuze et Guattari, « plus une langue entre dans cet état (de pauvreté), plus elle est proche, non seulement d'une notation musicale, mais de la musique elle-même »[39]. N'est-ce pas ce que confirme le dramaturge en prétendant « être un musicien qui n'a pas travaillé le matériau approprié pour s'exprimer, et qui a découvert à son insu une langue hybride »[40] ?

VI. Le mineur comme puissance de la pensée moderne

Plusieurs concepts, en somme, peuvent décrire les multiples réalités des « littératures de l'exiguïté ». Le concept de « petite littérature » de Pascale Casanova en dessine bien la structure socio-générative qui implique toutes sortes d'enjeux politiques, institutionnels, symboliques,

---

[37] La langue et la musique sont les exemples privilégiés de Bergson, dans *Matière et Mémoire*, pour représenter le processus d'actualisation de la mémoire.

[38] *Larousse de la musique*, Paris, Larousse, 1982, p. 1291.

[39] Gilles DELEUZE et Félix GUATTARI, *Mille Plateaux, op. cit.*, p. 132.

[40] Pascal RIENDEAU, « L'écriture comme exploration… », *op. cit.*, p. 441.

etc. Ce concept est strictement réservé à la description de la situation institutionnelle des petites littératures du monde, c'est-à-dire à l'ensemble des productions littéraires qui, exclues des grandes presses mondiales entre autres, n'ont qu'un reflet local et une identité nationale. Il est beaucoup moins évident, par contre, de réserver le concept de « littérature mineure » aux « littératures de l'exiguïté », puisqu'il pourrait bien caractériser un écrivain issu d'un espace littéraire central et dominant : le concept de Deleuze et Guattari n'est pas limité aux petits états littéraires du monde, il peut concerner toutes les littératures, grandes ou petites. L'étendue de ce concept entraîne alors un malaise lorsqu'on veut faire, avec lui, une défense et une illustration d'un petit espace littéraire, car il ne se rapporte pas uniquement à ce type espace et n'a pas été créé pour son apologie. Avec le concept de « littérature mineure », les deux philosophes comprennent la faiblesse des petits espaces littéraires comme l'actualisation, en littérature, de la puissance de la pensée moderne (une action non-dialectique du mineur dans le majeur). Ces philosophes décrivent donc une réalité des petits espaces littéraires qui les dépasse, bien qu'ils en soient la manifestation la plus apparente. Cette réalité contraste radicalement avec celle qui est circonscrite par le concept de Casanova. Cela va sans dire ! Il faut se garder, néanmoins, d'interpréter l'intervention des philosophes comme un déplacement symbolique des petites littératures pour former une catégorie esthétique universelle, ce qui propulserait ces dernières hors de leur réalité politique, ou comme la recherche d'un gain politique en s'associant sympathiquement à la cause des « littératures de l'exiguïté ». Cette précaution est souhaitable si l'on veut faire sentir le fondement philosophique du concept et éviter les contresens. On a été, en ce sens, prudent du point de vue méthodologique en choisissant d'utiliser uniquement le principe de la « littérature mineure ». C'est par ce détour philosophique, et uniquement par là, que ce concept peut servir, pense-t-on, les études littéraires.

Les Chiens de la Senne
de Charles Paron

Lisbeth VERSTRAETE-HANSEN

Toute l'œuvre de Charles Paron (1914-1982) est peuplée de personnages évoluant dans des conditions de vie socialement pénibles. L'histoire littéraire belge ne fait pas silence sur les préoccupations sociales de Paron mais, grâce au très beau roman *Les Vagues peuvent mourir* (1967), qui est d'ailleurs le seul de ses écrits actuellement disponible, son nom est surtout lié à l'idée de voyages et d'exotisme. Il y a toutefois un autre versant de son œuvre que l'on connaît moins et que l'on pourrait caractériser de « récits bruxellois ». Parmi ceux-ci figurent un recueil de nouvelles inédit, *L'Impasse*, que Gallimard avait projeté de sortir en 1943[1], *Les Chiens de la Senne* de 1969 et, entre les deux, quelques autres récits parus dans différentes revues.

La méconnaissance des *Chiens de la Senne* s'explique aisément par sa parution dans la revue *Audace* en 1969[2], parution presque confidentielle qui a sans doute empêché le roman de profiter d'un véritable accueil et d'ainsi entrer en compte lorsqu'on évalue l'œuvre de Charles Paron. Ce roman présente cependant un intérêt évident à plusieurs égards. D'abord il contribue à nuancer l'image d'auteur exotique à laquelle Paron est souvent associé, et il offre un exemple d'un texte écrit en prise sur la réalité belge à un moment où de nombreux auteurs s'en détournent. Ensuite, les difficultés éditoriales qu'il rencontre, et dont on trouve les détails dans la correspondance de Paron, semblent révélatrices du sort réservé à un texte qui, à ce moment-là, étale le référent belge : quand ils sont situés dans les Balkans (*Zdravko le Cheval*, 1944), en Irak (*Marche-avant*, 1949), aux Indes (*Cette Terre !*, 1954) ou pas situés du

---

[1]   Lettre dactylographiée de Charles Paron à la Librairie Gallimard, 23 octobre 1943. Collection privée Françoise Paron.

[2]   Charles PARON, *Les Chiens de la Senne*, dans *Audace*, 15ᵉ année, n° 2, Bruxelles, Le Rond-Point, 1969, pp. 3-93 (ici p. 38). Dorénavant, lorsque je renverrai à cette édition, j'indiquerai le numéro de page entre parenthèses.

tout (... *Et puis s'en vont*, 1943 et 1945), les thèmes chers à Paron passent mieux que lorsqu'ils ont pour cadre la Belgique. Finalement, ce roman intrigue par les différents plans énonciatifs qui s'y entremêlent et qui semblent indissociables de sa thématique centrale – thématique avant tout sociale où la langue, au premier degré de lecture, est fréquemment mise en rapport avec la condition sociale des personnages.

Or, à un autre niveau de lecture, la thématique de la langue pourrait bien entrer dans une véritable stratégie de positionnement dans le champ littéraire et, du coup, nous renvoyer à une problématique institutionnelle. Mais de quel positionnement s'agit-il ? Et dans quelle institution ? C'est à ces deux questions que je m'efforcerai de répondre en situant mon analyse au carrefour de quelques réflexions relevant d'une perspective qu'il est convenu de qualifier d'institutionnelle et que l'on pourrait brièvement résumer en empruntant les propos suivants à Denis Saint-Jacques, posant que « [l]e champ n'est pas une condition externe de la littérature, il la réalise jusque dans sa textualité même »[3]. À cet égard, il me semble que le roman de Paron obligerait peut-être à une restriction de perspective quant aux deux termes intitulant le présent volume, mais que cela même pourrait avoir un certain intérêt : *littérature mineure* serait alors à comprendre non pas en premier lieu dans le sens d'une littérature francophone dominée par la littérature hexagonale, mais plutôt comme une position dominée à l'intérieur du champ littéraire francophone belge – et *langue majeure* serait la conception particulière du français qui circule dans ce champ, plutôt qu'une norme émanant directement du centre littéraire français.

Dans la perspective retenue[4], l'œuvre sera considérée comme une prise de position dans le champ littéraire qui est, par définition, conflictuel. L'auteur se positionne dans cet espace par les options générique, linguistique, thématique et énonciative qu'il met en œuvre et qui, tel un prisme (Alain Viala) filtrent sa position. Les différents niveaux du texte peuvent ensuite être référés à la doxa institutionnelle afin de mesurer les choix opérés par l'auteur par rapport aux possibles et aux interdits du

---

[3] Denis SAINT-JACQUES, « Faut-il brûler "Les Règles de l'art ?" », dans *Discours Social/Social Discourse*, vol. 5, n° 3-4, 1993, p. 174.

[4] Basée notamment sur les textes suivants : Jacques DUBOIS, *L'Institution de la littérature. Introduction à une sociologie (1978)*, Éditions Labor/Fernand Nathan, Bruxelles, 1986 ; Dominique MAINGUENEAU, *Le Contexte de l'œuvre littéraire. Énonciation, écrivain, société*, Paris, Dunod, 1993 ; Alain VIALA, « Effets de champ et effets de prismes », dans *Littérature*, n° 70, mai 1988 ; « L'histoire des institutions littéraires » dans *L'Histoire littéraire aujourd'hui*, Henri BÉHAR et Roger FAYOLLE (dir.), Paris, Armand Colin, 1990 ; Alain VIALA, « Sociopoétique », dans Georges MOLINIÉ et Alain VIALA, *Approches de la réception. Sémiostylistique et sociopoétique de Le Clézio*, Paris, PUF, 1993.

champ. Autrement dit, en examinant les fidélités et les écarts du texte par rapport aux usages érigés en règles par les instances de légitimation et de consécration, il serait possible de voir à quel point le texte inscrit ou n'inscrit pas ces usages et comment il cherche éventuellement à ruser avec eux. Il est donc indispensable d'évoquer d'abord quelques faits de l'histoire du champ.

I. Charles Paron dans le champ littéraire belge

Les premiers écrits de Paron datent de 1935, année où l'auteur réunit une série de contes sous le titre *L'impasse ou le w.c. sans porte*. Dans une lettre autobiographique, il explique avoir écrit ses contes « avant tout pour dire ce que j'ai eu sous les yeux, ce que sont les gens, là ; en somme un témoignage »[5]. Cette volonté de témoigner qui parcourt l'œuvre de Paron trouve un répondant dans son activité journalistique déployée sporadiquement dans *Le Drapeau Rouge*, mais surtout dans l'édition belge des *Lettres françaises* (1949-1950) et dans la revue politico-littéraire *Les Aubes* (1953-1957), où Paron s'attaque à de nombreuses questions sociales et politiques qui préoccupent les milieux de gauche de cette époque. En une dizaine d'années, entre 1943 et 1954, il publie chez Gallimard la plus grande partie de son œuvre connue, presque entièrement inspirée par le grand voyage qu'il a entrepris en compagnie du journaliste autrichien Charles Petrasch entre 1935 et 1938, et tout au long des années 1940 et 1950, Paron participe activement aux nombreuses activités culturelles organisées par les milieux culturels communistes ou proches d'eux. De 1959 à 1967, Paron vit en Chine où il travaille aux Éditions en langues étrangères à Pékin.

Dans un article de 1949 consacré à la responsabilité de l'écrivain et intitulé de manière significative « L'écrivain n'est pas un clown ni un amuseur public »[6], Paron défend la conception selon laquelle l'écrivain est une conscience de la société. Cette conception se retrouve une vingtaine d'années plus tard dans un autre des rares textes où Paron parle de son œuvre, d'ailleurs sous un titre tout aussi éloquent que le premier, *Aider à vivre* :

> [Le roman] peut-il constituer un apport tel qu'il pousse à opérer un retour sur soi-même, à se regarder sans complaisance et, partant, aider à vivre, c'est-à-dire à mener le combat que l'homme conscient de sa condition d'homme livre contre l'oppression, l'injustice, sur le plan général, et contre

---

[5]   Lettre de Charles Paron à David Scheinert rédigée entre le 11 et le 26 avril 1983, Bruxelles, Archives et Musée de la Littérature, ML 5785 / 1.

[6]   Charles PARON, « L'écrivain n'est pas un clown ni un amuseur public », dans édition belge des *LF*, n° 5, 12 août 1949.

ses travers, ses idées préconçues, sur le plan particulier de ses rapports avec ses semblables, ceux de sa classe ? Des hommes constituent des modèles d'homme, et il n'est donc aucune raison pour que la fiction ne parvienne pas à remplir ce rôle, puisqu'elle est, d'une manière ou d'une autre, nourrie exclusivement par l'homme.[7]

Ce parti pris, qui consiste à ouvrir les yeux aux lecteurs et à leur faire prendre conscience de certains problèmes de société, passe chez Paron par une esthétique située loin des expérimentations formelles, mais tout aussi loin de la tendance dominante de l'institution littéraire belge de ces années, tendance que Marc Quaghebeur a décrite comme une sorte de « néo-classicisme », en entendant par-là une écriture classique, limpide, privilégiant les thèmes intemporels sans rapport avec la réalité sociale concrète, c'est-à-dire une conception de l'écriture fondée sur « un credo idéologique particulièrement atemporel et anhistorique »[8].

Avant d'examiner la manière dont la problématique de la langue se trouve inscrite dans le roman, d'abord comme thématique, ensuite comme « effet hétérolingue », il sera utile d'évoquer brièvement les réflexions sur la langue d'écriture qui ont accompagné la genèse des *Chiens de la Senne*.

II. Roman et langue d'écriture

À plusieurs reprises dans sa correspondance avec son ami et confrère David Scheinert, Paron en revient à une réflexion sur le problème de la restitution littéraire d'une langue qui, selon les conventions institutionnelles, n'en est pas une. En écrivant son premier roman, *Et puis s'en vont...* qui décrit une famille ouvrière sans indiquer son appartenance géographique, Paron s'était déjà heurté au problème du passage de la langue populaire en langue littéraire, problème qui lui paraîtra de plus en plus lié au lieu géographique dont il désire parler : « La difficulté de restituer le terroir vient probablement du parler bruxellois, de sa plasticité, de ce qu'il n'apparaît qu'il grossier à la traduction[9]. » Au moment d'écrire *Les Chiens de la Senne*, il établit explicitement un rapport entre ses problèmes pour cerner le personnage d'un Bruxellois et le fait linguistique : « Peut-être est-ce parce qu'on s'est tellement moqué de celui-

---

[7] Charles PARON, « Aider à vivre », dans *Les Cahiers du Groupe. Le Héros dans le roman*, n° 1, Court-Saint-Étienne, Le Groupe du Roman, 1967, p. 54.

[8] Marc QUAGHEBEUR, « Éléments pour une étude du champ littéraire belge francophone de l'après-guerre », dans *Leurs Occupations. L'Impact de la Seconde Guerre mondiale sur la littérature en Belgique.* Textyles-CREHSGM, 1997, p. 258.

[9] Lettre de Charles Paron à David Scheinert datée du 22 mars 1966, Bruxelles, Archives et Musée de la Littérature, ML 5785 / 46.

ci, de son français massacré, que saisir vraiment ses qualités est chose difficile. [...] Avec *Les Chiens*, j'ai essayé de redonner des Bruxellois. Je crois que là ils sont ressemblants. Ils s'expriment assez correctement, sous ma plume, sans que, pour cela, ils puissent être pris pour des Français, des "cockneys" anglais ou des Berlinois[10]. » On aura compris que le défi que Paron tente de relever consiste à négocier un compromis entre la mise en fiction d'un milieu où se parle le dialecte bruxellois, bafoué et ridiculisé par certains milieux littéraires, et la création littéraire en français.

Avec *Les Chiens de la Senne* dont la première référence remonte au 27 novembre 1960, Paron renoue avec l'écriture romanesque après un silence de huit ans. L'écrivain séjourne alors en Chine et entretient une correspondance suivie avec David Scheinert :

> J'ai commencé cette semaine un long récit ou court roman, je ne sais. [...] Le plus drôle, c'est d'être en Chine, de se conduire en Bruxellois, et j'utilise souvent des mots bruxellois, et de se mettre à écrire, peut-être, un roman situé dans un faubourg bruxellois, avec des gars plus ou moins bruxellois. [...] Ce sera peut-être trop « social ». Tant pis. Cela me fait plaisir de songer que je vais traiter cela.[11]

Rappelons que le roman se joue en une seule matinée et met en scène sept personnes, des ouvriers pour la plupart, qui sont enfermées dans une bibliothèque d'une coopérative socialiste dans un faubourg de Bruxelles. La manifestation contre le gouvernement belge à laquelle ils ont participé a mal tourné, et suite à l'agression d'un gendarme, ils ont pris la fuite. Tenu en échec par les gendarmes qui barrent les deux extrémités de la rue, le petit groupe attend ! À huis clos, la solidarité manifestée dans la rue se mue en conflits, parfois en haine. Les nombreux thèmes abordés – difficulté de briser la logique sociale, la question des langues, l'attitude à adopter devant la lutte politique – font éclater les différences au grand jour. Vers la fin de la matinée, l'assaut est donné et les manifestants sont emmenés par les gendarmes. Mais, dans la rue, la foule porte secours au groupe, de nouveau soudé face à l'ennemi, et grâce à l'action collective, les sept personnes réussissent à s'échapper. Le moment précis de l'action n'est pas explicité, mais des références à certains événements marquants des années 50 permettent de situer temporellement le roman vers la fin de cette décennie : « Les gendarmes n'avaient-ils pas descendu des ouvriers à Grâce-Berleur, il y a quelques années, au cours d'un mouvement ? » (p. 17) et « Les gens étaient fati-

---

[10]   *Ibidem.*
[11]   Lettre de Charles Paron à David Scheinert datée du 27 novembre 1960, Bruxelles, Archives et Musée de la Littérature, ML 5785 / 10.

gués par tout ce qu'on leur avait raconté, et ils digéraient mal les fusillades au Congo » (p. 24).

III. Langue majeure : thématique « effet hétérolingue »

Dans le roman de Paron, la langue apparaît à la fois comme sujet explicite des discussions et comme ce que Rainier Grutman a appelé l'« effet hétérolingue ».

Entre les sept personnages qui en principe adhèrent à un même idéal politique, les clivages sociaux quotidiennement perçus par tous, mais provisoirement suspendus par l'action commune, ne tardent pas à se déclarer. Parmi les traits qui font différence dans le système des personnages apparaît l'usage de la langue. C'est autour du personnage de Victor Blau, qui représente une frange sociale sortie de la condition ouvrière, que se cristallise le thème de la langue considérée dans ses implications sociales et politiques. Blau exerce son métier secondaire de bibliothécaire avec beaucoup de sérieux et la ferme intention d'éduquer le peuple dont, au fond, il méprise la langue et le niveau culturel. Quand Léon, ouvrier au chômage, propose de tuer le temps en jouant à *tike-take-tauke* (p. 38), Victor sursaute devant cette présence du flamand[12] dans le français et rappelle qu'il n'y a qu'un français correct et que suivant les règles de ce français, il faudrait parler de « marelle assise » :

> Victor Blau ne supportait pas que l'on mêlât le français et le dialecte flamand. Il fallait, selon lui, parler l'un ou l'autre. D'abord, ce dialecte est un parler infâme, grossier, gras. On le dit brueghelien et il n'est que malade, il donne la colique. Il témoigne d'un manque d'éducation. C'est un de ces parlers qui se roulent dans le ruisseau, qui ramassent toutes les raclures.[13]

Victor défend sa critique de Léon en alléguant que, quand une langue existe, autant la parler correctement (p. 44). Cette attitude strictement normative de Victor appelle des réactions violentes de la part des autres personnages, qui n'entendent pas se laisser infliger « des leçons de bien parler [...] comme on en donne à la radio » (p. 41). Armand (le délégué syndical socialiste), Flip (le communiste) et Léon lient tous la question de la bâtardise linguistique à la situation sociale des ouvriers bruxellois. Armand affirme qu'il y a au moins deux sortes de français, « celui qu'on parle, nous, et celui que les bourgeois parlent », et à Victor qui persiste dans son idée que ceux qui mélangent le flamand et le français ne parlent aucune des deux langues correctement, Léon rétorque : « On n'a pas

---

[12] Lorsque je parle de « flamand », c'est toujours par référence aux *dialectes* et non pas à la langue officielle des Flamands de Belgique qui est le néerlandais.

[13] Charles PARON, *Les Chiens de la Senne*, dans *Audace, op. cit.*, pp. 3-93 (ici p. 38).

fait d'études, nous [...] on a commencé à travailler, nos parents en avaient besoin. » (p. 38), et Flip de renchérir : « La langue, c'est l'éducation, et l'éducation ce n'est pas seulement les études que tu as faites avec l'argent dont tu disposes, c'est dicté aussi par les quatre meubles que tu possèdes. » (p. 39)

La langue est donc reconnue par tous les personnages comme un indice de capital social et culturel important, mais les ouvriers refusent d'admettre, donc de partager, la valeur symbolique que Victor accorde à l'usage « correct ». Contrairement au bibliothécaire qui fige la langue dans une pureté stérilisante, les autres personnages manifestent un réel plaisir devant les possibilités offertes par l'usage simultané de deux langues à la fois. Pour eux, l'essentiel, c'est d'être à l'aise avec sa langue à soi, de se comprendre, et à Stève, autre personnage échappé de la condition ouvrière, qui avance que, pour les Anversois tout comme pour les Ostendais, le bruxellois c'est de l'abâtardissement, Fons, le plus jeune des personnages, répond que c'est une langue très agréable à parler, « [...] dans laquelle tu peux tout dire, quand tu ne trouves pas un mot, tu le prends dans le français », point de vue partagé par Flip : « C'est comme un pantalon rapiécé, reprit Flip. Il n'y a pas de raison de se sentir gêné si on est à l'aise dedans. » (p. 48) Ce que ces ouvriers expriment, c'est une attitude linguistique tout à fait décomplexée qui considère la langue comme un phénomène vivant, en perpétuel mouvement et ouverte à toutes les influences, tout à fait à l'image de leur ville, cette ville de Bruxelles ouverte aux quatre coins du monde, entre la Flandre et la Wallonie.

Les lignes qui précèdent ont fait apparaître que le roman impose une interprétation de la pluralité des réalités linguistiques sous l'angle de ses implications sociales. Mais la présence de la problématique linguistique, au niveau thématique, invite tout naturellement à questionner le roman dans son traitement de la langue littéraire afin de voir s'il essaie de textualiser le plurilinguisme qu'il défend, plurilinguisme devant ici désigner toutes les possibilités expressives qui s'offrent à l'écrivain belge, aussi bien le français standard que ses variations locales et les dialectes flamands et wallons. Voyons à présent comment le roman fait passer cette réalité plurilingue.

Dans *Les Chiens de la Senne*, Paron se sert d'un français « standard » pour mettre en scène des ouvriers bruxellois dont certains sont censés parler le dialecte local. La prédominance séquentielle de dialogues dans le roman aurait permis de représenter textuellement cette réalité linguistique, mais un tel procédé aurait vite fait d'orienter la perception de l'œuvre vers des catégories dialectales. Rainier Grutman a clairement résumé la problématique lorsqu'il écrit que « [s]ous peine de perdre le lecteur, la "polyphonie" [raznorecie] du monde représenté ne saurait être reproduite dans l'univers représentant, mais plutôt évoquée à l'aide de quelques touches soigneusement apportées »[14]. Pour pouvoir être intégrée efficacement dans une œuvre littéraire écrite en français standard, la diversité linguistique nécessite une réduction quantitative importante.

La polémique autour de l'expression flamande *tike-take-tauke* est une des manières dont Paron rappelle que la langue de ses personnages bruxellois est une actualisation permanente de la problématique du plurilinguisme. Une autre discussion lui permet de textualiser une bribe de dialecte wallon, d'abord signalé par des guillemets :

> – Dans certains coins, dit Janseval, on appelle les Flamands « tiesse di flamin » et dans des coins flamands, on appelle les Wallons « tête-caillou ».
> – Et alors ? demanda Flip. Est-ce que ce n'est pas la même chose ? Tiesse di flamin, tête de flamand, cela ne veut rien dire d'autre qu'une tête dure, et tête-caillou, c'est exactement la même chose. (p. 44)

Tout comme dans le premier cas, le mot dialectal fera l'objet de commentaires de la part des personnages ou du narrateur, ce qui, globalement, facilite l'intégration d'éléments « bâtards » dans le texte sans que la lisibilité, pour un francophone sans connaissance du bruxellois ou du flamand, s'en trouve affectée. Une même démarche de mise entre guillemets du mot étranger au français standard, puis quelques remarques qui le glosent, permet au narrateur d'expliquer la bienveillance que Flip éprouve à l'égard du jeune Fons, par des nuances de sensibilité entre le français et le flamand : « Flip ne l'appelait pas "men", qui veut dire "petit homme", mais fils, qui fait plus sérieux, qui donne de l'importance » (p. 60). Un autre procédé d'intégration utilisé par Paron consiste à faire suivre le mot étranger d'une traduction approximative en français, comme lorsque Armand qualifie Stève de « "Sukkeleir", pauvre » (p. 77). Enfin, une dernière manière d'introduire un élément hétérolingue dans le roman réside dans la transformation du prénom d'Armand en « Manke » selon le procédé, extrêmement courant en flamand, qui ajoute le suffixe diminutif *-ke* aux noms pour exprimer l'une ou l'autre nuance d'affection.

Le droit au mélange que le roman défend ouvertement dans les discussions trouve donc un répondant dans son traitement de la langue littéraire, où ces quelques touches dialectales soigneusement réparties font comprendre au lecteur qu'il est devant un français propre à la Belgique, plus exactement à la région bruxelloise et à une classe sociale

---

[14] Rainier GRUTMAN, « Effets hétérolingues dans le roman québécois du XIXe siècle », dans *Littérature*, n°101, février 1996, p. 41.

précise, la classe ouvrière. On peut donc avancer que, jusque dans sa langue d'écriture, le roman exhibe son ancrage dans le monde ouvrier bruxellois qu'il met en scène. Mais les expressions dialectales semblent servir un autre but encore : non seulement la présence d'éléments dialectaux propres aux milieux populaires de Bruxelles introduit ce que, pour décrire les éléments qui traduisent le plurilinguisme dans le texte tout en le réduisant au strict minimum, Grutman a appelé « un effet hétérolingue[15] », ce recours aux dialectes semble aussi faire partie d'une stratégie délibérée de positionnement au sein du champ littéraire belge. Comme le dit en substance Dominique Maingueneau, la langue ne constitue pas une base neutre offerte à l'écrivain à qui il ne resterait qu'à la mettre en texte, elle est au contraire partie prenante dans le positionnement de l'œuvre qui prend sens en fonction de la manière dont elle la gère[16]. La question est maintenant de savoir par rapport à quel pouvoir culturel le romancier se positionne en exhibant ces signes d'appartenance périphérique – sociale sur un plan, culturelle sur l'autre.

En mobilisant simultanément les prismes linguistique et thématique, on voit que la défense de la bâtardise linguistique (la langue des ouvriers) est opposée au bon usage imposé par une instance culturelle dotée d'une certaine autorité (le bibliothécaire de la coopérative socialiste). Les historiens et les critiques littéraires partent souvent de l'idée que les textes littéraires belges se positionnent d'abord par rapport au champ littéraire français et que c'est par rapport à celui-là qu'il faut interroger ses options esthétiques et linguistiques. Mais il faut bien noter que dans l'espace fictionnel des *Chiens de la Senne*, où tout est pourtant mélange, c'est une autorité culturelle *locale* qui se pose en juge du bon usage et en gardien de l'illusoire pureté de la langue française. Ce fait suggère, à mon avis, que c'est en premier lieu contre l'institution littéraire de son pays que Paron défend l'usage local du français qu'il va essayer de légitimer en érigeant deux écrivains nationaux en véritables « possesseurs » de la langue :

> Les langues sont mêlées dans cette capitale et les noms de famille eux-mêmes n'y ont plus aucun sens. Tel qui ne connaît pas le moindre mot de la langue de Conscience porte un nom flamand, tel autre qui ignore la langue de Maeterlinck, qui a le français en horreur, porte un nom à consonance française. (p. 39)

---

[15] « Par hétérolinguisme [...] nous entendons toute textualisation d'idiomes étrangers aussi bien que de variétés (sociales, régionales, historiques...) de la langue auctoriale ». Rainier GRUTMAN, *op. cit.* p. 40.

[16] *Cf.* Dominique MAINGUENEAU, *Le Contexte de l'œuvre littéraire. Énonciation, écrivain, société*, Paris, Dunod, 1993, pp. 101 et 104.

Là où l'on dit fréquemment « la langue de Voltaire » en parlant du français, et « la langue de Vondel » en parlant du néerlandais, Paron établit deux représentants éminents des littératures de son pays en références linguistiques. En attribuant à Henri Conscience et à Maurice Maeterlinck le plein droit de se considérer comme possesseurs de la langue des grandes nations voisines, Paron dit subtilement que tous les usages du français se valent comme langue littéraire. Pour prestigieuse qu'elle soit, aucune littérature ne saurait prétendre à être le seul dépositaire d'une langue aux réalités aussi multiples que le français, langue que les écrivains belges exploitent avec les mêmes droits que leurs homologues français. Aussi est-il loisible de lire ici une réaction contre l'attitude normalisatrice dominante au sein de l'institution littéraire belge. Évidemment, cette conception ne se traduit pas dans le champ littéraire en directives précises sauf, évidemment, si l'on considère des ouvrages comme *Le Bon Usage* et la *Chasse aux Belgicismes*. Mais elle s'exprime çà et là, parfois positivement sous forme d'hommages vibrants à la langue française, parfois négativement comme le montre, à titre d'exemple, l'indignation exprimée par Georges Bouillon, directeur de la revue *La Dryade*, au sujet de la remise d'un prix littéraire :

> Je me souviens encore de la colère jointe à la stupéfaction de Maud Frère quand, devant moi, on précisa, ainsi qu'à une gosse prise en faute, que l'Académie Royale de Langue et de Littérature françaises de Belgique [...] avait manqué de ne pas lui attribuer son Prix Garnir pour avoir écrit par deux fois « avoir facile », ainsi que le disent neuf Belges sur dix.[17]

En introduisant le plurilinguisme dans son roman, comme thématique et comme « effet hétérolingue », Paron prend position contre une telle attitude. Envisagée au travers du prisme linguistique et thématique, la langue majeure contre laquelle le roman se rebiffe ne semble donc pas en premier lieu être une norme émanant directement du centre littéraire français mais une certaine idée du français véhiculée par les instances dominantes du champ belge. Ce souci inscrit dans les prises de position linguistique (la présence du dialecte ainsi que d'un français relevant d'un registre plus populaire que littéraire) et thématique (la bâtardise *vs* la pureté) du roman, l'éloigne radicalement du purisme linguistique érigé en règle par les instances littéraires dominantes de l'époque.

---

[17] Georges BOUILLON, « Libres propos. Où il est de nouveau question de nous autres, Belges », dans *Audace*, n° 4, 9ᵉ année, Bruxelles, Le Rond-Point, décembre 1963, p. 203.

IV. Une littérature mineure contre la langue majeure

Selon Marc Quaghebeur, la reconnaissance, dans le champ littéraire belge des années 50-60, demande, outre l'usage d'une langue française châtiée, l'exclusion des réalités nationales et la prédominance symbolique du genre poétique[18]. Le roman inscrit donc une contestation de la norme puriste qui domine l'institution littéraire. Et, si on le mesure à l'aune des deux derniers critères mis en avant par Quaghebeur, il s'écarte également des règles de l'institution : il fait ouvertement signe vers la Belgique et, en mettant en œuvre des ouvriers, il se rapproche du genre de la littérature prolétarienne, genre incontestablement mineur dans la hiérarchie des valeurs littéraires. Je n'aborderai pas davantage la question du faible statut de légitimité de la littérature prolétarienne, ne retenant de cet aspect que ce qui a directement partie liée avec la langue. À cet égard, Paul Aron a dégagé certaines caractéristiques majeures de cette littérature dont un des objectifs est de faire entendre la voix des ouvriers par l'intégration de l'oral dans le texte[19].

Selon Aron, les écrivains prolétariens belges ont rejeté les procédés de nivellement énonciatif, jugés trop savants, et limité l'oral aux dialogues directs, émaillés d'expressions dialectales qui ne sont que très rarement assumées par le narrateur. Paron, s'il partage visiblement l'objectif de donner la parole à une classe sociale qui ne s'est pas souvent exprimée dans la littérature légitime, procède tout autrement. Le roman présente un perpétuel va-et-vient entre plusieurs plans d'énonciation, mêlant constamment, dans une seule phrase, la voix du narrateur à celle des personnages. Par le biais du discours indirect libre, l'oralité déborde les dialogues et se glisse dans les séquences narratives où il est perceptible aussi bien au niveau syntaxique (phrases brèves, questions, répétitions) que lexical (connecteurs, registre familier, expressions dialectales). Gommant les différences entre les niveaux discursifs de son texte, Paron efface en même temps la distinction entre ce qui est tenu pour littéraire (le discours du narrateur) et ce qui ne l'est pas (la langue des ouvriers). De cette manière, le romancier en vient régulièrement à s'exprimer de concert avec ses personnages dans une langue globalement très éloignée de l'usage strictement littéraire du français. Le roman, dans son ensemble, s'ouvre ainsi aux éléments – aussi bien thématiques que linguistiques – traditionnellement exclus de la grande littérature.

---

[18] D'après Marc QUAGHEBEUR, « Éléments pour une étude du champ littéraire belge francophone de l'après-guerre », *op. cit.*, pp. 260 et *passim*.

[19] Paul ARON, *La Littérature prolétarienne en Belgique francophone depuis 1900*, Bruxelles, Labor, 1995, pp. 178 *et sqq.*

Mais tout dans ce texte, tel qu'il nous est parvenu, n'est pas écart. Sur un point précis – la référence à un événement politique majeur – l'auteur s'est plié aux contraintes éditoriales venant de plusieurs côtés, aussi bien belges que français.

V. « Inscription des usages »

Tout porte à croire que Charles Paron n'a jamais cherché à quitter la marge du champ littéraire belge, c'est-à-dire une position qui lui permettait d'agir et d'écrire comme homme de gauche, position qu'il pouvait occuper d'autant plus facilement qu'il était longtemps édité par Gallimard et n'avait aucun besoin de s'adapter aux structures locales. Or, il faut voir que, à part son premier roman qui était d'abord édité par *La Guilde du Livre* à Lausanne, les textes qu'il a publiés chez Gallimard sont marqués au coin de l'exotisme. Engagés d'un point de vue social peut-être, exotiques à coup sûr. Mais avec *Les Chiens de la Senne*, où il aborde de front la réalité belge, il fera l'expérience décevante d'un rejet éditorial généralisé qui l'amènera à faire quelques concessions. Quelques extraits de sa correspondance offrent des éléments excellents pour saisir une partie de ce processus qu'Alain Viala a décrit comme une « inscription des usages » et par où il entend « une opération où des contraintes émanant des institutions de la vie littéraire se retraduisent par une certaine façon de traiter le code générique, engagent des choix esthétiques […] et sémantiques […] »[20]. C'est-à-dire que dans une telle opération, il arrive que certaines options initialement inscrites dans la position qu'occupe l'auteur soient transformées dans la rencontre avec des usages institutionnellement plus légitimes.

Ayant achevé son roman, Paron l'envoie simultanément à Gallimard et au *Drapeau Rouge* ! Son éditeur habituel regrette de ne pouvoir recommander la publication de l'ouvrage, qui est certes « vigoureux et vivant » mais d'une technique « littérairement un peu démodé [*sic*] »[21]. Commentant ce refus dans une lettre à Scheinert, Paron reconnaît que son texte se rapproche de la littérature prolétarienne mais qu'il est difficile d'éviter ce parallèle puisque « le sujet, c'est des ouvriers »[22]. Du

---

[20] Alain VIALA, « L'histoire des institutions littéraires », dans Henri BÉHAR et Roger FAYOLLE (dir.), *L'Histoire littéraire aujourd'hui*, Paris, Armand Colin, 1990, p. 123. Viala ne donne pas de définition théorique générale de cette formule qu'il explicite à l'aide d'un exemple concret tiré de la correspondance de Racine à son ami Le Vasseur.

[21] Lettre de Gaston Gallimard à Charles Paron datée du 8 mai 1961. Collection privée Françoise Paron.

[22] Lettre de Charles Paron à David Scheinert datée du 28 juin 1961 et du 1ᵉ juillet 1961, Bruxelles, Archives et Musée de la Littérature, ML 5785 / 16.

côté du *Drapeau Rouge*, il essuie un aussi net refus du rédacteur en chef, Pierre Joye, qui a lu le roman comme un document sur les mouvements de grève et estime que tout est inexact : les faits matériels, l'atmosphère, l'attitude, la mentalité et les réactions des personnages[23] ! Joye, qui reste sans doute marqué par les poncifs de l'esthétique réaliste-socialiste chère aux milieux culturels communistes des années 50, aurait en effet préféré une perspective nettement plus optimiste que le désespoir véhiculé, à ses yeux, par les pages du roman, erreur d'appréciation qu'il met sur le compte de la distance qui sépare Paron de la Belgique et qui l'a obligé à participer au mouvement par procuration, à travers les journaux et les témoignages.

Écrire en prise sur le réel s'avère donc une entreprise bien délicate. Les commentaires de Paron à Scheinert sur les refus successifs de Gallimard et de Joye sont éclairants à plus d'un égard. D'abord il écrit : « il me semble que l'écart que j'avais respecté envers l'événement n'est pas assez grand. J'ai situé en novembre, car déjà à ce moment il y avait des mouvements contre la loi unique... J'aurais dû prendre de plus grandes distances, côté politique. »[24] Et il revient là-dessus plus loin dans la même lettre : « Je regrette seulement mes personnages. Je crois que certains sont bien des ouvriers bruxellois, et non parisiens. Tant pis, ils resteront dans le tiroir. »[25] Pour Paron, l'usage de la langue des personnages des *Chiens de la Senne* est si intimement lié à l'univers bruxellois qu'il ne saurait, sous peine de trahir ses personnages, transplanter la fiction dans la capitale française. Mais le passage cité indique assez qu'une telle solution ne serait pas complètement étrangère à un écrivain belge en quête d'éditeur.

Tenant compte des avis critiques, Paron supprime les références au projet de loi unique, sans pour autant remettre en question le restant du roman, c'est-à-dire qu'il maintient la localisation bruxelloise : « cela ne faisant que de petites retouches à trois pages, mais je pense que sans cela mes personnages vivent, et la Loi U. était un prétexte pour se faire marcher »[26]. Suite à ces remaniements, Georges Houyoux des Éditions des Artistes à Bruxelles, se déclare prêt à publier le roman en 1963. Mais la publication tarde, les péripéties se multiplient, et Paron relance de nouveau les éditeurs français. En vain. Calmann-Lévy reconnaît que

---

[23] Lettre de Pierre Joye à Charles Paron datée du 17 mai 1961. Collection privée Françoise Paron.

[24] Lettre de Charles Paron à David Scheinert datée du 28 juin 1961 et du 1er juillet 1961, Bruxelles, Archives et Musée de la Littérature, ML 5785 / 16.

[25] *Ibidem.*

[26] Lettre de Charles Paron à David Scheinert datée du 15 janvier 1962, Bruxelles, Archives et Musée de la Littérature, ML 5785 / 18.

le sujet est original mais qu'il « aurait mérité un volume double, plus de substance et, en gros, infiniment plus de souffle »[27], tandis que la Librairie Arthème Fayard avance des arguments sans appel pour un auteur belge qui a écrit en prise sur « son » réel, voire sur son « social » : « le thème que vous traitez est très éloigné des préoccupations des lecteurs habituels de notre Maison d'édition, et je dois aussi dire qu'il est assez loin des préoccupations du public moyen français »[28]. Il est vrai qu'en ce moment en France, l'ère du soupçon bat son plein, et la mode littéraire dominante a déjà remplacé la référence au monde réel par un univers principalement composé de textes. Mais pour autant que ce soit ici la référence au monde qui fait problème, celui-ci semble résider moins dans un refus de la référentialité en général que dans le référent belge particulier.

Si j'ai estimé qu'il valait la peine de faire le détour par cette expérience éditoriale, c'est que, d'une part, elle montre comment la création littéraire est en interaction permanente avec le champ dans lequel elle s'exerce et, d'autre part, parce qu'elle a eu des répercussions sur les projets littéraires futurs de Paron. Moins en ce qui concerne les aspects formels et techniques qu'en ce qui concerne le contenu – le décor, le milieu, la problématique sociale et, par conséquent, la langue. Peu de temps avant de rédiger les *Chiens de la Senne*, Paron avait détaillé ses projets romanesques qui comprenaient alors, en dehors de romans sur l'étranger, un roman sur un groupe d'ouvriers belges (faubourg de Bruxelles), un autre sur une famille flamande se francisant et un autre encore sur le monde des employés belges…[29] Mais lorsqu'il en reparle six ans après, son expérience avec *Les Chiens* l'a amené à reconsidérer certaines de ses priorités : « Et me voilà parti à songer aux pages qui attendent des récits et qui traînent dans des chemises. Et je calcule qu'un manuscrit sur des milieux pauvres en Belgique n'auraient [*sic*] pas plus de chance que mes *Chiens de la Senne*. Il y a là deux sujets qui attendent. Quelque chose de plus exotique aurait plus de chance me semble-t-il. »[30] Ces phrases traduisent une conscience bien nette du fait que l'absence de référents spécifiquement belges est la démarche la plus payante au niveau éditorial mais c'est là une question qui déborde le

---

27 Lettre de l'éditeur Calmann-Lévy à Charles Paron datée du 9 octobre 1963 (signature illisible). Collection privée Françoise Paron.

28 Lettre d'Armand Lanoux à Charles Paron datée du 5 mars 1965. Collection privée Françoise Paron.

29 Lettre manuscrite de Charles Paron à David Scheinert datée du 22 octobre 1960, Bruxelles, Archives et Musée de la Littérature, ML 5785 / 14.

30 Lettre de Charles-Louis Paron à David Scheinert datée du 5 juin 1966, Bruxelles, Archives et Musée de la Littérature, ML 5785 / 52.

cadre de la présente étude, restreinte aux relations internes au champ littéraire belge.

VI. En guise de conclusion

Pour conclure, on peut dire que les termes *littérature mineure* et *langue majeure* ont permis de rendre compte, non pas en premier lieu de la problématique de domination qui régit les relations littéraires franco-belges, mais d'une opposition qui s'explique par les enjeux spécifiques du champ littéraire belge. La contestation inscrite dans le roman de Paron semble en effet surtout viser l'idée de la pureté linguistique que défend et répand l'establishment littéraire local, voué au culte de l'universalité de la langue française et toujours prêt à chasser belgicismes et autres incongruités de la littérature belge.

Certes, cet idéal linguistique partagé par de nombreux écrivains et critiques littéraires belges n'est pas élaboré en Belgique mais directement tributaire de la croyance en la clarté, la supériorité, l'universalité (etc.) de la langue française qui, tel un dogme, n'est pas vraiment mise en question dans le champ littéraire hexagonal. Cette représentation de la langue entre alors, en Belgique francophone, dans la logique propre au champ local, où l'attitude adoptée face à la langue est un des points par où l'écrivain adhère ou n'adhère pas à certains usages érigés en règles, c'est-à-dire qu'elle est, sans doute plus qu'ailleurs, un facteur capital dans toute stratégie de positionnement interne.

Ainsi, l'écart qui sépare la langue d'écriture de Paron de la norme puriste exprimée par exemple au sein de l'Académie Royale de Langue et de Littérature françaises (*cf.* l'exemple ci-dessus) est révélateur de sa position marginale dans le champ, marginalité renforcée par ce qui apparaît comme un écart générique par rapport aux valeurs littéraires légitimes. D'un tel point de vue, cette « littérature mineure » a sérieusement mis en question la valeur accordée à la « langue majeure ». Il est vrai que la suppression de la référence au projet de loi unique constitue une sorte de concession à certaines contraintes institutionnelles, mais les changements apportés au manuscrit n'ont pas modifié l'univers du roman en profondeur : celui-ci reste ancré dans la capitale belge, de plain-pied avec ces ouvriers bruxellois qui, à l'image du romancier et n'en déplaise à l'autorité culturelle locale, pratiquent avec bonheur une langue qui dit bien d'où elle vient.

Réjean Ducharme
ou les dérèglements de compte

Jean-Christophe DELMEULE

Quand Réjean Ducharme met en scène des enfants terribles qui utilisent la langue de la rage et du délire, il organise un déplacement de la langue officielle, codée, que les adultes et les censeurs imposent. Ce déplacement initie un dérèglement systématique qui conjugue les ordres politique, existentiel et linguistique. Comment écrire en français quand on est québécois et que l'on refuse d'adhérer aux valeurs de son propre pays, que l'on ironise aussi bien sur le monde des affaires aux habitudes nord-américaines que sur les défenseurs du joual, que l'on se soustrait à une ligne de partage qui opposerait l'intériorité et l'extériorité pour mieux montrer que les enjeux de la littérature ont à voir avec la colère et le rejet, avec une obstination du propos qui fait sien tous les registres pour mieux les distancier ? Quand le style et le vocabulaire les plus apparemment familiers et provocateurs – « Elle est en train de devenir une salope comme moi »[1] déclare Iode dans *L'Océantume* –, côtoient les plus édulcorés et les plus noblement poétiques pour mieux désamorcer ce qui pourrait se construire ou se lire et montrer qu'à chaque proposition correspond son contraire absolu. Haïr ou aimer follement sont les deux postures qui correspondent à la même volonté : tenter de dominer son destin en sachant que cette maîtrise est illusoire. Mais aussi se maintenir par la parole dans cette attitude intransigeante car il faut se protéger de toute faiblesse et de toute illusion :

> Ma mère est toujours dans la lune. À la voir passer le nez en l'air et les yeux surpris dans ma vie, on dirait qu'elle passe ailleurs [...] Elle me dépasse. Elle m'échappe. Elle me glisse entre les yeux [...] Pour moi c'est clair : elle est un danger, une menace terrible. C'est un soleil qui me flamberait l'âme si je ne le fuyais pas, ne m'en défendais pas.[2]

---

[1] Réjean DUCHARME, *L'Océantume*, Paris, Gallimard, « Folio », 1968, p. 177.

[2] Réjean DUCHARME, *L'Avalée des avalés*, Paris, Gallimard, « Folio », 1966, p. 32.

C'est pourquoi l'enfance est ce moment ultime, ce regard sur les adultes et leur monde corrompu, doublé de la conscience désespérée de ne pouvoir échapper au temps et à ses traces qui détruisent la pureté :

> C'était écrit, il fallait que je fasse la rencontre de mesdemoiselles les menstruations. Je suis pleine d'ovaires, maintenant. [...] Je rentre au columbarium pliée en deux, me répétant, sans le vouloir, cette phrase retenue je ne sais pourquoi par ma mémoire : – Elle demeurera sept jours dans son impureté et quiconque la touchera sera impur jusqu'au soir.[3]

Il ne reste que la colère et le désir de vengeance, la folie des mots qui se brise sur la réalité, quand elle cherche à nier l'irrémédiable et qu'elle est torturée par ses contradictions internes. Rimbaud et Nelligan sont souvent évoqués. Poètes du dépassement et de la folie. Poètes de la jeunesse préservée par l'absence. Bérénice dans *L'Avalée des avalés*, Iode Ssouvie dans *L'Océantume*, Mille Milles dans *Le Nez qui voque* sont tous trois habités par cette peur et ce refus. Mille Milles qui force la langue et les mots à signifier une vérité enfouie sous les apparences et à subir les mêmes tourments que lui :

> Ils ont des tâches historiques. Sans accent circonflexe, nous obtiendrions : ils ont des taches historiques. C'est une équivoque. C'est un nez qui voque. Mon nez voque. Je suis un nez qui voque.[4]

alors qu'il déclarait une page plus tôt :

> J'ai seize ans et je suis un enfant de huit ans. [...] Je ne veux pas aller plus loin : je reste donc arrêté. Je ne veux pas continuer car je ne veux pas finir fini. Je reste comme je suis. Je laisse tout, s'avilir, s'empuantir, se dessécher. Je les laisse tous vieillir, loin devant moi. Je reste derrière avec moi, avec moi l'enfant, loin derrière, seul, intact, incorruptible [...] Je ne peux pas laisser moi l'enfant seul dans le passé, seul présent dans toute l'absence, à la merci de l'oubli. Je le veille loin derrière.[5]

Étrange dédoublement ou étrange regard sur soi-même que l'écriture, dans les jeux temporels qu'elle autorise, et qui permet de mettre en scène cet absurde décalage entre le moi et le moi, qui se regardent vivre ou se regardent écrire ou plutôt dé-crire. Alcooliques, qui comme Ina Ssouvie dans *L'Océantume* ou Bottom dans *Dévadé* oublient leur vie et leurs obligations. Enfants perdus dans leur solitude qui découvrent que leur désir de fusion est voué à l'échec et que tous les mots appelés à la

---

[3] *Ibid.*, pp. 218-219.

[4] Réjean DUCHARME, *Le Nez qui voque*, Paris, Gallimard, « Folio », 1967, p. 13.

[5] *Ibid.*, pp. 11-12.

rescousse ne font qu'entériner cette irrémédiable coupure aux autres et à soi : « Où suis-je ? À la même place ! Je suis sous mes yeux. »[6]

Impossibilité réelle de ne pas vieillir, impossibilité du texte à ne pas s'écouler et donc à tracer le contraire exact de l'immobilité qui est décrite. D'où ce désir de quitter les lieux présents et de partir pour d'autres mondes. Ainsi la fugue d'Iode ou les errances de Bottom, la fuite de Bérénice dans *L'Avalée des avalés*, mais d'une Bérénice qui est paradoxalement prête à tous les élans de tendresse, rendus déjà inconcevables d'être pensés. Refuser toute faiblesse, et donc, souffrir objectivement en la langue :

> L'an dernier (alors qu'il gelait) j'ai mis la langue sur le corbeau de la grille et elle y est restée collée, tellement collée que toute la peau s'est arrachée quand j'ai tiré. […] souffre mais ne crie pas.[7]

Car la langue est irrémédiablement ce qui unit et ce qui sépare. Elle est matière qui, dans l'illusion, fait obstacle à la coupure ultime. Elle est comédie. Ducharme ne peut pas s'inscrire dans un mouvement revendicatif régionaliste, pas plus qu'il ne peut accepter le français comme langue de la littérature. Les références à Musset, à Hugo ou à Proust, les allusions à l'Antiquité prouvent qu'il veut mettre à distance tout le sérieux d'une culture qu'il considère comme un écran. Son écriture se situe dans le vide qui s'organise entre l'affirmation d'une unité impossible et celle d'une volonté libérée qui conduirait à la destruction totale des mots et du sens. Telles Iode et Asie Azothe, qui veulent lutter contre la guerre de Troie que la société leur livre en devenant une seule et même personne, unie(s) contre La Milliarde :

> Si tu comprends, nous ne sommes plus deux personnes, nous sommes devenues une seule personne. Prenons un nom pour cette seule personne que nous sommes maintenant, un nom ni masculin, ni féminin, ni pluriel, un nom singulier et bizarre. Ce sera notre cri de guerre.[8]

Ce nom qui surgira dans l'excitation, au milieu des gifles qu'elles se donnent, sera Cherchell. Un mot qui aurait dû échapper aux règles de la langue pour être commun. Mais un mot qui ne traduit que cette obstination à chercher, à rêver d'une langue qui enfin permettrait de retrouver une unité perdue. Si la langue est bien cette aporie de la pensée, ce lieu unique de la conscience qui ne peut s'exprimer que dans un écart à soi, alors peu importe la légitimité géographique ou historique, peu importent les réflexions théoriques ou identitaires, qui viendraient troubler le

---

[6] Réjean DUCHARME, *L'Océantume*, *op. cit.*, p. 147.
[7] Réjean DUCHARME, *L'Avalée des avalés*, *op. cit.*, p. 51.
[8] Réjean DUCHARME, *L'Océantume*, *op. cit.*, p. 111.

rapport fondamental qui s'établit entre elle et le vide de la pensée : « Ce qui compte, c'est ce qu'on veut dire, non les paroles dont on se sert pour le dire. Les mots ne sont qu'un simple moyen, qu'un outil »[9], explique Iode à son frère Inachos.

Mais comme cet outil est trop policé, trop éloigné de l'intensité qui la parcourt, elle est obligée de délirer, de jurer, de pousser la langue à son point extrême, paroxystique, à la limite de l'implosion ou de l'explosion. L'écriture est cette expérience de dépassement de la norme. Elle doit excéder son propos, jouer de toutes les déformations (mots inventés, mots valise, paronomases...) : « Hurle ! Hurle comme une furle ! Pourquoi hurler est-il si mal vu ? [...] Brise ! Brise comme une trise ! Brise où ils t'engraisseront, t'égorgeront, te vendront et te serviront avec des petits morceaux de champignons. Défends-toi, Fentoi »[10], crie-t-elle encore, insistant sur l'usage de la langue comme d'une arme qu'il faut posséder.

Et lorsqu'elle souhaite « parler sa propre langue », sa langue maternelle, elle ne désigne pas le français mais une langue faite sienne. Rien ne doit calmer l'esprit, rien ne doit s'interposer. La langue est son tourbillon. Elle est sa folie. On comprend pourquoi les livres de Ducharme mettent souvent en scène des couples qui s'opposent au monde, qui joignent leurs forces contre une société veule et compromise, des couples qui mettent en cause les genres et les principes, à la limite de l'inceste ou de l'érotisme enfantin. Iode a besoin d'Asie Azothe, comme Bérénice a besoin de Constance Chlore, rebaptisée Constance exsangue, non pour croire, mais pour éprouver, dans une quête absolue, le rêve de l'un et sa faillite immédiate. La langue est cet autre avec lequel je voudrais fusionner pour exprimer ma souffrance et ma douleur, mais qui porte en elle-même la trace de la loi et la signature de la césure :

> Les langues humaines sont de mauvaises langues. Elles ont trop de vocabulaire. Leurs dictionnaires comptent mille pages de trop. Cette superfluité donne lieu à la confusion. On reconnaît les sentiments au toucher. Tout ce qui se décrit dans mon œil, mon ventre et mon cœur par un seul et même phénomène devrait porter un seul et même nom. Ces états d'oppression viscérale qu'on peut aussi bien appeler chagrin que peine, douleur, haine, dégoût, angoisse, remords, peur, désir, tristesse, désespoir et spleen ne témoignent au fond que d'une seule réalité. Je les ai toujours, sans vergogne, confondus. Les philologues et les bavards devraient faire de même. L'homme est seul et son agressivité vient de cette solitude.[11]

---

[9]   *Ibid.*, p. 231.
[10] *Ibid.*, p. 195.
[11] Réjean DUCHARME, *L'Avalée des avalés, op. cit.*, p. 286.

L'affirmation de la solitude ne suffirait pas à rendre l'écriture de Ducharme passionnante. Mais quand cette affirmation se tresse dans l'usage simultané des mots et de leur défaillance, elle prend tout son sens, ou plutôt elle désigne le risque qui est pris de questionner le sens en le poussant à la limite :

> À une multiplicité du signifiant sous laquelle le signifié nous échappe devra succéder une unité du signifiant capable de faire apparaître la multiplicité invisible du signifié.[12]

Les couples impossibles de Ducharme n'ont pas comme mission de marquer uniquement la solitude irrémédiable des êtres, ni de mettre à distance la langue qui devient cauchemar quand elle prétend être rêve. Elle traduit l'accélération de la pensée prise au piège de la lucidité, d'une lucidité qui devrait conduire à la destruction totale des règles mais qui ne peut qu'envisager cette destruction sans jamais l'accomplir autrement que par les mots – force et faiblesse de l'écriture :

> J'en ai assez du charme (Ducharme ?) tout-puissant que ce pan de beauté exerce sur moi, de cela qu'il me fait qui est aussi néfaste qu'irrésistible, qui rend encore plus trouble le trouble de mon âme et encore plus immense son immense vide. J'en ai assez de me laisser prendre par la fascination comme une alouette, un papillon. Et en cela la seule façon de vaincre est de détruire.[13]

Une lecture linéaire de Ducharme est impossible, tout autant qu'une lecture strictement métaphorique ou psychanalytique. Car dans l'incandescence de la langue, les figures de style sont en cause et vivent une crise véritable. Chaque expression pourrait être décodée comme métaphore du langage, chaque métaphore décodée comme vérité de la douleur :

> Je suffoque, je suis étranglée. Allons-nous en. Je me décompose. Je me liquéfie. La vie me déserte, s'écoule de moi comme d'un tamis. Je durcis. Je me fossilise. Je suis pétrifiée. Partons. Dépêchons-nous. À toutes griffes, avant qu'il ne soit trop tard, déchirons la prolifération amplective qu'a tissée l'inaction et dont les fils se contractent, se rétrécissent, pénètrent mes chairs.[14]

Ce que Ducharme met en place, c'est un processus de déconstruction de la langue, dans lequel l'ironie mordante et la provocation jouent un rôle fondamental.

---

[12] Philippe SOLLERS, *L'Écriture et l'Expérience des limites*, Paris, Seuil, « Point », 1968, p. 22.

[13] Réjean DUCHARME, *L'Océantume, op. cit.*, p. 155.

[14] *Ibid.*, p. 116.

> Une femme, c'est comme un cheval ; ce n'est bon qu'à échanger contre des moutons. Une femme, c'est comme un écureuil ; c'est beau. Une femme, c'est plus grand qu'une allumette. Je pourrais continuer ainsi pendant deux cents pages. Avoir une belle femme, c'est comme avoir un beau cheval. Les hommes qui se mettent à genoux aux pieds des femmes sont des hommes qui se mettent à genoux devant leur propre pénis. [...] La femme la plus insolente est celle qui a le plus beau derrière. Plus son derrière est beau, plus elle fait la grave et l'intouchable. La femme mesure son importance à la beauté de son derrière ; c'est pourquoi elle méritait son esclavage.[15]

Combien de degrés de lecture pour comprendre que derrière la provocation anti-féministe il y a toujours le refus de tomber sur un accord et sur la nécessité de produire une dissonance. Chaque fois que le ton s'inscrit dans un registre il est aussitôt détruit, laminé par la suite du texte. À la poésie succède l'ironie, non pour jouer mais pour interdire que le moindre calme ne s'installe. Surtout pas de consensus et il faut bien qu'à un moment donné, la violence se déchaîne. C'est pour cela que les héros de Ducharme, tous plus anti-sociaux les uns que les autres, boivent, crient, se comportent comme des parasites ou des marginaux. Comment ne pas s'en prendre à la langue, qui est le consensus même, dont la matière et l'objet visent la communication ? Comment ne pas passer par elle, pour babéliser la littérature. Le projet est moins de refuser le joual, de mettre à distance le français, de se méfier de l'anglais, mais bien plutôt de déraper sur tous les possibles de l'étrangeté pour autant qu'elle ne peut satisfaire personne. La langue de Ducharme est l'envers immédiat de la vie et l'expression forcenée d'une petitesse insupportable :

> Si j'étais vétérinaire, c'est à la hache et à la dynamite que j'opérerais les abeilles ! Si j'étais abeille, c'est au quintal, à la tonne que je cracherais du miel. Si on me demandait de faire des chasubles, c'est à la scie circulaire, à la faux que je broderais.[16]

Et si souvent ses livres donnent l'impression que la langue est l'objet même du livre, c'est parce que la langue, au moment où elle s'inscrit dans le texte, porte en elle une autre dimension. Quand Lise Gauvin écrit :

> Le cas de [Ducharme] est exemplaire. Plus qu'un simple matériau de fiction, la langue devient à la limite le sujet même de son œuvre. Titres, noms de personnages, figures et références intertextuelles témoignent d'une imper-

---

[15] Réjean DUCHARME, *Le Nez qui voque, op. cit.*, pp. 54-55.

[16] Réjean DUCHARME, *L'Océantume, op. cit.*, p. 219.

tinence qui n'a d'égale que la liberté avec laquelle le romancier, traite la ou les langues dont il use.[17]

Elle permet de comprendre que quand la littérature s'en prend à la langue, elle désire faire éclater les carcans qui l'enferment pour mieux lui rendre son rôle interrogatif et ontologique. Si Beckett a tant perturbé ses lecteurs, c'est parce que la langue de *Fin de partie* ou de *Premier Amour* coïncide avec la peur existentielle exprimée par ses non-personnages et par Beckett lui-même. Quand Mallarmé crée le vide dans le texte, c'est bien le vide qu'il rend visible. Mais dans chaque exemple le procès produit un double effet, puisque la Mélisande de Maeterlinck ne dit rien que l'indicible et que Godot ne viendra pas. Pour Ducharme, ce qui compte c'est l'abîme abîmé, c'est l'indéchiffrable lecture qui fait toucher le sens au moment où il ne peut plus être analysé. Quand, dans *Les Enfantômes*, Vincent déclare : « Peut-être qu'elle n'aurait jamais vieilli si j'avais été l'homme qui lui phallait »[18], il touche une évidence tout autant morphologique que sémantique, mais qui disparaîtra dans la moindre analyse critique.

Poser l'écart au « bon français », en découdre avec la grammaire pour délier ce qui vient de l'être, apprécier le jeu de mot, revient à chaque fois à introduire du pluriel dans un singulier alors qu'ici le pluriel et le singulier ont décidé de nous jouer un bon tour. Là où les titres de Ducharme sont évocateurs (*L'Hiver de force, L'Avalée des avalés, L'Océantume...*), ce n'est pas dans le décryptage qu'ils autorisent ; c'est que, décryptés, ils auront perdu leur pouvoir ou qu'ils exigeront un retour en arrière de la lecture, un « à rebours » de la pensée. Il faut donc ne plus chercher à les mettre à plat. C'est donc très vraisemblablement à une structure de la pensée, à un indicible de l'existence, qu'ils renvoient. Le Bérénicien naît de cette nécessité :

> Je hais tellement l'adulte, le renie avec tant de colère, que j'ai dû jeter les fondements d'une nouvelle langue. Je lui criais : – Agnelet laid – Je lui criais – Vassiveau ! – La faiblesse de ces injures me confondait. Frappée de génie, devenue ectoplasme, je criai, mordant dans chaque syllabe ; –Spétermatorinxétanglobe ! – Une nouvelle langue était née, le Bérénicien [...] Le Bérénicien compte plusieurs synonymes. – Mounonstre, béxéroorisiduel et spétermatorinx sont synonymes.[19]

Car c'est dans le rapport à l'autre que la langue est manifestement inefficace, qu'elle doit être considérée, avec cette voix intérieure qui

---

[17] Lise GAUVIN, *Langagement*, Montréal, Boréal, 2000, pp. 167-168.

[18] Réjean DUCHARME, *Les Enfantômes*, Paris, Gallimard, 1976, p. 254.

[19] Réjean DUCHARME, *L'Avalée des avalés*, *op. cit.*, p. 337.

ponctue et conclut. Quand les dialogues sont commentés par la voix silencieuse du narrateur qui crée l'illusion d'une solitude, quand les personnages eux-mêmes sont des interférences qui viennent buter sur le commentaire définitif d'une négation – celle de l'étranger, bien sûr –, quand les pronoms oublient leur qualité grammaticale pour désigner d'autres que ceux qu'ils sont censés nommer. Ainsi cet indéfini « on » qui tour à tour englobe le « je », le « tu », le « nous » et qui, tout en multipliant les usages, s'amuse à déborder une règle qui s'ouvre à toutes les libertés de la transgression. Il faut que les personnages agressent les codes moraux et démontrent que la langue a toujours à voir avec la morale. C'est sans doute pour cela que Sade et Bataille sont encore scandaleux. Il eût fallu qu'ils ne touchent qu'à la morale ou à la langue pas au rapport qui unit les deux, qui les structure. Bérénice fréquente La Lesbienne, se moque des religions, en particulier de la religion juive qui devrait être sacrée :

> Si Einberg ne m'emmenait pas de force à la synagogue, je n'y mettrais pas les pieds. Ça sent le sang et la cendre dans les synagogues. C'est ça qui les excite. Il y en a qui ont hâte que leur père meure pour ne plus aller à l'école. Moi, j'ai hâte que mon père meure pour être impie tant que je veux. [...] Les frissons qu'Il me donne, son – Dieu des Armées –, ce sont des frissons de colère.[20]

Les personnages sont sales, cultivent leurs poux, s'ingénient à trouver de nouvelles injures sacrilèges. Le steamer dans lequel vivent les Ssouvie se nomme *Mange-de-la-merde*. Le rejet de la loi passe par celui de la plus terrible des institutions polies : l'école. Les instituteurs sont des monstres de haine et d'inhumanité, qu'il convient de rejeter avec violence. Ne rien apprendre, tout déprendre :

> La maîtresse insiste. Elle veut à tout prix que je me lève. Tu ne me feras pas lever le petit doigt, grosse hypocondriaque célibataire ! Je continue, imperturbablement au possible, à épouiller ma crinière brune et graisseuse. Elle s'envole de la tribune. Sur moi elle saute. Elle est aussi hérissée de bras qu'une pieuvre. Elle s'agite tellement et crie si fort que, soudain, ses lunettes tombent sur ma tête. Je reste indifférente, passionnément. Je chasse mes poux comme on se cramponne à une planche de salut.[21]

Cette maîtresse lui avait donné un chat qu'elle a tué par haine de la tendresse et du don. Tout comme Bérénice dans *L'Avalée des avalés* qui extermine les chats de sa mère.

---

[20] *Ibid*, p. 15.
[21] Réjean DUCHARME, *L'Océantume, op. cit.*, p. 27.

Mais il ne s'agit pas d'un simple jeu. L'écriture de Ducharme n'est pas une écriture de la subtilité qui opère en un clin d'œil un commentaire distancié. Ducharme n'est pas le fils qui se moque ou qui renouvelle le principe paternel. Il coupe dans la douleur, il scande son angoisse et précise que la posture langagière est fondamentalement aporique, simultanément contradictoire. Aimer, comme Bérénice veut aimer, refuser l'amour comme Bérénice veut le refuser. Il ne s'agit même pas d'un mouvement oscillatoire qui permettrait de rationaliser la recherche d'une petite fille déchirée entre l'appartenance juive au père et la tentative d'appropriation par la mère catholique. Chat mort, chameau mort sont les noms qu'elle donne à sa mère à cause de sa beauté inaccessible, à la compromission qui la désigne et à la béance qui interdit le trajet de l'évolution. Tout l'un, tout l'autre, aucun des deux. Il s'agit là d'une folie littéraire, qui ne conduit pas à une simple utilisation comminatoire du discours. La langue est en elle-même, imparlable. Parce que les idées et les sentiments qu'elle veut décrire sont indescriptibles. Elle est cette nécessité faillible, ce besoin d'énonciation d'une béance et d'une lucidité : quand elle désigne déjà, par sa présence, la corruption inacceptable. Parler, écrire, c'est déjà accepter d'utiliser un matériau qu'il convient de mettre à distance. Le rapport amoureux à la langue, obsessionnel et puritain est le même que celui qui lie Bérénice à sa mère. Fascination-répulsion, anorexie délirante, oxymore de la peur et de la fuite. La langue de Ducharme est essentiellement une langue du refus qui se construit comme une explosion du dire, dans laquelle l'oralité est sous-jacente et qui de la conjonction des contraires fait naître un espace qui se veut de désappartenance pour mieux revendiquer le droit à la parole. Elle est française de ne pas l'être, introduisant de nouvelles expressions, jouant sur les sonorités et les détours, procédant à une décomposition lyrique des structures narratives.

> Je transforme, je reforme, tous les mots qui me viennent à l'esprit. Je suis seule et veux l'être davantage. – Feu – se transforme en – Pheu –, ville de chine. – Eau – se change en – oh –. – Fleuve – se change en – F. Leuve –, chirurgien-dentiste. Un grand bateau passe. Pour ne pas sentir que je vois la même chose qu'eux, j'écris dans ma tête – Un grand sabot blanc passe.[22]

Étrange objet que l'écriture, qui tire sa substance de sa défaillance et que Ducharme questionne au cœur même de son essence. S'il faut des mots nouveaux, c'est que les anciens ne suffisaient pas. On peut comprendre la frustration que peut susciter un néologisme qui dans son désir de trouver mieux ne fait qu'approfondir l'écart. Ducharme a senti que la vie et la langue ont une intimité scandaleuse et la décomposition de

---

[22] Réjean DUCHARME, *L'Océantume, op. cit.*, p. 185.

l'une va de pair avec la décomposition de l'autre. La vraie colère ne porte pas sur la relation du centre à la périphérie. Elle porte sur l'incapacité de la langue à parler de la faillite humaine, qui trouve dans le statut ambivalent de la langue une vengeance jubilatoire. Plus on la protège et la respecte moins elle trouve son auditoire. Plus on la corrompt et la contamine, plus elle met en relief la contamination qui touche la condition humaine. Ou la langue est l'outil qui traduit l'unité et la communauté et elle meurt par statisme, de l'inexistence de celle-ci, ou elle est expérience ontologique et échappe à l'analyse historique qui malgré tout la fonde, tout comme elle fonde les thèmes choisis par l'écrivain. L'actualité de Ducharme tient à ce paradoxe, d'appartenir à un Québec désigné et surdéterminé historiquement dans des querelles et réflexions largement décrites par Lise Gauvin, tout en présupposant déjà que la langue va échapper à ses concepteurs pour devenir ce que Glissant appelle une langue du Tout-Monde.

Les *Wallonnades* (1845)
de Joseph Grandgagnage
ou du laboratoire de la poésie belge

Lieven D'HULST

> Ces wallonnades occasionnent un terrible remue-ménage
> parmi les hommes de lettres.[1]

I. Introduction

Le propos de cette contribution n'est pas d'exhumer une œuvre injustement oubliée par les historiens du wallon ou les historiens de la poésie belge. Nous intéresse bien davantage le témoignage qu'elle pourrait rendre sur les stratégies littéraires déployées en Belgique au milieu du XIXe siècle, c'est-à-dire au moment où celle-ci cherche à constituer et à légitimer un dispositif littéraire doué de cohésion, d'autonomie, sinon de prestige.

Un mot, toutefois, sur l'amnésie sélective dont le recueil de Grandgagnage a été l'objet. En est cause, sans doute, le fait que le genre des « wallonnades » n'a pu être récupéré par les canons esthétiques établis par les historiens et critiques de la fin du siècle. Et ces canons, on le sait, ont alimenté la rétrospection historique au siècle suivant, si bien que l'on s'y est avec candeur contenté de projeter sur la littérature belge antérieure à 1880 (disons, en gros, avant la génération des « Jeune Belgique ») des paramètres en réalité exogènes à celle-ci, au point même de passer sous silence les paramètres *contemporains* qui ont permis de la penser, et à nous de la penser à notre tour.

Or, les représentations que la Belgique s'est données de sa littérature au cours des décennies précédentes et, en l'occurrence, la place qu'elle souhaitait voir occuper la chose littéraire sur son territoire, sont d'une complexité surprenante. En premier lieu, elles ont heurté les inerties comme les résistances plus actives venant d'instances animées de projets

---

[1] *Revue de Liège*, 1845, t. III, p. 8.

différents ou concurrents. Corrélativement, les espoirs et croyances qui accompagnaient l'émergence d'un vaste programme national étaient contrebalancés par des tergiversations, voire par un désarroi latent quant à la signification et à la direction qu'il convenait de donner à la littérature. Enfin, l'articulation des différents facteurs contextuels avec les modèles discursifs et littéraires alors disponibles en Belgique engendrait une diversité de modalités d'expression parmi lesquelles il serait difficile aujourd'hui de distinguer des tendances clairement dessinées.

Rappelons, avant de poursuivre, quelques données historiques. Autour de 1845, quinze ans après la naissance officielle de la Belgique, force est de constater que l'alliage singulier des doutes et enthousiasmes juvéniles des premières années cède de plus en plus à un scepticisme qui n'en peut mais. Comment entretenir la croyance à une littérature proprement belge, à la fois comparable aux grandes littératures environnantes, et distincte de celles-ci par des formes et des fonctions aptes à souligner une autonomie systémique qui fût le gage symbolique de l'autonomie de la nation ? Cette même année, le dramaturge Hubert-Joseph Évrard note sur un ton désabusé :

> Et d'abord, avons-nous une littérature *nationale* ? Évidemment non, puisque nous n'avons pas de langue nationale. Il y en a qui soutiennent que nous avons des littérateurs flamands, et, partant, une littérature flamande nationale. Dans la réelle acception du mot, ceux-là sont dans le vrai. Mais quel jugement pouvons-nous porter sur les produits littéraires d'une langue qui en est encore à discuter son orthographe, à balbutier son alphabet ? Quant aux Belges qui écrivent en français, ils font de la littérature française et point d'autre. Il n'y a pas, que je sache, de littérature suisse : comme à Bruxelles, on fait à Genève de la littérature française. [...] Nous faisons donc, il faut en convenir, une bonne fois pour toutes, de la littérature de province, eu égard au centre, au foyer de la vraie littérature française, Paris, où les grands hommes de lettres de province seraient tout au plus dignes de tailler les plumes de Messeigneurs les Maréchaux de la littérature.[2]

À voir la production poétique belge, on comprend qu'elle n'était pas en mesure d'infléchir la tournure générale des esprits. En termes absolus, elle demeure faible. En est constamment rendu responsable le désintérêt larvé des éditeurs, critiques et lecteurs[3]. Pour la partie francophone au sens large, les quinze premières années donnent à voir une coordon-

---

[2]   Hubert-Joseph ÉVRARD, *Proverbes dramatiques*, Bruxelles, Boulard, 1845, cité dans Stefan GROSS & Johannes THOMAS (dir.), *Les Concepts nationaux de la littérature. L'Exemple de la Belgique francophone : 1815-1880*, Aachen, Alano Verlag/Rader Publikationen, 1989, t. I, pp. 129-130.

[3]   Hermann DOPP, *La Contrefaçon des livres français en Belgique*, Louvain, Vuystpruyst, 1932, p. 179.

née qui ne dépasse jamais les quinze recueils (mais descend parfois jusqu'à cinq). Le nombre total des recueils de poésie dépasse à peine le chiffre vingt à partir de 1850[4]. En d'autres termes, la poésie en Belgique est très majoritairement représentée par la poésie de France, d'ailleurs largement diffusée comme on sait par des éditeurs belges[5]. À noter également : l'importante proportion de poésies non-canoniques (populaires et dialectales). Bien entendu, il faut compter avec les quotidiens et revues belges qui réservent, d'après les premiers sondages, une assez large place à des poésies endogènes, mais ils subissent à leur tour la concurrence des quotidiens et revues français, les principales revues étant également contrefaites.

En second lieu, tant les conceptions de la poésie belge que ses modèles génériques et textuels continuent d'être empruntés à la France, fussent-ils recontextualisés, comme nous le verrons à propos de l'énonciation poétique.

Enfin, l'idéal décline d'une littérature nationale portée par la seule langue française, à mesure que la littérature flamande commence à s'auto-organiser et que se mettent en place des dispositifs d'échange intra-belge, tels que la traduction[6].

Ces quelques observations liminaires devront évidemment être affinées. Dans ce qui suit, nous nous contenterons d'esquisser rapidement les *effets* du positionnement aléatoire de la poésie belge de langue française sur le plan de la situation d'énonciation, ou, pour reprendre l'heureuse expression de Dominique Maingueneau, de la « scénographie » littéraire[7] : à savoir le dispositif qui permet à l'énonciation poétique de s'articuler sur le réel environnant (le statut et la vie de l'écrivain, la société, etc.). Ensuite, nous examinerons comment les *Wallonnades* représentent une prise de position à l'endroit de deux autres paramètres de la communication littéraire : le genre et les langues.

---

[4]   Voir Lieven D'HULST, « Pour une histoire de la poésie belge antérieure à 1880 », dans K. GELDOF *et al.* (dir.), *Hommages à Vic Nachtergaele*, Louvain, Presses universitaires de Louvain, 2002.

[5]   Il reste à examiner à la fois la part prise par les œuvres littéraires dans la diffusion globale des écrits en Belgique et les rapports entre ces données et celles de la France.

[6]   Voir Lieven D'HULST, « Traduire la poésie entre 1830 et 1880 : quelques observations liminaires », dans le colloque « Littératures en Belgique », Leuven, avril 2001. À paraître chez P.I.E.-Peter Lang.

[7]   Dominique MAINGUENEAU, *Le Contexte de l'œuvre littéraire. Énonciation, écrivain, société*, Paris, Dunod, 1993.

II. De l'énonciation poétique en Belgique

Au temps fort de la contrefaçon, lorsque les œuvres importées pouvaient encore servir d'alibi à un silence pourtant ressenti comme compromettant, la gageure pour le poète belge consiste à mimer la représentation française contemporaine du poète et de sa mission, selon laquelle la liberté créatrice et l'unicité du génie poétique excluent toute idée de reproduction. Or, nous savons à quel point l'identification romantique du poète à une sorte de messie nanti d'un magistère laïque[8] pouvait en Belgique inspirer les tenants de l'idéologie nationale. En réalité, fût-il vivement sollicité, pareil transfert fait évidemment difficulté : en voulant s'approprier le rôle éminent de celui qui est censé créer par l'imagination et le génie, le poète se heurte constamment à l'incompatibilité de ce rôle avec la position réelle qu'il occupe au sein d'un système encore inconstitué, où l'écriture endogène est traitée avec une relative indifférence[9], et où la concurrence française porte ombrage à tout espoir de se distinguer par la plume.

Aussi la grave question de l'assomption de la fonction auctoriale n'a-t-elle pu avant longtemps être décidée sans retours, ainsi qu'en témoigne l'œuvre de nombreux poètes belges des années 1830 à 1850, voire au-delà, oscillant vaille que vaille entre des postures de traducteur, d'éditeur ou de critique, et quant à l'écriture originale, entre le pseudonymat, l'anonymat (ou les initiales), voire le mutisme tout court. À cette paratopie auctoriale s'ajoute la censure pratiquée par les éditeurs et qu'intègrent les auteurs potentiels.

N'empêche que la tentation est bien là de prendre en charge la fonction d'auteur, et qu'il nous faut en cerner de plus près les impliqués au plan de l'énonciation proprement dite. En gros, trois modalités alternent. La première consiste à développer un ethos « en sourdine », passant par le choix d'une voix modeste, proche de l'intimisme beuvien et favorable à l'épanouissement d'une poésie du foyer (Stappaerts, Doolaeghe, etc.). La seconde tente de mimer le grand appel des mages, en assortissant

---

[8]   Paul BÉNICHOU, *Le Sacre de l'écrivain (1750-1830). Essai sur l'avènement d'un pouvoir spirituel laïque dans la France moderne*, Paris, Librairie José Corti, 1973.

[9]   Ainsi tel commentaire d'époque choisi presque au hasard : « Trop longtemps, Messieurs, on a regardé en Belgique les écrivains comme des hommes de loisir ; trop longtemps on s'y est montré peu soucieux de l'importance des lettres » (V. CAPPELMANS, « Exposé du but et des travaux de la Société », 1848, cité dans S. GROSS & J. THOMAS, *op. cit.*, p. 146) ; « Nous savons bien qu'il existe une sorte de prévention contre la poésie » ([E. ROBIN], « Avenir de la littérature en Belgique », 1839, cité dans S. GROSS & J. THOMAS, *op. cit.*, p. 116).

l'écriture poétique à d'autres ethos de prestige, nationaux et moraux[10] (Van Hasselt, Weustenraad, etc.). La troisième adopte un ethos populaire, de proximité avec les sujets énoncés, celui que l'on rencontre dans les chansons et autres poésies qui reproduisent différentes formes d'oralité (Clesse, Mathieu, etc.).

La plus ambitieuse de ces trois modalités est évidemment la seconde. Mais si le poète belge les a revendiquées toutes les trois, fût-ce avec force hésitations et retours, c'est d'abord, peut-être, parce qu'il a su bénéficier de la présence sans médiation, au sein du système littéraire belge, de modèles français, notamment ceux qu'avaient procurés des poètes comme Desbordes-Valmore, Lamartine, Vigny ou Béranger.

Les trois modalités posent au poète belge les exigences de singularité et de vérité mises en vedette par les modèles français. Exigences difficiles à satisfaire :

> Pour que le critique puisse aborder la question de l'authenticité de l'œuvre, c'est-à-dire de sa « vérité », il doit pouvoir la confronter avec une connaissance irréfutable de l'identité du poète, de son caractère, de sa personnalité, etc.[11]

On comprend qu'une telle vérité interdit aux poètes belges d'usurper un rôle qui ne serait pas le leur, puisque l'expression de cette « vérité » sollicite la sincérité du poète, qualité morale : « le poète ne saurait "mentir", c'est-à-dire avoir l'intention de tromper son lecteur »[12].

Tels sont les premiers impliqués de la prise en charge auctoriale. À première vue, celle-ci semble concurrencer la transposition de bien d'autres éléments du répertoire poétique français : les formes du vers et de la strophe, les tropes et autres procédés micro-structuraux sont d'autant plus couramment incriminés qu'ils dissimulent ou paraissent même contredire le désir des poètes de légitimer leur propre situation

---

[10] « La fonction de la littérature est donc non pas de fournir des œuvres réussies et isolées, mais de se constituer en phénomène collectif, et de donner à cette production collective le statut d'un *ornamentum* : sans cette littérature, "la Belgique apparaîtrait comme une déesse mutilée et monstrueuse, privée de la plus belle partie d'elle-même" » (Jean-Marie KLINKENBERG, « L'idéologie de la "littérature nationale" (1830-1839) », dans Hans-Joachim LOPE (dir.), *Studia Belgica. Aufsätze zur Literatur- und Kulturgeschichte Belgiens*, Frankfurt/M.-Bern, Peter Lang, 1983, pp. 135-153, ici, p. 139.)

[11] Dominique COMBE, « La référence dédoublée. Le sujet lyrique entre fiction et autobiographie », dans Dominique RABATÉ (dir.), *Figures du sujet lyrique*, Paris, PUF, 1996, pp. 39-63, ici p. 42.

[12] *Ibidem.*

d'énonciation[13]. Le prix à payer est considérable, cependant que les poètes mêmes paraissent en minimiser les effets. Ainsi Buschmann :

> Si de bienveillantes sympathies ont été acquises à notre premier essai, ce n'est sans doute ni pour sa valeur intrinsèque, ni pour son style qui trahit trop souvent des préoccupations antérieures de forme et d'expression, mais peut-être à cause de ses tendances à se rapprocher du sérieux propre au type national, par son caractère historique et la simplicité de son développement.[14]

En vérité, l'insécurité littéraire belge est indissociable de la désarticulation du dispositif homogène constitué par la communication littéraire française. Ainsi, par exemple, le modèle français qui met en scène un « je », sujet de l'énonciation, le présente en dialogue complexe avec ses allocutaires ; c'est un

> sujet triangulé entre trois types de relations : relations du « je » lyrique avec un « tu », allocutaire dont le lecteur est la figure privilégiée – avec un « tout » qui lui parle et dont il est lui-même l'allocutaire, ou dans lequel il tend à se fondre –, avec un « il »[15] enfin, qui lui confère son énergie et dont il pourrait n'être que le porte-parole.[16]

Qu'en est-il en Belgique ? Plus que de reproduire la structure éminemment complexe de la scénographie française, et d'exprimer les expériences communes de poètes et de lecteurs au demeurant clairsemés, la poésie belge semble viser davantage à *rallier* les uns et les autres autour d'un idéal communautaire : la seule ambition, sans doute, qui soit compatible avec le double principe de vérité et de sincérité poétiques que le modèle français avait instillé à la poésie moderne. Mais il s'agit d'une ambition qui s'accompagne d'un ensemble de recontextualisations sur d'autres plans littéraires, laissant voir aussi, comme en filigrane, la scénographie originale au reste disponible de manière immédiate et dès lors directement concurrentielle. C'est sur ce tableau de fond qu'il convient de lire les *Wallonnades* de Joseph Grandgagnage.

---

[13] On en dirait autant et davantage de la prose romanesque et plus généralement narrative.

[14] Joseph BUSCHMANN, *Rameaux. Odes, satires, ballades*, Anvers, Decort, 1839, p. XIV.

[15] Ou une « elle », la Muse, en l'occurrence.

[16] Yves VADÉ, « L'émergence du sujet lyrique à l'époque romantique », dans Dominique RABATÉ (dir.), *op. cit.*, pp. 11-37, ici p. 18.

III. Les *Wallonnades* : un genre inclassable

Voyons pour commencer la dénomination générique qui investit le titre du livre. La wallonnade est définie par l'auteur comme un « petit poëme national qui cherche à célébrer nos charmants paysages, mais surtout à réveiller les beaux et nobles souvenirs de la patrie bien-aimée »[17]. La désinence allusive établit un rapport parodique avec les grandes épopées françaises, Grandgagnage s'attribuant comme suit le mérite de l'invention :

> Sapho a créé l'ode, J.B. Rousseau a créé la cantate, Théocrite a créé l'idylle. Homère a créé l'épopée. Moi, j'ai créé la wallonnade, et je suis tout fier de mon enfant. (p. 8)

Des « wallonnades » avaient paru auparavant dans des revues, d'autres encore se trouvaient mêlées à la prose de son récit parodique et satirique paru dix ans plus tôt, *Les voyages et aventures de M. Alfred Nicolas au royaume de Belgique*[18]. Ajoutons encore que la même dénomination générique s'applique à plusieurs œuvres poétiques en wallon parues plus tard[19], ce qui permet de penser non seulement que les premières wallonnades ont connu un certain rayonnement, mais que leur propos, structure et forme assez libres pouvaient échapper aux taxinomies, voire ruser avec les séductions ou exigences de l'actualité littéraire, même belge :

> J'aurais mieux fait peut-être de la baptiser autrement, de la baptiser à la mode. La botanique est grandement de mode aujourd'hui. Mademoiselle Louisa Stappaerts a ses jolies *Pâquerettes*, Madame Félix De la Motte ses très humbles *Violettes*, Madame Van Langendonck ses *Aubépines*, Van Hasselt ses *Primevères* et de Bourran ses *Algues*, Siret ses *Genêts*, Buschmann ses *Rameaux*, Morren ses *Fleurs éphémères*, Gaucet ses *Fougères*, et la jeune société Leroy ses gentilles *Printanières*, et Van Swygenhoven son *Heliotropia*, et Fourdrin ses *Dulcamaras*. [...]

---

[17] Joseph GRANDGAGNAGE, *Wallonnades*, Liège, Félix Oudart, 1845, p. 12. Dorénavant, nous renverrons à cette édition en indiquant dans le texte le numéro de page entre parenthèses.

[18] Joseph GRANDGAGNAGE, *Les Voyages et Aventures de M. Alfred Nicolas au royaume de Belgique*, Bruxelles, Leroux, 1835. Le livre de 1845 renvoie d'ailleurs au récit de 1835, non seulement au fil du texte, mais dès la page de titre, par le choix d'un pseudonyme (« par l'auteur d'Alfred Nicolas ») ainsi que par une épigraphe empruntée au même récit : *Ego quos amos arguo et castigo*. Ce verset de l'*Apocalypse*, Grandgagnage le paraphrase ainsi : « Tapons un peu nos amis, à tort et à travers ».

[19] Ainsi, notamment Jean THIRIART, *Novelles wallonnades*, Liège, J.-G. Carmanne, 1854 ; Jean MICHEELS, *Quéqu' wallonnades so l'exposition d'tàvlais à l'Société d'émulation*, Liège, Carmanne, 1860.

Pour ma part, j'ai rejeté tous ces herbages : bon et franc Wallon, j'ai fait la wallonnade. C'est qu'en effet la wallonnade est quelque chose de naïvement wallon, quelque chose de simple et de sans gêne, avec du positif, du solide et presque du mangeable, fort peu de fantastique. (pp. 8-9)

Le caractère singulier des *Wallonnades* ne tient pas seulement au nom et à la définition du genre. Ses propriétés formelles et sémantiques sont celles d'un genre inconstitué, mêlant les traits du conte en vers et du fabliau, accueillant variablement narrations, tableaux et dialogues, usant d'alexandrins rimés en paires, mais récusant rimes riches et autres règles de la prosodie française romantique, préférant à toute envolée lyrique un style simple, proche de la prose. En résumé, ce « petit poème national » refuse de mimer la poésie française et belge.

À quoi s'ajoute la composition même du « recueil », – qui n'en est pas un au sens courant du mot : l'œuvre a d'abord paru avec un titre différent (« Deux wallonnades nouvelles ») dans *La Revue de Liège*, si bien que sa forme semble conserver la structure ouverte d'un article enchâssé dans un numéro de revue[20]. De fait, les deux wallonnades du livre, de forme et de taille variables, sont entourées de longs développements en prose, qui relèvent, selon des dosages variables, du journalisme, du récit historique, de discussions linguistiques, géographiques, et autres encore. Bref, la structure et le style de ce « préambule » sont ceux du feuilleton de journal, genre ouvert par excellence[21].

La poésie au sens restreint reçoit ainsi un environnement paratextuel spécifique, qui propose une ou des modalités de lecture poétique tour à tour attentives aux questions de prosodie, de style, de genre, de langue, etc. Cet environnement constitue une sorte d'espace transitoire entre les vers et d'autres discours sociaux, un espace où se déploie un dispositif d'argumentation passablement complexe[22], polémique à loisir. Idéale-

---

[20] « Deux wallonnades nouvelles, par l'auteur d'Alfred Nicolas », *Revue de Liège*, 1944, t. II, pp. 465-621. La *Revue de Liège* étant également publiée par Félix Oudart, le « recueil » doit se comprendre comme un « tiré à part » de l'article. Voir aussi t. III, 1845, p. 14 : « Le règlement défend de donner des tirés à part aux auteurs qui font éditer séparément leurs articles, si ce n'est un mois après la publication dans la "Revue" ».

[21] *Cf.* la définition donnée par Grandgagnage lui-même : « C'est donc un feuilleton que je vais écrire aujourd'hui, un feuilleton, cette énorme cheville de la littérature actuelle, ce grand capharnaüm où l'écrivain entasse ce qui lui passe en tête, parle à la fois du Czar, de l'Algérie, de Dieu, de M. Verhaegen, de toilette et de bal, de tout enfin, sauf du sujet peut-être. » (« Un feuilleton », dans *Revue de Belgique. Littérature et Beaux-Arts*, t. III [1846], p. 125.)

[22] L'espace manque pour étudier le dispositif argumentatif de ce paratexte, et en particulier ses fonctionnements logico-discursifs, ses attaches génériques, la gestion de ses échanges avec l'allocutaire, les effets de surprise qu'il ménage, ainsi que les

ment, il devrait contribuer à la consécration littéraire des wallonnades. Grandgagnage est conscient qu'une telle visée nécessite la mobilisation d'autres paramètres de la communication littéraire, dans la mesure aussi où ces paramètres peuvent contribuer à l'investissement du « no man's land » littéraire de la Belgique.

Parmi ces autres paramètres, retenons, en guise d'exemple, le rapport de l'œuvre à la langue qui oblige à prendre position vis-à-vis du français, du wallon et du flamand littéraires. Le texte d'accompagnement présente de longs développements sur cette question. D'une part, si la langue française est « la vraie langue littéraire des Belges » (p. 17), « le wallon n'en a pas moins son charme, son mérite, son prix » (p. 16). Quant au flamand, Grandgagnage ne laisse planer aucun doute. Il conjure Jan-Frans Willems, le père du Mouvement Flamand, et l'un des premiers et plus ardents défenseurs d'une littérature belge en langue flamande, de rabattre ses prétentions :

> [...] ne voyez guère dans votre flamand à vous, que ce que je vois dans notre wallon à nous : c'est-à-dire, sous le rapport de l'histoire, des antiquités nationales et de la linguistique, un sujet d'étude infiniment curieux, intéressant, obligé peut-être ; mais pour tout le reste une simple *amusette* littéraire, une petite littérature de couleur locale, une bleuette à passer le temps, le soir, au coin du feu, dans son quartier, dans sa rue, mais non pas hors des quinze lieues carrées... (p. 21)

Et cependant, ces quinze lieues carrées du wallon sont aussi des chasses gardées. La langue française risquerait-elle d'étouffer toute velléité particulariste en Belgique ? Aussitôt Grandgagnage s'insurge, exalte le wallon pour lui-même, langue au passé prestigieux qui véhicule avec assurance les traditions endogènes. Ainsi campé, il peut fustiger tout Français qui ignorerait le wallon en se risquant hors de ses propres frontières, par exemple l'historien Buchon éditeur de Froissart : « [...] ici, voyez-vous, je suis wallon et vous êtes français : la partie ne saurait être égale » (p. 28). Il ne doit pas étonner, d'ailleurs, que le wallon ne soit pas cantonné dans un passé révolu, comme un monument national digne d'étude et d'admiration. Car il est, sous la plume de Grandgagnage, appelé à procurer des armes contre une imitation trop aveugle d'un français imposé par les « omnibus de langage ». Sans le citer, Grandgagnage se découvre ainsi un allié en la personne de Paul-Louis Courier, pamphlétaire alors fortement apprécié en Belgique, et qui comme Grandgagnage se réclame d'un état pré-classique du français :

---

figures qui l'étayent (hyperboles, comparaisons, métaphores, antiphrases, concessions, prétéritions, etc.).

> [...] beaucoup de ce bon vieux et paternel langage appartient aussi à Charron, à Froissard, à Chastelain, à Rabelais, et un peu même à Montaigne : langage fort de nerf et de sève, rond de franchise et de simplicité, mais que voulaient proscrire les fatuités d'une civilisation trop raffinée et les prudes raideurs d'une cour compassée et cérémonieuse comme celle de Louis XIV. (pp. 32-33)

Faut-il aller jusqu'à réactualiser cette langue, faut-il mesurer ses chances comme langue littéraire et véhiculaire ? L'idée n'affleure pas : ce serait rompre le lien organique entre langue et peuple, et rapprocher indûment le wallon du français littéraire. Là où Courier imitateur d'Amyot s'était livré à un véritable travail de marqueterie littéraire, Grandgagnage refuse d'aller aussi loin, et renonce même à concevoir le *modèle* d'une interaction littéraire des deux langues. À quoi s'ajoute que les capacités d'assimilation de la poésie étaient plus limitées que celles de la prose. Ce qui n'empêche pas ses wallonnades d'intégrer plusieurs modalités de plurilinguisme. Parmi celles-ci, on peut relever la mise en relief de lexèmes au moyen d'italiques, leur définition, leur paraphrase ou leur traduction, dans le corps du texte ou dans les notes, celles-ci pouvant se prolonger en développements linguistiques, historiques ou géographiques. D'autre part, il convient de citer des procédés de type macro-structural, tels que les jeux sur les niveaux de langue, l'usage de formes parodiques, les références au réel contemporain, etc. Comme quoi, il est indispensable de corréler les différentes modalités du pluri-linguisme[23]. Il me semble qu'en plus d'un effet de synecdoque révélateur de l'identité wallonne, le plurilinguisme possède une fonction métalinguistique et métalittéraire qui signale on ne peut plus nettement l'écart qui sépare le wallon du français littéraire.

Encore une fois, la langue agit simultanément et équivalemment avec d'autres instances de la communication littéraire. En réalité, elles s'impliquent toutes, étant également investies d'un rôle fondateur, celle d'une poésie à venir au cœur d'une société à venir.

Revenons au modèle du feuilleton qui facilitait, nous l'avons dit, le va-et-vient entre le « préambule », les vers et leurs contextes. On ne peut manquer d'y repérer un faisceau de ressources d'ironie voire d'auto-ironie, qui semblent invalider tout le sérieux de l'entreprise auctoriale belge :

> [...] en bonne conscience ma poésie n'est pas très poétique : je le sais, je le dis ; pourquoi tant façonner ? N'était la rime (et quelle rime ?), on pourrait s'y méprendre. Ce ne sont pas de grands retentissements comme dans M. Van Hasselt, de grands flamboiements comme dans M. Weustenraad, de

---

[23]   Tzvetan TODOROV, *Bakhtine, le principe dialogique*, Paris, Seuil, 1981, p. 89.

grands roucoulements comme dans M. De Decker, de grands gémissements comme dans M. Siret. (p. 8)

Comment en effet un projet aussi « sérieux » pourrait-il s'accommoder des nombreuses digressions, du déséquilibre entre vers et prose, des variations de ton, jusqu'au style décousu et familier de la prose journalistique ? D'autant que les poésies mêlent les registres ou intègrent des références métalittéraires, mettant ainsi à distance les modèles de la grande poésie. Tout cela contribue à sursaturer l'énonciation au détriment de l'énoncé, à rendre opaque la négociation avec le modèle canonique de la communication littéraire. Le rôle éminemment initiateur des wallonnades est ruiné par les fantasmes contradictoires d'une littérature possible, l'œuvre devenant le laboratoire et la mise en échec d'une œuvre à venir. Ainsi le passage suivant :

> [...] à chaque nouvelle page qui vient se joindre aux autres, vous comprenez de plus en plus, sans doute, que mes deux wallonnades ne sont qu'un vain prétexte. Eh bien ! oui, j'en conviens ; j'en suis déjà convenu. Veuillez me pardonner. Je ne me sens pas bien, ce m'est un mauvais jour. Je suis triste et maussade et malade. J'ai du noir dans l'âme. J'éprouve le besoin d'écrire, de faire un préambule, un long préambule, d'écrire, d'échapper à mon cœur en me renfermant tout entier dans ma tête. (p. 62)

Cela dit, l'ironie accentue l'indécidabilité générique et fonctionnelle des poésies de Grandgagnage, au point même que cette indécidabilité peut s'interpréter comme une tentative pour déjouer le péril du déclassement littéraire, en faisant accréditer la paratopie de l'auteur belge. En d'autres termes, elle est l'un des instruments permettant à Grandgagnage de se démarquer du centre investi par les modèles français ou d'une périphérie belge qui en donne un reflet amoindri :

> Nos Wallons, je le dis, nos Wallons, je le répète, gens trop sensés pour être bien poétiques, n'ont qu'une estime assez médiocre pour les vagues et creuses poésies, pour le cliquetis et le tapage des mots, pour la mêlée hugonienne [*sic*] de vingt métaphores diverses qui se heurtent sur la même idée, qui se croisent, se brisent, et jettent l'intelligence dans un chaos d'images où elle a grand'peine à comprendre.
>
> Aussi la wallonnade ne chante guère. Elle parle et raconte. Elle parle en petits termes ; elle raconte en toute simplicité. Elle rime tout juste ce qu'il faut pour s'accrocher comme elle peut à la langue des Dieux. Et voilà pour la forme.
>
> Pour le fond, oh ! c'est mieux : petit poëme national qui cherche à célébrer nos charmants paysages, mais surtout à réveiller les beaux et nobles souvenirs de la patrie bien-aimée. (pp. 11-12)

La solution littéraire entrevue par notre poète est donc celle d'une position périphérique, mais d'une périphérie riche de ressources et

d'énergies pour subvertir l'ambition autonomiste de l'art, en la métis-
sant avec d'autres discours sociaux, pour choisir délibérément la forme
langagière la moins valorisée (le wallon), pour élaborer des formes
poétiques inusitées, fussent-elles dénuées de prestige. De la sorte, elle
sape l'appui que constitue pour l'idéologie nationale la haute poésie.
Et cependant, elle n'entend pas rester confinée à part entière dans la
marge, jouant au contraire sur l'ambivalence de sa position et constituant pour l'œuvre à venir son propre contexte d'énonciation. Le fait que
Grandgagnage ne recherche en aucune manière de fonder une école
relève de cette stratégie de l'esquive.

IV. Conclusion

Ce qu'en définitive le recueil de Grandgagnage, à côté d'autres
textes du même auteur et de plusieurs œuvres contemporaines (d'Henri
Delmotte, par exemple) donne à voir, c'est bel et bien une tentative pour
ébaucher une nouvelle scène littéraire, c'est-à-dire un modèle de communication ancré dans un espace social et discursif adapté, et nécessairement virtuel au moment de la parution de l'œuvre. Pareille tentative
était alors vouée à l'échec. Pouvait-il en être autrement ? Comment
trouver en effet des alliés au sein d'une littérature aussi largement
tributaire des modèles français, alors que la wallonnade tire de sa
différence une part de sa raison d'être ? Circulaire, la situation paraît
sans issue. Et toutefois, en corrélant l'œuvre à ses contextes discursifs,
qu'il s'agisse de la question de langue, de situations d'énonciation, du
statut du genre, voire de la poésie, de la littérature et de la société belge
et wallonne, Grandgagnage invente une polyphonie littéraire d'une rare
complexité.

Aussi l'intérêt historique de cette tentative me paraît-il résider dans
une dynamique très ouverte, qui pose de manière aiguë la question de la
place et des modes d'être de la littérature, et de son articulation avec des
dispositifs non-littéraires et plus puissants, surtout endogènes (belges).
De cette sorte, les *Wallonnades* participent de plain-pied à l'évolution
littéraire en Belgique, en créant les conditions d'émergence de nouvelles
manières de penser la littérature et de nouvelles formes d'émancipation
littéraire, que l'on fait d'ordinaire coïncider avec le dernier tiers du
XIXe siècle. Celles-là préparent en vérité ceux-ci, selon des voies qu'il
reste à découvrir. Il n'en faudrait pas davantage, peut-être, pour réhabili-
ter l'étude du XIXe siècle littéraire en Belgique[24].

---

[24] Je rappelle qu'un rapprochement est souhaitable avec certains points théoriques
abordés au sein des études littéraires francophones, sans pour autant oublier la nécessité de leur paramétrage constamment historique.

TROISIÈME PARTIE

ITINÉRAIRES COMPARÉS

Une belligérance française*

Images conflictuelles du centre dans le roman francophone contemporain (Godbout, Muno, Confiant)[1]

Pierre HALEN

La critique spécialisée dans les littératures francophones ne s'est pas souvent penchée sur la pertinence de son objet, envisagé globalement. Vouée à la « défense et illustration » de ses corpus, elle n'a guère fait que les juxtaposer par secteurs : Antilles, Afrique noire, Maghreb, etc. Telle est la structure de *L'Année francophone internationale*, ou des deux volumes consacrés à la *Littérature francophone* chez Hatier ; dans ces deux titres, le singulier est une sorte de leurre, derrière lequel on peine visiblement à penser une quelconque unité.

Le domaine a certes une existence de fait, existence qui suppose aujourd'hui l'exclusion de la France. Cette exclusion parait peu logique : le domaine français ne devrait être qu'un des domaines « francophones » parmi les autres. Mais cet appel à la logique et à l'égalité, tant de fois rebattu dans les colloques, conduisait à une impasse. À supposer en effet qu'il soit entendu, l'inégalité pratique et symbolique qui caractérise les rapports de force réels entre les domaines concernés serait occultée au profit d'une proclamation généreuse, mais théorique, dont l'application aurait tôt fait d'accroitre l'inégalité de départ. L'exclusion de la France résulte en réalité d'une autre logique, celle de la protection des minorités dans un contexte où l'inégalité est supposée au départ.

Cette existence de fait ne confère cependant pas au domaine une cohérence scientifique. Dans la réalité, la cohérence se cherche d'ailleurs

---

* Cet article a été écrit selon les normes de la nouvelle orthographe.

[1] Cette contribution reprend partiellement « Une approche des littératures francophones comme système. Le repérage des scénographies dialectiques », dans Janós RIESZ & Véronique PORRA (dir.), *Enseigner la Francophonie*, Bremen, Palabres éditions, Études francophones de Bayreuth, vol. 4, 2002, pp. 41-56.

au niveau de sous-ensembles définis par la géographie : le Nord et le Sud ; les Amériques, l'Europe et l'Afrique, etc. Moins la zone est vaste, plus elle est, naturellement, cohérente du point de vue socio-historique, culturel ou infrastructurel. Mais on peine à trouver les articulations générales d'un hypothétique tout francophone, comme d'ailleurs à penser la relation entre celui-ci et la France, alors même que, dans les faits, l'Hexagone n'a pas perdu grand-chose de son rôle de plaque tournante et, pour ainsi dire, de grand intégrateur pratique. Les diasporas ont renforcé l'importance quantitative et qualitative des littératures dites du Sud mais en réalité écrites, publiées et commentées en France : l'intérêt proclamé pour ces œuvres semble ainsi masquer la mise en valeur d'une nouvelle littérature franco-parisienne, un peu colorée, certes, mais toujours logée au Quartier latin. La plus grande partie des « études francophones » joue d'ailleurs dans la même pièce : tout les y pousse, à commencer par l'impossibilité pratique de maitriser sérieusement, tout à la fois, l'histoire spécifique des différentes zones.

D'un autre point de vue, la « francophonie multilatérale » souvent souhaitée reste quasi inexistante sur le plan littéraire. Pour le dire avec une formule simple de Marc Quaghebeur : « ça ne circule pas entre nous ». Le livre édité en Côte d'Ivoire ou au Québec ne se trouve qu'exceptionnellement dans une librairie française, *a fortiori* ne se trouve-t-il donc pas dans une librairie luxembourgeoise ou martiniquaise. Comme toujours avec la « nation littéraire » qu'est la France, les barrages filtrants sont beaucoup moins sérieux dès lors qu'il ne s'agit pas de littérature : la chanson et les variétés, voire le théâtre et la danse, circulent davantage. Certes aussi, les personnes physiques se déplacent plus facilement qu'autrefois dans l'espace francophone, la langue servant de passerelle utile. Celle-ci ne pèse pourtant pas bien lourd lorsque les enjeux sont importants : songeons au grand nombre de nos collègues africains qui enseignent aujourd'hui aux États-Unis, facilement reconvertis à l'anglophonie. Si bien qu'on est toujours davantage en droit de s'interroger sur la consistance réelle de cet espace francophone à l'intérieur duquel nous aurions à examiner des littératures qui auraient quelque unité.

Les observations conduites du côté de la langue, ou plutôt des langues en position d'adstrat dans tous les pays francophones mais non en France (du moins, officiellement), ont donné des résultats[2], et sans doute y a-t-il là une voie pour cerner un certain nombre d'enjeux qui sont communs, quoique à des degrés divers, à l'ensemble des zones franco-

---

[2] *Cf.* Michel FRANCARD *et al.* (dir.), *L'Insécurité linguistique dans les communautés francophones périphériques*, Louvain-la-Neuve, Institut de Linguistique, 1993, 2 vol.

phones, du Nord comme du Sud. Pourtant, si ces phénomènes de co-présence (d'une autre langue internationale, de langues locales, de parlers pidginisés, etc.), affectent nombre de pays, la comparaison ne peut guère s'étendre dès que l'on prend davantage en compte la diversité concrète des situations.

La langue française a-t-elle elle-même le rôle unifiant qu'on veut souvent lui voir jouer ? Du point de vue de l'oral, c'est de moins en moins le cas : la langue parlée aujourd'hui en France, en certains lieux dominants de la production tels que les médias et le cinéma, est un idiome que les linguistes appellent le « nouveau français paritaire » pour le double motif qu'il feint de se rapprocher de la langue « populaire », surtout du point de vue articulatoire, et qu'il sert à n'être compris que par ses « pairs », ceux qui se partagent le droit d'occuper ces lieux[3]. Or, cet idiome, conformément d'ailleurs à une tradition française multiséculaire, s'éloigne à plaisir du français « standard », moulé sur l'écrit, qu'on enseigne surtout à l'étranger ; de sorte qu'il est devenu par exemple nécessaire de sous-titrer les films français pour les diffuser sur TV5 à destination des pays francophones et des autres publics allophones : ainsi décline une certaine idée du français comme langue internationale. Mais d'un autre côté, le poids de l'écrit reste important, que renforce l'évolution des nouveaux médias, adaptés à l'éclatement géographique des différentes zones concernées : c'est parce qu'il existe entre eux de l'écrit commun que des locuteurs québécois, belges ou sénégalais peuvent se comprendre dans une oralité « standard » reconstituée.

Ce partage de beaucoup d'écrit et de peu d'oral, qu'entraine-t-il ? Une façon classique de poser le problème est de rappeler que la langue est porteuse de valeurs unifiantes, qu'elle inclut ses locuteurs dans une vision du monde spécifique. Nul doute que la langue soit, en effet, le grand interprétant du monde ; ce n'est pas seulement l'enseignement des linguistes, c'est aussi la gageure quotidienne des traducteurs. On peut cependant poser aussi qu'avec ou sans traduction, « un lecteur peut entrer dans une œuvre produite dans un tout autre temps et dans une tout autre société que les siens », parce que « la littérature exprime [...] un universel, [permettant au sujet] de percevoir l'Autre [...] dans ce qu'il peut avoir de commun avec lui, dans une appartenance partagée à l'Humanité envisagée dans ce qui la constitue : la culture »[4]. Mais ce principe d'universalité, dans la mesure même où il tend « à tourner le dos au principe de la logique identitaire », n'a rien à voir avec une

---

[3] *Cf.* Michel FRANCARD *et al.* (dir.), *op. cit.*

[4] Bernard MOURALIS, « Littérature et savoir », dans *Questions générales de littérature*, Paris, Seuil, 2001, pp. 190-191.

spécificité culturelle ou civilisationnelle qui serait produite par la fréquentation et l'usage de la langue française.

Sous le nom de « francité » ou même, cela s'est vu, d'« ethnie française », on nous a pourtant répété que des valeurs sociétaires seraient indissociables de la langue française, pour ce qu'elles auraient été pensées, à l'époque des Lumières et de la Révolution notamment, en français. Ce n'est pas faux : lorsqu'on lit, par exemple, le bel essai que la Tunisienne Hélé Béji a consacré à *L'Imposture culturelle*[5], on mesure aisément la filiation de l'auteur avec une tradition à la fois morale, philosophique et langagière spécifique. Mais, encore une fois, cette pensée n'est pas inaccessible aux étrangers, qu'ils soient francophones ou non. D'autre part, la France ne se résume pas, c'est évident, dans ce genre de commerce intellectuel ; et elle n'est pas davantage l'inspiratrice naturelle de ces valeurs de respect, de dialogue et de tolérance qui sont aujourd'hui le fond de commerce idéologique de la Francophonie politique. Enfin, ce n'est pas tout d'avoir une langue « en partage », il faudrait encore que cette langue soit la même : au-delà des inventaires lexicaux, au-delà même des références culturelles et des valeurs véhiculées, il faudrait que le statut et la fonction de la langue française à l'intérieur des collectivités soient pareils, et c'est loin d'être le cas, comme l'analyse en a été faite pour la Belgique, pourtant le pays francophone le plus proche géographiquement de la France.

Pour fonder cette hypothétique cohérence des littératures francophones, il faut donc recourir à des éléments plus solides. Un premier est sans doute à trouver dans le phénomène d'adstrat linguistique déjà évoqué plus haut ; mais s'il permet d'intéressantes comparaisons entre les pays francophones, il ne suffit pas à justifier la cohésion de cet espace. Par exemple, si le Canada et la Belgique peuvent être comparés comme pays plurilingues, on voit rapidement que la situation des Québécois ressemble à celle des Belges néerlandophones bien davantage qu'à celle des francophones. De même, il y a davantage de ressemblance entre le fonctionnement d'une langue européenne à l'intérieur de l'État au Nigeria et au Congo-Kinshasa qu'entre le fonctionnement du français dans ce dernier pays et à la Martinique ou en Acadie.

Un second élément est plus probant : il s'agit de l'analyse des conditions de production et de réception, par laquelle Paul Aron recommandait de commencer toute approche des littératures francophones[6].

---

[5]   Hélé BÉJI, *L'Imposture culturelle*, Paris, Stock, 1997.

[6]   Paul ARON, « Pour une approche méthodologique des catégories littéraires de la francophonie », dans *Initiation aux littératures francophones*, A. CHEMAIN-DEGRANGE (dir.), Université de Nice Sophia-Antipolis, 1993, pp. 69-72.

Envisagées globalement, ces conditions permettent de parler, à défaut d'un « champ littéraire », d'un « système littéraire francophone », dont la structure fonctionnelle peut, me semble-t-il, être dégagée[7]. Pareille analyse, basée sur le constat de relations d'attraction et de concurrence entre centre et périphérie, part aussi du principe que « la littérature est avant tout une pratique et une institution »[8] historiques ; cette pratique suppose, selon le concept de Dominique Maingueneau[9], l'élaboration de *scénographies* adaptées aux contraintes du système, et plus ou moins performantes à tel moment : des postures d'auteurs et de groupes, qui s'affichent tant à l'extérieur qu'à l'intérieur du texte. On peut montrer ainsi qu'au sein du système, la diversité apparente des inspirations culturelles et des références historiques accompagne et masque à la fois un *fonctionnement* sémiologique et institutionnel comparable ; ceci s'explique simplement par le rôle dominant, en termes de production, de diffusion et de légitimation, que continue à s'arroger la place franco-parisienne avec l'aval de zones francophones qui s'« auto-périphérisent », pour reprendre le mot de Paul Dirkx[10].

En d'autres termes, il ne s'agit plus de considérer tel trait du texte francophone comme l'expression d'une culture singulière, dont l'inclusion dans l'ensemble littéraire francophone montrerait la grande tolérance multiculturelle du système, lequel système y trouverait du même coup une définition conforme à l'idéologie officielle de la francophonie. Il s'agit plutôt d'envisager les œuvres, à quelque point de vue stylistique, thématique ou générique que ce soit, comme des objets dont les traits distinctifs sont d'abord les produits de contraintes spécifiques, observables dans leur réception en termes d'« attentes »[11]. Elles sont ensuite les agents qui, à leur tour, réorientent en partie cette réception en

---

[7] Pierre HALEN, « Notes pour une topologie institutionnelle du système littéraire francophone », dans *Littératures et sociétés africaines. Mélanges offerts à János Riesz*, Papa Samba DIOP et Hans-Jürgen LÜSEBRINK (dir.), Tübingen, G. Narr Verlag, 2001, pp. 55-68.

[8] Bernard MOURALIS, *op. cit.*, p. 14.

[9] Dominique MAINGUENEAU, *Le Contexte de l'œuvre littéraire*, Paris, Dunod, 1993.

[10] Paul DIRKX, « L'intérêt pour l'"auto-périphérisation" chez les agents littéraires francophones. L'exemple belge », dans János RIESZ & Véronique PORRA, *Français et francophones*, Bayreuth, Schultz & Stellmacher, « Bayreuther Frankophonie Studien », Bd. 2, 1998, pp. 41-54.

[11] *Cf.* pour la Belgique : Pierre HALEN, « Primitifs en marche. Sur les échanges intercollectifs à partir d'espaces mineurs », dans Boris JEWSIEWICKI et Jocelyn LÉTOURNEAU (dir.), *Identités en mutations, socialités en germination*, Sillery (Québec), Septentrion, 1998, pp. 139-156 ; « Les stratégies francophones du style. L'exemple de quelques sauvages du Nord », dans Papa Samba DIOP (dir.), *Littératures francophones : langues et styles*, Paris, L'Harmattan, 2001, pp. 213-227.

balisant des *traditions réceptives* où viendront s'inscrire d'autres œuvres. Il y a des exemples fameux de ces traditions réceptives : l'écrivain belge est un barbare du Nord, flamand de préférence, de Rodenbach à Jacques Brel ; l'antillais est un créole haut en couleurs et en dires populaires, etc. L'essentiel est d'apercevoir que la diversité sémiologique reflète moins quelque tolérance française à l'égard de la différence que l'assignation des producteurs francophones à des postures et à des stratégies d'énonciation contraintes.

Ces producteurs, quoi qu'ils en disent parfois en faisant du tapage autour de leur « irrégularité », de leur créolité ou de leur négritude, n'ont pas les moyens d'une vraie rébellion, encore moins d'une échappatoire ou d'une indépendance matérielle et symbolique. Ils peuvent toutefois, dans une certaine mesure, jouer avec les contraintes du système, repeindre à neuf les pièces où on les laisse s'ébattre. Parfois, ils arrivent aussi à faire entendre qu'ils ne sont pas dupes, à montrer d'une manière ou d'une autre dans leur propre écriture la scénographie qui est en cours ; certains vont plus loin encore, en explicitant le rapport de domination symbolique à l'intérieur duquel ils sont pris et en fonction duquel ils prennent alors une position nécessairement hostile. C'est le cas dans les trois exemples qui suivent. Ils ont en commun d'être relativement récents et d'échapper au poids que faisait peser sur les créateurs francophones l'idéologie consensuelle d'une francité civilisationnelle, supposée égalitaire dans l'« assimilation ». Ils ont aussi en commun d'avoir dépassé le stade de l'opposition « moderne »[12], de la protestation d'identité qui appelait la reconnaissance du centre pour une différence proclamée, référée à une collectivité. Ils sont au-delà, refusant à la fois l'allégeance au centre et à ses relais locaux, et le rôle de porte-parole « ethnique » qui les eût identifiés à une culture ou à un groupe. Ils sont néanmoins d'un lieu particulier, parce qu'il n'y a pas moyen de faire autrement si l'on ne veut pas feindre d'être un assimilé-au-centre, et parce que, par ailleurs, le questionnement de ce lieu spécifique est fécond ; mais en en même temps, ils sont de nulle part ou de partout, et leur hostilité proclamée, plus ou moins virulente selon le cas, est double, visant à la fois le centre de légitimation et les relais indigènes de sa domination. L'articulation du local et du global, en ce cas, continue de passer par une référence au centre qui n'a pas d'équivalent dans les littératures anglophones ou hispanophones.

Premier exemple : *Salut Galarneau !* de Jacques Godbout, publié au Seuil en 1967. Le roman est dédié à « Maurice Nadeau, celui de Saint-

---

[12] *Cf.* M. GYURCSIK, « Dialogue interculturel et postmodernités francophones », dans *Cahiers francophones d'Europe Centre-Orientale*, n° 5-6, vol. 1, pp. 35-44.

Henri ». Comme le fait observer Jean-Marie Klinkenberg[13], « c'est qu'il y a d'autres Maurice Nadeau », et spécialement un critique français réputé. Renvoyant à un personnage « inconnu » d'un quartier pauvre de Montréal plutôt qu'à une notoriété parisienne, l'écrivain place l'ensemble du roman sous le signe d'un jeu : oui, vous connaissez comme moi Nadeau, et bien non, ce n'est pas celui-là, mais un autre, que vous ne connaissez pas. La connivence affichée est aussitôt démentie sans cesser d'être produite : le lecteur du Seuil appréciera le pont jeté vers lui et l'esquive.

Le personnage principal, qui est aussi le narrateur, s'appelle François mais il n'est pas français :

> Petit Galarneau. Seul. Je vais m'enfouir dans des cahiers. Je ne suis pas un écrivain professionnel, moi, ça me fait mal quand je cherche une phrase, je ne suis pas Blaise Pascal, moi, je n'ai jamais eu de nuit de feu, sauf celle où des petits sacrements en scooter ont tenté de faire brûler mon stand, je ne suis pas La Bruyère, moi, ni d'un autre fromage...[14]

Ce « roman du refus », comme dit Klinkenberg, exerce ici sa dénégation à l'égard de deux éléments, chacun incarné par un des frères de François ; l'un, représenté par Arthur, est d'ordre idéologique : il concerne Pascal et la foi chrétienne ; l'autre, représenté par Jacques, est à la fois stylistique et identitaire : les exemples d'« écrivains professionnels » dont le modèle est rejeté sont tous deux tirés du canon français.

Rejet ambigu, puisqu'il suppose une forme de reconnaissance. Ainsi en va-t-il plus généralement des sentiments du narrateur à l'endroit de Jacques, le frère ainé parti étudier à Paris, d'où il lui envoie des lettres où il se montre « déjà un écrivain » (p. 15). La référence de Jacques est Rimbaud et il se promet d'envoyer des livres français à son cadet qui annonce son décrochage scolaire. Plus tard, devenu « écrivain professionnel », Jacques est présenté comme celui qui maitrise la langue française : « il doit relire mes cahiers, je ne sais pas ce qu'il va dire quand il va les repasser ; c'est peut-être pour l'orthographe ou la grammaire ou les adjectifs... » (p. 35). Il n'y aura pourtant pas de correction : dès le moment où François réalise que son frère s'est approprié Marise, « sa » compagne, il lui rend visite dans son appartement « qui domine la ville » (p. 112) et, au cours de la discussion, lui déclare à propos de son livre : « Ça n'est plus de tes affaires [...] C'est à moi » (p. 114). En somme, c'est la prise de conscience de la domination, illustrée par le vol symbolique de la femme, qui détermine le programme scripturaire « irrégu-

---

[13]   Jean-Marie KLINKENBERG, *Une étude de « Salut Galarneau ! »*, Montréal, Boréal, 1997, p. 43.

[14]   Édition citée : Paris, Seuil, « Points », 2000, p. 130.

lier » du narrateur. Un certain modèle de correction linguistique, inspiré par une France qui, pour Jacques, est une alternative aux « vieux jésuites », s'en trouve rejeté, confondu qu'il est désormais avec les symboles d'une domination interne au Québec.

Jacques s'en accommode de manière plutôt paternaliste ; bon commissaire de la francophonie, il tolère, encourage même son cadet à suivre sa voie propre :

> je vais t'aider, te corriger tes fautes si tu veux. Mais ce n'est pas à moi de te dire comment faire ton livre. Imite qui tu veux, si t'es génial ça ne paraîtra pas, mais autrement, copie-toi toi-même. C'est une bonne idée, ce livre, mais fais à ton idée, tu es d'accord, Marise ? (p. 57).

Sa conception de la littérature, du moins telle que la ressent et la rejette François, est soit vénale (les discours que Jacques rédige pour les hommes politiques de tous les partis), soit insignifiante (écrire pour s'occuper, ce qu'il conseille à François, *cf.* p. 87). De même, il recommande la lecture pour se distraire et, comme par hasard, c'est à nouveau une statue choisie dans la galerie des grands auteurs français qui va se trouver déboulonnée par François :

> [Jacques] m'apporte chaque fois qu'il vient un livre à lire, je n'ai même pas pu terminer le dernier : le Journal d'André Gide, un drôle de zèbre qui écrit des phrases à pentures, pour analyser ses sentiments, comme une vieille fille peureuse, des qui, des que, ça s'enchaîne comme des canards dans un stand de tir. (p. 83)

En somme, la littérature française et ses modèles, ça sert à vous distraire pendant qu'on vous vole. Le narrateur ne peut davantage prendre au sérieux la correction linguistique que défend le personnage de Léo, lequel n'est pas pour rien taxidermiste, empailleur de choses mortes. Comme par hasard,

> Léo a pour la langue française les respects d'un homme d'Église. C'est un puriste : pour lui, le français c'est comme un opéra dans lequel il ne peut souffrir de fausses notes. Sacré Léo ! La grammaire c'est Dieu le Père et le président des USA tout en même temps. C'est pourquoi il voulait que j'installe une enseigne qui se lise *Au roi du chien chaud*. Vous voyez ça d'ici ? (p. 33)

Bref : purisme français = religion = intérêts américains. La mise à distance de la France s'exprime ailleurs encore : par exemple avec l'ironie concernant « notre côté vieille France » (p. 60) ; ou encore avec l'idée que les clients se font du bonheur : « [...] c'est des vacances par Air France, c'est Mlle Sabena à la radio, c'est une gogo girl dans la salle de bains, c'est un mari fidèle [...] » (p. 61). Plus ironique encore, ce passage où François rêve de se mettre à la tête d'une « chaîne de stands » :

> Je pourrais même engager des Français comme cuisiniers, ils ont bonne réputation je pense […] Ils sont difficiles, c'est vrai mais ils parlent bien, ils ont un accent qui *shine* comme des salières de nickel. Ça se mettrait sur la table à Noël, un accent comme ça, entre deux chandeliers. Je pourrais avoir quatre ou cinq Français sur mes quinze locataires. (p. 119)

Ce n'est qu'un fantasme, mais l'inversion du rapport de domination symbolique qu'il met en scène est significatif, non seulement de certains modes d'oppression qui s'exercent via les jugements « culturels », mais aussi d'une belligérance acceptée (en faire des subordonnés).

Second exemple : l'*Histoire exécrable d'un héros brabançon* de Jean Muno. Le cas de l'écrivain belge est différent de celui du Québécois : né en 1924 (Godbout, né en 1933, est plus jeune), enfant unique d'un couple d'écrivains dont l'œuvre est aujourd'hui quasiment oubliée, Muno a d'abord une trajectoire extrêmement « correcte ». Comme ses parents, il enseigne la langue et la littérature françaises, comme eux il écrit, comme eux il est pris dans ce que Marc Quaghebeur a appelé le néo-classicisme : une tendance de fond qui s'exprime en Belgique entre, grosso modo, 1930 et 1970, et dont le programme était l'assimilation des écrivains à une « vraie patrie », à savoir la France et la langue française. C'est un peu la position de Jacques et surtout de Léo dans *Salut Galarneau !* En 1967, Godbout a déjà un parcours très « irrégulier » de touche-à-tout, notamment de cinéaste, de pamphlétaire et de journaliste. Rien de tout cela chez Muno, enseignant qui, à cette époque, est l'auteur d'une petite dizaine d'œuvres qui lui ont valu un succès d'estime, sans plus. En 1968, il se lance dans l'écriture de *Ripple-Marks*, un manuscrit qui n'aboutira qu'en 1976 au stade d'une publication, à Bruxelles. C'est une période de revirement personnel : il prend sa retraite anticipée et participe à la mouvance de la « belgitude ». Son *Histoire exécrable d'un héros brabançon* parait en 1982, toujours à Bruxelles. Les comptes qu'il n'avait pas encore assez réglés avec son milieu d'origine, il les règle enfin dans un journal intime, qui sera publié à titre posthume sous le titre *Rages et ratures*.

Coïncidence : la dédicace de l'*Histoire exécrable* est une pensée pour « quelques Jacques, dont un Gérard et un Antoine »[15]. Rien à voir avec Jacques Galarneau : ces Jacques-ci semblent tous bruxellois[16].

---

[15] Édition citée : Bruxelles, Labor, « Espace Nord » n° 126, 1998.

[16] Il s'agit plus que probablement de Jacques Antoine, l'éditeur qui a publié *Ripple-Marks* et les *Histoires singulières*, et de l'écrivain Jacques-Gérard Linze, ami de Muno. Il est probable aussi que cette dédicace ait également un sens polémique, lié

Mais, sauf que la dédicace, chez Godbout qui publie au Seuil, inscrit malgré tout la référence parisienne, le refus d'allégeance est semblable[17]. Quant au titre, les deux romans semblent s'opposer : celui de Godbout annonce joyeusement la formation d'un héros solaire, celui de Muno n'annonce qu'un héros « brabançon » et une histoire « exécrable ». C'est que Muno se sent déjà au terme d'une vie et d'une carrière, découvrant sur le tard une certaine liberté de penser et d'écrire qu'il ne pourra s'empêcher de tourner contre les modèles plus conformistes qu'il avait cru devoir suivre jusque-là mais dont il ne se sent pas la force de se débarrasser complètement[18].

L'Histoire exécrable est donc en partie un règlement de compte, en partie aussi une interrogation encore incertaine à propos des modèles et des valeurs. Parmi les questions, celle de l'identité est traitée dans un prologue significatif, où le narrateur assiste, devant son écran, à une des émissions *Apostrophes* du Français Bernard Pivot : « ça pivotait rondement ». Cette scène est en soi déjà symbolique : l'écrivain belge s'interroge sur son rapport avec une culture imposée dans l'ensemble de l'espace francophone par des moyens qui ne sont pas à sa portée ; néanmoins il regarde ce débat consacré aux origines, à l'identité : « On avait l'impression qu'ils [les écrivains français invités] faisaient trempette ensemble dans la même fontaine ». Tous sauf un, alsacien et mal à l'aise, avec lequel le narrateur se sent des affinités. Survient dans la pièce un volatile, « Zoiseau-railleur », qui lui lance des « Kiètu » et finalement lâche sa fiente sur « la page vierge de [s]on journal intime ». La question de l'identité n'est donc pas résolue, elle ne le sera pas davantage dans le roman, sinon sous la forme de plusieurs refus qui, en définitive, sont aussi une réponse.

Refus, tout d'abord, de l'identité en termes de racines, incarnée par une « Mémé Clauzius » dont le nom connote l'enfermement. Il n'est pas davantage question ici que chez Godbout de respirer l'air du terroir, quand bien même cela aurait pu valoir à l'écrivain un siège autour de la table dans l'émission *Apostrophes*. Refus également, à l'inverse, du discours tenu par la génération « néo-classique » et proclamant que

---

aux discussions de l'époque sur le caractère plus ou moins belge dont il était possible ou nécessaire de marquer les œuvres. Les deux « Jacques » en question ont été, comme Muno à une certaine époque, partisans de l'expression « lettres "françaises" de Belgique ».

[17] Sur le rôle des dédicaces dans les stratégies « francophones », voir Paul ARON, « Dans le champ des honneurs », dans *Textyles*, n° 11 (*Émile Verhaeren*), Bruxelles, Textyles-éditions, 1994, pp. 11-20.

[18] C'est le sens pessimiste de l'épigraphe, empruntée à une vedette littéraire parisienne, Jean-Edern Hallier.

« notre patrie, c'était notre belle langue », avec son respect des règles et sa chasse aux localismes (p. 75). Une scène évocatrice mérite ici d'être citée : le narrateur, enfant, est emmené à Paris par son père qui, aussitôt arrivé, « parisianisait ». Mais le garçon, en quelque sorte, fait le Belge, le « petit Sauvage » : il feint d'ignorer le sens du mot « chocolat », demande un « pistolet » au lieu d'un « petit pain », bref oblige son père à se sentir ridicule.

> Qu'est-ce qui m'avait pris ? Je me le demande encore. Le désir de faire l'étranger sans doute, l'importé de loin. […] Au fond, c'est marrant, mais je revendiquais ma « belgitude », quarante ans avant la lettre. […] Et du même coup je découvrais ceci : les Français nous aiment dépaysés dépaysants, légèrement exotiques, nés au revers du glorieux nénuphar. (p. 74)

L'anecdote ouvre donc sur un programme d'écriture « francophone ». La perspective de l'assimilation une fois refusée, il reste la stratégie de la différence : de quoi se faire une place « au revers du glorieux nénuphar », de quoi obtenir tout de même l'amour des Français, en obtenir en tout cas davantage que le Père, auteur d'une grammaire et écrivain « français de Belgique » sans lecteur en dehors d'un « Cercle » qui ressemble beaucoup à l'Académie royale. Mais encore faut-il donner à cette différence un contenu, et celui-ci ne peut consister, simplement, dans le renvoi à une « culture » particulière, même si, comme le suggère l'attitude de l'hôtelier, un certain bénéfice pourrait être obtenu de cette manière à Paris en termes de reconnaissance. Plus question de se servir encore de l'identité « flamande » des Rodenbach et autres Ghelderode[19] : d'une part, le voisin flamand du narrateur de l'*Histoire exécrable* revendique pour lui seul désormais cette étiquette ; d'autre part, ce type d'inscription rassurante de soi dans une ethnonation semble bien désuet à la fin du XXe siècle.

Comme Godbout, Muno va dès lors inscrire en même temps son appartenance à un lieu singulièrement marqué et sa distance réitérée avec la « famille ». Stratégie double, qui ne s'explique pas suffisamment, me semble-t-il, par les deux éléments avancés par Jean-Marie Klinkenberg : d'une part, la carence inhérente à une culture bruxelloise à qui manquerait la capacité de se représenter comme tout le monde en termes de *Gemeinschaft* ; d'autre part, la posture convenue de l'écrivain solitaire, en dehors de son groupe[20]. Cette stratégie double me parait davantage correspondre à la nécessité, pour ambitionner un statut au niveau global, d'être identifiable sur la carte des littératures ; en multipliant les signes de l'ancrage local, l'écrivain belge ou québécois de l'âge des « études

---

[19]   *Cf.* Pierre HALEN, « Primitifs en marche », *op. cit.*
[20]   « Lecture », dans *Histoire exécrable d'un héros brabançon*, *op. cit.*, pp. 365-410.

francophones » a bien compris qu'il augmentait ses chances d'obtenir une certaine reconnaissance, plus grande que celle que la génération antérieure pensait pouvoir obtenir par la voie de l'assimilation. Goethe avait le sentiment de ces mécanismes lorsqu'il parlait d'une *Weltliteratur* dégagée du modèle herdérien de la collectivité :

> On doit apprendre à connaître les particularités de chaque nation pour pouvoir les lui laisser, pour effectivement grâce à ces particularités être en relations avec elle ; car les particularités d'une nation sont un peu comme sa langue et sa monnaie, elles facilitent la communication, elles seules la rendent parfaitement possible.[21]

Il ne s'agit cependant pas seulement de se référer à un lieu spécifique, il faut aussi marquer ses distances par rapport à un modèle français construit au moyen de symboles ; dans l'*Histoire exécrable*, le narrateur abandonne ainsi un rôle de professeur de littérature française particulièrement conformiste, qui formait « les mandarins pouilleux d'une culture à bout de souffle » (p. 258) en commentant « Malherbe ou Racine, peu importe, à moins que ce ne fût Camus » (p. 282). Le narrateur, à vrai dire, et c'est ce qui le différencie de François Galarneau, ne parvient pas à s'en détacher entièrement, il se sent trop vieux pour cela, et Camus reste malgré tout l'objet de ses pensées. Il se résume sans doute en citant Brel : « comment tuer l'amant de sa femme quand on a été élevé comme moi dans la tradition » (p. 289), citation qui fait étonnamment songer à l'ambiguïté de la relation de François Galarneau vis-à-vis de son frère Jacques, qui lui a pris Marise.

Muno ne manque pas de baliser d'autres distances prises par le narrateur : par rapport à une américanisation galopante, à travers le personnage de Bibendum ; par rapport à une forme quelque peu « post » (postmoderne, post-coloniale) de mondialisation, à travers le personnage de Brème rose (*cf.* pp. 247-250). C'est pour en revenir à une posture de banlieusard, qu'il partage d'ailleurs avec François Galarneau[22]. Cette scénographie du « malaise »[23] masque en réalité une double adéquation. D'abord, elle marque nécessairement la position d'un intellectuel à la fin du XXe siècle, qui n'est pas passé pour rien par l'« ère du soupçon » et par une critique de la représentation directement liée à la formulation

---

[21]   Cité par L. KREUTZER, « Le concept de "Weltliteratur" chez Goethe et le discours d'une autre modernité », dans *Littératures et sociétés africaines, op. cit.*, pp. 29-38 ; p. 31. Voir aussi note *infra*.

[22]   *Cf.* Jean-Marie KLINKENBERG, *Une étude de « Salut Galarneau ! », op. cit.*, pp. 76-77.

[23]   Muno a beaucoup joué, à la fin de sa vie, avec le nom du lieu-dit (Malaise, sur la frontière linguistique, ça ne s'invente pas) où il habitait, dans la périphérie de Bruxelles, et où demeure aussi le narrateur de l'*Histoire exécrable*.

des identités[24] ; c'est cette position qui exige une « contre-écriture privée » (p. 350), garante aussi de ce que Goethe appelait « humanité » et qui passe avant toute inscription particulariste[25]. Ensuite, elle inscrit dans l'espace fictionnel la position institutionnelle de l'écrivain francophone, ce « périphérique » à qui le système ne laisse pas beaucoup de choix, à partir du moment où il renonce à « faire le Jacques » dans une stratégie d'obéissance au centre, où il a beaucoup de concurrents mieux placés que lui sur les starting-block de la légitimation. Il doit donc être « en dehors », mais pas tout à fait : c'est sa participation au « système littéraire francophone » et, quasiment, sa seule chance d'y obtenir une place durable.

On voit, à travers ces deux exemples, que les textes peuvent être riches d'enseignements pour l'analyse des littératures francophones en tant que système. Ce ne sont pas des exemples choisis au hasard : entre autres rapprochements possibles, les deux livres ont été commentés par Jean-Marie Klinkenberg, et les deux écrivains ont curieusement fait appel à un même signifiant – « Papin » – dans leur œuvre. Papin, Papineau, petit Pape, pape quand même, autre façon d'inscrire une ambiguïté qui vaut bien celle de la dédicace dans *Salut Galarneau !*

Troisième exemple : la *Trilogie tropicale* de Raphaël Confiant, publiée à Paris dans les années 90[26]. Le titre, en fait celui d'un coffret regroupant *Bassin des ouragans* (1994), *La Savane des pétrifications* (1995) et *La Baignoire de Joséphine* (1997), comporte un fort marqueur d'identité, fonctionnant à l'instar de « brabançon » chez Muno et, plus clairement encore que chez lui, stéréotypé. À rebours d'une lecture qui partirait d'emblée à la recherche des « racines » antillaises, on peut se

---

[24]   *Cf.* François LAPLANTINE, *Je, nous et les autres*, [Paris], Le Pommier-Fayard, 1999.

[25]   « On arrivera plus sûrement à une tolérance générale, si l'on n'aliène pas ce qu'il y a de particulier chez l'individu et chez les peuples, tout en étant cependant convaincu que *le véritable mérite de la particularité, c'est de traduire l'humanité* » (je souligne) ; cette phrase est citée par Kreutzer (*op. cit.*) comme la précédente, sans référence. Le critique la tire dans le sens herdérien de ses convictions, plaidant pour le maintien des spécificités culturelles contre une globalisation uniformisante. Mais, si elle plaide assurément en faveur de ce genre de maintien, elle n'en subordonne pas moins la particularité à l'humanité, qui la justifie. Il y a ici une confusion classique à propos d'une universalité qui n'a rien à voir avec une quelconque standardisation, que ce soit celle qu'appréhendait le romantisme allemand ou la nôtre. Sur ces notions d'humanité et d'universel, transcrites en termes contemporains, les choses sont clairement résolues dans Mouralis (*op. cit.*, pp. 190-191), qui articule la possibilité d'un universel sur l'expérience individuelle.

[26]   Raphaël CONFIANT, *Trilogie tropicale*. [1] *Bassin des ouragans*, Paris, Éditions Mille et une nuits, n° 140, 1994 ; [2] *La Savane des pétrifications*, *op.cit.*, n° 79, 1995 ; [3] *La Baignoire de Joséphine*, *op.cit.*, n° 133, 1997.

demander si l'adjectif « tropical » ne s'explique pas d'abord par les marquages à l'intérieur du système littéraire francophone, et en particulier par les positions du Congolais Sony Labou Tansi sur la *tropicalisation* de sa langue littéraire (concept qui lui-même est lié au patronage revendiqué des écrivains latino-américains, contre les modèles « français »). Les Tropiques, ainsi considérées, sont tout autant l'espace d'une spécificité locale affirmée, et produite en fonction des codes qui président à sa réception au centre, qu'une topique de différenciation contrainte, la même que celle qui s'exerce sur tous les auteurs du système, dès le moment où ils ont choisi la voie de l'insoumission (proclamée) pour « entrer » dans le champ de la reconnaissance.

Il ne s'agit plus, comme dans la phase « moderne »[27], de revendiquer pour la littérature périphérique un statut de « majorité », qui viendrait en quelque sorte rivaliser avec la littérature du centre, comme le faisait en 1977 Bernard Lecherbonnier parlant du roman antillais comme d'un corpus enfin « majeur »[28]. Au contraire, si la concurrence bien entendu persiste, elle explore désormais des voies biaisées, qu'on peut, au moins par contraste, qualifier de « mineures » ; elles ne sont pas mineures par l'ambition, ni d'ailleurs par les qualités intrinsèques de l'écriture : on peut très bien à la fois revendiquer d'« Écrire en pays dominé » et assumer, de fait, une position dominante, illustre, comme le fait par exemple Patrick Chamoiseau. Cette position n'est pas dominante, certes, dans le pré carré du champ franco-parisien, mais elle l'est dans la partie de ce champ qui concerne le système littéraire francophone, et *a fortiori* dans la sous-partie « antillaise » de ce système.

La « minorité » consiste d'abord dans sa revendication, dans sa posture délibérée de « périphérique », de « dominée », quoi qu'il en soit des capitaux symboliques (et parfois matériels) qu'en réalité elle permet d'obtenir. Au-delà, la minorité proclamée est logiquement articulée sur une poétique spécifique, adaptée aux « attentes » du système, et devient ainsi une forme de scénographie qu'on peut appréhender à trois niveaux : l'individuel (la singularité de Raphaël Confiant), le collectif (les effets de groupe déclenchés par les écrivains de la « créolité »), le global

---

[27] *Cf.* M. GYURCSIK, *op. cit.*

[28] « Le roman antillais offre un bel exemple de littérature majeure dans le contexte des littératures d'expression française. La variété des tempéraments, des sujets d'intérêt et des styles donne une image fidèle de la "complexité de la réalité antillaise" [...] Prise entre un héritage africain qu'elle tente d'assumer, et des habitudes de pensée et d'écriture que l'Europe lui a léguées, la littérature antillaise est parvenue en quelques décennies à définir et à illustrer son identité à travers des œuvres originales. » (Préface de : *Le Roman antillais*, présenté par Maryse Condé, Paris, Fernand Nathan, « Classiques du Monde », 1977, 2 tomes ; p. 5.)

(les réflexes communs aux producteurs francophones à l'intérieur du système à un moment donné).

L'un de ces aspects globaux est précisément l'affichage d'une belligérance proclamée à l'égard de la France comme lieu de référence symbolique. Dans la *Trilogie tropicale*, elle fait l'objet d'abondants développements narratifs et de non moins abondants commentaires. Avec eux, c'est l'ensemble du système littéraire, y compris les postures variées des écrivains antillais, qui se trouve mis en abyme de manière explicite. Dès le début du premier volume, *Bassin des ouragans* (p. 10), on nous présente ainsi le personnage d'Axel Timonnier, « versificateur tropical de haut vol, honteusement méconnu par les autorités de la République germano-pratine dont chacun sait que l'impérialisme (littéraire) n'a d'égal que celui (certes, économique) des États-Unis d'Amérique » : le champ local, le « digne Cercle des Écrivains des Tropiques » (p. 24), structuré par la tension « moderne » de l'injustice à réparer, est ainsi ironiquement mis en scène par un auteur à qui la reconnaissance du centre n'a pas fait défaut. Viennent ensuite, dès la page suivante, les attentats contre le « français de France sur lequel, ô très sainte Académie, je chie solennellement » ; chiure proclamée, venant d'un auteur qui peut-être eût préféré continuer d'écrire en créole, mais qui, néanmoins, sait fort bien aussi que nul en France, au contraire, et certainement pas « Jocelyne Servignon » du journal *Le Monde* (pp. 33, 49, 59, etc.), ne lui fera grief de sa « tropicalité ». Le système est parfaitement maitrisé, qui fait du dénigrement la condition d'une valorisation : « notre infantilisme congénital que moult sociologues-anthropologues-psychologues et autres blaguologues venus d'ailleurs ont paré de qualificatifs ronflants et par là même, ô paradoxe ! flatteurs » (p. 19). Il n'est pas jusqu'aux « clowns de la créolité » ou aux « adeptes de la négritude » qui ne soient textuellement évoqués (p. 41). En somme, dit l'excipit, une histoire qu'il ne s'agit que de « fourguer à un éditeur compréhensif » (p. 81).

Dans les deux autres volumes, la mise en abyme de la production littéraire à l'intérieur des contraintes du système francophone est complétée par la mise en scène des rapports de pouvoir inhérents au domaine lui-même. Apparait par exemple, le personnage de

> Félix Soleil, le djobeur qui avait joué dans la superproduction en cinémascope, son dolby-stéréo, *Chronique des sept malheurs*. Il posait pour un touriste américain à côté de sa charrette à bras décorative, vêtu de hardes en sac de farine-France provenant de la dernière collection de Paco Rabanne. [...] À ses pieds, le Pr Jérôme Garnier, de l'université de Triffouillis-les-Oies, essayait en vain de l'interroger sur l'importance de l'oralité créole dans la littérature antillaise moderne [...].

Le « professeur » bredouille sa demande en français, l'autre se dé-
robe et lui répond en anglais. Enfin :

> Accablé, l'Hexagonal, qui avait bâti toute sa carrière sur l'étude ce qu'il
> appelait, ses confrères et lui, la « littérature nègre » ou « négro-africaine »
> (comme s'il existait une littérature blanco-européenne, bande de rigolos,
> va !) et ne trouvait plus rien à pondre sur la négritude, fouinait depuis
> quelque temps dans les mangroves dégoûtantes de la créolité. (pp. 40-41)

Morale de l'histoire : « Il faut bien gagner sa croûte, bordel ! »
(p. 43). C'est aussi que

> nous autres, auteurs insulaires, nous avons un besoin vital qu'on analyse nos
> œuvres (et d'abord qu'on les qualifie d'« œuvres », ce qui est pour le moins
> gonflé !), qu'on les critique, les porte aux nues ou même les descende en
> flammes (car y'a rien de pire que d'être ignoré). (p. 44)

On peut difficilement être plus clair, mais Confiant en trouve pourtant le moyen, dans le volume suivant, en imaginant un personnage
nommé Danny Pigeon, « mait' de conf' à l'Université de Perpète-les-
Oies », « escorté de « négrologues hexagonaux », qui fait preuve d'une
« ignorance crasse » à propos de la langue française (*La Baignoire de
Joséphine*, pp. 51-52). Le « périphérique » en remonte ainsi au censeur
venu du centre : il se donne à la fois pour l'assimilé qui maitrise les
codes, pour l'indigène exotique qui connait son territoire propre et pour
l'irrégulier qui échappe indéfiniment au jugement que veut porter sur lui
le centre.

Il y a bien d'autres allusions à la France dans la *Trilogie tropicale*.
Celles-ci ont le mérite de montrer la machine institutionnelle à l'œuvre,
à commencer par la scénographie contrainte de « Félix Soleil ». Confiant
n'en fait pas mystère : il s'adresse avec son narrateur tant aux lecteurs
« septentrionaux » que « tropicaux » : à ces « Messieurs et dames de la
compagnie, ô lecteurs des quatre coins de la francocacophonie »
(*Bassin*, p. 45). On est désormais très loin du dualisme moderne, par
lequel la périphérie revendiquait une reconnaissance identitaire, et l'on
ne saurait plus soutenir, comme Maryse Condé en 1977, ni que « le
roman antillais est bloqué parce qu'il parle à un Autre », ni que « le
roman antillais ne se soucie pas de faire rire »[29]. Du reste, le roman en
question cherche à ne plus être seulement antillais : ce serait satisfaire
un peu vite la demande des Garnier et autres Pigeon, alors qu'il vaut
mieux s'y dérober et, comme Félix Soleil parlant anglais, sans cesse être
ailleurs. Le narrateur de la *Baignoire* l'assure à plusieurs reprises : « je
me sentais plus tchétchène que jamais » (p. 59).

---

[29] *Le Roman antillais*, *op. cit.*, respectivement pp. 14 et 17.

C'est que la « minorité » proclamée joue aussi d'une autre dimension, à savoir l'adéquation à ce qu'on pourrait appeler les attentes « anthropologiques » contemporaines. Si la phase « moderne » avait suscité des discours littéraires de contre-affirmation, proclamant les littératures périphériques *majeures* à l'égal de celle du centre, la phase « postmoderne » cultive un autre type de sujet, qui n'est plus le héros identitaire conquérant, mais un être incertain, prompt à l'esquive et semant le doute, déconstruisant les modèles, y compris le modèle identitaire, et s'attaquant aussi bien aux conventions langagières que littéraires. Par là, les productions contemporaines renoncent à emprunter davantage l'Avenue Émile-Zola prolongée, à témoigner sempiternellement de leur « ancrage », à protester de leur correction politique comme porte-parole des peuples dominés. Elles n'y renoncent pas entièrement, car elles sont contraintes d'assumer un lieu singulier, celui de leur différence, de leur exotisme fonctionnel, et il y a par ailleurs encore quelque bénéfice à tirer des « attentes » politico-morales des Pigeon et autres Garnier, qui sont prêtes à valoriser *a priori* une écriture se présentant comme « dominée » ou comme « voix » des dominés. Mais l'évolution est nette, dont témoignent des auteurs à succès comme Beyala ou Kourouma.

Le cas des Antilles est sans doute exemplaire à cet égard. À l'antillanité « moderne » a succédé une « créolité » dûment théorisée par Glissant dans les termes d'une *Poétique de la relation* (1990) fondée sur un autre modèle identitaire, métissé, polymorphe, éclaté. Du « pays natal » auquel Césaire faisait retour, à l'archipel des liens rhizomatiques. De l'arbre tutélaire à la mangrove[30]. On ne renonce pas au marquage ethnifiant, au contraire, on le ressasse, on le proclame, mais en même temps on le déconstruit, on revendique son étrangeté au lieu et son appartenance multiple. L'idée d'une « littérature mineure » dans le sens qui a été construit à propos de Kafka n'est pas loin.

---

[30] *Cf.* R. D. E. BURTON, *Le Roman marron*, Paris-Montréal, L'Harmattan, 1997.

Surcodage linguistique et stéréotypie littéraire dans la poésie du dimanche

Jean-Pierre BERTRAND

I. Présentation

Après toutes les communications qui ont porté très haut les littératures mineures, il y a quelque scrupule à présenter un exposé sur la poésie du dimanche. Car avec cette production – on hésite même à parler de littérature –, on est loin du mineur, du provincial, du périphérique et du liminaire. En fait, on touche le fond ou, ce qui revient au même, on reste à la surface. Fond de quoi ? Surface de quoi ? Ce sera le sens de ce questionnement qui ouvrira à une notion peu abordée jusqu'à présent, le « minoritaire ».

Suivant une curiosité déjà ancienne, j'ai donc décidé de vous parler de ces poètes du dimanche, ceux-là, le plus souvent anonymes, qui me tombent sous les yeux quasiment chaque semaine et dont les textes – de vrais poèmes en fait, plus vrais que nature – côtoient ironiquement des petites annonces immobilières et autres, des publicités ou encore des encarts-services sur les gardes médicales de fin de semaine. Voilà près d'un an que je fais collection de ce genre de textes, glanés au hasard de mes lectures des journaux « toutes-boîtes » qui s'entassent chaque jeudi au fond de ma boîte aux lettres.

Près d'une centaine de textes, donc, qui forment à eux seuls le corpus de toute une année. La collecte pourrait s'arrêter là, car une caractéristique première de cette poésie est d'être saisonnière. Elle se chante, d'année en année, au gré de ce qu'on appelle dans le jargon journalistique des « marronniers » – à savoir ces sujets qu'on attend sans surprise et qui scandent populairement notre rapport au temps : premières feuilles qui tombent, première neige, premier rayon de soleil, sans oublier le couplet à Saint Nicolas, au Père Noël et les fêtes qui rythment le calendrier férié.

Pour être tout à fait précis sur mon échantillon, j'indiquerai rapidement qu'il est extrait essentiellement de deux petits journaux distribués gratuitement dans l'arrondissement de Verviers-Eupen, mais que l'on retrouve avec des variantes locales dans d'autres communes en Wallonie et à Bruxelles. Il s'agit de *Publi-Hebdo*, qui tire à 420 000 exemplaires[1], et de *La Quinzaine*, plus généreux en nombre de pages (120 environ), mais d'un tirage plus limité, aux alentours de 70 000 exemplaires – *La Quinzaine* appartient au groupe de presse *Vlan*, spécialisé dans le secteur[2].

Tout mon étonnement[3] vient du fait que les imprimés à 90 % publicitaires laissent une place, si minime soit-elle, à la poésie. Qu'on le retrouve chaque semaine dans une rubrique qui s'orne de lettres romantiques, intitulée tout simplement « Poésie », « Coin des poètes... » et même « Le petit coin du poète »...

Textes souvent réduits (de cinq à dix vers), publiés à doses homéopathiques, de toute évidence selon les disponibilités graphiques de la page publicitaire. J'ai pu remarquer qu'en saison ouvrable, il n'y a qu'un poème hebdomadaire, alors que pendant les vacances (d'été surtout), le lecteur peut avoir droit jusqu'à quatre textes, éparpillés dans le journal.

Manifestement, cette poésie bouche-trou fait partie intégrante de la maigre portion « rédactionnelle » desdits journaux. Elle rejoint ainsi d'autres textes d'information et de loisir qui vont du billet d'humeur (voir la rubrique « La vie en rose »), à l'encart vulgarisateur sur l'auto-hypnose ou le stress, en passant par le « truc de la semaine », des

---

[1] Fiche signalétique, selon exemplaire de la semaine du 1er mai 2002 : « *Publi-Hebdo Verviers-Pépinster-Theux*, Groupe Plus, 55 rue de la Régence, 4000 Liège, Journal publicitaire hebdomadaire, tiré à 72 500 exemplaires, rue du Brou 14 à 4800 Verviers [...] », 36 pages pliées de 37,5 cm x 25,5 cm. Sur la une est mentionné un tirage de 429 900 exemplaires, chiffre qui totalise l'ensemble des éditions régionales ; celle de Verviers-Theux-Pépinster est de 72 500 exemplaires.

[2] Le journal s'identifie de la sorte, suivant exemplaire n° 921 du 1er mai 2002 : « *La Quinzaine magazine*, hebdomadaire d'information et de publicité ; [paraît] le jeudi matin (71 139 exemplaires) [dans son édition n° 921 du mercredi 1er mai 2002], Membre de la Presse Périodique belge, Affilié au Jury d'Éthique Publicitaire. Direction (Bureau-Publicité-Petites annonces) : Michel Hanrez, rue Xhavée 26-28 4800 Verviers. Rédaction : Pascal François [...] Éditeur responsable : les Éditions Régionales Réunies SA [à Verviers] ». Chaque numéro compte entre 100 et 120 pages et se présente sous un format agrafé de 20 cm x 27,5 cm. Le magazine en est à sa 26e année (2002).

[3] Étonnement relativisé par la lecture d'une étude très stimulante d'Aude MOUACI, *Les Poètes amateurs. Approche sociologique d'une conduite culturelle*, Paris, L'Harmattan, « Logiques sociales », 2001.

conseils de jardinage… Manière de prolonger la vieille tradition de l'almanach.

De semaine en semaine, il est offert au lecteur une ou quelques minutes de détente, de réflexion, de rêverie, de méditation – de bonheur, pour tout dire, puisque cette poésie ne se conçoit et ne se pratique qu'à cette fin-là : faire plaisir par un beau mot – une sorte de compliment au lecteur, qui fait du bien à côté des slogans publicitaires et des bons promotionnels à découper et à faire valoir tantôt au « Quick », fast-food local, tantôt au salon de coiffure « Domi style » qui propose de « nouvelles coupes ligne été venues d'Angleterre ».

Cette poésie du dimanche a quelque chose de tendrement pathétique – et si elle m'intéresse, c'est parce qu'elle s'offre aux littéraires que nous sommes dans l'innocence d'une pratique sans ambition, sans enjeux, sans réflexivité, sans modernité – tranquillement en dehors ou en deçà, faut-il le dire, de nos débats sur le majeur et le mineur.

Il est tout de même saisissant qu'en ce XXIe siècle mondialisé, globalisé, mercantilisé et médiatisé à l'extrême, il subsiste – et qui plus est dans des imprimés totalement voués à la promotion et à l'échange marchand – des rêveries lyriques à deux sous ! D'autant que, par ailleurs, on ne cesse de déplorer la fin de la poésie, comme genre le plus noble d'entre tous ! « La poésie est inadmissible », s'est écrié Denis Roche à la belle époque des dernières avant-gardes. Eh bien il s'est trompé ! La poésie est admise, et si bien qu'elle peut encore emprunter des circuits de diffusion de masse qu'envierait tout poète ! Pensez donc, être lu par plus de 420 000 lecteurs, rien que dans l'est de la Wallonie ! Ça fait rêver. On conçoit que tel poète se montre particulièrement reconnaissant devant une audience aussi inespérée et dédie au journal un poème-hommage :

Quinzaine
Merci à toi *Quinzaine*,
Mon magazine que j'aime.
Tu es pour nos poèmes
Une sacrée veine.
Tu rends ma vie sereine,
Par tes chroniques urbaines.
Tes annonces par dizaines,
Ou [*sic*] je cherche l'aubaine.
Je ne suis pas Verlaine,
Mais j'apprécie le thème.
Une fois par semaine,
Je demande à Germaine.

Arrêtons la neuvaine
Car je lis *La Quinzaine*.[4]

Et que dire alors des poèmes publiés dans les « Pages d'Or » de l'annuaire téléphonique (32e édition, Zones Liège-Waremme-Stavelot-Huy-Durbuy-Verviers) – par ailleurs sponsor d'une petite revue de poésie liégeoise en vogue, *Le Fram*[5] ? L'édition 2001-2002 contient un nombre important de poèmes de la même nature et du même statut que ceux analysés ici : vingt-six au total, dispersés dans les 976 pages du volume et généralement imprimés là où les publicités font défaut[6]. Ils sont précédés d'une note explicative qui vaut la peine d'être reproduite intégralement (avec sa disposition strophique et sa typographie), car elle propose une sorte de justification à la présente incongrue de poésie dans des publications commerciales[7], justification aux accents contre-manifestaires qui ne se trouve dans aucun des périodiques dépouillés :

Nous publions des poèmes dans les Pages d'Or.
Peut-être vos poèmes. Vous les découvrirez çà et là, aux endroits les plus inattendus.
Les Pages d'Or ne sont pas un magazine littéraire. Nous n'avons pas écrit de manifeste poétique, pas développé de théorie littéraire et n'avons aucune préférence pour tel ou tel courant. C'est le métier des éditeurs de magazine littéraires, que vous trouvez sous la rubrique 5085. Quant aux écrivains, ils figurent sous la rubrique 7587.[8]

---

[4]   JIBÉ, dans *La Quinzaine*, 27 juin 2001, p. 50.

[5]   Et qui n'a rien d'amateur puisque, « revue semestrielle de littérature », elle publie les grands noms de la poésie belge et étrangère d'aujourd'hui. L'encart publicitaire des « Pages d'Or » se trouve en pleine page en fin de volume, du moins dans la livraison n° 6 printemps-été 2001, et contient le message suivant : « Il y a de la créativité dans l'air… / Petit à petit, l'artiste sort de son nid. Les Pages d'Or, elles dénichent aussi de nouveaux talents./ [en plus petit] Le prix littéraire Pages d'Or/ La poésie dans les Pages d'Or/ [suivent les mêmes informations en néerlandais] ».

[6]   Comme le prouve leur contiguïté avec de l'annonce pour les « Pages d'Or » elles-mêmes : « Vous n'êtes pas encore dans les Pages d'Or ? » Ajoutons que ces vingt-six poèmes sont pour la plupart non titrés et apparaissent sous la rubrique « Poésie » ; les quatorze qui le sont s'appellent « Le Chant du silence », « Le Café », « L'Étalon noir », « Le Soleil dans la mare », « Bijoux du ciel », « À bout de mèche », « Mon ami l'arbre », « Vu d'Altaïr », « Au petit trot », « Trésors », « Sauterelles », « Frica-tives », « Que diriez-vous d'une île ? » et « l'allumette ».

[7]   Cette note intitulée « Poésie » se trouve à la page 14 des « Pages Info » (entre les « Infos Consommateurs » et le plan des rues de Liège).

[8]   La rubrique « Éditeurs » (5 085) reprend effectivement les maisons d'éditions belges ou ayant un siège en Belgique, 90 environ, tous domaines confondus. Plus troublante la rubrique « Écrivains » (7 587) compte 14 entrées, dont une maison d'édition, qui renvoient à des personnes probablement dans le métier, mais inconnues de l'insti-tution littéraire.

La poésie est écrite et lue. Mais poètes et lecteurs ne se rejoignent pas facilement. Il existe des seuils.

En publiant des poèmes dans les Pages d'Or, nous supprimons ces seuils.

Celui qui possède un téléphone reçoit des Pages d'Or.

Nous en distribuons quelque cinq millions en Belgique. Gratuitement.

Chaque poète peut envoyer ses œuvres.

Nous ferons une sélection et conserverons les poèmes dans une banque de données. À chaque édition d'un livre – au total il y a dix volumes qui paraissent échelonnés sur toute l'année – nous puiserons dans notre bibliothèque. Certains poèmes ne paraîtront que dans un volume, d'autres dans plusieurs.

Dès qu'un poème sera publié, nous préviendrons son auteur.

Que votre ou vos poèmes ne soient pas publiés ne signifie pas que nous ne les apprécions pas.

Nous lirons vos poèmes comme tout autre utilisateur des Pages d'Or.

En envoyant des poèmes, vous acceptez de céder vos droits d'auteur pour insertion dans les Pages d'Or.

Nous vous offrons le vecteur, le pont vers les lecteurs. Cela vous apportera peut-être des commandes.

Car l'art déclenche une sonnerie dans notre tête.

Voilà un texte qui met à plat les conditions réelles de publication de la poésie amateur : appel aux candidats, sélection, publication, avec à la clé plusieurs millions de lecteurs et qui sait « des commandes », sans oublier la discrète précision juridique concernant les droits d'auteur. On notera également que la poésie se conçoit dans ce texte comme activité artistique et communautaire dont le bottin, à la fois « vecteur » et « pont », se propose d'accélérer les processus d'échange, selon une vision non pas télégraphique mais téléphonique d'un art qui « déclenche une sonnerie dans notre tête ». On verra que c'est le même type de discours (implicite néanmoins et stéréotypé) qui sous-tend l'économie de proximité des échanges poétiques imprimés dans les toutes-boîtes.

Mais ne tombons pas dans le piège qui consiste à comparer des pommes et des poires. La poésie du dimanche telle qu'on la découvre dans l'annuaire ou les toutes-boîtes n'a rien à voir – c'est là sa superbe candeur – avec le genre institué/destitué qui a porté presque à lui seul le gros de la modernité littéraire des XIXe et XXe siècles. On est ici en dehors de l'histoire littéraire et probablement dans le chef des auteurs eux-mêmes dans l'ignorance même de cette histoire. Quand on est poète du dimanche, forcément on ne l'est pas à la petite semaine. Ce n'est ni un métier, ni une vocation, tout juste un passe-temps où peut se reconnaître un don.

II. Du fond et de la forme

Si j'ai parlé dans mon titre de « stéréotypie » et de « surcodage », c'est pour indiquer deux traits majeurs de cette poésie du dimanche, qui reproduit tranquillement le vieux clivage du fond et de la forme. La stéréotypie est essentiellement thématique : elle cadenasse des sujets attendus et convenus ; le surcodage est, quant à lui, formel : ces poèmes s'écrivent dans la sursignification de ce qui formellement (métriquement, avant tout) passe pour être identifiable à un poème.

Feuilletons dès lors les thèmes et les manières de cet album, ce carnet de poésie reconstitué à ma façon. De quoi y est-il question tout d'abord ?

Contentons-nous de quelques titres, cités tels qu'ils apparaissent au fil des semaines (la chronologie s'impose d'elle-même).

Méditation (Maïté)
Décembre (Maïté)
Aimer (Gérard Sélis)
Sérénité (Maïté)
Errances (J. Longen de Spa)
Le commencement de… (Giuseppe Gusciglio, Charneux)
Méditation (Maïté)
La Petite vieille (Denise Commaert, Charneux)
Saint-Valentin (Maïté)
La vie pas à pas (J. Longen, Spa)
À la plus fidèle (MJ. Defotrie)[9]
Cafard (Jibé de Dison)
Quiétude (Mohamed Moghoghi, Verviers)
Mai (Jibé, Dison)
Rencontre (Jibé, Dison)
Été (Maïté)
Les Notes et les Mots (MJ Delfotrie, *sic*)
Un cri (Maïté)
Le temps (A. Goderniaux)
Images (Maïté)
Quinzaine (Jibé)
Tous les chemins (Gérard Sélis)
Voici bientôt les vacances (Maïté)
Je cherche (Jo)
Les vacances (Deborah Fievez)
L'Homme, cet éternel pigeon (Jibé)
Inceste (Gérard Sélis)

---

[9]   Ce poème, comme celui cité plus haut de Jibé, est un vibrant hommage au journal lui-même.

Songerie (Maïté)
Bonjour l'été (Maïté)
Chimère (Maïté)
O douce qui m'attend… (anonyme)
Le temps (Jo)
Je t'aime (Catherine Loword, Warsage-Dalhem)
Le Sang des pierres (J. Longen de Spa)
Automne (Maïté)
Haine, dégoût et déception (Jo)
Les Fleurs (Deborah Fievez, 12 ans, Herve)
Comme la plume au vent (Maïté)
Athlète et prix (Philippe Franzen)

Ainsi se fait le tour des quatre saisons poétiques. On le voit rien que dans les titres : il est question du temps qui passe ou qu'il fait, d'amour toujours, d'attente et de fleurs de toutes les couleurs. Soit les poncifs les plus éculés d'une poésie de l'enfance ou de l'adolescence attardée, évoqués et dits comme s'il s'énonçaient pour la première fois sous ces plumes dont on ne sait rien (il y aurait lieu de faire l'analyse sociographique de ces auteurs en herbe : qui sont-ils ? quel âge ? quel profil sociologique ?, etc. Tout ce qu'on sait d'eux, à l'exception d'une fillette de 12 ans de Herve, c'est leur prénom, leur nom et éventuellement leur origine régionale[10]).

Quels que soient les thèmes brodés à l'intérieur d'un répertoire très limité, il est intéressant de noter que les textes reposent sur un présupposé (inculqué par l'école primaire) selon lequel poésie égale matière (et manière) à rêver un monde qui continue, malgré tout, d'enchanter. Le poétique se cheville ainsi sur une vision du monde essentiellement euphorique, réconciliante, accueillante, euphémisante, etc. Ce que résume une « méditation » de Maïté, une des poétesses les plus assidues du magazine :

Méditation
Comme les quatre saisons de Vivaldi
Un cœur chante, pleure ou sourit
L'espoir attendu impatiemment
Une heure vécue intensément…
Ces choses de la vie
Dorment toujours l'âme ravie…
Un simple regard sur la nature

---

[10] Voir à ce sujet les analyses d'Aude MOUACI, *op. cit.* et les conclusions d'un mémoire de licence en Langues et Littératures romanes de l'Université de Liège : Laurence ENGLEBERT, *Les Poètes de « La Quinzaine »*. *Approche de la poésie du dimanche en Belgique francophone*, 2 vol., dactylographié, année académique 2001-2002.

Peut changer une créature
Pourvoir contempler toute l'humanité
Nous dit que c'est bon de vivre
Tel un oiseau ivre de liberté ![11]

Poésie du bonheur, mais aussi bonheur de la poésie. À des contenus si peu perturbés correspondent des manières d'écrire (on hésite à parler de style ou d'écriture évidemment) à la fois très transparentes et très opaques – transparentes, car elles mettent sous un éclairage particulièrement célébratif des propos, des émotions ou des sentiments simples, opaques, car, malgré tout, les textes s'affirment dans leur savoir-faire ou leur artisanat (« Je ne suis pas Verlaine », écrit Jibé, voir *supra*) poético-métrique.

Ces textes sont avant tout portés par des signaux très/trop visibles de poéticité. Ça rime, évidemment, et le plus platement et le plus pauvrement du monde : ainsi, par exemple, dans « Un cri » de Maïté :

Un Cri
Seul sur la terre
Petit oiseau de lumière
Blessé au plus profond de ton cœur
À la perte irréparable de ton bonheur
Chaque jour tu essays de survivre
Au lever du soleil tu simules la joie de vivre…
Pourtant ton avenir n'est pas si noir
Les gros nuages s'estompent dans le soir
Car la vie en temps voulu
Te donneras ce bonheur que tu espères
Et que tu n'as jamais eu ![12]

Terre / lumière ; cœur / bonheur ; survivre / vivre ; noir / soir ; etc. Souvent les rimes phonétiques sont doublées de rimes sémantiques : nous sommes dans l'univers de la redondance. Pas d'écart dès lors, au sens rhétorique du terme : en dépit d'une grande application des règles, plutôt d'ailleurs qu'une réelle maîtrise, on sent que les ajustements sont quelquefois forcés, comme « espères » qui est censé rimer avec « lumière » ou « terre », huit vers plus haut.

Ce qui, en revanche, n'est pas respecté, c'est la métrique. Cela ne signifie évidemment pas que le vers libre ait porté ses fruits plus d'un siècle après qu'il ait été la pierre angulaire du combat poétique moderne, à l'époque du symbolisme. Ce relâchement des règles est à comprendre

---

[11]   MAÏTÉ, dans *La Quinzaine*, 14 janvier 2001.

[12]   MAÏTÉ, dans *La Quinzaine*, 20 juin 2001.

par le fait que les poèmes du dimanche s'énoncent au petit bonheur de la rime, sans jamais tenir compte de la longueur du vers, de l'isométrie : ainsi, dans notre exemple, des vers de 4, 8, 9, 12, 10 et même 14 syllabes se succèdent au seul souci de rendre les unités métriques porteuses d'unités syntaxico-sémantiques – le rejet et l'enjambement ne sont pratiquement jamais de mise.

Aucun texte du corpus n'a de structure formelle repérable et pertinente. Seule la rime sonne faux sous la lime, comme disait Verlaine, le père spirituel de cette poésie du dimanche, avec sans doute Jacques Prévert[13]. Il faut voir là un résidu de poéticité, probablement rapportable à un apprentissage scolaire et primaire. Une marque de représentation à la fois signalétique et réductrice de ce qu'est la poésie dans le discours social ou du moins le sens commun.

Des remarques similaires peuvent se faire à propos de la longueur de ces textes. On est loin de l'écrivain mineur exilé, nomade dans sa langue ! Le langage est tout entier du côté de la transparence. Ça coule de source et d'autant plus fluidement que ça chute sur une bonne rime. Syntaxe et lexique de tous les jours, tels sont les ingrédients de ce prosaïsme poétique, comme le confirme encore Maïté :

Décembre
L'hiver est là, morne et froid...
La nature dort, les oiseaux ne s'éveillent pas encore !
Aujourd'hui il fait chagrin, infinie tristesse du matin !
Soudain tombent des flocons immaculés
Le paysage en est tout transfiguré
Un coup de baguette magique
Donné par un magicien romantique
Change cet instant en un ciel d'enchantement ![14]

Si l'on devait à tout prix reprendre les catégories de Deleuze-Guattari pour les appliquer à la langue de la poésie du dimanche, on pourrait dire qu'elle cumule et annule à la fois les fonctions vernaculaire, véhiculaire, référentiaire et surtout mythique[15]. En quoi ces textes ne sont jamais dans le *devenir-mineur*, mais toujours dans le *minoritaire* : ils dupliquent et redupliquent, par copiés-collés collectifs et

---

[13]   Tendance confirmée par l'étude d'Aude Mouaci. À Verlaine et Prévert s'ajoutent les grands maîtres du romantisme, Musset et Lamartine tout spécialement.

[14]   MAÏTÉ, dans *La Quinzaine*, 13 décembre 2000.

[15]   Gilles DELEUZE et Félix GUATTARI, *Kafka. Pour une littérature mineure*, Paris, Minuit, 1975, p. 43. Rappelons que, s'agissant de la langue, *vernaculaire* signifie maternel, territorial ; *véhiculaire* se rapporte à l'échange ; *référentiaire* à la culture ; *mythique* à une reterritorialisation religieuse ou spirituelle.

probablement inconscients, les énoncés préformés qui circulent çà et là dans la mémoire.

Que faut-il entendre par minoritaire ? La poésie du dimanche me paraît le comble de ces productions proscrites, paralittéraires, régionalistes, etc. qui ne trouvent aucune reconnaissance et encore moins de légitimité dans les rouages de l'institution littéraire (c'est la définition qu'en propose Jacques Dubois[16]). Au fond, même si elle conserve quelques rares marques qui signalent son statut de genre, elle est dépourvue totalement de littérarité. Il ne faut pas l'en blâmer, ni chercher à la reconnaître pour ce qu'elle n'est pas. Car la poésie n'est pas son horizon, de même que le roman n'est pas l'horizon du roman Harlequin ou sentimental, réduit à un enchaînement d'énoncés narratifs et de clichés. Tout entière dans l'imitation, l'écho et au mieux le reflet, la poésie du dimanche est minoritaire parce qu'elle subit la domination non pas de la littérature, mais de ses représentations sociales et populaires et qu'elle est parce qu'elle est tout entière dans la reproduction des codes. Si on fait d'elle un objet d'étude, c'est à la condition de ne pas la lire sous un angle littéraire, sous peine de la condamner, mais bien de la considérer comme un type discursif à part entière, un objet dépourvu d'autonomie parce que dépendant du vaste intertexte social.

Il faudrait demander aux directeurs de rédaction de ce type de presse pourquoi ils publient de la poésie dans leurs livraisons. On ne peut s'attendre à ce qu'ils prennent argument d'un souci littéraire, patrimonial ou autre. Si c'était le cas, ils s'adresseraient à des poètes reconnus par l'institution – et dieu sait si en Belgique il n'en manque pas. Il convient plutôt de voir dans cette constance à publier de la poésie, un effet d'ancrage local qu'assure cette pratique artisanale du poème, couleur locale, régionale et intimiste, en accord, sans doute paradoxal, avec la ligne rédactionnelle de proximité dont a besoin le journal pour asseoir une légitimité qui n'est pas que purement commerciale[17].

La littérature minoritaire, telle qu'elle s'illustre dans la poésie du dimanche, pourrait alors mieux se comprendre si on la qualifiait de *vicinale*. Cette littérature est en effet de voisinage pour deux raisons. Tout d'abord, dans sa circulation matérielle (comme on parle de chemins de fer vicinaux), elle relie dans un espace clos des bribes de

---

[16] Jacques DUBOIS, *L'Institution de la littérature*, Bruxelles, Labor, 1978, chapitre VII (pp. 129-150).

[17] L'actuel rédacteur en chef de *La Quinzaine* apporte une réponse plus prosaïque encore : s'il publie de la poésie, c'est pour faire droit à une demande pressante des poètes eux-mêmes que, décemment, il ne peut décevoir, de même qu'il ouvre certaines rubriques du journal à des billets d'humeur – variante régionale d'une pratique très présente dans la grande presse, celle du courrier du lecteur.

mémoire affective, de connaissances passées, de sensibilités partagées, à l'intérieur d'une communauté émotionnelle. Ensuite, distribuée dans les limites d'un arrondissement, d'une région, avec ses frontières identitaires et ses repères symboliques, elle favorise une appropriation consensuelle : ce voisin qui fait de si beaux vers (il suffit non pas de le nommer, mais de le localiser[18]) n'est jamais que l'autre de soi-même.

---

[18] Ainsi s'explique l'usage du pseudonyme, suivi ou non du lieu d'origine. Voir quelques exemples dans le tableau *supra*.

Les recueils de pastiches
littéraires au Québec

Paul ARON

Genre mineur, le pastiche l'est assurément si l'on observe la dévalo-
risation dont il est habituellement l'objet. « Ce n'est qu'un mauvais
pastiche de... » est une locution qui désigne souvent une imitation
médiocre, dépourvue de tout intérêt littéraire. C'est en ce sens que
Marmontel, à la fin du XVIIIe siècle, en dénonçait l'usage. Il a toutefois
pris plus d'intérêt aux yeux des écrivains depuis le romantisme. Nodier
et ses émules en font un passe-temps qui est à la fois une méthode critique et un plaisir de lettré. Au début du XXe siècle, l'immense succès
des *À la manière de...* de Paul Reboux et Charles Muller fonde un genre
nouveau : le recueil de pastiches se répand dans la littérature française
pour s'imposer comme un complément discret mais indispensable des
pratiques littéraires. Rarement analysé comme tel, il est néanmoins
devenu une catégorie reconnue par la critique. Dans les littératures
francophones, sa présence est plus effacée. Si les dépouillements systé-
matiques du *Dictionnaire des œuvres* du Québec enregistrent bien entendu les deux principaux recueils dont je traiterai ici, les recherches
actuelles n'en tiennent guère compte et les grandes synthèses font
l'économie de toute analyse spécifique. Il me semble donc intéressant
d'y consacrer quelques réflexions programmatiques.

Le premier recueil de pastiches publié au Québec s'inspire directe-
ment du modèle français. En 1924, Louis Francœur et Philippe Panneton
font en effet paraître *Littératures... à la manière de... Henri Bourassa –
René Chopin – Valdombre – Henri Letondal – Paul Morin – l'abbé
Camille Roy – La Presse – l'abbé Groulx – Madeleine – Victor Morin –
Marcel Dugas – Blanche Lamontagne – Gustave Comte – Édouard
Montpetit – l'abbé Blanchard*[1]. Le succès de cet ouvrage est considé-
rable. Tiré à 500 exemplaires en 1924, il est immédiatement réédité en

---

[1] Louis FRANCŒUR et Philippe PANNETON, *Littératures... à la manière de...*,
Montréal, Éditions des Essais Édouard Garand éditeur, 1924.

une seconde édition à 1000 exemplaires l'année suivante[2]. Paraissent ensuite en 1941, 1942 et sans doute (elle n'est pas datée) 1943, trois nouvelles éditions, à chaque fois recomposées, ce qui correspond à un tirage total probable de quelque 5 000 exemplaires en cinq éditions. Un petit pastiche intitulé « Littératures. À la manière de... Hercule Giroux », et publié dans *Le Quartier latin* du 25 décembre 1924 (p. 5) semble être l'unique collaboration complémentaire des deux auteurs.

En 1924, Francœur et Panneton sont encore loin d'avoir la notoriété que les chroniques radiophoniques donneront à l'un, et à l'autre le roman *Trente arpents* publié sous le pseudonyme de Ringuet. Ils ont néanmoins en commun d'avoir vécu à Paris et de participer de près aux cercles cultivés de la vie montréalaise. Louis Francœur est né le 3 avril 1895 à Montréal dans une famille de commerçants. Après des études secondaires au collège Saint-Laurent, il opte pour la vocation monastique, et s'embarque en 1913 pour l'Europe pour rejoindre l'ordre de Saint-Benoît. Il séjourne à Maredsous en Belgique où, en sa qualité de sujet britannique, il est surpris par les Allemands et déporté à Osnabrück. Il revient ensuite brièvement au Québec à Saint-Benoît-du-Lac, puis retourne en Europe où il est bibliothécaire adjoint à l'abbaye normande de Saint-Wandrille, juste au moment où Maeterlinck résilie son bail de location de l'abbaye. Il quitte les ordres en 1920 et passe trois ans à Paris, où il est engagé comme secrétaire des éditions Beauchesne et secrétaire de rédaction à la *Revue des belles-lettres*. À son retour au Québec, Francœur devient journaliste à *La Patrie*, il épouse Adèle Gervais de Montréal. Il est secrétaire politique « de l'honorable M. Patenaude ». En 1927, il passe au *Star* de Montréal, et devient en 1929 directeur du *Journal* de Québec ; en 1935, il est directeur de *La Patrie dominicale*. En 1930, il anime l'émission « la situation ce soir » à radio-Canada et lorsqu'il meurt le 1er juin 1941 dans un accident de la route, il est le personnage le plus populaire de la radio canadienne de langue française. Panneton, pour sa part, est né à Trois-Rivières le 30 avril 1895. Son père était médecin. Il fait ses études classiques au Séminaire de Joliette et de Trois-Rivières, puis au Collège Sainte-Marie. Il entre à la Faculté de médecine de Québec puis de Montréal où il obtient une licence en médecine en 1920. De 1920 à 1922, il séjourne en Europe et s'y spécialise en oto-rhino-laryngologie. De retour au Canada, il est médecin à l'hôpital Notre-Dame de Montréal et consultant à l'hôpital Saint-Eusèbe de Joliette de 1923 à 1940. En 1935, il est professeur agrégé à la Faculté de médecine de l'Université de Montréal,

---

[2] D'après Jean PANNETON, « Ringuet le moraliste », dans *Ringuet en mémoire. 50 ans après* Trente arpents, Jean-Paul LAMY et Guido ROUSSEAU (eds.), Québec, Septentrion, 1989, pp. 29-38.

chargé du cours d'histoire de la médecine de 1942 à 1950, puis nommé professeur titulaire en 1945. Il est également envoyé en mission culturelle au Brésil en 1946 et il est le délégué à Paris de l'Académie canadienne-française pour les fêtes en l'honneur de Victor Hugo. De 1956 à 1960, il est l'ambassadeur du Canada au Portugal, où il meurt le 28 décembre 1960. Ringuet a reçu le Prix du Gouverneur général du Canada et le Prix de l'Académie française en 1939 ; le Prix Vikings et le Prix de la Province de Québec en 1940 ; le Prix de l'Académie française en 1953 ; le Prix Duvernay en 1955 et la Médaille Lorne Pierce de la Société royale du Canada en 1959. Il a également obtenu un doctorat *honoris causa* de l'Université Laval en 1952 et le titre de professeur émérite de l'Université de Montréal[3].

Les deux hommes n'ont pas poursuivi leur collaboration au-delà de leur recueil de pastiches. Mais tout porte à croire qu'ils sont restés en relation. Ils partageaient sinon des convictions libérales, au moins une distance critique à l'égard de l'*establishment* conservateur au pouvoir à Québec. Au temps de leur jeunesse, celle-ci s'exprimait par une attitude de provocation estudiantine. Ringuet se présente ainsi dans son *Journal* comme un esprit plutôt affranchi, amoureux du beau sexe et anticonformiste. Il se rappelle avoir défilé rue Saint-Laurent « derrière les fanfares, la fleur rouge à la boutonnière, gueulant l'Internationale parmi une *troupe effroyable* de Juifs polonais et de Russes à barbe »[4]. Ces excès seront rapidement oubliés, mais un exemple de la constance de leur amitié peut être trouvée dans une anecdote : Francœur a mené en 1936 une campagne contre la sclérose de l'Université de Montréal à laquelle il reproche les lenteurs mises à accorder des chaires d'enseignants à de brillants chargés de cours ; parmi les noms des universitaires ainsi négligés, il cite notamment Philippe Panneton[5]. Le romancier

---

[3] Les notices biographiques de mon article doivent évidemment beaucoup aux renseignements glanés dans Réginald HAMEL, John HARE et Paul WYCZYNSKI. *Dictionnaire des auteurs de langue française en Amérique du Nord*, Montréal, Fidès, 1989 ; dans le *Dictionnaire des œuvres littéraires du Québec,* Maurice LEMIRE (dir.), avec la collaboration de Jacques BLAIS, Nive VOISINE et Jean DU BERGE, Montréal, Fidès, 1980-1994 ; et dans les dossiers de coupures de presse conservées au CRELIQ que Denis Saint-Jacques a bien voulu mettre à ma disposition. Je tiens à remercier toute son équipe pour sa disponibilité, ainsi que Micheline Cambron et le CÉTUQ de Montréal pour les renseignements qu'ils m'ont fournis. Pour Francœur, je me suis également servi de l'essai de Blaise ORLIER [pseudonyme de Guy Sylvestre], *Louis Francœur*, Ottawa, Les Éditions du droit, 1941.

[4] *Journal de Ringuet*, éd. par Francis PANNETIER et Jean PANNETON, Montréal, Guérin, 1998, p. 194.

[5] *La Patrie*, 1er novembre 1936.

Ringuet et le journaliste Francœur sont donc restés, dans le contexte québécois, des non-conformistes et des alliés.

L'analyse du corpus des auteurs pastichés permet de distinguer plusieurs groupes. Le premier, à qui sont réservées les pointes les plus aiguës, et donc les passages les plus amusants aux yeux d'un lecteur contemporain, est formé par les représentants de la littérature nationaliste bien pensante de la fin du XIXe siècle. Camille Roy et son « Étude critique sur Hippolyte Lemercier et le romantisme classique » ou l'abbé Groulx, dont les pasticheurs transforment les célèbres *Rapaillages* en « Rabachages », sont nés entre 1870 et 1880. Camille Roy fait ses études à l'Université Laval où il obtient un doctorat en philosophie, puis à l'Institut catholique de Paris et à la Sorbonne où il complète une licence ès lettres en 1900. Il est ordonné prêtre en 1894 et occupe dès 1895 la chaire de littérature française à l'Université Laval. De 1918 à 1923, il est préfet des études au Petit Séminaire de Québec. Il est également recteur de l'Université Laval de 1924 à 1927 puis de 1932 à 1938. On lui doit la création de l'enseignement de la littérature canadienne-française[6] et il est probablement le critique dominant de l'avant-guerre, et encore à l'époque du recueil de Francœur et Panneton. Lionel Groulx fait des études classiques au Séminaire de Sainte-Thérèse-de-Blainville jusqu'en 1899. La même année, il obtient la Médaille du Gouverneur général. Il est ordonné prêtre en 1903 et devient professeur de lettres et de rhétorique au Collège de Valleyfield. Il séjourne ensuite à Rome pour y obtenir un doctorat en philosophie (1907) et en théologie (1908) à l'Université de la Minerve. Il fait ensuite des études de lettres à Fribourg, mais doit revenir au Canada en 1909 pour des raisons de santé. Il reprend alors l'enseignement au Collège de Valleyfield jusqu'en 1915, date à laquelle il est nommé professeur à la toute nouvelle chaire de l'histoire du Canada à l'Université Laval à Montréal. Il occupe ce poste jusqu'en 1949. Entre-temps, il fait des recherches à Londres et à Paris. Lionel Groulx a été directeur de la revue *L'Action française* de 1920 à 1928 et a collaboré au *Devoir*, au *Quartier latin*, à *La Vie nouvelle*, à *La Revue canadienne*, à *La Revue trimestrielle*, à *Liaison* et à *L'Action nationale*. Il a également donné de nombreuses conférences en France. Lionel Groulx a reçu beaucoup de récompenses, dont le Prix de l'Académie française en 1931, le Prix Duvernay en 1952, le Prix du Grand Jury des lettres en 1963 et la Médaille Léo Parizeau. Il a également obtenu plusieurs doctorats *honoris causa*. Il a été membre de la Société royale du Canada de 1918 à 1952, date à laquelle il a démissionné. Il a

---

[6]   Voir son *Tableau de l'histoire de la littérature canadienne-française*, Québec, Imprimerie de l'Action sociale, 1907.

été honoré par des obsèques nationales. Prêtres, enseignants et essayistes, Roy et Groulx sont des notables et des références incontournables pour un jeune écrivain canadien-français des années 20 : il est clair que nos deux pasticheurs ont pris un plaisir tout particulier à se gausser de leurs tics d'expression et qu'ils ont tenu à marquer leurs distances à l'égard de leurs conceptions de la littérature.

Henri Bourassa (1867-1952), fondateur et directeur du *Devoir*, est un homme politique ultramontain, maire de Montebello, qui vient de publier *Le Canada apostolique* en 1919. Il appartient à la même génération, et au même monde idéologique que les précédents. « Un conflit à l'horizon », le pastiche de ses écrits, sanctionne la vigueur de ses essais polémiques. Édouard Montpetit (1881-1954) est moins nettement reconnu comme écrivain. Ce notable influent, secrétaire général de l'Université de Montréal dans les années 20, spécialiste de sciences sociales et politiques, a publié un essai *La Veillée des berceaux* (1918) et de nombreux écrits relevant de sa discipline.

On peut sans doute rattacher à ce premier groupe les deux femmes écrivains du corpus : Blanche Lamontagne-Beauregard (1889-1858), poète et romancière, est issue du premier programme secondaire de lettres ouvert aux femmes à Montréal (le collège Marguerite-Bourgeois) ; elle collabore à plusieurs revues et on lui doit *Visions gaspésiennes*, publié par *Le Devoir* en 1913, dans la veine du terroir alors à la mode. *Par nos champs et nos rives*, qu'elle publie en 1917, est préfacé par Groulx qui voit en elle un espoir pour la poésie régionaliste. Elle vient de publier *La Vieille maison*[7]. Madame Wilfrid A. Huguenin, née Anne-Marie Gleason (1875-1943), est l'auteure de l'*Adieu du poète*, apologie d'Octave Crémazie ; *En pleine gloire*, pièce de théâtre créée en 1919, en hommage aux soldats canadiens-français morts pour la France. Elle signe pendant 19 ans une chronique dans *La Patrie* sous le pseudonyme de Madeleine, qui témoigne d'un esprit plus ouvert au plan politique et social qu'au plan littéraire. Son œuvre est principalement journalistique, mais elle est également l'auteure de : *Premier Péché* (1919), *Le Long du chemin* (1912) et *Le meilleur de soi* (1924), recueils de textes patriotiques et moralisateurs, « pages émues, parfois mouillées de larmes »[8] (*DOLQ*, p. 910) et, surtout, elle dirige *La revue moderne*, qu'elle a créée en 1919, et dont elle a fait un « organe de la section française de l'Association des auteurs canadiens ». Elle est la seule

---

[7] Blanche LAMONTAGNE-BEAUREGARD, *La Vieille maison*, Montréal, L'Action française, 1920.

[8] Maurice LEMIRE (dir.), *Dictionnaire des Œuvres Littéraires du Québec*, Tome II (1900-1939), Montréal, Fidès, p. 910.

victime du recueil qui en ait rendu compte avec quelque amertume (dans *La Revue moderne*, janvier 1925, p. 7), sans doute parce qu'elle y a été assez maltraitée en tant que femme.

Les autres écrivains pastichés appartiennent à la même génération que Francœur et Panneton. Ils sont nés vers 1890-1900 et, pour la plupart d'entre eux, ils se réclament d'une esthétique résolument tournée vers la modernité poétique de la fin du XIXe siècle : Parnasse, décadence (modérée) et symbolisme. Quatre d'entre eux ont fait des études de droit à l'Université Laval de Montréal, et les trois premiers vont rapidement s'imposer dans le champ poétique local. René Chopin (1885-1953) est poète et notaire. Avec l'appui de Paul Morin et de Marcel Dugas, il publie son premier recueil de poésie en 1913, *Le cœur en exil* au sujet duquel l'« Introduction » du *DOLQ* précise : « Après *Le Paon d'émail*, *Le Cœur en exil* consacrait une sorte de divorce entre le peuple et ses poètes. "Edmond Léo" et Ajutor Richard dénoncèrent cette trahison à l'endroit de la cause nationale »[9]. Après la Grande Guerre, il collabore au *Nigog*, à *La Revue moderne* et à *L'Action*. Son ami Paul Morin (1889-1963) devient avocat en 1910. Il est surtout connu pour *Le Paon d'émail* (1911), ouvrage très célèbre en son temps, qui s'impose par la sûreté de sa forme et une certaine préciosité inspirée par la princesse de Noailles. La critique canadienne y voit une provocation, car il donne le mauvais exemple d'un texte qui rompt avec l'idéologie nationaliste ; il pratique une poésie du dépaysement, parle des lieux célèbres de l'Occident et de l'Orient, mais pas du pays. L'impassibilité parnassienne s'y conjugue au culte de la forme. Morin fait partie de la « tribu des Casoars », petit groupe fondé par Philippe La Ferrière en 1913 à son retour de Paris. Philippe Panneton en est également membre, ainsi que Marcel Dugas. Ils animent en quelque sorte le quartier latin de Montréal, et leurs manifestations publiques ne sont pas sans rappeler celles des Hydropathes parisiens. Morin part ensuite à Paris et s'inscrit à la Sorbonne, où il obtient en 1912 un doctorat en littérature comparée. Il revient à Montréal enseigner la littérature française à l'Université McGill de 1914 à 1915. Il est également professeur dans le Massachusetts et dans le Minnesota. Il devient le secrétaire de l'École des Beaux-Arts de Montréal en 1923, puis il se consacre à la traduction de Longfellow. Paul Morin est reçu membre de la Société royale du Canada en 1923, et obtient la même année le Prix Athanase-David. Poète et essayiste, Marcel Dugas (1883-1947) participe au même groupe. De 1915 à 1920, il publie beaucoup, donne des conférences et collabore à *L'Action*, au *Pays* et au *Nigog*. Il part à Paris en 1920 où Panneton le côtoie très

---

[9]   *Ibid.*, p. XL.

régulièrement. Il ne reviendra au Canada qu'en 1940 et travaille pour les Archives de l'ambassade du Canada. Il fait partie des artisans de l'autonomisation du littéraire au Québec, et a conscience de s'insérer dans un mouvement qui tente de briser « tous les liens qui tenaient encore à un champ d'inspiration périmée »[10].

Le quatrième étudiant en droit est Henri Letondal (1901-1955) mais il a préféré la scène aux études. Dès 1920, il collabore à *La Patrie*, et en 1922, publie *Fantoches*, recueil de sketches qui sont des aimables satires de la vie quotidienne, rédigées dans une langue qui se veut très classique. Il fera carrière à la radio, en faisant interpréter des « radio-romans » et émigre ensuite à Hollywood.

Si Gustave Comte et Victor Morin sont des chroniqueurs littéraires qui n'ont guère laissé de traces dans les mémoires, si l'abbé Blanchard reste également méconnu, les deux derniers auteurs sont par contre devenus des célébrités. Valdombre, pseudonyme de Claude-Henri Grignon (1894-1976), journaliste et romancier, est un esprit très indépendant et autodidacte. En 1915, il devient agent des douanes, puis fonctionnaire, puis à partir de 1916, se lance dans le journalisme. Membre de l'école littéraire de Montréal à partir de 1920, il est un polémiste redouté et deviendra un romancier important (avec *Un homme et son péché*). Mais en 1924, il n'est encore que l'auteur d'articles parus sous les pseudonymes révélateurs de « Stello » ou « Des Esseintes » dans *Le Matin*.

Ce bref repérage des principales victimes de Francœur et Panneton permet d'affirmer que les deux jeunes auteurs, qui sont à ce moment des débutants dans le domaine des lettres, tiennent à la fois à prendre leurs distances à l'égard de la génération des grands idéologues ultramontains, et à se mesurer avec les contemporains qui ont voulu suivre, avec quelque retard, les modes parisiennes. Ce premier constat relativise la position volontairement anti-polémique qu'ils affichent dans la préface de leur ouvrage. Ils y écrivent en effet : « Si quelques personnes s'offusquent de ce livre, c'est qu'elles n'auront pas compris. Il n'a pas pour but de ridiculiser qui que ce soit ; il s'agit surtout d'un amusement, pour ceux qui l'ont écrit et, tel est du moins leur espoir, pour ceux qui le liront. » Ils justifient également leurs pastiches par une intention critique bienveillante : « Celui-là ne serait point du tout ridicule qui ne croirait pas parfaite son étude de Racine ou de Chateaubriand, par exemple, sans être aller chercher leurs défauts chez Reboux et Muller. On remarquera que les auteurs du livre qu'on va lire ont choisi parmi nos littérateurs

---

ceux-là seuls, parmi les vivants, qui se sont fait remarquer soit par leur mérite réel, soit par les efforts auxquels une popularité bienveillante a attaché quelque prestige. » Ces propos de circonstance ne doivent donc pas cacher qu'il s'agit pour nos deux jeunes écrivains de prendre une position assez ferme dans le champ littéraire. En se référant explicitement au modèle français, ils suggèrent que le milieu littéraire canadien-français est parvenu à un niveau de maturité devant lui permettre d'affronter un esprit satirique comparable à celui qui était en vogue dans le centre parisien. Ils s'opposent par là même à la stratégie du repli national et religieux que prônaient Camille Roy et Lionel Groulx. Mais en même temps, de manière moins volontaire, ils contribuent à en peindre les particularités. Si on compare en effet les « victimes » de Reboux et Muller d'une part, de Francœur et Panneton de l'autre, on constate immédiatement que les enjeux différaient complètement. Tandis que Reboux et Muller caricaturent la modernité littéraire, pour en dénoncer les excès, l'obscurité et les jeux de chapelle, Francœur et Panneton raillent un monde composite, où les essais journalistiques et le milieu de la presse étaient mis sur un pied d'égalité avec les écrivains de l'art pur. Là où les premiers pouvaient faire fonds sur un corpus classique admis et enseigné, les auteurs québécois attaquent seulement des auteurs vivants. Leurs carrières ultérieures devaient également diverger. Muller est mort sur le front en 1914, mais Reboux ne réintègre jamais le « premier cercle » de la création littéraire que ses essais poétiques avaient tenté de pénétrer. Il poursuit une brillante carrière de pasticheur et d'auteur mondain. Francœur se lance dans la presse politique, tout en revendiquant, pour le journaliste qu'il était, une place dans le monde des lettres, et Panneton allait effacer toutes les traces de son « forfait » de pasticheur dans ses écrits autobiographiques dès lors qu'il devient Ringuet. Reboux, par contre, en revendique pleinement la légitimité. Une dernière différence mérite d'être soulignée, parce qu'elle aussi caractérise l'état des dispositifs institutionnels. Du côté français, même les pastiches d'écrivains consacrés n'apportent guère de légitimité : Proust ne leur doit ni consécration ni estime particulières. Du côté québécois, Francœur et Panneton obtiennent pour leur recueil une importante récompense littéraire : le prix David 1925, mais dont l'attribution n'a pas manqué d'étonner parce qu'elle récompense des auteurs très différents des lauréats précédents (Morin, cité ci-dessus, en 1923 et Pierre Dupuy, auteur du *Mage d'Occident*, l'année suivante). La *Revue dominicaine* de janvier 1925 (p. 53-56) y voit le résultat de la « distraction du jury ». Mais elle explique qu'Édouard Montpetit, ravi de se voir ainsi caricaturé, aurait fait penché la balance en faveur du duo sur le mode du : « allez, et il vous sera beaucoup pardonné ». *Si non è vero…* À la mort de Francœur, un journaliste dira qu'à son avis, le prix fut la reconnaissance officielle de « l'élément jeune et vivant dans ce qu'il appelait un monde de fossiles »[11]. Je ne connais pas d'autre exemple de recueil de pastiches obtenant un prix et consacrant un courant littéraire débutant[12].

Nous évoquerons plus brièvement les recueils ultérieurs, d'abord parce qu'ils ont été moins consacrés, mais également parce que leurs auteurs sont moins présents dans l'historiographie.

Le contexte littéraire n'a guère changé lorsque paraît le second recueil de pastiches publié au Québec. Sous le pseudonyme de Jean Bruneau, Guy Sylvestre (1918-) rédige *Amours, délices et orgues*[13]. Il présente les extraits fictifs d'une dizaine de recueils poétiques : *Ci-terre* de Roger Brien, *Les Deux Hercules* de Robert Choquette, un sonnet « Lumbermen » d'Alfred desRochers, « Ballade des p'tits vieux » d'Alphonse Piché, extrait des *Poèmes de la joie crasse* ; « Les Anémones tuaient » d'Alain Grambois, extrait de *Cotes de la femme* ; « Pieds d'anges » d'Anne Hébert, tiré des *Rêves sur le trapèze* ; « Tourterelles » de Rina Lasnier ; « Psalmod » de Gustave Lamarche ; « Moi, mes bottines ont beaucoup pataugé » de Félix Leclercq et un extrait d'*Astres et Désastres* de François Hertel (pseudonyme de Rodolphe Dubé). Il pastiche des romanciers : Harry Bernard, André Langevin, Yves Thériault, Roger Viau, Roger Lemelin (un extrait de *Les Pousse*) ; des journalistes comme Léopold Richer et Roger Duhamel ; les historiens Guy Frégault et Marcel Trudel ; les critiques littéraires Séraphin Marion, Julia Richer et Guy Sylvestre. Enfin, il donne le pastiche d'un sermon à la radio du père Marcel-Marie Desmarais, des « Commérages » de Lucette Robert parus dans *Le Magazine de la populace*, et l'extrait du cours « Quiddité de l'alcoolisme » du professeur Charles De Koninck. Né à Sorel, le 17 mai 1918, l'auteur a suivi l'enseignement du collège Sainte-Marie à Montréal, et fait un B.A. à l'Université d'Ottawa. Ses premiers écrits paraissent dans *En Avant !* et dans *Les Idées* en 1939. Il s'intéresse ensuite à Louis Francoeur au moment de son décès tragique, et il lui consacre un essai sous le pseudonyme de Blaise Orlier. C'est probablement à ce moment qu'il découvre les pastiches du journaliste. Guy Sylvestre est le directeur de la page littéraire du *Devoir* et il anime et dirige une revue littéraire : *Gants du ciel*. Il est traducteur au Secrétariat d'État, puis exerce de hautes responsabilités comme secrétaire de

---

[11] Harry BERNARD, « Souvenirs sur Louis Francoeur », dans *Le Canada français*, octobre 1941, p. 85.

[12] À titre d'exemple, le Grand Prix de la Critique qui récompense Yves Gandon en 1938 s'adresse à l'ensemble de son œuvre.

[13] Guy SYLVESTRE, *Amours, délices et orgues*, Québec, Institut littéraire du Québec, 1953.

plusieurs Secrétaires d'État. En 1953, il est bibliothécaire adjoint à la Bibliothèque du Parlement d'Ottawa, dont il deviendra bibliothécaire associé jusqu'en 1968, puis administrateur de la Bibliothèque nationale du Canada jusqu'en 1983. Il est l'auteur également d'un essai *Impressions de théâtre*[14]. S'il est clairement catholique (il est l'auteur d'un essai intitulé *Poètes catholiques de la France contemporaine*, 1943), il marque certaines distances à l'égard des courants les plus à droite en faisant préfacer son essai sur la poésie canadienne par Raïssa Maritain. Son œuvre principale est une importante *Anthologie de la poésie canadienne-française* souvent rééditée depuis 1942[15].

Les pastiches de Guy Sylvestre s'en prennent donc aussi à des acteurs variés du monde culturel : écrivains, journalistes, historiens, essayistes. On notera d'une part qu'il se dissimule sous un pseudonyme, ce qu'expliquent peut-être ses fonctions officielles ou les tâches auxquelles il aspire de postuler, et que, d'autre part, son pastiche contient un auto-pastiche, ce qui ne manque pas d'une certaine audace. Personnalité cultivée, bibliothécaire, journaliste, Sylvestre présente un profil analogue à celui de Francœur. La rédaction de ses pastiches n'est par ailleurs peut-être pas étrangère à ses contacts internationaux. Un des collaborateurs de la revue *Gants du ciel* est en effet Albert-René Simon-Malebranche, un poète catholique français, qui est l'auteur de pastiches destinés au corps médical[16]. On notera, pour l'anecdote, que Sylvestre fit brièvement école. Un des articles rendant compte de son livre s'intitule : *À la manière de... Guy Sylvestre*[17]. Son auteur est Henri Fracostel [François Hertel], un des auteurs pastiché.

Il faut attendre la révolution tranquille et l'apparition de la revue *Liberté* pour que paraisse au Québec un troisième recueil de pastiches. Sous le titre générique de « Nos écrivains par nous-mêmes. Anthologie à la manière québécoise »[18], on y lit des textes attribués à : Gilles

---

[14] Guy SYLVESTRE, *Impressions de théâtre : Paris-Bruxelles 1949*, Ottawa, Impr. Le Droit, 1950.

[15] Voir à son sujet le livre d'hommage publié par Jean-Rémi BRAULT *et al.*, *Essays in honour of Guy Sylvestre*, Montréal, Asted, 1996. Il existe un fonds Guy Sylvestre à la BNC sous la cote LMS-0110.

[16] DELAGRANGE (Laboratoires), *Visites au pays des ombres* (texte de A.R. Salmon-Malebranche), Paris, Laboratoires Delagrange, s. d. [1946], 44 p. SALMON-MALEBRANCHE (?-1982) est notamment l'auteur de *Madame Acarie : bienheureuse Marie de l'Incarnation*, Paris, 1987, et il a dirigé la revue *L'Art de vivre*.

[17] Henri FRACOSTEL, « À la manière de... Guy Sylvestre », dans *Amérique française*, novembre 1953, p. 55.

[18] « Nos écrivains par nous-mêmes. Anthologie à la manière québécoise », dans *Liberté*, n° 145, février 1983, pp. 1-81.

Archambault, Michel Beaulieu, Victor-Lévy Beaulieu, Léandre Bergeron, Louky Bersianik, Gérard Bessette, Marie-Claire Blais, Jacques Brault, Nicole Brossard, Roch Carrier, Paul Chamberland, François Charron, Gilles Cyr, Réjean Ducharme, Jean-Ethier Blais, Jacques Ferron, Roland Giguère, Jacques Godbout, Philippe Haeck, Anne Hébert, Michèle Lalonde, Paul-Marie Lapointe, Antonine Maillet, André Major, Gilles Marcotte, Gaston Miron, Pierre Morency, Fernand Ouellette, Madeleine Ouellette-Michalska, Claude Roy, Yves Thériault, Michel Tremblay, Pierre Vadeboncœur, Yolande Villemaire. Une introduction subtile développe le « contrat de pastiche », mais en des termes qui peuvent prêter à confusion pour un lecteur inattentif. Elle précise que « sont ici représentés à peu près toutes les générations, tous les niveaux socio-économiques, toutes les tendances politiques, toutes les appartenances régionales et tous les sexes qui s'agitent dans la littérature québecoise actuelle, de même que tous les courants qui l'inspirent : les courants rapides (P.-M. Lapointe), et les courants lents (M. Lalonde), les courants de fond (G. Miron) et les courants de surface (P. Haeck), les courants d'air (G. Cyr) et les courants d'opinion (J. Godbout), les courants alternatifs (P. Chamberland) et les courants continus (R. Ducharme), les courants telluriques (Y. Thériault) et les courants marins (A. Maillet), le courant des affaires (R. Carrier) et le courant des âges (G. Bessette), et même les contre-courants (L. Bergeron) et les coupures de courant (M. Beaulieu). » Dans son article « Histoire d'une blague ou La critique universitaire prise au piège », François Ricard, qui a participé à cette mystification-pastiche, raconte comment quelques « spécialistes » des lettres québécoises furent ainsi piégés, notamment par le texte attribué à Gabrielle Roy, dont il est l'auteur, que plusieurs critiques universitaires ont pris pour argent comptant et commenté de manière très élogieuse[19]. Mais cette anthologie rompt avec les précédentes en ce que, pour la première fois, elle ne comporte que des noms d'auteurs reconnus comme des écrivains. Indication très sûre de l'autonomisation du champ littéraire local, les journalistes et les idéologues sont désormais exclus d'une pratique littéraire qui a rejoint les modèles français du genre. De manière assez prévisible, on peut donc dire que l'exception québécoise disparaît ainsi au moment même où l'institution littéraire a acquis sa maturité au Québec. Le très beau pastiche de Michel Lessard, paru sous le pseudonyme de Stéphane Malfoutu, confirme amplement cette hypothèse. Intitulé *Un tooth pick jamais n'abo-*

---

[19] Dans : *L'Atelier du roman*, 3, Paris, 1994, pp. 133-140 et repris dans *Liberté*, 220, août 1995, pp. 69-77.

lira la carie[20], ce pastiche du *Coup de dés* de Mallarmé fait référence à l'un des chefs-d'œuvre de la modernité littéraire consacrée. Il en mime la disposition typographique et les mises en évidence lexicales évoquant le naufrage d'une prodigieuse rage de dents.

Des parodies politiques à usage limité au pur pastiche littéraire, le parcours que je viens d'esquisser suit fidèlement l'évolution même de l'institution des lettres au Québec. Il rend compte dans le même mouvement de l'apport québécois au genre littéraire qu'est le pastiche de langue française. De ce point de vue, il convient sans doute de noter, en guise de conclusion, que les pastiches québécois se tiennent généralement sur le versant sérieux du genre. Ils sont, en soi, peu lisibles sans référence aux styles qu'ils imitent, et ils n'atteignent donc pas à l'autonomie comique, par laquelle Reboux et Muller dérivaient vers la parodie. Ils s'affichent comme des formes complices, voire amicales, de la critique littéraire. Toutefois, lorsque des enjeux générationnels ou positionnels apparaissent dans le champ, ils peuvent également être les vecteurs de prises de position non ambiguës.

---

[20]   Stéphane MALFOUTU [Michel LESSARD], *Un tooth pick jamais n'abolira la carie*, Montréal, MLE Egrillard, 1980.

L'inscription du français et du québécois dans le roman

1. Confrontation des codes de représentation linguistique

Cristina BRANCAGLION

L'inscription du français et du québécois dans le roman est le titre général de deux études conjointes qui se proposent d'observer le processus de codification et de représentation du français de France et du français du Canada dans la langue littéraire, à travers l'exemple de quelques romans québécois du dernier tiers du XXe siècle. Le point de départ est la notion de « surconscience linguistique », par laquelle Lise Gauvin désigne la tendance des écrivains francophones à proposer :

> une réflexion sur la langue et sur la manière dont s'articulent les rapports langues/littérature dans des contextes différents. La complexité de ces rapports, les relations généralement conflictuelles – ou tout au moins concurrentielles – qu'entretiennent entre elles deux ou plusieurs langues, donnent lieu à cette *surconscience* dont les écrivains ont rendu compte de diverses façons. Écrire devient alors un véritable « acte de langage ». Plus que de simples modes d'intégration de l'oralité dans l'écrit, ou que la représentation plus ou moins mimétique des langages sociaux, on dévoile ainsi le statut d'une littérature, son intégration/définition des codes et enfin toute une réflexion sur la nature et le fonctionnement du littéraire.[1]

Cette notion sera examinée d'abord selon une perspective linguistique et ensuite sous un point de vue thématique qui ne manquera pas de prendre en considération la réflexion métalinguistique des écrivains et qui sera traité par Marco Modenesi dans la contribution suivante.

Il sera question, tout d'abord, d'analyses plus proprement linguistiques, qui visent à réaliser une confrontation des codes à travers

---

[1] Lise GAUVIN, *Langagement. L'Écrivain et la langue au Québec*, Montréal, Boréal, 2000, p. 8.

l'observation des procédés de mimésis langagière mis en jeu par trois écrivains – Gérard Bessette, Claude Jasmin et Michel Tremblay – dans les romans *La bagarre* (1969), *Maman-Paris Maman-la-France* (1982) et *Des nouvelles d'Édouard* (1984)[2] : des auteurs bien connus par rapport au problème du questionnement sur la langue, dont les romans permettront d'observer les procédés utilisés dans le traitement littéraire du français québécois.

La première étape de cet examen a été le repérage des indicateurs linguistiques capables de révéler l'inscription du français dans ses variétés de France (standard) et du Canada. Ces indicateurs ont été classés selon les trois niveaux de la description linguistique : phonétique, lexique et morpho-syntaxe. Le repérage lexical, en particulier, s'est révélé très productif, ce qui a amené à l'écarter de cette étude, car il faudrait une recherche spécifique pour le traiter d'une manière exhaustive. Notre attention portera donc principalement sur l'aspect phonétique et sur les structures morpho-syntaxiques, dont l'observation nous a permis d'isoler quelques indicateurs qui fonctionnent comme des marques d'appartenance périphérique (québécoise), tendant à s'organiser selon le principe sociolinguistique de la variation.

Les romans de notre corpus permettent d'établir en premier lieu une distinction diamédiale entre langue écrite et langue parlée, et de relever différents degrés d'inscription du code oral et du code écrit. En effet, le statut narratif des textes considérés nous met en présence :

– de l'écrit de narration du discours d'un narrateur extradiégétique (la section introductive et les intercalaires de *Des nouvelles d'Édouard* ; le narrateur de *La Bagarre*) ;

– de l'écrit-écrit du discours des narrateurs autodiégétiques (Clément, le protagoniste du roman en forme épistolaire de Claude Jasmin ; Édouard, qui écrit son journal dans le roman de Michel Tremblay) ;

– du parlé-écrit du discours des personnages (dialogues et monologues).

L'inscription du français et du québécois se réalise différemment dans ces trois variétés diamédiales. En effet, les indicateurs d'appartenance périphérique semblent exclus de l'écrit de narration, qui tend à se conformer au français standard. Ils se concentrent plutôt dans l'écrit-écrit des deux narrateurs (Édouard et Clément) et surtout dans le parlé-

---

[2]   Gérard BESSETTE, *La Bagarre*, Ottawa, Le Cercle du Livre de France, 1969 ; Claude JASMIN, *Maman-Paris Maman-la-France*, Montréal, Leméac, [1982] 1986 ; Michel TREMBLAY, *Des nouvelles d'Édouard*, Montréal, Bibliothèque Québécoise, [Leméac, 1984] 1991. Les trois romans seront indiqués par les sigles *LB*, *MPMF*, *NE*.

écrit des personnages, sans aucun doute en raison de l'exigence de représentation mimétique de la langue parlée. Ainsi, le repérage des données a eu pour objet principalement les sections textuelles où s'expriment les voix des narrateurs autodiégétiques et celles des personnages.

Les faits phonétiques et morpho-syntaxiques relevés ont montré une tendance à s'organiser selon un deuxième facteur de variation socio-linguistique, le principe diastratique. Pour cette raison, le classement que nous allons illustrer prendra en considération la connotation sociale et culturelle des personnages, qui fonctionnera en tant qu'indice d'appartenance diastratique des indicateurs repérés dans leurs discours. La détermination du niveau diastratique sera réalisée en fonction du français standard, qui correspond – comme l'a souligné Marguerite Fauquenoy Saint-Jacques – au pôle le plus élevé du continuum linguistique québécois :

> Le continuum linguistique du Québec comprend de nombreuses variétés, mais à ses deux pôles, on trouve une parlure populaire dénommée *joual* et une parlure bourgeoise ou *québécois soutenu*, à peine différent du français standard. À l'instar du français populaire, le *joual* a une dimension dialectale et sociale car il est circonscrit aux couches urbaines défavorisées de la région de Montréal. Mais il représente aussi le niveau familier et relâché de la langue des Québécois qui en ont au moins une compétence passive [...]. Il nous paraît donc justifié de comparer les écarts du québécois au français standard à ceux du français populaire par rapport à la norme du « bon usage ».[3]

Les indicateurs d'appartenance québécoise seront donc identifiés aux écarts par rapport au français standard et seront positionnés dans ce continuum en fonction des niveaux diastratiques moyen et populaire, déterminés selon la connotation socio-culturelle des personnages. Les indicateurs inscrits dans les répliques de Jules Lebeuf (*La Bagarre*) ou des protagonistes de *Maman-Paris Maman-la-France* seront ainsi attribués au niveau[4] moyen, tandis que les marques présentes dans le discours des personnages appartenant à des couches sociales plus basses (les balayeurs de Bessette, les personnages de Tremblay, les motards de

---

[3]   Marguerite FAUQUENOY SAINT-JACQUES, « Structures populaires du québécois : simplicité et redondance, dérivation et emprunt », dans AA.VV., *Langue et identité. Le Français et les Francophones d'Amérique du Nord*, Québec, Presses de l'Université de Laval, 1990, pp. 272-273.

[4]   Le terme « niveau » est ici utilisé pour faire référence aux variétés diastratiques, tandis que les variétés diaphasiques seront dénommées « registres ».

Jasmin), seront attribuées au niveau populaire[5]. Quant au québécois soutenu – qui correspond, comme on vient de le dire, au français standard – il n'a pas donné lieu à la détermination d'une catégorie spécifique, car il se caractérise par l'absence de marquage.

Nous allons présenter en premier lieu les indicateurs appartenant au domaine phonétique, qui seront répartis entre les deux niveaux moyen et populaire. Ensuite seront exposés les faits morphosyntaxiques, pour lesquels on a préféré ne pas instituer d'autres subdivisions, afin de préserver la cohérence des catégories grammaticales concernées. L'appartenance diastratique de ces indicateurs sera donc précisée à l'intérieur de chacune des catégories traitées.

I. Phonétique – niveau moyen

Le discours des personnages qui représentent le niveau moyen a permis de repérer des divergeances par rapport au système phonétique du français standard. Les voyelles ont fait enregistrer plusieurs phénomènes de relâchement[6] :

– ouverture de [ɛ] vers [a] en syllabe entravée (*alle, darniére, on farme* : *LB*, les garçons de *La Bougrine*, pp. 16 et 20 ; *marde, viarge* : *MPMF*, poète Gaspard Moron, pp. 39)[7]. De ce phénomène, que la linguistique tend à classer parmi les faits de prononciation populaire[8], notre *corpus* donne aussi la variante québécoise [ə] > [a] en syllabe ouverte (*sacrament* : *MPMF*, poète Gaspard Moron, *ibidem*) ;

– réalisation typiquement québécoise de la diphtongue [wa] > [oe] (pronoms toniques *moé, toé* : *MPMF*, poète Gaspard Moron, jeunes du parc Jarry de Villeray, pp. 39 et 263) ;

– chute du E caduc : les suppressions sont fréquentes mais généralement conformes aux usages standardisés du français oral en situation

---

[5]   Comme le souligne Françoise Gadet, l'usage dit populaire est propre des locuteurs « caractérisables comme : profession ouvrière ou assimilée, niveau d'études réduit, habitat urbain, salaire peu élevé, niveau de responsabilité dominé » (Françoise GADET, *Le Français populaire*, Paris, PUF, « Que sais-je ? », 1997, p. 26).

[6]   Nous n'avons pas retenu, parmi les faits de prononciation du québécois moyen, la réalisation [wɛ] pour *oui*, avec ouverture de [i] vers [ɛ], car il s'agit d'un trait utilisé aussi bien par un personnage québécois (*LB* : Jules Lebeuf, p. 8 et *passim*) que par un français (*MPMF* : le photographe parisien, p. 297). En effet, cette prononciation connaît désormais un usage standardisé en français oral non surveillé et ne peut donc pas figurer parmi les traits spécifiques du français québécois.

[7]   Comme cette étude ne se propose pas de faire des relevés statistiques, elle se limite à citer quelques exemples pour chacun des phénomènes évoqués.

[8]   Françoise GADET, *op. cit..*, p. 33.

non surveillée (*j'm'en* : *LB*, Jules Lebeuf, p. 13 ; *p'tit* : *MPMF,* Gaspard Moron, p. 39).

Quant au système consonantique, sauf la palatalisation de la dentale [d], les indicateurs relevés sont essentiellement des « facilités de pro-nonciation »[9] réalisées à travers la simplification de groupes complexes. Françoise Gadet attribue ces phénomènes à l'usage populaire[10]. En particulier on a observé :

– palatalisation de [d], notée à travers l'évocation orthographique du son [j] (*canayenne, canayen* : *MPMF*, Clément, le narrateur, pp. 204, 212) ;

– en position finale : chute de la dernière consonne du groupe [st] (*crisse* pour *Christ* : *MPMF*, Gaspard Moron, p. 39), reconnu comme un trait de prononciation québécoise populaire[11] ;

– en position interne : chute de la liquide [l] qui réduit *quelque* à [kɛk] (*què'que chose* : *LB*, Jules Lebeuf, p. 13 et *passim*).

D'autres facilités de prononciation comportent des modifications de voyelles ou des réductions :

– dilation régressive dans *môman* et *mouman* (*MPMF*, Clément, pp. 93, 172), donnée comme un trait populaire pour le québécois[12] ;

– troncation du pronom sujet de deuxième personne *tu* devant voyelle, avec chute de [y] (*t'arrives, t'écris* : *LB*, Jules Lebeuf, pp. 9 et *passim* ; *t'as, t'es* : *MPMF*, Gaspard Moron, Clément, pp. 39, 41, 250, 315) ;

– suppression des semi-consonnes [ɥ] et [j] dans *puis* et *bien* (*pis, ben*[13] : *MPMF*, Gaspard Moron, Rachel, pp. 39, 92, 207). Comme pour l'apocope du pronom *tu*, il s'agit d'emplois courants en français oral non surveillé.

---

[9] Françoise Gadet utilise ce terme pour désigner toutes les modifications qui se pro-duisent lorsque le débit est très rapide, c'est-à-dire les assimilations, les simplifica-tions de groupes consonantiques, les dilations, les réductions portant sur des mots particuliers (*cf. ibid.*, pp. 38 s.).

[10] *Ibid.*, pp. 34 et 40.

[11] Lionel MENEY, *Dictionnaire québécois français pour mieux se comprendre entre francophones*, Montréal, Guérin, 1999, p. 590.

[12] *Ibid.*, p. 1140.

[13] La prononciation populaire de ces deux adverbes, désormais usuelle en français oral en situation non surveillée, a été retenue parmi les indicateurs d'appartenance québé-coise puisqu'il s'agit de formes qui ont été lemmatisées et qui sont considérées plus fréquentes en québécois qu'en français standard (Lionel MENEY, *op. cit.*, pp. 202 et 1307).

II. Phonétique – niveau populaire

Les faits phonétiques représentent la plupart des indicateurs d'appartenance périphérique repérés dans le discours des personnages socialement et culturellement défavorisés. On y retrouve les phénomènes qui caractérisent le système phonétique du niveau moyen, auxquels il faut additionner les traits spécifiques au niveau populaire. Voici ceux qui concernent le système vocalique :

– tendance à fermer les voyelles à double timbre [E] et [O], tant en syllabe inaccentuée qu'en position accentuée. Ainsi le son [ɛ] est réalisé [e] en syllabe entravée accentuée (*darniére, pére* : *LB*, les garçons de *la Bougrine*, le caissier, pp. 16, 43) et [i] en position inaccentuée (*lichecul* : *LB*, Bouboule, p. 47) ; [ɔ] se ferme vers [o] en syllabe entravée accentuée (*encôre* : *LB*, Marguerite, p. 27). Dans *Des nouvelles d'Édouard*, la fermeture [ɛ] > [e] devient un des procédés les plus utilisés pour stigmatiser l'« accent » québécois d'Édouard ; en effet, malgré ses efforts de conformation à la prononciation parisienne, celui-ci ne peut s'empêcher d'articuler « toilééétes » au lieu de [twalɛt], « quatriéme » au lieu de [katrijɛm], « étes » pour [ɛt], « trés » à la place de [trɛ] (*NE* : pp. 198, 211, 236, et *passim*) ;

– délabialisation de certains sons arrondis antérieurs : la graphie *ein* pour l'article indéfini masculin singulier semble évoquer un glissement de [œ̃] vers [ɛ̃], procédé qui est utilisé d'une manière presque systématique pour les personnages populaires de Bessette (*LB* : le garçon de *la Bougrine*, le vagabond, Marguerite, Bill, pp. 16, 23, 25 et *passim*). Si cette délabialisation correspond à une tendance évolutive du français standard, qui a désormais supprimé l'opposition [œ̃] ~ [ɛ̃], la réalisation [e] du E caduc en position accentuée (*demandez-lé-moi* : *LB*, Marguerite, p. 25) – notamment réalisé [ø] – peut surprendre, et confirme la tendance du québécois populaire à délabialiser les voyelles arrondies antérieures dans les degrés mi-ouvert et mi-fermé. D'autre part, Michel Tremblay se sert du trait de la délabialisation pour souligner l'appartenance québécoise de son personnage : Édouard, conscient de cette spécificité québécoise, s'efforce de labialiser les voyelles pour imiter la prononciation des Français et dissimuler ses origines. Il tombe ainsi dans l'hypercorrection, et il labialise où le français voudrait un son écarté : la graphie *eu* dans *ceurtaineument* (*NE*, p. 176) souligne, dans la première syllabe, la réalisation [œ], arrondie, de [ɛ] ; la labialisation de [ɛ] se fait alors indicateur de la phonétique du français de France d'après la perspective perceptive d'un Québécois. La graphie *eu* revient ensuite dans la troisième syllabe du même mot pour évoquer un E caduc qui ne devrait pas être prononcé et dont le maintien laisse apparaître une règle mal maîtrisée, qui stigmatise un usage populaire[14]. Labialisation de [ɛ] et réalisation du E caduc reviennent plusieurs fois, toujours représentées par la graphie *eu* (*Meurci* pour [mɛrsi], *meunu* pour [mɘny], *jeu* pour [ʒɘ] : *NE*, pp. 236 et *passim*). Cette codification orthographique connaît ainsi une bonne fréquence d'emploi, ce qui contribue à faire du phonème mi-ouvert antérieur arrondi l'indicateur le plus stigmatisant de la prononciation française ; cela peut expliquer sa présence dans la première syllabe de *Feurmidable* (*NE*, Édouard, p. 217), avec réalisation antérieure de l'arrondie correspondante.

– réalisation postérieure de [a] qui tend vers [ɑ] (*chârs* : *LB*, le balayeur Onésime, p. 42) ; il s'agit, encore une fois, d'un trait phonétique qu'Édouard, à Paris, a du mal à contrôler (*étââge*, *NE*, p. 211) ;

– réalisation [we] de la diphtongue [wa] (pronoms toniques *moué*, *toué* : *LB*, Bill, p. 49) ; la même diphtongue fait enregistrer un phénomène de dilation régressive : suivie de la semi-consonne [j] elle devient [ej] (*netteyer* : *LB*, le balayeur Bouboule, p. 47) ;

– suppression du E caduc : le nombre de suppressions augmente dans le discours des personnages populaires, qui n'hésitent pas à faire tomber le E muet dans des contextes anormatifs, c'est-à-dire devant consonne, devant *h* aspiré, en position initiale – ce qui contribue à alourdir les groupes consonantiques : *il s'croit plus fin* (*LB*, Marguerite, p. 25), *j'devore* (*NE*, la duchesse, p. 48), *j'garde* (*NE*, Jennifer, p. 27), *j's'rais* (*NE*, Paula-de-Joliette, p. 36), *j'haïs* (*NE*, la duchesse, p. 35), *V'nez me voir mourir* (*NE*, duchesse, p. 48), *r'garde ça* (*NE*, Hosanna, p. 55), *J't'espionne* (*NE*, Paula-de-Joliette, p. 23). La représentation orthographique de ces chutes, évoquée par l'apostrophe, accentue l'effet stigmatisant d'un indicateur qui est déjà une marque reconnue de l'usage popoulaire[15]. Claire Blanche-Benveniste et Colette Jeanjean insistent sur l'« effet péjoratif » des transformations de l'orthographe : « elles signalent à l'attention un texte "populaire" et "relâché". Il semble qu'elles n'aient jamais été suffisamment banalisées en français pour devenir un procédé de notation non marqué »[16]. C'est ce qui arrive, par exemple, aux relatifs *ce que* et *ce qui*, où la chute du E produit les formes *c'que* (*NE*, Paula, duchesse, Édouard, pp. 24, 35, et *passim*) et *c'qui* (*NE*,

---

[14] *Cf.* Françoise GADET, *op. cit.*, p. 37.

[15] « La chute du *e* muet est probablement le trait le plus fréquemment souligé de l'usage populaire [...]. Français standard, français familier et français populaire ne s'opposent guère que par la fréquence des chutes, et la préférence pour certaines combinaisons dans les successions de syllabes comportant des *e* muets. » (*Ibidem.*)

[16] Claire BLANCHE-BENVENISTE et Colette JEANJEAN, *Le Français parlé. Transcription et édition*, Paris, Institut National de la Langue Française, 1986, pp. 130-131.

Cuirette, p. 189), conformes à la pratique orale du français standard mais perçues à l'écrit comme un indice de relâchement, car elles contreviennent à la norme orthographique.

L'usage populaire du français québécois a permis également de relever un grand nombre de modifications du système consonantique :

– affrication des occlusives dentales [t] et [d] devant [i] et [y] (*dzu goudron, partsir, maudzits, Tsu pourrais* : *LB*, Bill, Onésime, Bouboule, *passim*) ; le phénomène est donné comme un trait généralisé au Québec, tout en soulignant, cependant, qu'il « donne aux non-Québécois l'impression que les Québécois ont une prononciation relâchée »[17] ;

– aspiration des fricatives [z] et [ʒ] réalisées comme une fricative laringale notée orthographiquement par *h* (*H'ai pensé, Halut, Ha va ?* - *LB* : Bill, p. 47 et *passim*) ;

– palatalisation typiquement populaire des dentales [t] et [d] et de la vélaire [g], phénomène que l'orthographe tend à traduire en notant [k] à la place de [t] (*Quiens* : *LB*, Mme Tourgeon, Bill, pp. 76, 78) et [j] à la place de [d] ou [g] (*bonyeu, yable, yeule* : *NE*, Jennifer, la duchesse, Édouard, 24, 74, 45 et *passim* ; *canayen, canayenne* : *MPMF,* Clément, pp. 204, 212) ; la palatatalisation peut concerner aussi la nasale apicodentale [n] qui devient [ɲ] (*dargnier* : *LB*, Bill, p. 119) ;

– réalisation du [t] final (*deboutte* : *NE*, la duchesse, p. 41).

Le système consonantique a fait relever en outre de nombreuses facilités de prononciation, qui sont toutes reconnues comme des traits stigmatisant l'usage populaire[18] :

– chute de la vibrante en position finale ou médiane, ce qui permet de simplifier les groupes consonantiques dus à la rencontre de la dernière consonne d'un mot et de la première du mot suivant (*su'la table, leu'donne, not'temps, rent'e* : *LB*, un buveur à *la Bougrine*, Marguerite, les balayeurs, *passim* ; *NE* : la duchesse, p. 33 et *passim*) ;

– chute de la liquide [l] dans les pronoms sujets *il* et *ils*, avec transcription orthographique en *y* généralisée au singulier et au pluriel (*Si quelqu'un passe y va penser, Y sont condamnés, parce qu'y'ont pus rien* : *NE*, Édouard et tous les personnages populaires, pp. 44, 33 et *passim* ; *des balayeurs y en faut, comme y faut des waitress* : *LB*, Marguerite, p. 27 et *passim*) ; la même graphie (*y*) est utilisée pour le pronom *lui*, où la chute de la liquide est accompagnée de la suppression du [ɥ] (*tu pourrais [...] y donner un petit examen* : *LB*, Bill, 49 ; *dis-y d'essayer*

---

[17]   Lionel MENEY, *op. cit.*, p. XI.
[18]   Françoise GADET, *op. cit.*, p. 42.

de faire attention, Y'as-tu fait peur ? : *NE*, Paula, Tooth Pick, pp. 26, 29 et *passim*). Nous signalons en outre ici les troncations des syntagmes *il y a* et *il y en a*, où la suppression du pronom *il* peut s'expliquer par analogie avec la réduction du même pronom dans d'autres contextes ou bien par l'agglutination avec *y* (*Y en a qui pensent* : *LB*, Marguerite, p. 25 et *passim* ; *Y'a rien à espionner* : *NE*, Jennifer, p. 23 et *passim*). La chute de la liquide se réalise aussi en position interne dans le démonstratif *celui* (*Çui qui perd paye* : *LB*, un type à la taverne, p. 57 et *passim*), dans l'adverbe *plus* (*pus* : *LB*, Marguerite, p. 25 et *passim* ; *NE*, Jennifer, p. 19 et *passim*)[19], et dans les syntagmes formés avec *quelque* (*quequ'fois, quequ'semaines, quequ'chose, quequ'p'tits, quequ'niches à chiens, quequ'planteur, quequ'faiseur, quequ'SS, quequ'coins* : *LB, NE, passim*) ;

– interversion des sons du groupe [lə] qui devient [əl] (*e'L'beuf, e'l'curé* : *LB*, Bill, p. 47 et *passim*) ;

– élisions anormatives, devant voyelle, du relatif *qui* (*pour ein pauvre vieux qu'a faim* : *LB*, un vagabond, p. 23 et *passim*) et du pronon *ça* (*c'avait été* : *NE*, Édouard, p. 176) ;

– réduction de quelques mots d'emploi courant, comme le présentatif *voilà* (*v'là* : *LB, NE, passim*) ou le verbe *être* à la première personne, qui peut se transformer par assimilation (*chus* : *NE*, Paula-de-Joliette, la duchesse, Édouard, pp. 23, 32 et *passim*) ou par troncation interne (*j'me sus* : *NE*, Tooth Pick, Édouard, pp. 29, 73).

III. Le système pronominal

Dans le domaine morphologique, le plus grand nombre d'indicateurs périphériques a été enregistré dans le système pronominal. Les faits relevés ci-dessus montrent qu'il se trouve souvent affecté par des phénomènes d'instabilité phonétique. Résumons tout d'abord la situation des pronoms personnels : pour la fonction sujet, la chute du E caduc peut changer *je* en [ʃ] par assimilation et favoriser son agglutination au radical (*chus*) ; à la deuxième personne, *tu* tend à se réduire à [t] devant voyelle ; à la troisième, *il* et *ils* peuvent devenir [i], tandis que *elle* peut changer en *alle* à cause du relâchement de [ɛ]. Ces formes, presque généralisées dans l'usage populaire, sont parfois utilisées par des personnages qui appartiennent au niveau moyen. Cependant, c'est dans l'usage populaire que leur emploi peut être amplifié à travers l'appa-

---

[19] Cette prononciation, « plus fréquente dans l'emploi négatif que dans l'emploi comparatif, est considérée comme vulgaire ou enfantine » (Françoise GADET, *op. cit.*, p. 43).

rition de quelques variantes. C'est le cas du pronom féminin *alle*, qui a fait enregistrer, dans ce niveau de langue, la forme plurielle *alles* et la forme réduite *a'* ; celle-ci peut prendre un *l* pléonastique devant voyelle pour supprimer un hiatus entre deux voyelles (*a'l'*). Dans l'usage populaire, le *l* pléonastique peut apparaître également en présence du pronom *elle* :

> Tu sens ma tante Berthe quand *a'* venait nous visiter. (*NE*, Jennifer, p. 20)
>
> Pauvre duchesse, *a'l'* a tellement pus l'air de rien ! (*NE*, Jennifer, p. 19)
>
> *Alle* a seize ans à c't'heure. (*LB*, Bill, p. 44)
>
> *Alles* demandent vingt-deux piasses par mois. (*LB*, Bill, p. 44)
>
> *Elle l'*a jasé pas mal longtemps. (*LB*, Bill, p. 48) [20]

Pour les pronoms personnels compléments, les modifications les plus importantes concernent la réduction de *lui* à [i] – ce qui crée une situation d'homophonie, et souvent d'homographie, avec les pronoms sujets *il* et *ils* – et la prononciation variable des formes toniques *moi* et *toi* (*moé*, *toé* ou bien *moué*, *toué*, les deux dernières circonscrites à l'usage populaire) ; enfin, la délabialisation peut transformer le pronom *le* postposé, réalisé [le].

D'autres modifications importantes sont celles qui concernent les relatifs, pour lesquels on a relevé des formes réduites à cause de la chute d'un son vocalique ou consonantique : *celui* qui devient [Sÿi] ; *qui*, élidé devant voyelle ; *c'qui* et *c'que*, avec mise en relief de la non réalisation du E caduc ; l'élision du déterminatif *ça* devant voyelle.

La plupart de ces altérations phonétiques sont attestées dans le discours des personnages populaires et sont donc des indicateurs de ce niveau de langue, ce qui concorde avec les observations sur l'usage populaire du français de France[21].

Mais les indicateurs périphériques concernant la morphologie pronominale – et notamment les pronoms personnels – ne relèvent pas que de l'instabilité phonétique. Voyons donc des faits plus strictement morphologiques, et tout d'abord l'emploi des formes toniques renforcées *nous autres*, *vous autres*, *eux autres*, que la linguistique stigmatise, pour le français de France, comme des usages populaires et régionaux[22] ; dans notre corpus, ils sont attestés tant au niveau populaire qu'au niveau moyen :

---

[20]   Ici, et dans les citations qui vont suivre, c'est nous qui soulignons.

[21]   *Cf.* Françoise GADET, *op. cit.*, pp. 62 et suivantes.

[22]   *Ibid.*, p. 63.

Lebeuf et *nous autres*, c'est une autre paire de manches. (*LB*, Charlot, p. 44)

Mais *nous autres*, Canadiens, c'est pas ça qu'il nous faut, pas une miette. (*LB*, Lebeuf, p. 53)

Chus dangereuse pour Tooth Pick pis Maurice parce que c'est *eux autres* qui vous vendent toutes les mardes que vous prenez ! (*NE*, la duchesse, p. 32)

Vous voyez comment on est faits, *nous autres*, hein ? (*NE*, Édouard, p. 66)

Appelez-vous ça vivre, *vous autres* ? (*MPMF*, Gaby-Bernard Verreau, animateur des actualités télévisées québécoises, p. 255)

D'autres phénomènes portant sur les pronoms sujet concernent les cas d'omission à la troisième personne du singulier et des différences d'emplois par rapport au français standard. La suppression du pronom *il* impersonnel, marque d'un usage populaire[23], se réalise en présence des verbes *falloir* et *être* :

En tout cas, *faut* que ça change. (*LB*, Lebeuf, p. 23)

Trop c'est trop. *Faudrait* que j'me refasse... (*NE*, Paula-de-Joliette, p. 21)

Fallait voir les rivières de diamants s'agiter sur les cous au rythme des haut-le-cœur. (*NE*, Édouard, p. 67)

Voilà qu'elle commençait à oublier les noms. *Fut* un temps où elle pouvait réciter par cœur la liste complète de tous les habitués de tous les bars de la Main. (*NE*, la duchesse, p. 31)

Au féminin, l'omission du pronom *elle* se produit devant le verbe *être*, lorsqu'il a valeur anaphorique, dans des usages populaires :

La reine d'Angleterre peut pas se payer le luxe de sentir mauvaise ! *Est* en représentation continuelle ! (*NE*, Paula-de-Joliette, p. 20)

Tu leur diras que même si a'l' a répandu ses tripes, la duchesse de Langeais a pas chié dans ses culottes ! *Est* restée digne pis désinvolte jusque devant la mort. (*NE*, la duchesse, p. 51)

La valeur des pronoms *on*, *nous*, *tu* tend parfois à se superposer, et à donner lieu à des emplois qui sont désormais réputés des spécificités du français québécois. D'une part, l'indéfini *on* est utilisé à la place de *nous*, selon un mouvement que Jean-Marcel Léard estime « plus avancé en Q[uébécois] qu'en F[rançais] », tant qu'il propose d'« analyser *on* comme un pronom personnel sujet de première personne du pluriel et non comme pronom indéfini en Q[uébécois] »[24]. Les romans analysés ont permis d'en trouver des exemples qui ne se limitent pas au niveau

---

[23] Françoise GADET, *op. cit.*, p. 46.

[24] Jean-Marcel LÉARD, *Grammaire québécoise d'aujourd'hui. Comprendre les québécismes*, Montréal, Guérin, 1995, p. 89.

populaire ; on observera, dans le deuxième, que l'alternance *on*/*nous* peut se réaliser sans reprise du pronom sujet pluriel :

> *On* est allé au *Blue Sky*, puis à *la Bougrine*. *On* a bu quelques verres. *On* a discuté des choses. (*LB*, Weston, p. 39)

> *On* a ouvert aux rayons du soleil les hautes persiennes de nos fenêtres et avons décidé de faire une brève sieste sur les deux petits lits aux matelas bien mous, hélas ! aux ressorts bien lâches. (*MPMF*, Clément, p. 176)

> Nous avons marché vers l'ouest pour prendre le métro Père Lachaise et sommes sortis au métro Opéra. [...] Du boulevard Haussmann, *on* est allés vers le boulevard Malesherbes et *on* a longé le grand parc Monceau. (*MPMF*, Clément, p. 333)

D'autre part, le pronom *tu* connaît des emplois à valeur indeterminée, au lieu de *on*[25] :

> c'était tellement compliqué que *tu* savais pas ce que *tu* mangeais ! (*NE*, Édouard, p. 67)

> Les gares sont drôlement faites, ici. *T'*as deux ou trois quais parallèles à la station mais *t'*as pas le droit de traverser les voies, alors *t'*es obligé de descendre dans un tunnel pour atteindre la gare. (*NE*, Édouard, p. 182)

IV. L'interrogation

Un autre aspect de la morphosyntaxe qui a permis de relever d'importants indicateurs périphériques est celui qui concerne les formes de la phrase. Nous n'insistons pas sur les structures négatives avec omission de la particule *ne*, forme à tel point répandue dans la conversation orale courante, qu'on ne peut pas l'interpréter comme un facteur stigmantisant une variété spécifique du français. Son emploi généralisé dans les romans considérés ne surprend donc pas.

Au contraire, l'interrogation signale des phénomènes plus spécifiques :

– recours au suffixe *-ti* (orthographié aussi *-ty* et *-t-y*) dans les interrogatives par inversion et dans les exclamatives ; cet affixe, reconnu comme un archaïsme propre au français populaire[26], est d'emploi fré-

---

[25] Cet usage, lemmatisé dans le *Dictionnaire québécois français*, est décrit comme un « tour appartenant au français fam[ilier] ; très fréq[uent] en québécois, plus rare en français standard » (Lionel MENEY, *op. cit.*, p. 1788).

[26] Françoise Gadet affirme que « ces formes ont de nos jours à peu près disparu de l'usage urbain réel de France. Ce n'est guère qu'à titre de stéréotype qu'on continue à les trouver dans l'écrit reproduisant du langage populaire » (*op. cit.*, p. 81).

quent dans notre corpus, pour les deux niveaux analysés. En voici quelques exemples :

C'est-t'y que quelqu'un dans ta famille veut apprendre à lire ? (*LB*, le caissier, p. 44)

c'est-y toué ou ben si c'est e'L'beuf qu'est allé voir e'l'boss pour protester ? (*LB*, Bill, p. 44)

Pis v'là-*t-y* pas que c'maudit râleux de liche-cul de Lévêque, v'là-*t-y* pas qu'il vient me dire que c'est pas assez net ! (*LB*, Bill, p. 42)

On commencerait-*ti* à moins pogner ? (*NE*, Sandra, p. 23)

Rendus aux bureaux de Marylène, on découvre-*t-y* pas une sorte d'enfilade de bureaux et de couloirs tout en « démanche ». (*MPMF*, Clément, p. 9)

Je me suis retenu quand, soudain, je vois-*t-y* pas ma Rachel qui lui administre l'accolade à la française ! (*MPMF*, Clément, p. 10)

Voilà-*t-y* pas qu'en s'apprêtant à descendre vers la Seine et notre hôtel pour de bienfaisants bains de pieds, au beau milieu de la rue des Ecouffes, un alerte vieillard aux beaux cheveux blancs et blonds interpelle Rachel […]. (*MPMF*, Clément, p. 81)

En raison de sa présence généralisée aux niveaux moyen et populaire, nous retiendrons cette particule comme un indicateur d'appartenance périphérique. Cependant, il faut préciser qu'aujourd'hui cette forme est considérée comme étant hors d'usage au Québec, ainsi que l'explique Jean-Marcel Léard :

Le recul de -*ti* en France date du début du siècle. Encore attesté, il est surtout utilisé de façon plaisante […]. Au Québec, il est encore fréquent dans plusieurs régions, en particulier chez les personnes âgées, et son déclin peut être situé dans les années 1940-1950. Depuis lors, il est peu à peu remplacé par -*tu*[27].

Le suffixe -*tu*, qui aurait supplanté -*ti*, ne manque pas d'être représentés dans notre corpus :

Une demande toute courtoise en comparaison du « Fourres-*tu*, toé, bebé ? » que j'entendais jadis, au parc Jarry de notre quartier Villeray. (*MPMF*, p. 263)

'coudonc, on appelle-*tu* ça un capitaine ? (*NE*, Édouard, p. 67)

Je le savais-*tu*, moi, que les trains arrêtent juste deux ou trois minutes, dans les gares, en France ? (*NE*, Édouard, p. 181)

— tendance, dans l'interrogation partielle, à convertir *est-ce que* en une séquence progressive, avec le mot interrogatif placé devant :

Mais toi, *quoi c'est que* tu veux devenir au juste ? (*LB*, Marguerite, p. 27)

---

[27] Jean-Marcel LÉARD, *op. cit.*, p. 221.

> *Pourquoi c'est que* tu leu' donne trois cents tomates [...] ? (*LB*, Bouboule, p. 45)
>
> Aïe, Paula, *oùsque*[28] tu t'en vas ? (*NE*, Sandra, p. 23)
>
> *Que c'est que* tu fais là, toé ? (*NE*, la duchesse, p. 43)

L'emploi de ces structures interrogatives est limité au niveau populaire, ce qui concorde avec les observations de Françoise Gadet et avec le statut attribué par le *Dictionnaire québécois français*, établi par rapport au français standard[29].

V. Le système verbal

L'inscription du québécois dans la morphologie verbale se réalise principalement à travers deux phénomènes :

– présence de variantes morphologiques du radical de certains verbes, la plus commune étant celle qui concerne l'indicatif présent du verbe *aller*, d'emploi fréquent parce qu'il concourt à la structuration du futur périphrastique :

> C'est pas icitte que j'*vas* refaire mon avenir, de toute façon ! (*NE*, Paula-de-Joliette, p. 21)
>
> En attendant, j'*vas* essayer de dormir. (*NE*, Édouard, p. 72)
>
> J'ai l'impression que j'*vas* passer mon voyage à compter, hein ? (*NE*, Édouard, p. 173)

Cette forme, que nous avons repérée au niveau populaire, est considérée socialement non marquée en québécois parlé semi-formel[30]. Le subjonctif présent de *vouloir* et le conditionnel présent du verbe *avoir*, au contraire, sont considérés comme des marques du québécois populaire[31], et c'est en effet dans ce niveau de langue que nous les avons relevés :

> T'es ben prétentieuse pour penser que t'es dangereuse au point qu'on *veule* pus de toé. (*NE*, Paula-de-Joliette, p. 34)
>
> J'*arais* été obligé d'endurer ta lecture, à toé (*NE*, Hosanna, p. 189)

---

[28] Le mot *ousque* est le résultat de la réduction phonétique de *où c'est que*. C'est sans doute en raison de son emploi fréquent qu'il est désormais lemmatisé (*cf.* Lionel MENEY, *op. cit.*, p. 1218).

[29] *Cf.* Lionel MENEY, *op. cit.*, pp. 1407, 1218, 1789.

[30] Raymond MOUGEON, « Recherche sur les origines de la variation "vas", "m'as", "vais" en français québécois », dans AA.VV., *Français du Canada – Français de France*, Tübingen, Max Niemeyer Verlag, 1996, p. 66.

[31] Lionel MENEY, *op. cit.*, pp. 1825 et 98.

– aspect duratif de l'action traduit par la périphrase *être après*, variante populaire de la forme standard *être en train de* :

> T'*es* quand même pas *après* te recycler dans le vol de chars ! (*NE*, la duchesse, p. 43)

VI. Adjectif et adverbe

L'adjectif et l'adverbe ont fait enregistrer des emplois particuliers et des transpositions de catégories grammaticales, phénomènes qui sont attribués pour la plupart à des personnages populaires, sauf le premier :

– emploi de l'adjectif possessif féminin comme appellatif :

> « Viens te coucher, mon grand amour, et au diable les lettres à *sa* môman et ce concours du diable ! » (*MPMF*, Rachel, pp. 285-286)
>
> Alors, *sa* mère, dodo, puisque demain ce sera mon dernier « devoir » et notre dernière journée avant celle du retour. Hélas ! (*MPMF*, Clément, p. 325)

– emploi adjectival d'un adverbe :

> La reine d'Angleterre peut pas se payer le luxe de sentir *mauvaise* ! (*NE*, Paula-de-Joliette, p. 20)

– neutralisation morphologique de la série *tout*, avec généralisation de la forme *toute* [tut], qui semble évoluer vers un statut adverbial, avec disparition des marques de genre et de nombre :

> On essaye de monter à partir d'en bas, c'est *toute*. (*LB*, Marguerite, p. 27)
>
> C'est *toute* ce que je demande. (*LB*, Lévêque le contremaître, p. 50)
>
> Aujourd'hui, y se font *toute* couper en pensant que ça va *toute* changer pis y sont condamnés à pus jamais avoir de fun. (*NE*, la duchesse, p. 33)
>
> Non. Jamais. J'ai *toute* aimé, dans ma vie, sauf les minables. (*NE*, la duchesse, p. 44)

– emploi conjonctif de *pis*, forme phonétiquement réduite de l'adverbe *puis*. Attesté au niveau populaire dans notre corpus, ce fait est désormais reconnu comme un trait du québécois en raison de sa fréquence plus élevée par rapport au français de France. Annegrat Bollée a souligné en effet qu'en français québécois *pis* remplace *et* non seulement dans la fonction de signal discursif d'ouverture, mais « également dans sa fonction originaire de conjonction de coordination »[32].

> À quoi ça sert de se refaire pour trois pelés *pis* deux tondus ? (*NE*, Paula-de-Joliette, p. 21)

---

[32] Annegret BOLLÉE, « Français parlé au Québec – Français parlé en France », dans AA.VV., *Français de France – Français du Canada*, *op. cit.*, p. 143.

Chus dangereuse pour Tooth Pick *pis* Maurice parce que c'est eux autres qui vous vendent toutes les mardes que vous prenez ! (*NE*, la duchesse, p. 32)

VII. Conjonctions et prépositions

À côté de l'emploi conjonctif de *pis*, signalé dans la section précédente puisqu'il porte sur un adverbe, une autre remarque sur les conjonctions doit être réservée à *que*, dont les emplois en français populaire sont nombreux. Nous avons relevé les suivants :

— omission de *que* conjonctif en position d'introduction d'une subordonnée ou d'un segment coordonné, phénomène que Geneviève Offroy atteste comme une forme couramment utilisée en français québécois parlé[33] :

C'est là tu te trompes. (*LB*, Weston, p. 9)

On a lu que ce « village » était une organisation coopérative et ils nomment cela en France un « syndicat d'initiative ». (*MPMF*, Clément, p. 157)

— emplois redondants et typiquement populaires de *que*, adjoint à une conjonction de subordination simple ou à l'interrogatif *pourquoi*, par analogie avec les locutions conjonctives :

J'le dérange, monsieur quand que je suis ici ! (*LB*, Marguerite, p. 25)

Quand qu'ils ont voulu nous faire pelleter d'la neige, l'hiver passé. (*LB*, Charlot, p. 44)

pourquoi que tu décrottes des petits chars, d'abord ? Pourquoi que t'es ein décrotteur de p'tits chars, si t'es si fin que ça ? (*LB*, Marguerite, p. 26)

Quant aux prépositions, les cas d'omissions ne figurent que dans le discours d'un personnage anglophone, ce qui ne permet pas de les tenir pour des indicateurs d'appartenance québécoise, car leur caractère anormatif est dû à une interférence avec la langue maternelle. Par contre, on a repéré des emplois qui diffèrent du français standard, parmi lesquels les plus significatifs sont les deux suivants :

— emploi, au niveau populaire, de *à* devant certains compléments circonstanciels de temps ou de lieu, et notamment dans l'expression *à soir* :

J'ai pas le goût de me chicaner, *à soir*, okay ? (*NE*, Paula-de-Joliette, p. 23)

Tu porteras rien, *à soir*, Édouard ! (*NE*, Tooth Pick, p. 45)

---

[33] Geneviève OFFROY, « Contribution à l'étude de la syntaxe québécoise d'après la langue des journaux », dans Marcel JUNEAU & Georges STRAKA, *Travaux de linguistique québécoise*, 1, Québec, Presses de l'Université de Laval, 1975, p. 281.

– au niveau moyen, recours à des prépositions différentes, par rapport au français standard, dans certaines expressions :

Il fallait y penser, c'est un œuf *à la* Colomb ! (*MPMF*, Rachel, p. 140)

docteur *en* lettres (*MPMF*, Clément, p. 169)

Ça me rappelle les sempiternelles images des expos *de* plein air du Vieux Québec. (*MPMF*, Clément, p. 295)

Nous avons filé dans la nuit vers Nice. Autoroute bien éclairée, péage fréquent et cher en comparaison *avec* chez nous. (*MPMF*, Clément, p. 158)

Considérations conclusives

Il est évident que le repérage de ces faits phonétiques et grammaticaux est loin d'être exhaustif, ayant omis les particularismes lexicaux et d'autres spécificités québécoises, comme l'emploi des signaux discursifs, ou la présence d'adverbes et de conjonctions inconnus au français standard. Cependant, les faits observés permettent de faire ressortir quelques tendances majeures dans la codification littéraire du français québécois au cours des années 1969-1982.

Il faut remarquer, tout d'abord, qu'en dehors des commentaires métalinguistiques et des procédés de mise en relief (ou à distance) d'éléments lexicaux, les écrivains québécois considérés ne se soucient pas de codifier les francismes, de sorte que le français de France reste non marqué sous un point de vue phonétique et morphosyntaxique ; la codification des faits de langue ne s'applique qu'à la variété linguistique qui cherche à se rendre visible afin de se faire reconnaître une identité à soi – le français québécois.

Les romans de Bessette, de Tremblay et de Jasmin ont permis d'observer que la représentation du québécois dans la langue littéraire s'organise selon un principe diastratique qui tend à différencier trois niveaux : le québécois soutenu, qui s'assimile au français standard ; le québécois moyen, marqué par un nombre limité d'indicateurs périphériques ; le québécois populaire, qui a fait enregistrer le plus grand nombre d'indicateurs, dont la fréquence est élevée.

Cependant, on a vu qu'il existe un décalage entre le niveau codifié dans le texte romanesque et le statut linguistiquement reconnu à l'indicateur périphérique représenté. Ainsi, les marques du niveau moyen incluent des phénomènes qui sont propres au français populaire ou à la langue parlée, ce qui contribue à caractériser le niveau moyen, par rapport à son correspondant en français de France, comme une variété dépréciée. Cette impression trouve une confirmation dans les commentaires métalinguistiques des personnages de Claude Jasmin : des

Québécois qui reconnaissent avoir les « oreilles écorchées de parlures québécistes » (*MPMF*, p. 21).

Par contre, un grand nombre d'indicateurs codifiés au niveau populaire correspondent à des usages désormais standardisés ou d'emploi courant en québécois, comme l'affrication, la variante en *vas* à la première personne du verbe *aller*, la généralisation de *toute*. Cela témoigne de la « valeur prémonitoire quant à la norme possible de demain »[34] qui est le propre de la langue populaire, procès sans doute favorisé, au Québec, par l'affirmation d'une écriture littéraire qui a contribué à la codification des comportements langagiers ressentis comme des marques d'appartenance linguistique. Mais si quelques québécismes ont évolué du statut populaire au statut standard, la plupart des traits relevés sont des marques populaires encore perçues comme telles. Il en résulte que les spécificités diatopiques (les indicateurs d'appartenance québécoise) restent enfermées dans une variété socialement stigmatisée, ce qui encourage à assimiler le français du Canada à une variété « diminuée » du français standard. Cet effet de dépréciation est accentué par le recours à une orthographe anormative – dont la conséquence sur la représentation de la langue a déjà été soulignée – et par l'absence d'indicateurs diaphasiquement marqués. Si l'on exclut le cas d'Édouard, qui essaie de modifier sa prononciation lorsqu'il est en contact avec des Français, la langue des personnages ne semble jamais varier en fonction de la situation de communication, chacun étant caractérisé par des traits linguistiques qui restent stables. De cette façon la stylisation romanesque ne parvient pas à évoquer le continuum linguistique qui caractérise l'usage effectif d'une langue, ni l'image d'une langue à part entière capable de se diversifier à son intérieur selon les différents facteurs de variation[35]. Le français du Québec apparaît alors comme un usage limité à un contexte social spécifique qui, toutefois, n'est pas celui de la classe instruite, la seule à même d'évoquer un modèle québécois d'utilisation de la langue française, un modèle capable de s'imposer comme normatif. Des trois romans analysés, il n'y a que *Maman-Paris Maman-la-France* qui se

---

[34]   Marguerite FAUQUENOY-SAINT-JACQUES, *op. cit.*, p. 273.

[35]   La description des variétés linguistiques du français québécois figure parmi les trois besoins langagiers urgents signalés par Pierre Martel : « En deuxième lieu, il faut procéder à une description complète des différents usages linguistiques contemporains au Québec. [...] on n'a pas une vue de la totalité de la langue utilisée. On ne dispose encore d'aucune description complète de la langue employée par les Québécois. Il faut donc décrire l'ensemble de la langue parlée et écrite au Québec : celle que l'on entend à la radio, celle qu'on lit dans les journaux, etc. » (Pierre MARTEL, « La problématique actuelle du plan d'aménagement de la langue au Québec », dans AA.VV., *Français du Canada – Français de France*, Tübingen, Max Niemeyer Verlag, 1996, p. 234).

soucie de mettre en scène des personnages incarnant les modèles normatifs reconnus au Québec : un journaliste (l'animateur des actualités télévisées québécoises Gaby-Bernard Verreau) et un écrivain (le poète Gaspard Moron)[36]. Mais curieusement cela arrive dans le roman qui vise, plus que les autres, à évoquer l'image d'une mère-patrie idéale, le culte d'une langue prestigieuse donnée comme le vrai modèle à suivre, à tel point que les protagonistes rentrent au Québec en se faisant la promesse « de mieux [s]'exprimer », car « c'est si beau, une belle machine langagière qui ne gronde pas dans les virages ! » (*MPMF*, pp. 329-330)

---

[36] Ces personnages correspondent à deux des typologies normatives signalées par Pierre Martel dans la réponse à la question « Qui sont les Québécois qui parlent bien ? » : « Si on demande à des Québécois qui parlent bien selon eux, ils répondront très souvent que ce sont les annonceurs de Radio-Canada. [...] En ce qui concerne la langue écrite, on cite généralement le journal *Le Devoir* qui est considéré comme celui de la meilleure qualité langagière. Nous avons également beaucoup d'écrivains dont les textes sont enseignés dans les écoles et qui sont considérés comme des modèles » (*op. cit.*, p. 241).

L'inscription du français et du québécois dans le roman

2. Remarques sociolinguistiques en marge du texte narratif

Marco MODENESI

I. Introduction

Comme le relève Lise Gauvin, « depuis ses origines, la littérature québécoise est traversée et hantée par une problématique de la langue »[1].

Cela est évidemment à imputer aussi et surtout à l'importance que la langue acquiert dans la société québécoise : il est en effet fondamental de rappeler encore aujourd'hui ce que Noël Corbett remarquait il y a une dizaine d'années, c'est-à-dire « que le français au Québec revêt une importance hors de toute proportion avec son simple rôle d'instrument de communication. Le français est devenu en quelque sorte le symbole de la condition des Québécois francophones, symbole de leur statut et symbole de leur identité sur un continent majoritairement anglophone[2]. »

Langue, identité, communication, statut politique et social : le réseau qui se tisse autour du code linguistique est à ce point complexe qu'on ne sera pas étonné d'identifier parmi les traits caractéristiques d'une partie (vaste mais non nécessairement proche de la totalité) des écrivains québécois et franco-canadiens la mise en action – plus ou moins volontaire et plus ou moins consciente – de stratégies textuelles visant à représenter la langue[3].

---

[1]   Lise GAUVIN, *Langagement*, Québec, Boréal, 2000, p. 7.

[2]   Noël CORBETT, *Présentation* à N. CORBETT (dir.), *Langue et identité*, Québec, Les Presses de l'Université Laval, 1990, pp. XV-XVI.

[3]   *Cf.* Lise GAUVIN, *op. cit.*, p. 13.

Parmi ces stratégies textuelles, je vais privilégier la mise en scène de la confrontation directe, intentionnelle et explicite entre le français de France et le français du Québec[4]. Une confrontation qui se fait par l'intermédiaire d'un personnage québécois ou franco-canadien qui entre en rapport (linguistique) avec des personnages français[5].

Choisissant comme point de départ un corpus constitué de romans ou récits des années 80 et 90, j'essaierai d'avancer une lecture critique de quelques passages exemplaires.

Mon étude portera donc sur quelques pages ou sur quelques lignes seulement des textes suivants : *Une liaison parisienne* (1976) de Marie-Claire Blais ; *Maman-Paris Maman-la-France* (1982) de Claude Jasmin ; *Des nouvelles d'Édouard* (1984) de Michel Tremblay ; *L'Enfant chargé de songes* (1992) d'Anne Hébert ; *Le Temps des Galarneau* (1993) de Jacques Godbout et *Pas pire* (1998) de l'Acadienne France Daigle.

Les réflexions que je vais avancer ne concerneront donc qu'un corpus réduit, même s'il est indiscutablement significatif. Leur portée devra ainsi être élargie, dans le futur, par l'étude d'un corpus littéraire plus vaste dont cet essai se proposerait d'être un premier échelon.

Il n'en reste pas moins que l'analyse de ces quelques romans nous assurera un échantillon important des effets sortis par une stratégie textuelle qui se base sur une mise en relief de problématiques linguistiques.

II. Deux codes face à face : lecture critique d'une confrontation linguistique

La confrontation linguistique entre Français et Québécois est souvent l'un des motifs qui côtoient un thème romanesque assez fréquent : le voyage en France. Voyage qui se fait pour des raisons de travail (*Maman-Paris Maman-la-France*, *Pas pire*), pour accomplir sa formation (*Une liaison parisienne*) ou pour le simple plaisir de voyager et de visiter la France, notamment Paris (*Des nouvelles d'Édouard*, *L'Enfant chargé de songes*).

---

[4]   Tout en reconnaissant l'imprécision du point de vue de la linguistique des deux expressions, je me permets de les employer étant donné que mon étude ne porte pas sur la définition de la norme linguistique sinon plutôt sur les effets esthétiques et sociolinguistiques de la confrontation entre les deux codes dans le texte littéraire.

[5]   *Cf.* à ce propos, Geneviève PRÉVOST, « Des Québécois en France : six points de vue d'auteurs sur la variation linguistique », dans *Revue québécoise de linguistique*, XXVI, 2, 1998, pp. 81-94.

Arrivé en terre française, le Québécois semble ne pas être à même de se soustraire au charme quasi atavique que la langue parlée en France exerce sur lui.

C'est ainsi que le héros de Claude Jasmin s'exprime en s'adressant à sa mère dans le journal qu'il lui adresse pendant son séjour parisien :

> Et il y a, surtout ça maman, la douceur de la parlure par ici ? C'est une musique perpétuelle que d'entendre cette façon de parler français. C'est un ravissement. Bien sûr, nous croisons au Québec quelques Français et c'est toujours cette différence avec notre accent plutôt rocailleux et cette mollesse dans nos dictions. Ici, cet après-midi, partout, c'est cette belle chanson du langage, cette élocution, naturelle et pourtant comme... appliquée de ce peuple.[6]

Même si l'on pourrait soupçonner l'auteur de vouloir véhiculer à travers son personnage une réflexion quelque peu ironique sur ceux qui partagent l'idée de la qualité supérieure du français de France, il n'en reste pas moins que le héros de *Maman-Paris Maman-la-France* fait recours aux arguments typiques qui se trouvent à la base de cette apologie du français hexagonal.

Autrement dit, on reconnaît à la *parlure* française un statut de supériorité qualitative (meilleur accent, à savoir meilleure phonétique, meilleur débit de la phrase, meilleure intonation) par rapport à celle que l'on rencontre au Québec.

Et les effets de ce code modèle ne tardent pas à se faire reconnaître :

> As-tu remarqué que j'améliore pas mal mon style, mon vocabulaire ? C'est ça aussi, maman, être en France, un goût vif pour s'exprimer plus correctement.[7]

Où, assez évidemment, « améliorer son style » et « s'exprimer plus correctement » doivent être lus comme « rapprocher son style à celui du français de France » et « s'exprimer de manière plus proche de celle des Français ».

Le pouvoir d'attraction de ce modèle parfait se manifeste aussi dans une sorte d'imitation spontanée et presque instinctive chez le personnage québécois.

Le héros de *Maman-Paris Maman-la-France* emploie de plus en plus des expressions françaises dans son texte, témoignant d'une sorte d'évolution stylistique qu'il ne peut (et probablement ne veut) empêcher :

---

[6] Claude JASMIN, *Maman-Paris Maman-la-France*, Ottawa, Leméac, 1986, p. 21. Dorénavant : *MPMF*.

[7] *Ibid.*, p. 173.

J'ouvre en débarrant ce qu'ils appellent une espagnolette, un des deux volets de la haute fenêtre.[8]

Rue de Sèvres, enfin, un « tabac ».[9]

Ras-le-bol comme ils disent par ici.[10]

Comme disent les Parisiens : il y avait de l'eau dans le gaz ! Et ne me demande pas de t'expliquer ça, je ne pourrais pas.[11]

De son côté, Édouard, dans le roman de Michel Tremblay, assiste, fort étonné, à la transformation de son accent dès qu'il entre en contact avec le capitaine du bateau qui le mène en France, un Français dont il subit tout le charme.

Lisons le passage où, après coup et donc après avoir retrouvé son français québécois, il relate l'épisode à sa belle-sœur :

> Pis une chose étrange s'est produite : quand j'ai parlé, ma voix avait changé ! Je sais pas ce qui s'est passé mais… mes « r » ont changé de place dans ma bouche ! Je sais pas comment vous expliquer ça… J'essayais pas de parler comme lui, Dieu m'en garde, comme y diraient dans les romans français, mais j'étais pus capable de parler comme d'habitude… […]
> Ce qui m'étonnait le plus c'est que ça s'était fait automatiquement. Sans le vouloir, j'avais changé ma façon de parler juste parce qu'un Français me parlait ![12]

De même, au moment où Édouard s'adresse à la princesse Clavet-Daudun, toujours pendant son voyage vers la France :

> Et je me suis entendu dire avec mon propre nouvel accent qui sort je ne sais d'où :
> Vous savez, madame la princesse, tout le monde ne parle pas comme madame Beaugrand, chez nous… L'accent change selon les quartiers…[13]

Ce phénomène d'imitation et de mimétisme linguistique va se reproduire à tout contact avec les Français :

> Je lui ai répondu avec un accent qui s'approchait le plus possible du sien : « Ceurtaineument ! » et je lui ai montré mon billet…[14]

---

[8] *Ibid.*, p. 28.

[9] *Ibid.*, p. 32.

[10] *Ibid.*, p. 37.

[11] *Ibid.*, p. 146.

[12] Michel TREMBLAY, *Des nouvelles d'Édouard*, Paris, Babel, 1997, p. 75. Dorénavant : *NE*.

[13] *Ibid.*, p. 137.

[14] *Ibid.*, p. 186.

Je crois deviner qu'il ne m'a pas compris et je répète en essayant de sonner le plus possible comme lui :
Lé toilééétes, s'il vu plé.[15]

L'effet comique qui se dégage surtout à partir de la tentative de re-production des spécificités phonétiques du français hexagonal à travers une transcription visant à témoigner la déformation que le pauvre Édouard est en train d'opérer ne doit pas nous éloigner de la réflexion principale concernant ce phénomène : Édouard, Québécois fraîchement débarqué en France, est la victime d'un procédé d'imitation spontanée, de mimétisme linguistique qui demande une interprétation de la part du lecteur.

Pour ce faire, on ne devra pas oublier que la même chose – quoique racontée tout simplement sur un ton d'information qui n'a rien à voir avec les effets exhilarants que la maîtrise de la composition linguistique et romanesque de Michel Tremblay sait engendrer – se reproduit chez Rachel dans *Maman-Paris Maman-la-France* :

L'accent ! Rachel a bien ri. Moi aussi je ris en dedans car, entre nous deux maman, elle a attrapé ce petit ton pointu commun à la plupart des Parisiens. Elle ne s'en rend pas compte (…). C'est qu'elle a de l'oreille et a besoin de s'intégrer rapidement où qu'elle se trouve mon joli caméléon ![16]

D'ailleurs, il faudra aussi garder en mémoire l'écho de la satisfaction du jeune Mathieu Lelièvre face à la vendeuse parisienne qui, par sincé-rité ou par flagornerie envers son client, croit bon souligner qu'il n'a pas d'accent québécois :

– Vous venez du Québec, monsieur ?
– Oui, dit-il, avec fierté.
– Vous n'avez pas la trace du plus petit accent même si vous êtes Québécois, dit la vendeuse.
La jeune femme parfumée lui remit son paquet, le laissant songeur sur ces paroles pleines de tact qu'elle avait prononcées. Il aimait de plus en plus Paris.[17]

Cet instinct, cet effort ou ce besoin – conscients ou inconscients – de déguiser son accent peuvent effectivement signaler une nécessité d'intégration, qui ne trouve d'autre moyen de s'accomplir qu'une imita-tion, qu'un effacement d'un trait typique de sa propre identité linguis-tique en faveur de l'adoption d'un code qui est ressenti comme domi-

---

[15] *Ibid.*, p. 210.
[16] *MPMF*, p. 65.
[17] Marie-Claire BLAIS, *Une liaison parisienne*, Québec, Boréal Compact, 1991, p. 24.

nant et supérieur : le lecteur se trouve face à un procédé de dépersonnalisation.

Autrement dit, l'apologie du français et ce syndrome du caméléon ne sont que l'héritage et les avatars du complexe d'infériorité que les linguistes ont souvent relevé chez les Québécois : « L'idée qu'ils parlent une langue appauvrie, dégénérée, une langue qui en s'éloignant du modèle français s'est corrompue, a pris des racines profondes chez les Québécois eux-mêmes. »[18]

Si l'on croit que le français de France est à même d'améliorer le style d'un Québécois et si la phonétique et la prosodie des Français sont ressentis comme un modèle à admirer et à imiter, c'est que l'on est convaincu de sa propre infériorité linguistique.

Les passages que l'on vient d'analyser témoignent, donc, d'une véritable autodépréciation, autre trait caractéristique de la situation sociolinguistique des Québécois que des linguistes tels que Jean-Marie Klinkenberg[19], Bernard Saint-Jacques[20] ou Jean-Denis Gendron[21] ont très nettement mis en relief.

Il faut cependant reconnaître que, dans l'univers narratif que je suis en train de sonder, l'autodévalorisation est, d'ailleurs, favorisée par l'attitude des Français face à l'accent québécois.

Encore une fois, le corpus que j'ai établi offre des passages d'une étonnante homogénéité.

Tout lecteur de Michel Tremblay se souvient des nombreux épisodes où le comique et l'humour (souvent amer) relèvent de la « parlure » québécoise perçue par des oreilles françaises.

Édouard, dans tous ces cas, est l'objet des rires voire des moqueries mal cachées de ses interlocuteurs :

> J'ai fait rire la princesse Clavet-Daudun avec mon vrai accent, tout ce qu'il me reste à espérer c'est que les Français me fassent rire avec le leur. Mais le problème c'est que j'y suis habitué alors qu'eux ne le sont pas au mien ![22]

---

[18] Bernard SAINT-JACQUES, « Le français québécois : langue de communication et symbole d'identité », dans N. CORBETT, *Langue et identité, op. cit.*, p. 229.

[19] *Cf.* Jean-Marie KLINKENBERG, « Insécurité linguistique et production littéraire », dans *Cahiers de l'Institut de linguistique de Louvain*, 19, 3-4, 1993, pp. 71-80 ; « La Francophonie septentrionale », dans Jacques CHAURAND (dir.), *Nouvelle histoire de la langue française*, Paris, Seuil, 1999, pp. 505-543.

[20] *Cf.* Bernard SAINT-JACQUES, *op. cit.*

[21] *Cf.* Jean-Denis GENDRON, « Aperçu historique sur le développement de la conscience linguistique des Québécois », dans *Québec français*, 61, mars 1986, pp. 82-89.

[22] *NE*, p. 143.

Un monsieur très sérieux avec un uniforme et une casquette est venu poin-
çonner nos billets et regarder nos papiers en blaguant sur l'accent si drôle
des Canadiens français. Antoinette a blanchi. Moi, j'ai rougi. J'ai eu envie
de lui dire que son accent était aussi drôle pour nous mais il n'aurait peut-
être pas compris. À partir de maintenant je dois accepter le fait que je suis
en minorité, ici, et que c'est moi qui ai un accent. Ça va être difficile parce
qu'on riait tellement, sur la rue Mont-Royal, quand on entendait quelqu'un
qui avait l'accent français...[23]

Princesses, contrôleurs de trains, chauffeurs de taxi, directeurs de
restaurant, boutiquiers, concierges : tous en arrivent à rire de l'accent du
pauvre Édouard qui est de plus en plus déconcerté car non seulement ces
Français éclatent de rire sans aucune retenue et sans aucun respect
d'autrui, mais à rien ne servent les réactions d'Édouard. Ils en arriveront
à le réduire au niveau d'une machine à faire rire, statut qui l'anéantit et
le chosifie sans aucun égard :

Ces Canadiens, tous des farceurs ! Allez-y, parlez, dites-moi quelque chose,
votre accent me fait marrer ![24]

Et c'est là que j'ai réalisé qu'il ne comprenait pas un mot de ce que je disais,
qu'il riait juste aux sons que je faisais ![25]

De même, le héros de *L'Enfant chargé de songes* connaît une destinée pareille. Assis en face d'une charmante demoiselle à Paris, il n'aura
pas le temps de formuler quelques phrases qu'il se retrouvera à partager
la situation d'Édouard :

Il s'entend dire très clairement, en détachant chaque mot, sur le ton d'une
déclaration sans appel :
– Lydie avait les yeux parfaitement verts comme des raisins verts !
Elle rit si fort qu'il se lève, outragé, et lui jette à la figure une agressivité retenue depuis son arrivée à Paris et qu'il déballe très vite.
– Tout est trop ancien, ici, trop vieux, le passé nous étouffe, c'est trop petit
surtout, votre Seine, on dirait un ruisseau, vos forêts ont l'air de parcs bien
ratissés, et puis le sel n'est pas salé, ni le sucre sucré, trop de monde, trop de
voitures, trop pollué...
Elle s'étouffe de rire.
– C'est votre accent qui me met en joie ! Quelle fête ! Ne vous fâchez pas,
surtout. Ça me rappelle la campagne profonde. Continuez, je vous en prie.
Elle a cessé de rire. Elle ferme les yeux comme si elle se recueillait, en attente d'une joie nouvelle. (...)

---

[23] *Ibid*, p. 190.
[24] *Ibid.*, p. 218.
[25] *Ibid.*, p. 220.

Il articule nettement pour qu'elle ne remarque pas son accent et ne se moque pas davantage :

– Bonsoir. Il faut que je rentre.[26]

La seule exception partielle dans le corpus que j'ai sélectionné est le dialogue qui a lieu entre un Acadien et un Français dans *Pas pire* :

> Terry venait juste de s'installer pour commencer à patienter quand l'écrivain de la délégation française se pointa dans la cabine. Il s'avança sans rien dire et se mit à regarder tout droit devant, dans la petite ouverture qui laissait voir la lumière et les champs de l'autre bord de la digue.
>
> – J'ai pas de veine.
>
> Un peu figé, Terry ne s'aventura pas à répondre, mais il jeta un coup d'œil furtif aux poignets de l'homme, à tout hasard.
>
> – Ça ne vous ennuie pas, vous ?
>
> Terry hésita.
>
> – Si je m'ennuie ?
>
> Le Français crut simplement que Terry n'avait pas bien entendu la question.
>
> – Ça ne vous ennuie pas… de rester coincé comme ça, enfermé ?
>
> Terry chercha une réponse simple.
>
> – Non. Je dois être accoutumé.
>
> – Moi je déteste. Ça me donne les boules.
>
> Terry essaya de s'imaginer ce que ça pouvait vouloir dire d'avoir des boules. Il ne savait pas non plus quelle grosseur de boules imaginer. Il pensa simultanément à des boules à mites et à des boules de billard. (…)
>
> – Je peux en tirer une ?
>
> Terry comprit en voyant le paquet de cigarettes dans la main du délégué. Presque plus personne n'avait le droit de fumer en public au Canada, mais Terry n'avait pas le cœur de le dire à cet homme pâle et cerné qui manquait d'air. Il s'avança, ouvrit une petite fenêtre de côté et en ferma une autre derrière eux. (…)
>
> – Pardonnez-moi, je n'ai pas retenu votre nom.
>
> – Terry.
>
> – Thierry ?
>
> – Terry. Terrence. Terrence Thibodeau.
>
> – Terrence Thibodeau. C'est typiquement acadien comme nom ?
>
> – J'sais pas. Je croirais que oui.[27]

Les incompréhensions lexicales, l'incapacité de la part du Français à comprendre immédiatement l'altérité linguistique du Canadien, l'humour involontaire que le partage partiel du code engendre sont encore là. Mais, chez France Daigle, avec un équilibre que l'on n'a pas retrouvé

---

[26] Anne HÉBERT, *L'Enfant chargé de songes*, Paris, Seuil, 1992, pp. 21-22.

[27] France DAIGLE, *Pas pire*, Moncton, Les Éditions de l'Acadie, 1998, pp. 151-152. Dorénavant : *PP*.

chez les autres romanciers, l'effet d'humour (« veine ») concerne l'Acadien qui semble ne pas comprendre le registre familier du Français ; la difficulté à saisir ce qui n'appartient pas à son propre code relève du Français (« Terry », « Thierry ? ») et de l'Acadien à la fois (« Si je m'ennuie ? »).

À côté de la mise en scène des réactions hilares (et agaçantes) des Français, les passages que l'on vient d'étudier insistent généralement aussi sur leur ignorance quant aux questions concernant la relativité de l'accent.

Ces Français semblent ignorer totalement ce que le narrateur du *Temps des Galarneau* affirme presque avec nonchalance :

> On a tous un accent du pays, même mes Parisiens qui, *intra muros*, parlent avec la langue collée au palais, et en banlieue au fond de la gorge. Moi, je sais, je parle du nez.[28]

Tout effort, cependant, s'avère inutile à ce propos :

> Je lui explique que pour les Montréalais, moi aussi je n'ai plus d'accent et je parle « comme tout le monde » là-bas. « Si vous veniez au Québec, tout de suite en arrivant, on remarquerait votre accent parisien ! » Elle paraît encore plus surprise ![29]

De même, on relèvera que les Français ne parviennent pas souvent à reconnaître l'accent québécois de prime abord :

> Il a cru reconnaître notre accent. Il nous parle de son cousin qui vit en Belgique ! On le contredit aussitôt et alors, conduisant d'une main, il nous examine soigneusement comme si, à l'apparence, cette fois il allait repérer nos origines. On s'amusait. Il a parlé du Périgord, de l'Auvergne puis de la Suisse et enfin, nous voyant nier ses efforts, il a éclaté : « Vous êtes canadiens, vous venez du Québec ! »[30]
>
> – Mais d'où sortez-vous, avec cet accent ? Vous êtes belge, ou quoi ?
> Je ne sais pas si c'était une insulte, mais je l'ai très mal pris. Je me suis levé d'un bond et je lui ai crié :
> – Aïe, mange donc de la marde, toé ! Si tu veux pas que le monde entre dans ton maudit restaurant, garde-lé donc farmé ! Mets donc le cadenas après la porte jusqu'à sept heures si t'es trop sans dessein pour ouvrir avant !
> Il s'est étiré sur le bout des pieds […] en me montrant la sortie.
> – Nous n'acceptons pas les Arabes, ici, monsieur !
> Après les Belges, les Arabes ! Franchement ![31]

---

[28]   Jacques GODBOUT, *Le Temps des Galarneau*, Paris, Seuil, 1993, p. 75.
[29]   *MPMF*, p. 65.
[30]   *Ibid.*, p. 22.
[31]   *NE*, p. 251.

Une motivation qui dépasse les frontières de l'ignorance linguistique est discrètement avancée dans un passage du roman de France Daigle qui me paraît très significatif :

> Au cours de la journée précédant l'enregistrement de Bouillon de culture, nous nous sommes promenés tout à fait librement dans Paris, Camil et moi, le temps de nous refaire l'oreille aux accents et aux intonations et, passant sans doute pour des touristes américains, de nous faire répondre en anglais plus souvent qu'à notre goût. Quand nous étions fatigués, nous nous arrêtions dans des cafés.
> – C'est étrange. C'est comme si y nous entendaient pas.
> – J'sais.
> – Peut-être que juste avant de nous entendre, y nous voient, pis là, y a comme de quoi qui cloche dans leur tête.
> – Tu crois qu'on a de l'air si pire que ça ?
> – J'sais pas. Des fois, ça prend pas grand-chose.
> – …
> – …
> – Peut-être qu'y entendent personne vraiment.
> – Y a ça aussi.[32]

On retrouve ici la même incapacité de reconnaître l'accent franco-canadien, accompagnée cette fois par un mouvement d'étonnement (« C'est étrange ») et par une réflexion sur une altérité qui semble désormais poser le cachet de l'incommunicabilité sur la communauté française : « Peut-être qu'y entendent personne vraiment. »

Le détachement – qui n'a rien de l'irritation, de la rage ou du malaise que l'on a relevés jusqu'ici face à la réaction française vis-à-vis de la *parlure* québécoise – dont les deux personnages de *Pas pire* témoignent pourrait être lu comme le signe fort discret d'un changement assez radical.

Les réactions d'hilarité inattendues de la part de l'émetteur et, en tant que telles, injustifiées à ses yeux témoignent du fait que – selon le schéma de la communication traditionnel – la transmission du message est dérangée et engendre, ainsi, des effets différents par rapport à ceux que le destinateur a envisagés face à son destinataire.

La communication est donc entamée dans son intégralité par le fait que les parlants ne partagent pas totalement le même code, dans l'absence d'un système phonétique (et lexical) entièrement en commun.

Autrement dit, le parlant québécois est obligé de prendre conscience du fait qu'il ne partage pas le même code que le Français.

---

[32] *PP*, pp. 145-146.

On vient de relever que le syndrome du caméléon est l'expression, au niveau linguistique, d'un besoin d'intégration que le narrateur de *Maman-Paris Maman-la-France* détecte avec une sensibilité sociolinguistique aiguë chez sa compagne Rachel.

D'ailleurs, Rachel même témoignera de la bonté de cette interprétation du phénomène linguistique dans une exclamation, vers la fin du roman, qui ne laisse pas de doutes à ce propos :

> Je suis fière d'être une Française d'Amérique, toutes ces gloires, regarde par là, Daudet, par ici Delacroix et Beaumarchais, ce sont nos ancêtres à nous aussi, des Français comme nous ![33]

Mais si « toute langue identifie le peuple qui la parle »[34], la non-identité du code français et du code québécois dénonce et symbolise aussi une altérité entre les deux communautés parlant français.

Cela peut engendrer de profondes déceptions là où le Québécois reste encore marqué par le complexe d'infériorité linguistique ressenti comme le signal d'une infériorité culturelle qu'on n'ose pas avouer ouvertement mais qui n'en est pas moins présente.

De là, la profonde déception d'Édouard après ses premiers contacts avec la ville qui aurait dû être le Paris de ses rêves met en évidence le même besoin profond d'intégration à la réalité sociale et culturelle française :

> Ce que j'aimais, c'était de me retrouver moi-même en eux alors que nous sommes si différents[35].

Phénomènes de dépersonnalisation, mécanismes d'assimilation, complexes d'infériorité, procédés d'autodépréciation et d'autodévalorisation : la littérature dénonce à sa manière le fait que, au Québec, « sur le plan sociolinguistique, le fait majeur qui aura peut-être le plus marqué le XXe siècle est l'intense sentiment d'insécurité linguistique »[36], mais aussi que le discours métalinguistique véhiculé par ces textes narratifs se confond, encore une fois, avec le discours méta-identitaire[37].

Il est temps, donc, de dresser un petit bilan des connaissances que ce parcours assure et impose au lecteur.

---

[33] *MPMF*, p. 333.

[34] Pierre MARTEL, Hélène CAJOLET-LAGANIERE, *Le Français québécois. Usages, standard et aménagement*, Québec, Presses de l'Université Laval, 1996, p. 13.

[35] *NE*, p. 212.

[36] Jean-Marie KLINKENBERG, *La Francophonie septentrionale*, *op. cit.*, p. 537.

[37] *Cf.* à ce propos, Chantal BOUCHARD, *La Langue et le Nombril. Histoire d'une obsession québécoise*, Montréal, FIDES, 1998.

III. Bilan des connaissances acquises en forme de conclusion

Il est incontestable, avant tout, que ces romans témoignent, dans des mesures différentes, de la « surconscience linguistique » de leurs auteurs.

Sans faire de cela le trait distinctif principal du roman québécois, il est indéniable que, même là où la langue n'est pas nécessairement au centre de son œuvre, l'écrivain québécois ou franco-canadien semble ne pas pouvoir éviter de présenter quelques réflexions sur son code linguistique.

Puisque la langue est, surtout au Québec, un élément fondamental de l'identité individuelle et de la collectivité, on peut bien admettre que « en parlant de leur langue, les Québécois se sont décrits eux-mêmes. C'est un autoportrait parfois fort sombre, allant jusqu'à la caricature »[38], mais qui fournit, à travers la littérature, des renseignements significatifs sur l'idée qu'ils se font d'eux-mêmes.

Il est, ainsi, assez étonnant de relever que le corpus de cette étude s'avère une sorte de synthèse de toutes les réflexions que les linguistes et les sociolinguistes ont avancées dans leurs analyses concernant le français au Québec.

Le phénomène de dépersonnalisation ainsi que ceux qui relèvent de l'autodévaluation sont à rattacher à un complexe d'infériorité qui naît à partir de la conviction presque atavique de parler la même langue que les Français, mais mal[39], et qui semble accompagner encore la plupart des personnages que l'on a rencontrés.

Comme le relève Chantal Bouchard, « les Québécois de (s)a génération restent […] marqués par le complexe d'infériorité linguistique dont (leurs) parents ont souffert et qu'ils ont voulu (leur) épargner »[40].

De là, la volonté ou le besoin instinctif (*Maman-Paris Maman-la-France*, *Des nouvelles d'Édouard*) de se conformer à ce qu'on ressent comme un modèle de perfection, mais aussi toute une série de situations conçues par les romanciers afin de mettre en relief la situation de

---

[38] *Ibid.*, p. 287.
[39] *Cf.* Jean-Marie KLINKENBERG, *Insécurité linguistique et production littéraire*, *op. cit.*, p. 75.
[40] Chantal BOUCHARD, *op. cit.*, pp. 10-11.

marginalité qui s'impose dans un univers où « il n'est bon bec que de Paris »[41].

Une marginalité qui, comme le relève Jean-Marie Klinkenberg, peut engendrer le risque d'une « aliénation linguistique »[42] (qui n'est pas toujours détachée d'une aliénation culturelle) dont les manifestations – comme en témoigne le *corpus* que je viens d'analyser – sont multiples et nuancées.

Une marginalité qu'il est peut-être possible aussi de dépasser, comme semblent en témoigner presque timidement les héros de France Daigle par une acceptation totale et intégrale de sa propre altérité, linguistique et culturelle, par rapport au modèle français. Expression d'une altérité « géo-culturelle » par rapport au Québécois ou premier signal d'une évolution ultérieure de la question sociolinguistique en général ?

La réponse est encore loin d'être nette et impose à tout spécialiste de littérature francophone du Canada de rester de plus en plus en éveil dans les temps à venir.

---

[41] Jean-Marie KLINKENBERG, « Terres d'insécurité », dans *Cahiers de l'Institut de linguistique de Louvain*, 19, 3-4, 1993, p. 14.

[42] *Ibidem.*

La France capitale : le Québec et la mère patrie dans la critique littéraire du journal *Les Débats* (1900)

Karine CELLARD

L'influence de la France paraît aujourd'hui bien moins capitale à l'histoire de la culture québécoise qu'elle ne l'a jamais été. Comme pour consommer une rupture symbolique, la critique récente se montre en effet beaucoup plus sensible aux traces de l'américanité dans les œuvres québécoises qu'à celles du vieux continent. Plus encore, des travaux comme ceux de Michel Biron sur la « littérature liminaire » remettent en question la pertinence, pour la compréhension des textes littéraires québécois, de la figure du centre incarnée par la métropole française[1]. Lorsqu'elle constitue un objet d'étude, l'emprise de la France sur l'imaginaire national se trouve parfois affectée d'une profonde charge négative : en témoigne le dernier essai de l'historien Gérard Bouchard, qui déplore son influence inhibitrice prégnante jusqu'au seuil de la Révolution tranquille[2].

Au tournant du XXe siècle à Montréal, la France constitue pourtant un modèle politique et artistique fort stimulant pour certains intellectuels et écrivains canadiens-français, et il nous semble important de ne pas stigmatiser cette influence qui, à certains moments de l'histoire du Canada français, a contribué pour une large part à l'émergence d'une culture qui peut difficilement être considérée comme empruntée[3]. En

---

[1]   Michel BIRON, *L'Absence du maître*, Montréal, PUM, « Socius », 2000.

[2]   Gérard BOUCHARD, *Genèse des nations et cultures du Nouveau Monde. Essai d'histoire comparée*, Montréal, Boréal, 2000.

[3]   C'est pourtant ce que suggère Gérard Bouchard au terme de son étude comparatiste du Québec et des cultures du Nouveau-Monde : « Toutes ces données [dont l'ensemble des transferts culturels français dans le discours savant] autorisent à conclure que, pendant un siècle environ, cette société s'est donné des représentations souvent incohérentes d'elle-même et des autres, au passé (dans sa mémoire) et au futur (dans ses utopies), en essayant trop souvent de plier la réalité du nouveau

effet, l'attrait pour la France ne porte pas les auteurs à adopter tels quels des courants littéraires étrangers mais plutôt à les reconfigurer pour respecter des valeurs identitaires qu'ils refusent de transgresser. L'influence hexagonale, avec toutes les contradictions que suppose son aménagement, s'avère donc un révélateur privilégié des fondements culturels d'un certain état du champ littéraire en formation.

Dans les textes qui nous intéresseront ici, soit deux séries d'articles littéraires publiés dans un journal de combat intitulé *Les Débats*, l'alternative politique que représente la France par rapport à la métropole britannique s'ajoute à la fascination des rédacteurs pour l'avant-garde artistique de la mère patrie. À l'automne 1899 en effet, la force militaire anglaise avive le traditionnel antagonisme entre les deux groupes linguistiques canadiens en envahissant la province sud-africaine du Transvaal. Alors qu'une majorité d'anglophones soutient l'impérialisme britannique, la guerre des Boers attise le nationalisme des francophones qui tendent à s'identifier aux descendants des Hollandais dépossédés de leur territoire par la force. Le journal *Les Débats*, dont la mission principale consiste justement à dénoncer la participation du Canada à la guerre anglo-boers, est fondé par des étudiants montréalais en réaction directe contre l'envoi d'un premier contingent de volontaires en Afrique du Sud[4].

Hebdomadaire nationaliste de tendance libérale, polémique et populaire, *Les Débats* ne s'inscrit pas comme tel dans l'histoire de la littérature du Québec. Il constitue toutefois un matériau de première main pour évaluer l'attirance qu'exerce la France sur la nouvelle génération littéraire de 1900. En effet, bien que le journal soit essentiellement politique, l'équipe de rédaction s'implique également dans le domaine de la culture et entreprend, à l'échelle du journal, quelques actions susceptibles de stimuler la création chez les jeunes auteurs. Elle publie une majorité d'œuvres littéraires locales, par exemple, ce qui constitue une politique éditoriale relativement rare dans la presse de l'époque ; elle fait également place au discours critique sur la production artistique canadienne-française et ces textes témoignent de façon éloquente de l'ascendant français sur la création nationale.

---

continent aux manières de l'ancien. Au propre comme au figuré, la société canadienne-française a fait de mauvais rêves ». Gérard BOUCHARD, *op. cit.*, p. 177.

[4] Pour la majorité des Canadiens français – et notamment pour les rédacteurs des *Débats* –, la guerre des Boers constitue une métaphore de l'impérialisme opprimant la nation canadienne-française depuis la Conquête coloniale ; ils condamnent donc le soutien du gouvernement britannique par des francophones comme une trahison à leur propre nation.

Les œuvres et les critiques publiées dans *Les Débats* sont rédigées par des écrivains qui participent activement, pour la plupart, à la rédaction du journal. Plusieurs sont des membres ou d'anciens membres de l'École littéraire de Montréal, le groupuscule le plus important du milieu littéraire canadien-français du tournant du siècle. À part Émile Nelligan, ces écrivains sont aujourd'hui presque oubliés ; Arthur de Bussières, Jean Charbonneau, Gonzalve Desaulniers, Charles Gill, Joseph Melançon ou les frères Gaston et Louvigny de Montigny ne sont en effet guère connus du grand public. D'autres collaborateurs des *Débats* – Louis Dantin, Olivar Asselin et Jules Fournier, par exemple – survivront mieux le passage du temps grâce au statut d'intellectuels importants de la première moitié du XXe siècle qu'on leur reconnaît aujourd'hui[5].

L'implication de ces écrivains dans un journal ultra-politisé peut surprendre puisque les dirigeants de l'École littéraire de Montréal ont toujours pris grand soin de dissocier publiquement les questions épineuses de politique et de religion des préoccupations artistiques du cénacle. Pourtant, de nombreux articles polémiques à caractère littéraire publiés dans *Les Débats* renvoient clairement aux tensions politiques introduites au sein du milieu culturel canadien par la guerre des Boers. Les articles proprement critiques, bien que plus nuancés, conservent eux aussi indirectement l'empreinte du nationalisme du journal dans la mesure où les enthousiasmes comme les réserves esthétiques répondent aux enjeux identitaires avivés par le colonialisme militaire. Aussi le rapport à la France que révèlent les chroniques littéraires est-il inextricablement lié à une ferveur patriotique envers le Canada français lui-même, et certaines ambivalences par rapport à la mère patrie trahissent-elles les valeurs nationales qui paraissent intransgressables pour l'équipe des *Débats*. Afin d'expliciter les contradictions et de dégager les enjeux de ce rapport complexe à la littérature française, il est donc nécessaire de comprendre le filtre national à travers lequel est récupérée son influence. Deux séries d'articles sur la littérature canadienne-française nous tiendront lieu de sources discursives à cette fin : une chronique d'histoire littéraire de Jean Charbonneau intitulée « Étude littéraire. À propos de langage » et la réception du recueil *Les Soirées du Château de*

---

5   La reconnaissance accordée à Louis Dantin par la postérité tient entièrement à l'importance qu'il accorda le premier à Émile Nelligan, en lui consacrant divers articles dès 1902 et en réunissant sa poésie en recueil en 1904. Quant aux journalistes Olivar Asselin et Jules Fournier, ils sont aujourd'hui reconnus pour la qualité de leurs plumes vigoureuses et pour le combat indépendant qu'ils menèrent tant dans le domaine politique que culturel (en particulier pour la qualité de la langue française).

Ramezay de l'École littéraire de Montréal par le critique Joseph Saint-Hilaire.

La chronique d'histoire littéraire publiée par le jeune poète Jean Charbonneau[6] du 11 mars au 15 avril 1900 a, à première vue, peu à voir avec la littérature nationale. L'essentiel des cinq articles de la série « Étude littéraire » est en effet consacré aux lettres françaises. Toutefois, en conclusion de chacun d'entre eux, Charbonneau revient immanquablement au milieu des lettres canadiennes-françaises dont il trace un bien sombre portrait. Ce dernier serait soumis au règne de l'arbitraire et à une critique vendue, au bénéfice de prétentieux écrivains médiocres que *Les Débats* épinglent par ailleurs dans une autre série d'articles polémiques[7]. Plutôt que de constituer l'objet réel du chroniqueur, la tradition française fait donc figure de modèle susceptible de livrer des leçons à la jeune littérature canadienne.

Les deux premiers articles de la série, relativement abstraits et décidément tournés vers l'Europe, sont consacrés aux causes de la modification des idiomes dans le temps. Jean Charbonneau identifie plus particulièrement deux facteurs responsables de l'introduction de formes inédites dans la langue, soit l'apparition des néologismes et l'influence du cosmopolitisme. Loin d'apprécier l'apport des mots nouveaux ou étrangers, le jeune critique enjoint ses compatriotes, à la fin des deux articles, d'employer toute leur énergie à les combattre en tant qu'ennemis de la qualité et du statut du français au Canada. Il semble craindre en effet que l'introduction d'éléments hétéroclites ne dénature à long terme le génie de la langue et n'amenuise son prestige d'idiome national.

Dans ses trois derniers articles, le chroniqueur des *Débats* propose un moyen pour endiguer les méfaits des néologismes et du cosmopolitisme sur la langue et la littérature canadiennes-françaises. Ce moyen, c'est la critique littéraire, « science universelle du grammairien »[8]. Ainsi que

---

[6] Membre fondateur de l'École littéraire de Montréal, Jean Charbonneau n'a que vingt-cinq ans en 1900 alors que la publication du journal *Les Débats* bat son plein. Comédien et poète philosophe, Charbonneau assume la tâche de chroniqueur littéraire au sein du journal. Parallèlement à sa carrière d'avocat, il restera l'un des poètes les plus actifs au cours des différentes époques de l'École littéraire de Montréal et publiera, en 1935, les mémoires du cercle sous le titre de *L'École littéraire de Montréal* (Montréal, Éditions Albert Lévesque, « Les jugements », 1935).

[7] La cible principale de la polémique littéraire des *Débats* est incontestablement le poète national Louis Fréchette, dont la chronique linguistique hebdomadaire « À travers le dictionnaire et la grammaire. Corrigeons-nous ! », publiée dans le journal *La Presse*, fait l'objet d'une féroce satire intitulée « À travers Fréchette. Corrigeons-nous ! » (*Les Débats*, 7 janvier au 11 mars 1900).

[8] Jean CHARBONNEAU, « Étude littéraire. À propos de langage », dans *Les Débats*, 25 mars 1900, p. 4.

tente de le prouver Jean Charbonneau à l'aide d'une série d'exemples tirés de l'histoire littéraire universelle – de l'Antiquité à la fin du XIXe siècle –, l'action tutélaire de la critique permettrait notamment de guider la littérature nationale et d'ainsi la garder de différents écueils. L'objectivité de la critique prémunirait de surcroît le domaine des lettres contre la domination de quelques écrivains usurpateurs auxquels, si l'on en croit le chroniqueur, aurait été livré le champ littéraire de la province de Québec.

En dépit des apparences, la France paraît donc secondaire, en somme, dans cette chronique littéraire avant tout dédiée à la protection de la culture nationale. Étrangement, la cohésion de la série d'articles de Charbonneau est assurée par un glissement progressif du propos de la langue à la littérature. Comme dans l'ensemble du discours social du tournant du XXe siècle, les frontières entre langue et littérature sont très ténues dans le journal *Les Débats*, et ces deux valeurs sont elles-mêmes dans un rapport de congruence semblable avec la notion d'identité canadienne-française, qui paraît presque incarnée dans les manifestations littéraires et linguistiques[9].

Le recours à la mère patrie dans la chronique de Charbonneau est donc soumis aux impératifs de la triade langue/littérature/nation, et les chapitres de l'histoire littéraire française convoqués par l'auteur offrent la plupart du temps un modèle d'échappatoire contre des menaces qu'il sent peser sur les lettres canadiennes-françaises. Ainsi, certains des exemples métropolitains semblent un peu plaqués parce qu'ils projettent sur la culture de la France la fragilité de celle du Canada. Au chapitre de la corruption de la langue par l'apport des néologismes ou des effets du cosmopolitisme, par exemple, Charbonneau invoque le modèle de conservation patriotique que constitue la France du XIXe siècle, qui aurait eu à se défendre contre l'influence des littératures allemande et anglaise introduites par Mme de Staël et Chateaubriand. Heureusement, nous dit le jeune Canadien, « la France ne cessa jamais de lutter pour la

---

[9] Rappelons que les lettrés canadiens-français de l'époque sont particulièrement sensibles à la question de la qualité de la langue, qui souffre en particulier de la pénétration du vocabulaire et de la syntaxe anglaise. Les initiatives littéraires répondent les premières à cette préoccupation collective : l'École littéraire de Montréal, notamment, se donne pour mission d'illustrer la langue française et Jean Charbonneau, dans les mémoires du cercle, affirme même qu'elle est fondée « [afin de] travailler à sauver notre langue française du marasme où elle est malheureusement plongée ». Jean CHARBONNEAU, *L'École littéraire de Montréal, ses origines, ses influences, ses animateurs, op. cit.*, p. 26.

conservation du caractère national que vingt dynasties avaient défendu par le glaive et la pensée »[10].

Certains autres emplois de la tradition de la mère patrie paraissent moins artificiels, comme l'importation au Canada de la critique litté-raire. Pour Charbonneau, l'objectivité scientifique de la critique, sa capacité à faire le pont entre l'analyse et la synthèse ont porté les lettres françaises à leur apogée au XIXe siècle (il va même jusqu'à affirmer qu'elle a « fait la littérature moderne [en France] »[11]). Il considère donc la critique comme un moyen susceptible de combattre la stagnation des lettres canadiennes-françaises en se substituant au discours habituel sur les lettres, fondé sur la flatterie mutuelle. Dans le même ordre de recours contre l'immobilisme, la France moderne s'avère dans le discours de Charbonneau un vecteur de modernité pour les habitants de la province de Québec, ces « dépositaire[s] de la tradition française au Canada »[12]. Ce modèle d'évolution semble capital pour le jeune journaliste qui, bien qu'il fasse parfois preuve d'un éclectisme déroutant, privilégie une vision téléologique de l'histoire fondée sur l'avancement des peuples. Selon le critique également poète, la littérature contribue activement à ce mouvement ascendant, elle qui suscite le progrès par l'amour du beau : « L'aspiration vers l'infini, vers tout ce qui est grand et beau doit être l'unique préoccupation d'un peuple avancé »[13].

Cette utilisation triomphaliste de la tradition française ne cède que devant les mouvements littéraires que Charbonneau juge dépassés en 1900, comme le classicisme ou le romantisme, par exemple. Les seuls jugements négatifs envers la France émis dans le cadre de la chronique « Étude littéraire » affectent donc des esthétiques qui, selon une concep-tion évolutionniste de la littérature, ont été remplacées par d'autres alors qu'elles étaient arrivées à un point de stagnation. Comme nous avons pu le constater, Jean Charbonneau se préoccupe toutefois davantage des composantes institutionnelles de la littérature (la langue et la critique) que des mouvements particuliers. Ce n'est pas le cas de la réception du volume *Les Soirées du Château de Ramezay* par le critique Joseph Saint-Hilaire, qui ne se consacre au contraire qu'aux esthétiques. Cette seconde série de chroniques constitue en effet une étude beaucoup moins générale, centrée sur les textes publiés dans le recueil de l'École

---

[10]   Jean CHARBONNEAU, « Étude littéraire. À propos de langage », dans *Les Débats*, 18 mars 1900, p. 4.

[11]   Jean CHARBONNEAU, *op. cit.*, 25 mars 1900, p. 4.

[12]   Jean CHARBONNEAU, *op. cit.*, 18 mars 1900, p. 4.

[13]   Jean CHARBONNEAU, « Notes de la semaine. À propos de journalisme », dans *Les Débats*, 29 juillet 1900, p. 3.

littéraire de Montréal à laquelle, rappelons-le, la plupart des écrivains-journalistes appartiennent ou ont déjà appartenu.

Dédié « À la France/À la mère patrie »[14], le recueil *Les Soirées du Château de Ramezay* est sans conteste l'ouvrage littéraire le plus important publié au Québec en 1900[15]. Il est également le seul auquel *Les Débats* accorde une critique aussi substantielle : le recueil est analysé du 15 avril au 27 mai dans six articles signés du pseudonyme collectif de Joseph Saint-Hilaire, qui aurait été utilisé tour à tour par une grande partie de l'équipe des collaborateurs littéraires du journal[16].

Les brèves analyses critiques de Joseph Saint-Hilaire décrivent le travail des écrivains de l'École littéraire quant au fond, à la forme et aux influences – françaises – dont témoignent leurs œuvres. En effet, il est frappant de constater que Saint-Hilaire, dans ses critiques, n'établit de filiations poétiques qu'avec les maîtres de la littérature française, depuis le romantisme jusqu'aux tendances à l'époque les plus récentes. Il invoque Hugo, Musset, Gauthier, Leconte de Lisle, de Hérédia et plusieurs autres, en évacuant complètement les auteurs canadiens-français des générations précédentes comme si leur influence sur l'École littéraire avait été négligeable. Joseph Saint-Hilaire fait donc écho à Jean Charbonneau, lequel ne semblait pas garder mémoire d'une tradition littéraire nationale et n'émettait au contraire que des réserves envers le milieu des lettres canadiennes-françaises.

Contrairement à Charbonneau toutefois, qui jugeait certains mouvements littéraires français dépassés, le critique fait preuve d'un éclectisme esthétique au moins égal à celui des membres de l'École littéraire et ne dédaigne *a priori* ni les textes d'influence classique ni les œuvres plutôt romantiques. Dans ses commentaires, il est cependant évident que Saint-Hilaire accorde une importance prépondérante à l'originalité et à la nouveauté, et qu'il éprouve en ce sens une certaine fascination pour

---

14 [École littéraire de Montréal], *Les Soirées du Château de Ramezay*, Montréal, Sénécal, 1900 (dédicace).

15 On l'envoie d'ailleurs à l'Exposition universelle de Paris en guise de témoignage de l'attachement du Canada à ses racines françaises.

16 Selon Francis-J. AUDET et Gérard MALCHELOSSE (dans *Pseudonymes canadiens*, Montréal, G. Ducharme libraire-éditeur, 1936, p. 125), il s'agirait d'Olivar Asselin, de Germain Beaulieu, de Gustave Comte, de Charles Gill, de Jean Charbonneau, de Gaston et de Louvigny de Montigny. Trois d'entre eux (Germain Beaulieu, Charles Gill et Jean Charbonneau) auraient donc été à la fois auteurs et critiques des *Soirées du Château de Ramezay*. Il est à noter que les journalistes profitent du pseudonyme collectif pour éplucher férocement les travaux des dignitaires de l'École littéraire, le président Wilfrid Larose et le président d'honneur Louis Fréchette, dans de savoureuses satires polémiques que nous écarterons toutefois ici pour nous concentrer sur le discours littéraire proprement critique.

les œuvres françaises plus contemporaines, notamment parnassiennes et symbolistes. Le critique apprécie entre autres certains procédés littéraires nouveaux (qu'il qualifie de « modernes ») parce qu'ils constituent une avancée en offrant « l'inattendu et la nouveauté de l'effet »[17]. Certains de ces « procédés modernes » sont toutefois redoutés par Saint-Hilaire et perçus comme menaçants en contexte canadien, notamment lorsqu'ils invitent à une *dérive du sens*. L'usage d'archaïsmes, de mots précieux ou de néologismes éloignés de la norme linguistique, par exemple, est condamné par le critique pour des raisons qui restent un peu nébuleuses ; elles tiennent toutefois de façon évidente d'une peur de la corruption du français qui rappelle la chronique « À propos de langage » de Jean Charbonneau.

Le critique des *Débats* adopte donc une attitude ambiguë à l'égard des mouvements littéraires français contemporains. Ainsi, bien qu'il encourage vivement le soin de l'expression et le cisèlement des vers des poètes d'inspiration parnassienne, Saint-Hilaire en a souvent contre ce qu'il nomme « les défauts du Parnasse », c'est-à-dire l'emploi abusif des comparaisons, des hyperboles, des descriptions, des archaïsmes et autres mots rares en vue « de l'effet à produire »[18]. Il accorde visiblement beaucoup moins d'importance à la forme qu'au contenu et préfère l'expression des idées aux prouesses de style. Ainsi, les poètes montréalais de tendance parnassienne sont jugés plus sévèrement par le critique des *Débats* si leurs pièces présentent d'éthérées descriptions exotiques (comme le suggère le titre « Khîrma la turque » d'Arthur de Bussières) que lorsqu'elles sont fondées sur des matériaux plus solides, idées (« Devant un vase grec » de Jean Charbonneau) ou sentiments vrais (« Ivresse » d'Albert Lozeau).

De même, Saint-Hilaire se montre ambivalent lorsqu'il rencontre des influences symbolistes dans le travail des membres de l'École littéraire. Il semble de prime abord prévenu contre l'hermétisme, l'affectation et le culte de la forme, qu'il présente en opposition à des valeurs qu'il juge importantes comme le naturel et la sincérité. Certains poètes suscitent tout de même son admiration ; il cite par exemple quelques vers de Nelligan, qu'il juge « d'un symbolisme profond et d'une beauté rare »[19]. Toutefois, le jugement du critique sur la portée de l'œuvre est sévère et fait sourire lorsque l'on connaît la fortune actuelle de la poésie d'Émile Nelligan au Québec : « [les] vers [de Nelligan] [...], seront oubliés parce

---

[17] Joseph SAINT-HILAIRE, « Les Soirées du Château de Ramezay », dans *Les Débats*, 13 mai 1900, p. 3.

[18] Joseph SAINT-HILAIRE, *op. cit.*, 6 mai 1900, p. 3.

[19] Joseph SAINT-HILAIRE, *op. cit.*, 6 mai 1900, p. 3.

que lui, l'auteur, possède trop le culte du mot et de l'épithète, parce qu'il recherche l'éclat de la phrase, qu'il se laisse bercer à sa musique et qu'il croit au prestige des sonorités »[20]. Saint-Hilaire reproduit en fait la méfiance des plus éminents critiques français de son époque comme René Doumic ou Ferdinand Brunetière, qui affirmaient à la fin du XIXe siècle – notamment lors de conférences à Montréal – qu'ils n'estimaient guère le travail de certaines avant-gardes, en particulier celui des symbolistes.

Les critiques émises par Jean Charbonneau et Joseph Saint-Hilaire, bien qu'elles portent sur des objets différents et comportent leurs particularités, présentent plusieurs points communs qui permettent de saisir la vision de la littérature canadienne-française qui prédomine dans le journal *Les Débats*. L'obsession de la qualité du français, d'abord, y est primordiale. Dans la critique des *Soirées du Château de Ramezay* comme dans la série « Étude littéraire », on condamne en effet les usages susceptibles de compromettre l'orthodoxie grammaticale, syntaxique ou sémantique (l'usage des néologismes et d'éléments cosmopolites, par exemple, mais aussi la préoccupation excessive de la musicalité du vers ou les figures de style hardies fondées sur les correspondances). Ces pratiques blessent la susceptibilité nationaliste des rédacteurs des *Débats*, qui craignent qu'une telle licence langagière n'affecte à long terme le génie du français et, en dernier ressort, sa suprématie nationale. Cette appréhension est d'ailleurs partagée par de nombreux lettrés de l'époque, qui redoutent une modification progressive de la langue par rapport à la norme européenne qui isolerait le Canada de ses racines françaises[21]. Le conservatisme relatif de la critique littéraire des *Débats* pourrait donc s'expliquer en partie par la peur d'une dégénérescence de la langue susceptible d'affaiblir voire de miner les assises de la nation.

Une importante méfiance par rapport à ce qui tend vers la gratuité littéraire ressort également des articles des *Débats*. En effet, Saint-Hilaire n'envisage jamais qu'avec suspicion les œuvres qu'il juge hermétiques ou marquées d'un formalisme excessif. Cette réticence tient probablement à ce qu'un usage exclusif du langage dénaturerait la fonction communautaire première attribuée à la littérature canadienne-française, conçue avant tout pour rassembler et pour représenter une nation sans

---

[20] *Ibid.*, p. 3.

[21] Depuis le milieu du XIXe siècle, les anglophones canadiens et américains entretenaient déjà le mythe du *French Canadian Patois* selon lequel le français du Canada aurait été incompréhensible à un locuteur parisien. À ce sujet, on consultera avec profit l'ouvrage de Chantal BOUCHARD, *La Langue et le Nombril. Histoire d'une obsession québécoise*, Montréal, Fides, « Nouvelles études québécoises », 1998.

véritable tradition artistique. Contrairement au nationalisme clérical qui acquerra quelques années plus tard un poids considérable dans l'institution littéraire de la province de Québec, la représentativité des lettres telle que l'envisagent les rédacteurs des *Débats* n'est pas fondée sur l'exploitation livresque de caractéristiques locales (éloge du paysage, des mœurs canadiennes, etc.). Les journalistes valorisent au contraire l'expression talentueuse d'une pensée française, en comptant sur l'origine canadienne des écrivains pour assurer la distinction du corpus national.

La littérature canadienne telle que la souhaitent les écrivains journalistes des *Débats* serait donc alignée sur la France contemporaine, mais expurgée de certaines pratiques esthétiques récentes qu'ils jugent peu compatibles avec la conservation de l'« esprit français » au Canada. En effet, les exigences du nationalisme soutenu par les journalistes s'accordent parfois mal avec les tendances modernes de la littérature mère, sympathique au cosmopolitisme ou de tendance trop esthétisante. Bien que leur vision libérale, laïque et urbaine de la société n'entre pas en conflit avec celle de la France, le désir d'émulation littéraire des écrivains des *Débats* se butte aux valeurs fondamentales de leur conception de l'identité canadienne-française, c'est-à-dire à la promotion de la langue et à la primauté de la communauté.

« Une seule chose nous conservera notre caractère national, affirme Charbonneau : c'est la langue française tant que nous la parlerons au Canada. »[22] Cette conservation de la communauté francophone constitue l'horizon premier que donne à lire le discours sur la littérature publié dans *Les Débats*. Pourtant, écartelés entre la fidélité à la nation canadienne et à ses racines françaises, les jugements esthétiques des écrivains-journalistes n'en sont pas à un paradoxe près. Leur ambiguïté traduit la tension entre la fascination des poètes pour l'avant-garde française et leur souhait d'implanter la littérature dans le quotidien de la société canadienne, entre leur volonté de pratiquer une critique positive et l'impossibilité de céder à l'imitation de leur modèle d'évolution[23]. Ce

---

[22] Jean CHARBONNEAU, *op. cit.*, 18 mars 1900, p. 4.

[23] Cette attitude s'avère exemplaire de la « pensée équivoque » des intellectuels canadiens-français de cette génération que décrit Gérard Bouchard dans *Genèse des nations et cultures du nouveau monde*. « La pensée équivoque, c'est-à-dire : les syncrétismes, les antinomies et les contradictions qui structuraient les consciences individuelles sollicitées par des idéaux divergents entre lesquels elles ne savaient trancher »[23], en l'occurrence la fidélité au modèle français et aux impératifs de la culture canadienne-française. Nous persistons toutefois à croire que cette ambiguïté devrait être constatée et reconnue, avec toutes les conséquences historiques qu'elle implique, plutôt que condamnée (Gérard BOUCHARD, *op. cit.*) ou, au contraire, étrangement valorisée comme caractéristique nationale (Jocelyn LÉTOURNEAU,

rapport équivoque à la mère patrie s'avère d'autant plus singulier qu'il trouve place dans un journal nationaliste au patriotisme exacerbé par l'actualité socio-politique. Singulier en effet puisque, bien que le discours d'affirmation nationale soit omniprésent dans les chroniques littéraires des *Débats*, la France s'y révèle non seulement capitale à la conceptualisation des origines de la culture canadienne-française, mais également à son avenir.

Passer à l'avenir : histoire, mémoire, identité dans le Québec d'aujourd'hui, Montréal, Boréal, 2000).

Conclusions fictives

Comment peut-on être francophone ?

Laurent DEMOULIN

Je vais reprendre ici les deux fictions qui me sont spontanément venues à l'esprit lorsque, le 11 octobre 2001, j'ai conclu de manière improvisée le colloque « Littératures mineures en langue majeure », juste après l'utime intervention. La première n'est, à vrai dire, pas très éloignée de la réalité : je vais feindre l'ignorance totale quant aux sujets abordés. Persan en visite à Liège, je ne sais rien des littératures mineures et francophones, qu'elles soient belge, québécoise, acadienne ou créole, hormis ce qui s'est dit lors du colloque, ou ce qui est écrit dans le présent volume. Me voilà donc simple miroir.

Première observation, premier reflet : à travers ces propos et ces pages, l'élément de cohérence est constitué par des références intellectuelles communes. Les situations sont certes très différentes d'un pays et d'un auteur à un autre, mais les mêmes noms reviennent volontiers quand il s'agit de les commenter.

Si Lise Gauvin – surtout grâce à sa notion de « surconscience linguistique » – est inévitable dès qu'il est question de littérature québécoise[1], il est difficile de ne pas citer Jean-Marie Klinkenberg lorsque l'on aborde la littérature belge et ses phases centrifuge ou centripète[2].

En ce qui concerne la problématique générale, plusieurs intervenants s'appuient sur les travaux de Pascale Casanova[3] ou de Julia Kristeva[4].

---

[1] Jean-Marie Klinkenberg, Catherine Khordoc, Julie LeBlanc, Jean-Christophe Delmeule, Cristina Brancaglion et Marco Modenesi font ainsi référence aux travaux de Lise Gauvin, principalement à *Langagement. L'Écrivain et la Langue au Québec*, Montréal, Boréal, 2000.

[2] Lise Gauvin, Rainier Grutman, Pierre Halen et Marco Modenesi font appel aux théories de Jean-Marie Klinkenberg.

[3] Lise Gauvin, Gwénaëlle Lucas et Sylvano Santini (et Jacques Dubois lors du colloque).

[4] Eurídice Figueiredo et Danielle Constantin.

Mais c'est surtout à Gilles Deleuze et Félix Guattari que l'on a recours : leur perspective sert véritablement de ligne d'horizon au présent ouvrage et y trouve une place jusque dans son titre. Leur *Kafka. Pour une littérature mineure* revient à plus d'une reprise dans les notes infrapaginales et le concept de « déterritorialisation » est ici d'un grand usage. Cette omniprésence pose cependant problème : le premier texte à se référer aux deux philosophes – celui de Lise Gauvin – se plaît à déconstruire leur apport. Basés sur une mauvaise traduction de Kafka, leurs concepts sont, d'après Lise Gauvin, les fruits de « contresens » et d'« amalgame[s] douteux ». Pourtant, Michel Biron, Catherine Khordoc, Raoul Boudreau, Eurídice Figueiredo, Sylvano Santini et Jean-Pierre Bertrand n'hésitent pas à les employer. Le premier prend, il est vrai, ses distances avec l'idée de « littérature mineure », à laquelle il préfère la notion de « liminaire », et le dernier cité use de Deleuze et Guattari de façon presque ironique, semble-t-il. Mais les autres prennent moins de précautions. Y a-t-il là divergence d'opinions ? Trancher la question équivaudrait à quitter notre sage position d'ignorant observateur : contentons-nous de souligner perfidement cette apparente incohérence…

Québec-Belgique : 2-0

Le second reflet – la seconde observation – concerne la littérature contemporaine : les Québécois et les Belges, tels qu'ils sont présentés dans ces pages, n'ont pas du tout la même attitude par rapport à la problématique envisagée, et, plus précisément, par rapport à l'hégémonie éditoriale française. Alors que la Belgique francophone semble soumise, la littérature québécoise se montre combative tant sur le plan proprement littéraire qu'institutionnel. Si l'on en croit Karine Cellard, elle est franchement libérée du modèle français : « L'influence de la France paraît aujourd'hui bien moins capitale à l'histoire de la culture québécoise qu'elle ne l'a jamais été. Comme pour consommer une rupture symbolique, la critique récente se montre en effet beaucoup plus sensible aux traces de l'américanité dans les œuvres québécoises qu'à celles du vieux continent. »

Dans sa forme, la littérature québécoise actualise sa position décentrée : les auteurs québécois dont il est question ici développent une écriture personnelle, inventive, anti-conventionnelle, qui correspond à leur éloignement géographique par rapport au centre parisien. Ils semblent réinventer la littérature écrite en français et ils disposent pour y parvenir d'une arme personnelle redoutablement efficace : le plurilinguisme.

Le cas le plus frappant est peut-être celui de Nicole Brossard : Julie LeBlanc parle de « posture déconstructionniste » à propos de son autobiographie *She Would Be the First Sentence of My Next Novel/Elle serait la première phrase de mon prochain roman*, qui joue, entre autres procédés, sur l'alternance et la juxtaposition du français et de l'anglais. Plurilinguisme aussi chez Francine Noël, notamment dans son roman *Nous avons tous découvert l'Amérique*, au sujet duquel Catherine Khordoc emploie l'expression « français américain » pour désigner un mélange de français standard, de québécismes et d'anglais. Plurilinguisme encore et complexité linguistique dans *La Vie en prose*, le roman polyphonique de Yolande Villemaire qu'analyse génétiquement Danielle Constantin : la langue y est « *full* et *foule* », « émaillé[e] d'anglicismes et de québécismes ». Cité par Pierre Halen, Jacques Godbout souligne avec ironie que les Français « ont un accent qui *shine* comme des salières de nickel »... Enfin, Cristina Brancaglion et Marco Modenesi, dans leur analyse phonétique et thématique des romans de Gérard Bessette, Claude Jasmin et Michel Tremblay pour la première, de Marie-Claire Blais, Claude Jasmin, Michel Tremblay, Anne Hébert, Jacques Godbout et France Daigle pour le second, démontrent que nombre de romanciers jouent sur les niveaux de langue et développent une réflexion métalinguistique en regard du français de France. Et les Acadiens ne sont pas en reste puisque Raoul Boudreau nous présente la poète Rose Després et son recueil *La Vie prodigieuse* comme typique d'une littérature novatrice, en quête d'une langue « déconnectée », mêlant l'anglais et le français dans des vers frôlant parfois le non-sens.

Là où il n'est pas question de marier les idiomes, la littérature, au Québec, se veut résolument créatrice : Sylvano Santini montre que le dramaturge Normand Chaurette écrit un théâtre original en usant, avec insistance, de la répétition. De Réjean Ducharme, Jean-Christophe Delmeule met en lumière le « processus de déconstruction de la langue, dans lequel l'ironie mordante et la provocation jouent un rôle fondamental ». Et un écrivain apparemment plus classique comme Jacques Ferron, qui a revendiqué explicitement « dans sa réflexion sur son œuvre et sur la littérature en général » le concept de mineur, était fasciné par le poète Claude Gauvreau et par « l'exploréen, ce langage original que Gauvreau voulait non figuratif », comme l'explique Karim Larose.

Petit bémol dans ce concert, le texte de Michel Biron, qui voit en Louis Hamelin et en Gaétan Soucy des « écrivains liminaires » en manque de père, soumis « à la loi de l'invention verbale », à l'éternel commencement, et ne sachant « plus trop où aller ». L'originalité langagière n'est donc pas nécessairement une force : elle peut s'avérer néfaste, semble-t-il. L'analyse de Marco Modenesi tend, elle aussi, à nuancer l'image conquérante de la littérature québécoise. Si elle montre, au sein des textes romanesques, les « stratégies textuelles visant à représenter la langue » dont parle Lise Gauvin, elle met aussi l'accent sur les « complexes d'infériorité » linguistiques des auteurs de son corpus vis-à-vis du français de France.

Il n'empêche que le tableau d'ensemble nous montre une littérature québécoise vivante, virulente, sûre de sa puissance et de sa créativité formelle. Et les pratiques institutionnelles qui apparaissent ici et là ne font que renforcer ce sentiment : Michel Biron lui-même souligne « l'engouement de la critique montréalaise » lors de la sortie du troisième roman de Gaétan Soucy, *La petite fille qui aimait trop les allumettes*. La même critique a fait plus encore pour la pièce *Le Petit Köchel* de Normand Chaurette : comme le raconte Sylvano Santini, elle a prétendu que la presse française avait été dithyrambique à son égard en Avignon – ce qui était, apparemment, un pieux mensonge. Et Danielle Constantin nous a appris que la Bibliothèque nationale du Québec à Montréal avait créé un « Fonds Yolande Villemaire » et racheté à celle-ci ses manuscrits à un prix pour le moins avantageux : en Perse, seuls de grands écrivains morts depuis des lustres ont droit à de pareils honneurs ! Qui plus est, comme le prouve l'intervention de Paul Aron, la littérature québécoise est assez riche pour donner naissance à des recueils de pastiches. Et elle est assez vaste pour accueillir les exilés, comme Sergio Kokis, qu'Eurídice Figueiredo nous dépeint sous les traits d'un auteur brésilien pour lecteurs québécois[5]. Remarquons, enfin, que plusieurs auteurs étudiés se passent de Paris pour exister en tant qu'écrivains : être édité à Montréal ou à Toronto vous donne droit à l'attention des universitaires[6].

En regard, la pauvre Belgique francophone paraît écrasée par sa voisine française, défaitiste, molle, autocritique, auto-ironique, complexée, en un mot : vaincue.

D'abord, pour être écrivain belge, il faut avoir publié à Paris. Certes, Lieven D'hulst parle ici d'un auteur ancien édité à Liège et à Bruxelles, Joseph Grangagnage, mais il ne s'agit pas pour lui d'« exhumer une œuvre injustement oubliée » et, à travers sa description, l'auteur des *Wallonnades* apparaît comme le parangon des auto-ironistes.

Pour être écrivain belge, disais-je, il faut avoir publié à Paris. Et pour être publié à Paris, mieux vaut ne point trop être belge. C'est en tout cas ce qui ressort de l'article de Lisbeth Verstraete-Hansen : Charles Paron

---

[5]   Dans la mesure où sa description du Brésil est trop stéréotypée aux yeux des lecteurs brésiliens.

[6]   Yolande Villemaire, Louis Hamelin, Gaétan Soucy, Jacques Ferron, Sergio Kokis, Gaston Miron et Francine Noël ont publié, au moins en partie, leur œuvre à Montréal et Nicole Brossard à Toronto.

s'est vu refuser par son éditeur français son roman *Les Chiens de la Senne* à cause, notamment, de sa couleur locale.

Rainer Grutman et Pierre Halen se penchent tous deux sur le cas de Jean Muno. Celui-ci a le mérite de thématiser sa belgitude littéraire, linguistique et éditoriale. Il intègre ainsi dans la fiction « l'insécurité linguistique » sur laquelle revient Jean-Marie Klinkenberg ou « l'intranquillité » par laquelle Lise Gauvin définit les littératures francophones à la fin de son article. Mais il n'ose cette prise de conscience que tardivement, à la fin de son œuvre et dans la solitude. On est loin de l'insurrection générale des Québécois.

Et si ceux-ci ont massivement recours au plurilinguisme, les francophones de Belgique ne semblent pas vouloir profiter de la présence de leurs voisins du Nord pour renouveler le français.

Quant à un soutien quelconque de la presse ou des institutions, le Persan n'en a trouvé aucune trace, si ce n'est, bien entendu, dans l'existence même de ce colloque et de cet ouvrage.

Quelle stratégie adopter ?

Abandonnons notre point de vue persan pour donner vie à une seconde fiction. Imaginons cette fois un jeune auteur francophone, belge ou québécois par exemple, assistant au colloque ou lisant ce volume. Vingt ans, des tas de mots à écrire et le rêve d'être publié, lu, reconnu… Ne serait-il pas découragé par les propos des uns et des autres ?

Pierre Halen l'a dit plus clairement à l'oral qu'à l'écrit : se fier à son seul talent ne peut suffire. Il faut développer une stratégie pour avoir une chance d'exister en tant qu'écrivain quand on n'est pas né à Paris. Plusieurs stratégies ont été envisagées ici.

Certaines d'entre elles font irrémédiablement partie du passé, comme celle qui consiste à se considérer comme le représentant du peuple. « Par ma voix parlent les Wallons ou les Québécois » : difficile d'entonner un tel cri aujourd'hui. Par ailleurs, Jean-Marie Klinkenberg a montré que les singularités nationales stylistiques ou thématiques sont sujettes à caution. Par exemple, « l'irrégularité » qui sert parfois d'étendard aux Belges francophones relève du mythe. Pour en « faire une spécialité du discours littéraire belge », note Jean-Marie Klinkenberg, il faudrait « des corpus importants et variés, corpus qui, de surcroît, devraient permettre des comparaisons stylostatistiques avec d'autres corpus francophones ». Pareille démonstration est probablement irréalisable. En toute rigueur, il n'est donc pas possible de s'appuyer sur une essence fantasmatique nationale.

La solution qui consiste à se faire plus catholique que le pape, c'est-à-dire le purisme du bon usage, est passée de mode elle aussi. Au Québec, le journal *Les Débats*, dont nous parle Karine Cellard, a misé sur cette carte-là, mais c'était en... 1900. Aujourd'hui, non seulement pareille attitude risque de vous éloigner de Paris au lieu de vous en rapprocher, mais en plus, on en connaît les ressorts inavoués : ils proviennent à nouveau de « l'insécurité linguistique » décrite par Jean-Marie Klinkenberg.

Se lancer dans la défense de littératures régionales ou francophones peut s'avérer dangereux. Marie Le Franc, qui s'est battue sur les deux fronts, n'a pas été récompensée par une gloire éternelle. Et pourtant, comme nous le rappelle Gwénaëlle Lucas, ce n'est pas faute d'ardeur au combat ! Aurait-elle été punie ?

Une stratégie plus récente consiste à intégrer la problématique dans l'œuvre même. Pierre Halen montre la force de ce procédé chez Godbout, Muno et surtout chez Confiant, qui procède à « l'affichage d'une belligérance proclamée à l'égard de la France comme lieu de référence symbolique ». D'accord, il s'agit d'une réussite : hélas ! elle n'est pas reproductible. Le sujet risque de lasser très vite.

Peut-être en va-t-il de même pour l'attitude « créatrice » des auteurs québécois décrite ci-dessus. Le plurilinguisme, déjà abondamment exploité, semble avoir atteint ses limites : le pousser plus loin n'équivaudrait-il pas à écrire en anglais ? Quant à la déconstruction, elle n'est pas neuve, elle non plus. Et trouve d'ailleurs nombre d'exemples historiques en... France.

Ne parlons pas de la tactique la plus honteuse : jouer la couleur locale, faire le Belge mangeur de frites, le Québécois sympathique, le Nègre chatoyant... pour conforter les clichés coloniaux de nos amis parisiens. Cela marche toujours, bien sûr, mais, à vingt ans, il est légitime de nourrir d'autres espérances...

La France, la France, la France : omniprésente dans ces pages, mais de manière larvée, référence commune, repoussoir commun. Lors du colloque, elle a fait l'objet d'une communication, signée par Jacques Dubois. Faut-il y voir un symptôme ? C'est la seule à ne pas être reproduite ici ! On y apprenait pourtant que la littérature française de Paris est en train de changer de fonctionnement. Son autonomie, si difficilement acquise, se décompose sous les coups des lois du marché et de la mondialisation.

Peut-être cette triste constatation donnera-t-elle des idées à notre jeune auteur. Penser directement en termes de marché, cela n'ouvre-t-il pas des voies insoupçonnées ?

Deux pistes au moins apparaissent immédiatement. D'abord, si l'on songe à l'exposé de Jean-Pierre Bertrand, la perspective de devenir « poète du dimanche » reprend quelque lustre : être publié à 420 000 exemplaires, c'est franchement inespéré pour un poète ! Deuxième possibilité : s'adresser à Dieu plutôt qu'à ses saints, c'est-à-dire se concentrer sur le vrai centre du marché mondial, dépasser Paris par la droite et écrire directement en américain, au mieux dans une langue directement adaptable au cinéma.

Mais il est possible que notre écrivain soit non seulement jeune et ambitieux mais aussi idéaliste et que la seule idée de « marché » l'emplisse de dégoût. Alors, il lui reste une dernière solution. Puisque, dans les pays francophones, l'argent ne joue pas encore un aussi grand rôle qu'à Paris et que la fermeture du champ a longtemps constitué la marque de fabrique de la plus noble littérature française, c'est à bon droit que notre jeune auteur québécois, acadien, belge, breton ou créole peut se targuer d'être… le dernier véritable écrivain français !

Notices biographiques

Paul ARON est directeur de recherches au FNRS, professeur à l'Université libre de Bruxelles et membre du CIEL (Collectif interuniversitaire d'étude du littéraire). Il a notamment co-dirigé le *Dictionnaire du littéraire* (Paris, PUF, 2002) et prépare une *Bibliographie du pastiche et de la parodie littéraire* (XIXe-XXe siècles) aux éditions Memini.

Jean-Pierre BERTRAND, président du Centre d'études québécoises de l'Université de Liège. Spécialiste de la littérature fin de siècle, en France et en Belgique. Ouvrages publiés : *Jules Laforgue. Ironie et désenchantement*, Paris, Klincksieck, 1997 ; *Le Roman célibataire*, Paris, Corti, 1996 (en collaboration) ; *Paludes d'André Gide*, Paris, Gallimard, « Foliothèque », 2001.

Michel BIRON est professeur au Département de langue et littérature françaises de l'Université McGill. Il a notamment publié *La Modernité belge. Littérature et société*, Bruxelles, Labor, « Archives du futur », 1994 et *L'Absence du maître. Saint-Denys Garneau, Ferron, Ducharme*, Presses universitaires de Montréal, 2000.

Raoul BOUDREAU est professeur titulaire au Département d'études françaises de l'Université de Moncton (Nouveau-Brunswick, Canada). Avec le soutien du Conseil de recherches en sciences humaines du Canada, il poursuit des recherches sur le rapport à la langue en littérature acadienne et a publié plusieurs articles sur le sujet.

Cristina BRANCAGLION enseigne la langue française à l'Université catholique et à l'Université des études de Milan. Ses recherches actuelles portent sur la didactique du français langue étrangère (formation en ligne) et sur les pratiques linguistiques francophones, notamment québécoises.

Karine CELLARD a entrepris en 2001 un doctorat au Département d'études françaises de l'Université de Montréal. Sa communication, intitulée « La France capitale. Le Québec et la mère patrie dans la critique littéraire du journal *Les Débats* (1900) », est inspirée de son mémoire de maîtrise sur le journal *Les Débats*.

Danielle CONSTANTIN a obtenu un doctorat en littérature comparée de l'Université de Toronto. Elle poursuit présentement des recherches en génétique littéraire à Paris où elle travaille sur les manuscrits de Proust et de Perec, avec le soutien d'une bourse doctorale du Conseil en

Sciences humaines du Canada. Elle est secrétaire générale de l'Association Georges Perec.

Jean-Christophe DELMEULE, maître de conférences de littératures francophones à l'Université de Lille III, docteur ès Lettres et par ailleurs agrégé d'économie et de gestion, a consacré sa thèse à Maeterlinck.

Laurent DEMOULIN est doctorant à l'Université de Liège (littérature française des XIXe et XXe siècles). Il a publié plusieurs articles sur la littérature française contemporaine et sur la littérature belge. Il est membre du comité de rédaction de *Textyles* et est l'auteur de *L'Hypocrisie pédagogique*, Mons, Talus d'Approche, 1999 ; *Ulysse Lumumba*, Mons, Talus d'Approche, 2000 et *Filiation*, Liège, le Fram, 2001.

Lieven D'HULST est professeur de littérature française et francophone et de traductologie (K.U. Leuven et KULAK). Il a publié des livres et des articles sur la poésie française au tournant du XVIIIe siècle, sur la théorie et l'histoire de la traduction en France à l'Âge classique et au XIXe siècle, sur la littérature belge du XIXe siècle. Ses plus récents projets de recherche portent sur l'histoire de la poésie belge entre 1830 et 1880 et sur les concepts majeurs des études littéraires francophones.

Eurídice FIGUEIREDO, professeure de littératures francophones et de littérature comparée à l'Université fédérale Fluminense (Rio de Janeiro, Brésil), a publié *Construction d'identités post-coloniales dans la littérature antillaise* (en portugais) et plusieurs articles dans des revues. Elle a organisé deux ouvrages collectifs portant sur la littérature canadienne, a dirigé le Centre d'études canadiennes de son université et a été vice-présidente de l'Association brésilienne d'études canadiennes. Elle est actuellement membre du Conseil d'administration de l'Association internationale des études québécoises (AIEQ).

Lise GAUVIN est professeure à l'Université de Montréal, où elle dirige le Département d'études françaises. Parmi ses publications récentes : *Écrivains contemporains du Québec* avec Gaston Miron, Paris, Seghers, 1989 – L'Hexagone/Typo, 1998 ; *À une enfant d'un autre siècle*, essai, Montréal, Leméac, 1997 ; *L'Écrivain francophone à la croisée des langues*, Paris, Karthala, 1997 (Prix France-Québec) ; *Nouvelles d'Amérique* avec Maryse Condé, Montréal, L'Hexagone, 1998 et *Langagement. L'Écrivain et la Langue au Québec*, Montréal, Boréal, 2000. Elle tient également une chronique des « Lettres francophones » dans le journal *Le Devoir*.

Professeur agrégé à l'Université d'Ottawa, **Rainier GRUTMAN** étudie les littératures française (XIXe-XXe siècles), belge et québécoise. Comparatiste, il s'est particulièrement intéressé au plurilinguisme littéraire, phénomène auquel il a consacré un ouvrage (*Des langues qui résonnent*, Montréal, Fides-Cétu, 1997) et de nombreux articles.

Pierre HALEN, d'abord assistant à l'Université catholique de Louvain, puis chercheur invité et enseignant à l'Université de Bayreuth ainsi qu'à l'Université d'Anvers, il enseigne aujourd'hui la littérature générale et comparée à l'Université de Metz. Gestionnaire du site documentaire www.mukanda.org, collaborateur des revues *Textyles* (Bruxelles) et d'*Études littéraires africaines* (Paris). Parmi ses domaines de recherche : les littératures francophones (Belgique, Afrique centrale, théorie générale), exotiques, coloniales ; l'immigration et l'interculturalité.

Catherine KHORDOC est professeure de littératures française et francophone à l'Université de Limerick en Irlande. Elle a rédigé une thèse de doctorat sur le mythe de Babel dans la littérature francophone à l'Université de Toronto. Ses recherches actuelles portent principalement sur la littérature migrante au Québec. Elle a publié des articles entre autres sur Francine Noël, Monique Bosco, Nancy Huston et Ernest Pépin.

Jean-Marie KLINKENBERG enseigne la sémiologie, la rhétorique et les cultures francophones à l'Université de Liège, où il a présidé le Centre d'Études québécoises douze années durant. Il a été Président du Conseil supérieur de la langue française de Belgique. Il est membre de l'Académie royale de langue et littérature françaises de Belgique.

Étudiant à l'Université de Montréal, **Karim LAROSE** termine actuellement une thèse de doctorat sur la modernité culturelle québécoise. Il est membre du projet de recherche « Construction de la modernité critique au Québec », dirigé par Ginette Michaux et Élisabeth Nardout-Lafarge. Il a publié des articles sur la poésie et l'essai québécois, sur la modernité, sur la langue et sur la question du mineur.

Julie LEBLANC est professeure agrégée au Département d'études françaises à l'Université de Toronto. Elle a publié *Les Masques de Gilbert La Rocque*, édition critique, Montréal, PUM, « Bibliothèque du Nouveau Monde », 1998 et *Énonciation et inscription du sujet : textes et avant-textes de Gilbert La Rocque*, Toronto, Éditions du GREF, 2000. Elle achève un ouvrage intitulé *Textes et avant-textes autobiographiques au féminin*. Ses domaines de recherche sont les récits autobiographiques, la littérature québécoise, les théories féministes et canoniques de l'autobiographie, les théories de l'énonciation, la narratologie et la sémiotique visuelle.

Gwénaëlle LUCAS est doctorante en cotutelle de thèse entre les universités de Paris IV-Sorbonne et de Montréal. Son étude est consacrée à l'itinéraire intellectuel de Marie Le Franc dans l'émergence de réseaux littéraires périphériques déplaçant les relations franco-québécoises vers l'axe régional au cours de la première moitié du XXe siècle.

Marco MODENESI est professeur de littérature française et de littératures francophones à l'Université de Milan (Italie). Dans le domaine de la littérature française, ses études portent sur le roman symboliste décadent (Joris-Karl Huysmans, Georges Rodenbach) et sur le XXe siècle (Max Jacob, Koltès). Pour ce qui concerne les littératures francophones, il s'intéresse à la production de l'Afrique noire (Mali, Burkina-Faso), des Caraïbes ainsi qu'à celle du Québec et du Canada francophone. Il est membre du Comité scientifique de la revue *Ponti/Ponts. Langues, littératures, civilisations des pays francophones*, publiée par l'Université de Milan (Cisalpino éditeur).

Sylvano SANTINI est étudiant en doctorat à l'Université de Montréal en cotutelle avec l'Université Michel de Montaigne Bordeaux III. Ses recherches de troisième cycle sont orientées sur les réceptions de la pensée de Deleuze et de Foucault par la critique littéraire contemporaine.

Lisbeth VERSTRAETE-HANSEN, attachée à l'Institut d'études romanes de l'Université de Copenhague, a élaboré une thèse intitulée « Littérature et engagements en Belgique francophone. Charles Paron et David Scheinert face à leur temps (1948-1972) ».

Documents pour l'Histoire
des Francophonies

Les dernières décennies du XXe siècle ont été caractérisées par l'émergence et la reconnaissance en tant que telles des littératures francophones. Ce processus ouvre le devenir du français à une pluralité dont il s'agit de se donner, désormais, les moyens d'approche et de compréhension. Cela implique la prise en compte des historicités de ces différentes cultures et littératures.

Dans cette optique, la collection « Documents pour l'Histoire des Francophonies » entend mettre à la disposition du chercheur et du public, de façon critique ou avec un appareil critique, des textes oubliés, parfois inédits. Elle publie également des travaux qui touchent à la complexité comme aux enracinements historiques des francophonies et qui cherchent à tracer des pistes de réflexion transversales susceptibles de tirer de leur ghetto respectif les études francophones, voire d'avancer dans la problématique des rapports entre langue et littérature. Elle comporte une série consacrée à l'Europe, une autre à l'Afrique et une troisième aux problèmes théoriques des francophonies.

La collection est dirigée par Marc Quaghebeur et publiée avec l'aide des Archives & Musée de la Littérature qui bénéficient du soutien de la Communauté française de Belgique.

Archives & Musée de la Littérature
Boulevard de l'Empereur, 4
B– 1000 Bruxelles
Tél.   +32 (0)2 413 21 19
Fax   +32 (0)2 413 21 16
www.aml.cfwb.be
yves.debruyn@cfwb.be

Visitez le site des Presses de l'Université de Montréal
à l'adresse suivante :

www.pum.umontreal.ca

Visitez le groupe éditorial Peter Lang
sur son site Internet commun
www.peterlang.net

Vous y trouverez

– notre librairie en ligne réunissant actuellement 15 000 titres de l'ensemble du
  groupe éditorial et ses possibilités de commandes simples et rapides

– tous nos ouvrages parus depuis 1993

– une vue d'ensemble de nos différentes revues et collections

– des formulaires permettant aux auteurs et clients potentiels de nous contacter

– des informations sur les activités de chacune de nos maisons d'édition

Découvrez notre site – Nous nous réjouissons de votre visite !